EXCEL 통계자료분석

정영해, 조지현, 류제복, 김광수

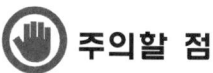 주의할 점   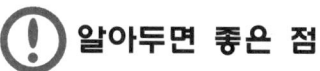 알아두면 좋은 점    참고사항

이 책의 예제와 연습문제에서 사용된 청소년 데이터(청소년.txt, 청소년.xlsx)는 (사)한국사회조사연구소 홈페이지를 통해 받아볼 수 있다. 홈페이지 예제데이터에서 '청소년.zip' down받으면 된다.

homepage http://www.ksrc.or.kr

국립중앙도서관 출판사도서목록(CIP)

EXCEL 통계자료분석 / 지은이: 정영해, 조지현, 류제복, 김광수.
-- 광주 : 한국사회조사연구소, 2008
   p. ;   cm

색인 수록
ISBN 978-89-91235-48-9 93310 : ₩24000

통계 분석[統計分析]

310.16-KDC4
519.53-DDC21   CIP2008003204

통계자료를 다루는

모든 사람들을 위하여

정영해	연세대학교 간호학과 졸업 University of Iowa 보건통계학 박사 동신대학교 간호학과 교수 (현재) (사)한국사회조사연구소 연구위원 (현재)
조지현	숙명여자대학교 통계학과 졸업 동신대학교 사회복지학 박사 동신대학교 사회복지학과 교수 (현재) (사)한국사회조사연구소 연구위원 (현재) 전국 최초 사회조사분석사 1급 SPSS SIG Member (현재)
류제복	동국대학교 통계학과 졸업 동국대학교 대학원 이학석사 (통계학) 서울대학교 대학원 이학박사 (통계학) 청주대학교 통계학과 교수 (현재) (사)한국사회조사연구소 이사 (현재) 한국자료분석학회 이사 (현재) 통계연구 편집위원 (현재) 통계청 통계청업무자체평가위원 (현재) (사)한국조사연구학회 회장 (현재) (재)한국통계진흥원 선임이사 (현재)
김광수	경북대학교 사회학과 졸업, 사회학 석사 The University of Iowa 사회학 박사 대신대학교 사회복지학과 교수 (현재) 대신대학교 평생교육원 원장 (현재) (사)한국사회조사연구소 연구위원 (현재)

책을 내면서

나·랏:말쓰·미 中듕國·귁·에 달·아, 文문字·쫑·와·로
서르 스뭇·디 아·니홀·씨, ·이런 젼·ᄎ·로 어·린 百·빅
姓·셩·이 니르·고져 ·홇·배 이·셔·도, ᄆᆞ·ᄎᆞᆷ:내 제·
ᄠᅳ·들 시·러 펴·디:몯홇 ·노·미 하·니·라......

통계강의가 실제 필요·에 달·아, 자료·와·로 서르 스뭇·디
아·니홀·씨, ·이런 젼·ᄎ·로 통계를 전공하지 않은 百·빅
姓·셩·이 자료를 분석·고져 ·홇·배 이·셔·도, ᄆᆞ·ᄎᆞᆷ:내
제 ᄠᅳ·들 시·러 펴·디:몯홇 ·노·미 하·니·라......

    정보화 사회에서 통계는 매우 중요한 의미를 갖는다. 오늘날 통신과 인터넷을 통하여 수많은 자료를 손쉽게 구할 수 있게 되면서 이제 문제는 단순한 자료수집이 아니라 방대한 자료 더미를 어떻게 의미 있게 구성하여 제시할 것인가가 문제가 되고 있으며 사회 각 분야에서도 사업계획이나 정책수립 등에 통계적 자료 수집과 자료의 제시가 점차 널리 활용되기 때문이다.

    지금까지 우리나라의 통계강의는 주로 이론 중심으로 이루어져 왔다. 거의 모든 통계교과서들이 이론을 설명하는데 치우쳐 있었기 때문에, 통계학을 전공하지 않는 사람들에게는 통계학을 배우고 분석기법을 익히는 것이 매우 머리 무거운 일이었다.

    한국사회조사연구소에서는 '학문의 대중화'라는 설립취지에 맞춰 이같은 현실을 타개하고자 지난 십여 년 동안 통계학 비전공자를 위한 통계강의 시리즈를 펴내고 있다. 세종대왕이 어려운 중국문자 대신 모든 백성이 쉽게 배울 수 있는 한글을 창제하였던 마음으로, 통계학에 기초지식이 없고 앞으로도 통계학을 전공으로 삼지 않을 사

람들이 현실에서 부딪치는 문제들에 대한 자료를 직접 분석해봄으로써 자기 목적에 맞춰 통계를 쉽게 사용할 수 있도록 하였다. 그러나 여전히 부족한 것도 많고 잘못된 점도 있으리라 생각한다. 이 책을 더욱 쉽고 유용하게 만들기 위하여 독자 여러분의 많은 지적을 기다린다.

　연구소에서는「통계학 비전공자를 위한 통계강의 및 자료분석」시리즈(통비시리즈)를 널리 쓰이는 통계 프로그램에 맞춰 기획하여 출판하고 있다. SPSS와 SAS 프로그램을 이용한 책도 나와 있으나 프로그램을 구하기 어렵기 때문에, 누구나 쉽게 구해 쓸 수 있는 EXCEL 프로그램을 위한 책을 내게 되었다.

　이「통비시리즈」는 통계학 비전공자를 위한 기획이지만, 통계학을 전공하는 학생들에게도 매우 유익하다는 평을 듣고 있다. 입문을 배우고서 통계패키지를 통해 자료분석을 익히고자 하는 학부 학생이나 대학원 학생들, 그리고 통계이론은 잘 알지만 새로이 변해 가는 통계패키지에 익숙하지 않은 연구자나 교수들에게도 많은 도움이 된다고 들었다. 모쪼록 연구소의 노력이 빛을 보아 통계를 필요로 하는 모든 사람들에게 도움이 되기를 바란다.

2008년 10월

사단법인 한국사회조사연구소 소장　사회학박사　김 순 홍

머리말

우리가 자동차를 운전할 때, 차의 모든 구조와 원리를 다 알아야 하는 것은 아니다. 자동차를 개발하고 구조를 바꾸고 문제를 찾아내는 것은 자동차 전문가의 일이고 일반인들은 운전하는 방법만 알면 된다. 일반인들도 자동차의 원리를 알면 좋겠지만 그러기에는 너무 많은 시간과 노력이 필요하다. 통계학의 경우도 이와 비슷하다. 통계전문가들이 통계이론과 방법을 발전시켜 나가고, 통계학 비전공자들은 이것을 어떻게 사용하는가를 배우는 것으로 충분하다.

우리 주위에는 조사자료를 다루는 분야가 많다. 사회학, 교육학, 경영학은 물론이고 의학이나 간호학, 가정학, 체육학, 관광학 등 거의 모든 분야에서 경험적 자료를 통해 현상을 파악하고 근거를 찾아내어 현장에 적용하는 경우가 빠르게 늘어나고 있으며, 그만큼 통계의 필요성도 커졌다. 각 분야에 있는 사람들은 학문적인 연구뿐만 아니라 정책의 수립과 시행의 모든 과정에서 생기는 자료를 분석하고 검토하기 위해서 통계적 기술을 능숙하게 익히거나 적어도 이해는 할 수 있어야 한다.

사단법인 한국사회조사연구소에서는 이같은 사회여건의 변화에 따라 통계자료를 필요로 하는 모든 사람들이 쉽게 자료를 수집하고 분석하여 사용할 수 있도록, 이해하고 사용하기 쉬운 사회조사방법 교재와 널리 쓰이는 SPSS와 SAS, EXCEL 등을 이용한 통계학 교재를 개발하여 보급해오고 있다.

이 책은 실제 현실에서 부딪치는 조사자료를 분석하는 과정과 그 과정에서 주의해야할 점, 결과를 바르게 해석하는 방법, 결과를 제시하는 방법에 초점을 맞추었다. 특히 기존의 통계학 교재와는 달리, 예제 및 각종 연습문제에 실제 조사자료를 들어 설명하였다.[1] 예제를 중심으로 서술하였기 때문에 내용을 쉽게 이해할 수 있고 통계방법을 활용하는 방법을 쉽게 익힐 수 있는 것은 물론, 실제 자료를 이용하였기 때문에 '교과서용 예제' 자료들이 현실성이 떨어지는 점도 극복하였다. 또한 이용자들이 자신의 자료를 직접 분석해볼 수 있게 구성한 과제를 두어, 통계기법을 자신의 자료에 응용하는 데에도 도움이 되도록 하였다.

---

[1] 사단법인 한국사회조사연구소에서 주기적으로 전국의 청소년들을 대상으로 조사한 『청소년종합실태조사』 자료를 예제와 연습문제 자료로 사용하였다.

특히, 데이터를 입력하는 과정에서 주의해야 할 점, 복수응답 질문의 처리, 잘못 입력된 응답이나 논리적인 잘못을 찾아 데이터를 수정하는 data cleaning과정 등 실제 조사자료를 분석할 때 가장 필요하고 중요한 과정인 데이터 관리 부분을 비중 있게 다루어 비표집오차(non-sampling error)를 줄일 수 있는 방법을 보강하였다.

이 책은 특히 다음의 사람들을 염두에 두고 만들었다: ① 기초통계학을 배웠거나 배우려고 하는 사람으로서 조사자료 분석 기법을 알고자 하는 대학생이나 대학원생, 교수, 연구원 및 업무 현장에서 통계작업을 해야 하는 모든 사람; ② 통계학은 알지만 EXCEL 프로그램으로 통계자료를 분석하는 데에 익숙하지 않은 사람 등이다.

자료 분석은 누구나 쉽게 접할 수 있고 널리 쓰이고 있는 EXCEL로 하도록 하였다. 통계자료분석에 널리 쓰이는 SPSS와 SAS는 구하기 어려울 뿐만 아니라 몇 가지 고급통계기법을 제외하면 EXCEL로도 대부분의 통계자료분석이 가능하기 때문이다. 이 책의 내용을 좇아 자료분석을 하기 위해서는 EXCEL 2007 이상이 필요하다.

이 책이 시중에 나와 있는 EXCEL을 사용한 통계학 책들과 구별되는 점은 통계학뿐만 아니라 자료분석방법을 배우면서 저자들의 경험을 그대로 전수 받을 수 있다는 점이다. 조사와 자료분석 실무에서 오랜 경험을 가진 전문가와 우리나라 최초의 '사회조사분석사 1급'이 직접 제작에 참여하였기 때문이다. 이 책으로 최대의 효과를 얻기 위해서는, 각 장에 실려 있는 예제를 일일이 따라 하고, 제시된 연습문제를 반드시 풀어보는 것이 좋다. 책에 나와 있는 연습문제를 스스로의 힘으로 해보고 나면, 이와 유사한 다른 자료를 분석하는데 많은 도움이 될 것이다. 또 각 장이 끝날 때마다 그 장에서 배운 방법으로 자신의 데이터를 분석하고 해석하고 표로 정리해보기 바란다.

이 책이 나오기까지 여러분의 도움이 있었기에 이 자리를 빌려 감사의 말씀을 드리고자 한다. 이 책 제작의 전 과정에서 편집 및 출판과 관련된 모든 작업을 맡아 애써준 정은진, 이강웅, 장지연, 정혜인 연구원에게 특히 감사드린다.

2008년 10월

저자 대표 보건통계학박사 정 영 해

차 례

제1부 준비

제1장 기본개념

제1절 데이터(data)에 대하여 ··· 5
1. 표본이란 무엇인가? ··· 5
2. 케이스란 무엇인가? ··· 5
3. 변수란 무엇인가? ·· 6
4. 코드북은 무엇인가? ··· 9
5. 부호화란 무엇인가? ··· 10
6. 전산화란 무엇인가? ··· 10

제2절 엑셀을 통계패키지로 만들기 ··· 10
1. 통계분석 기능 추가하기 ··· 10
2. 분석대화상자 ·· 13

제2장 데이터 관리

제1절 데이터 소개 ·· 19
1. 사회과학분야의 데이터 ··· 19
2. 가상의 데이터 ·· 20
3. 청소년 데이터 ·· 20

제2절   데이터 작성 ··· 22
   1. 데이터 시트에 직접 입력하기 ··· 22
   2. 문서편집기에서 입력한 뒤 불러들이기 ································ 24
   3. 복수응답의 처리 ·· 36
   4. 데이터 클리닝(data cleaning) ··· 37

제3절   데이터 편집 ··· 39
   1. 케이스 정렬 ··· 39
   2. 일부케이스 선택 ·· 41
   3. 창 나누기 ·· 43

제4절   데이터 변환 ··· 45
   1. 코딩 변경 : 변수값의 변경 ··· 45
   2. 변수계산 ·· 48

제2부 기술통계

제3장   빈도표와 교차표

제1절   빈도표 ··· 61
   1. 빈도표 ·· 61
   2. 엑셀로 빈도표 만들기 ··· 61
   3. 빈도표 보고하기 ·· 74

제2절   교차표 ··· 75
   1. 교차표 ·· 75
   2. 엑셀로 교차표 만들기 ··· 75
   3. 교차표 보고하기 ·· 80
   4. 기초적 통계표 작성하기 ··· 81

제4장 기술통계량

제1절 중심경향의 측도 ·· 97
  1. 평균 ·· 87
  2. 중위수 ·· 89
  3. 최빈값 ·· 90

제2절 산포의 측도 ··· 92
  1. 범위 ·· 93
  2. 분산 ·· 93
  3. 표준편차 ·· 94
  4. 사분위수범위 ·· 94

제3절 형태의 측도 ··· 95
  1. 왜도 ·· 95
  2. 첨도 ·· 96

제4절 엑셀로 기술통계량 구하기 ······························· 96
  1. 엑셀로 기술통계량 구하기 ···································· 96
  2. 대표값과 산포도 보고하기 ·································· 100

제5장 도표

제1절 이산형 변수의 도표 ·· 105
  1. 막대형 차트 ·· 105
  2. 원형 차트 ·· 112

제2절 연속형 데이터의 도표 ······································ 115
  1. 히스토그램 ·· 115
  2. 산점도 ·· 120

제3부 추리통계 및 통계적 분석

제6장 추정과 검정의 기본개념

제1절 추정 ·· 129
    1. 점추정 ··· 131
    2. 구간 추정 ··· 132
    3. 엑셀로 모평균 추정하기 ··· 133

제2절 검정 ·· 135
    1. 가설검정의 기본개념 ··· 135
    2. 가설검정의 절차 ··· 147

제7장 t-검정

제1절 단일표본 t-검정 ·· 151
    1. 엑셀로 평균에 대한 단일표본 t-검정하기 ··································· 151

제2절 대응표본 t-검정 ·· 157
    1. 가설 – 무엇을 검정하나? ·· 157
    2. 가정 – 언제 사용할 수 있나? ·· 158
    3. 엑셀로 대응표본 t-검정하기 ·· 158

제3절 독립표본 t-검정 ·· 161
    1. 가설 – 무엇을 검정하나? ·· 162
    2. 가정 – 언제 사용할 수 있나? ·· 164
    3. 엑셀로 독립표본 t-검정하기 ·· 164
    4. t-검정 결과 보고하기 ·· 172

제8장 분산분석

제1절   일원배치 분산분석: 여러 독립표본 평균의 비교 ················ 177
   1. 가설 – 무엇을 검정하나? ··· 177
   2. 분산분석표 ·· 179
   3. 가정 – 언제 사용할 수 있나? ·· 181
   4. 엑셀로 분산분석하기 ··· 181
   5. 분산분석 결과 보고하기 ··· 188

제9장 상관관계분석

제1절   산점도와 상관관계 ·· 193

제2절   상관계수 ··· 197
   1. 가설 – 무엇을 검정하나? ··· 198
   2. 가정 – 언제 사용할 수 있나? ·· 199
   3. 엑셀로 상관계수 구하기 ··· 199
   4. 상관계수 보고하기 ·· 204

제10장 단순회귀분석

제1절   회귀분석의 기본개념 ·· 209
   1. 왜 회귀분석을 하는가? ·· 209
   2. 독립변수와 종속변수 ··· 210
   3. 기호의 정의 ··· 210
   4. 회귀모형 ··· 211
   5. 회귀계수 ··· 211
   6. 결정계수 ··· 213

제2절   단순회귀분석 ·· 213
   1. 가설 – 무엇을 검정하나? ··· 213
   2. 가정 – 언제 사용할 수 있나? ·· 215
   3. 평균의 추정과 새 케이스 값의 예측 ······································· 216
   4. 회귀분석의 순서 ·· 217
   5. 엑셀로 단순선형회귀분석하기 ··· 218

제3절   잔차분석 ·· 221
   1. 잔차분석 ··· 221
   2. 잔차와 잔차산점도 ··· 222
   3. 엑셀로 잔차산점도 만들기 ··· 226

제11장   다중회귀분석

제1절   다중회귀분석 ·· 231
   1. 왜 다중회귀분석을 하는가? ·· 231
   2. 회귀모형의 유의성 검정 ·· 231
   3. 표준화 계수 ··· 232
   4. 다중회귀분석의 순서 ·· 233
   5. 엑셀로 다중회귀분석하기 ·· 236
   6. 회귀분석 결과 보고하기 ·· 241

제2절   더미변수를 이용한 다중회귀분석 ·· 242
   1. 더미변수의 수 ··· 242
   2. 엑셀로 더미변수를 포함한 다중회귀분석하기 ······················ 243

제12장   교차분석

제1절   교차분석 ·· 249
   1. 두 변수의 독립성 ··· 249

      2. 관찰빈도와 기대빈도 ·· 250
      3. 자유도 ·· 252
      4. 피어슨의 카이제곱( )통계량 ·· 253
      5. 가정 – 언제 사용할 수 있는가? ·· 254
      6. 엑셀로 두 범주형 변수의 관계 검정하기 ······························· 254
      7. 교차분석 결과 보고하기 ··· 258

   제2절 대응표본 검정 ··· 258
      1. 대응표본 ··· 258
      2. 가설 – 무엇을 검정하나? ··· 259
      3. McNemar의 검정통계량 ··· 261
      4. 가정 – 언제 사용할 수 있는가? ·· 262
      5. 엑셀로 McNemar 검정하기 ·· 262

부록 A 이론적 배경

   제1절 분포 ·· 271
      1. 이항분포 ··· 271
      2. 정규분포 ··· 272
      3. t-분포 ··· 276
      4. 카이제곱분포 ·· 277
      5. F-분포 ·· 278

   제2절 추정 ·· 280
      1. 신뢰구간 ··· 280
      2. 모비율의 추정 ·· 283
      3. 모분산의 추정 ·· 284

   제3절 검정통계량 ··· 286
      1. 단일표본 –검정 ·· 286
      2. 독립표본 t-검정 ··· 286
      3. 대응표본 t-검정 ··· 287

4. 분산분석 ··· 288
   5. 상관관계분석 ··· 291
   6. 단순회귀분석 ··· 293
   7. 다중회귀분석 ··· 298
   8. 교차분석 ··· 300

부록 B 설문지와 코드북

   청소년 종합실태조사 설문지 ·· 305

부록 C 그림으로 보는 주요함수

   함수의 일반적인 사용법 ·· 317
      함수 ·· 317
      함수 찾아보기 ·· 323

부록 D 엑셀로 분석 시작하기

   제1절   엑셀의 기본적 활용 ·· 327
      1. 엑셀 시작하기 ··· 327
      2. 엑셀 끝내기 ·· 327
      3. 작업내용 저장하기 ··· 328
      4. 도구 단추 ·· 330
      5. 마법사(도우미) 단추 ··· 331
      6. 입력/삽입/삭제 ·· 331
      7. 편집 ··· 333

찾아보기(Index) ·· 347

제1부　　준 비

제1장　기본개념

제2장　데이터 관리

제1부

제1장 기본개념

제1절 데이터(data)에 대하여

제2절 엑셀을 통계패키지로 만들기

이 장에서는 통계적 분석을 할 수 있는 자료의 수집에 대해 간략히 소개한다.

통계는 어렵다. 이렇게 생각하는 사람이 많다. 통계의 '통'자만 들어도 골치부터 아파 오는 사람도 어쩔 수 없이 통계를 활용하여 데이터를 정리, 분석해야 할 때가 있다. 우리는 통계학 지식이 엄청나게 많거나 엑셀을 자유자재로 쓰지는 못하지만 관찰, 수집한 자료를 정리하고 분석하여 자료가 주는 의미를 파악하는 방법을 알고자 한다.

제1절 데이터(data)에 대하여

데이터(data)는 자료를 나타내는 datum의 복수형태로서, 넓은 의미로는 어떤 형태로든 정보를 모아놓은 것을 가리킨다. 그러나 많은 경우, 컴퓨터로 처리할 수 있는 형태로 저장된 정보를 말한다. 자료는 인구성장, 주가의 변화, 핵발전소에 대한 시민의식, 선거를 앞두고 각 후보자에 대한 지지도, 노인복지에 대한 의식, 장애인 복지시설 종사자들의 근무실태, 청소년들의 생활실태 및 의식 등 여러 분야에서 구할 수 있다. 데이터는 분석단위 (또는 케이스)와 변수로 이루어진다.

1. 표본이란 무엇인가?

표본(sample)은 모집단의 일부로, 모집단의 특성을 잘 반영하도록 선정한 모집단의 일부이다. 모집단은 '우리가 파악하고자 하는 전체'를 말하고 그 전체를 파악하기 위하여 추출한 일부분을 표본이라고 한다. 대부분의 경우, 모집단은 너무 크기 때문에 그 일부인 표본을 관찰해서 모집단에 대한 추리를 하게 되는 것이다.

2. 케이스란 무엇인가?

케이스(case)는 관심 있는 내용을 관찰하고자 하는 대상 하나하나를 의미한다. 케이스는 개체 또는 관찰개체, 사례라고도 한다.

분석단위(unit of analysis)는 분석의 대상이 되는 단위를 말하며 대부분의 자료에서는 각각의 관찰대상이 케이스이고, 케이스가 분석단위가 된다. 때로는 여러 개의 관찰대상이 하나의 분석단위에 포함되기도 한다. 예를 들어, 남편과 부인, 자녀에게 각각 질문을 했더라도, "가족중 찬성하는 사람의 비율"을 분석하는 경우, 관찰의 대상이 된 사람은 세 명이지만 분석단위는 그 가족 하나이다.

3. 변수란 무엇인가?

　　변수(variable)란 케이스에 따라 서로 다른 값을 가지는 특성을 말한다. 예를 들어 '연령'이나 '키', '성별', '나는 다른 사람들만큼 가치있는 사람이라고 생각하는가?'라는 문항 등이 변수에 해당한다.

　　변수는 구분 방법에 따라 여러 가지로 나뉜다. 변수의 측정수준(level of measurement)에 따라 명목변수(nominal variable), 서열변수(ordinal variable), 등간변수(interval variable), 비율변수(ratio variable)로 나누거나, 측정방법에 따라 질적변수(qualitative variable)와 양적변수(quantitative variable)로 나눌 수 있다. 또 변수의 연속성 여부에 따라 연속형변수(continuous variable)와 이산형변수(discrete variable)로 나누기도 한다. 부호화된 값의 형태에 따라 숫자변수(numeric variable)와 문자변수(alphanumeric variable), 날짜변수(date variable)로도 나눌 수 있다. 변수의 형태에 따라 분석하는 방법에 차이가 있으므로 변수의 분류방법을 간단히 소개해보면 다음과 같다.

(1) 측정 수준에 의한 분류

　　① 명목변수

　　측정 대상의 특성을 종류별로 구분만 하는 것으로서, 명목변수(nominal variable)는 특성간의 우열이나 크고 작은 것을 비교할 수 없다. 명목변수의 예로는 성별이나 혈액형, 주소, 이름 등이 있는데, 성별처럼 두 가지의 특성만 있으면 이항변수(dichotomous, binary variable)라고 하고, 혈액형처럼 세 가지 이상의 특성이 있으면 다항변수(polytomous variable)라고 한다. 또한 남자·여자나 A형·B형·AB형·O형 등 측정하는 대상자의 특성을 '범주(category)'라고 부른다. 따라서 명목변수를 범주형변수(categorical variable)라고도 한다.

　　② 서열변수

　　측정 대상의 특성에 우열이나 크고 작음이 있는 변수이다. 예를 들면, 초등학교, 중학교, 고등학교, 대학교 등 학교의 종류는 서열변수(ordinal variable)이다. 좋다·그저 그렇다·싫다 또는 리커트척도(Likert scale) 등도 이에 속하는데, 응답 범주가 몇 개 되지 않는다.

　　각급 학교를 숫자로 부호화하여 1=초등, 2=중등, 3=고등, 4=대학교로 나타낼 때, 이 숫자들은 단지 순서만 나타낼 뿐이지 그 값에 큰 의미가 있는 것은 아니어서, 두 값간의 차이나 합은 의미가 없다. 따라서 1, 2, 3, 4 대신 6, 9, 12, 16을 써도 아무런 문제가 없다.

모든 서열변수는 명목변수로 취급할 수 있다. 그러나 명목변수는 서열변수로 취급할 수 없다.

③ 등간변수

대상자의 특성을 측정한 값에 우열(크고 작음)도 있고, 두 숫자의 차이가 일정한 의미도 지니는 변수가 등간변수(interval variable)이다. 그러나 두 수의 비(比, ratio)는 의미가 없다. 등간변수의 예로는 온도(℃)나 IQ 등이 있다. 온도를 예로 들면, 10℃와 20℃ 사이에는 10℃만큼의 차이가 있고, 20℃와 30℃ 간에도 10℃만큼의 차이가 있다. 10℃의 차이는 두 경우 모두 같은 의미를 가진다.

등간변수의 특징은 '절대 0'이 없다는 것이다. '절대 0'이란, 어떤 변수의 값이 0이면 그 특성이 없다는 뜻이다. 그런데 온도 0℃는 온도가 없다는 뜻이 아니고, 단지 물이 어는 온도를 임의로 그렇게 표시한 것뿐이다. 온도나 IQ 등에는 모두 절대적인 0은 없다.

리커트척도는 (문항 하나하나는) 원칙적으로 서열척도에 속하나 인문·사회과학 분야에서는 등간변수로 취급하기도 한다. 특히 문항에 대한 응답을 모두 종합해서 점수로 나타내는 총화척도로 활용하는 경우 등간변수로 취급하는 것이 당연시되고 있다. 모든 등간변수는 서열변수나 명목변수로 바꾸어 쓸 수 있다. 그러나 거꾸로는 되지 않는다.

④ 비율변수

변수의 측정수준 가운데 가장 높은 수준으로서, 변수값간의 우열(크고 작음)의 비교, 차이, 비(ratio)가 모두 의미있는 변수이다. 체중, 연령, 키, 교육년수 등이 비율변수(ratio variable)에 속한다. 체중이 10kg이던 사람이 20kg이 되면, 전보다 두 배가 되었다고 말할 수 있다.

등간변수와 달리 비율변수에는 '절대 0'이 있다. 체중이 0이라는 것은 무게가 없다는 뜻이다.

실제 자료를 수집하거나 분석할 때는 비율변수와 등간변수를 엄격히 구분하지는 않으므로, 여기에서는 두 가지를 엄격히 구분하지 않고 사용하기로 한다. 또한 모든 비율변수는 등간, 서열, 또는 명목 변수로 바꾸어 쓸 수 있으나 거꾸로는 되지 않는다.

(2) 측정 방법에 의한 분류

① 질적변수

성별이나 종류 등 명목변수나 직접 서술한 의견 등이 질적변수(qualitative variable)에 속한다. 변수의 값을 숫자로 표시하더라도, 숫자의 크고 작음이 그 내용의 우열과는 관계가 없다. 서열변수의 값들이 3~4가지일 경우는 질적변수로 취급하여 분석하기도 한다. 질적변수의 분석에는 평균이나 표준편차 등은 의미가 없고, 비율(%)과 도수 등만 의미가 있으며, 대부분 비모수적 방법으로 분석한다. 그러나 표본이 큰 경우에는 모수적 방법을 이용한 분석도 가능하다.

② 양적변수

등간, 비율변수가 양적변수(quantitative variable)에 속한다. 서열변수는 가능한 값이 4~5가지 이상이면 양적변수로 취급할 수 있다. 양적 변수의 분석 시에는 주로 모수적인 방법을 활용한다.

(3) 연속성 여부에 의한 분류

① 연속형변수

키, 몸무게, 온도, 나이 등 비록 정수부분까지만 측정하더라도, 원래 값은 소수점 이하로 무수히 이어진 경우가 연속형변수(continuous variable)이다. 사람수, 방문횟수 등 관찰값이 하나하나 떨어진 변수는 엄밀한 의미에서 연속형변수는 아니지만, 분석시에는 연속형으로 취급한다. 따라서 '양적변수'를 대개 연속형변수라고 부른다.

② 이산형변수

엄밀한 의미에서 관찰값이 하나하나 떨어진 변수는 모두 이산형변수(discrete variable)에 속한다. 물건의 개수나 가족의 수 등은 1.2개 혹은 3.7명으로 측정하지 않으므로 이산형변수이다. 그러나 나타날 수 있는 값이 많은 이산형변수는 연속형변수로 간주하여 분석하는 경우가 많다. 따라서 이산형변수는 단순히 질적변수나 범주형변수를 나타내는 것으로 볼 수 있다. 흔히 '연속형'과 '이산형'을 각각 '연속형'과 '범주형'으로 부르기도 한다.

(4) 부호화된 값의 형태 따른 분류

전산입력한 변수의 값은 숫자로 표시되거나 문자로 표시될 수 있다. 숫자변수와 문자변수, 날짜변수는 엑셀 데이터시트(data sheet)를 만드는 첫 단계에서 특히 중요하고, 변수 종류에 따라 사용할 수 있는 분석방법에 차이가 있다.

① 숫자변수

숫자로만 이루어진 것으로서, 평균·표준편차 등의 기술통계를 계산할 수 있다. 모든 연속형변수는 숫자변수(numeric variable)이다. 남자는 '1', 여자는 '2' 등 명목변수도 숫자로 나타내면 숫자변수이다.

② 문자변수

측정값을 문자(텍스트)로 나타낸 변수를 문자변수(alphanumeric variable)라고 한다. 예를 들면 남자는 '남', 여자는 '여'로 입력한 경우이다. 숫자로도 이루어질 수 있고, 중간에 빈칸이 올 수도 있다. 빈도와 백분율을 구하거나, 집단으로 구분하거나, 값을 모두 리스트(list)하는 것 외에는 별다른 분석방법이 없다. 이름이나 주소 등 매 케이스마다 다른 값을 가지는 것이 아니면, 각 값마다 숫자를 주어 숫자변수로 입력하는 것이 여러 가지로 편리하다.

③ 날짜변수

날짜는 숫자로 나타내기는 하지만 다른 숫자변수처럼 십진법으로 이루어지지 않기 때문에 숫자변수로 취급하여 더하기나 빼기 등의 연산을 할 수 없다. 그렇다고 문자변수로 취급하려 해도 문제가 있다. 왜냐하면 여느 문자변수와는 달리, 오늘 날짜에서 생년월일을 빼서 연령을 구하는 등 계산을 할 수 있기 때문이다. 따라서 날짜를 나타내는 변수는 따로 구분한다.

4. 코드북은 무엇인가?

숫자(혹은 문자)의 모임인 원자료만 보아서는 어느 숫자가 무엇을 뜻하는지 알 수 없다. 따라서 각각의 숫자가 뜻하는 내용을 찾아볼 수 있는 기록이 필요하다. 코드북(codebook)은 변수의 이름, 변수가 나타내는 내용, 변수가 가질 수 있는 값 또는 값의 범위, 각 변수값이 나타내는 내용, 변수값의 길이(칼럼수), 변수값의 위치 등을 일목요연하게 정리한 기록이다.

코드북에는 조사표의 각 항목에 대한 내용뿐만 아니라, 혹시 불완전자료(결측값이 있는 케이스: 무응답이나 비해당 따위)가 있으면 새로운 코드(code, 숫자)를 주고, 그 값의 의미도 적을 수 있다.

원자료와 코드북은 항상 가까이 두어, 필요할 때 참고할 수 있어야 한다.

5. 부호화란 무엇인가?

자료를 수집한 뒤에는 컴퓨터에 입력할 수 있도록 부호화하여야 한다. 부호화(coding)란, 조사표에 있는 각 변수의 값을 입력하기 쉽게 숫자(numeric) 또는 기호(code)로 표시하여 코딩용지(coding sheet)에 적는 것을 말한다. 코딩용지를 작성할 때에는 조사표의 모든 문항이 빠짐없이 표시되었는지 확인하고 나서 코드북에 따라 지정된 위치에 코드값을 적는다. 각 기호가 나타내는 내용은 코드북의 내용을 따른다.

부호화는 부호화를 목적으로 디자인된 코딩용지(coding sheet)에 하기도 하지만 이 과정에서 부호를 잘못 옮겨 적을 위험이 있기 때문에 최근에는 조사표(questionnaire)를 그대로 사용할 수 있도록 조사표 자체를 디자인한다.

6. 전산화란 무엇인가?

부호화된 자료를 컴퓨터에 입력하는 것을 전산화(keypunching)라고 한다. 엑셀에서 자료를 입력할 때 각 행은 케이스를 나타내고 각 열은 변수를 나타내도록 한다.

제2절 엑셀을 통계패키지로 만들기

1. 통계분석 기능 추가하기

엑셀은 일반적으로 스프레드시트로 활용하지만, 필요한 경우 사용할 수 있도록 통계 분석을 할 수 있는 기능이 내재되어 있다. 이 기능을 활성화시키기 위해서는 통계분석 옵션을 설정한다. 제목표시줄의 오피스아이콘 을 클릭하여 Excel 옵션 을 선택한다〈그림 1-1〉.

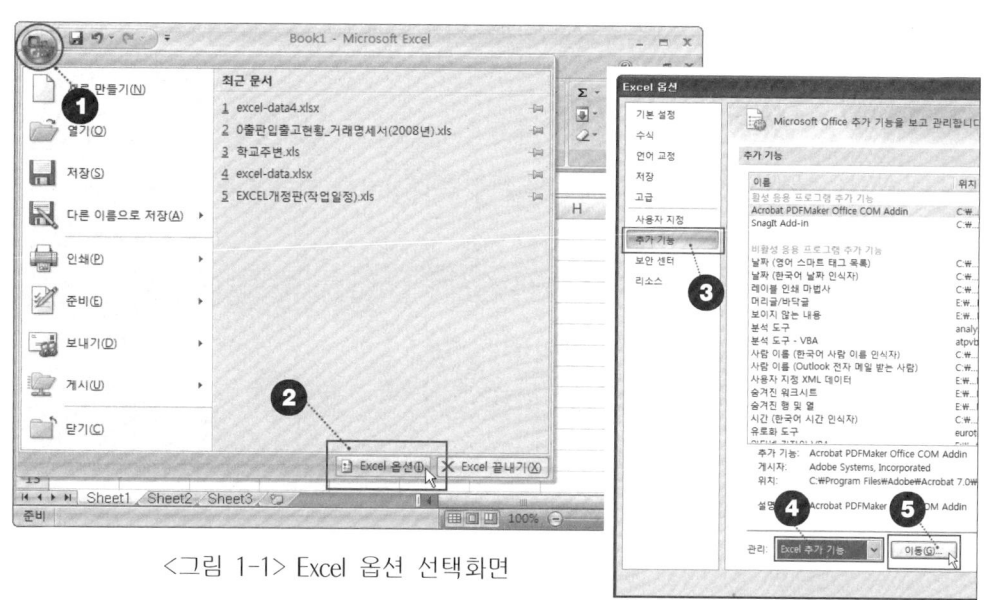

<그림 1-1> Excel 옵션 선택화면

<그림 1-2> Excel 옵션 대화상자

〈그림 1-2〉처럼 Excel 옵션 대화상자에서 추가 기능 선택, 오른쪽 화면에서 Excel 추가 기능 선택 후 이동(G)... 을 클릭하면 '추가기능' 창이 뜬다〈그림 1-3〉. 분석도구와 분석도구-VBA를 선택하여 앞에 ☑표시하고 확인 을 누르면 분석도구 설치가 진행된다〈그림 1-4〉.

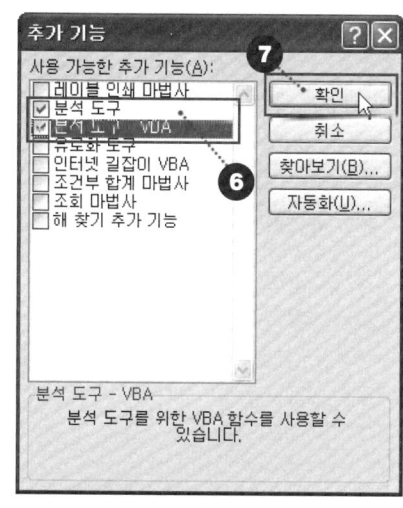

<그림 1-3> 추가기능 대화상자

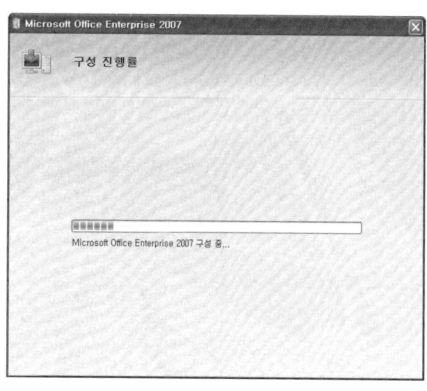

<그림 1-4> 추가기능 설치화면

이 과정이 끝나면 메뉴표시줄의 [데이터] 탭에 [데이터 분석] 도구가 새로 생긴다〈그림 1-5〉.

[데이터 분석] 옵션을 선택하면 여러가지 분석 기능이 적힌 대화상자가 나타난다. 엑셀에서 통계분석은 대부분 데이터분석 대화상자를 이용해서 이루어진다.

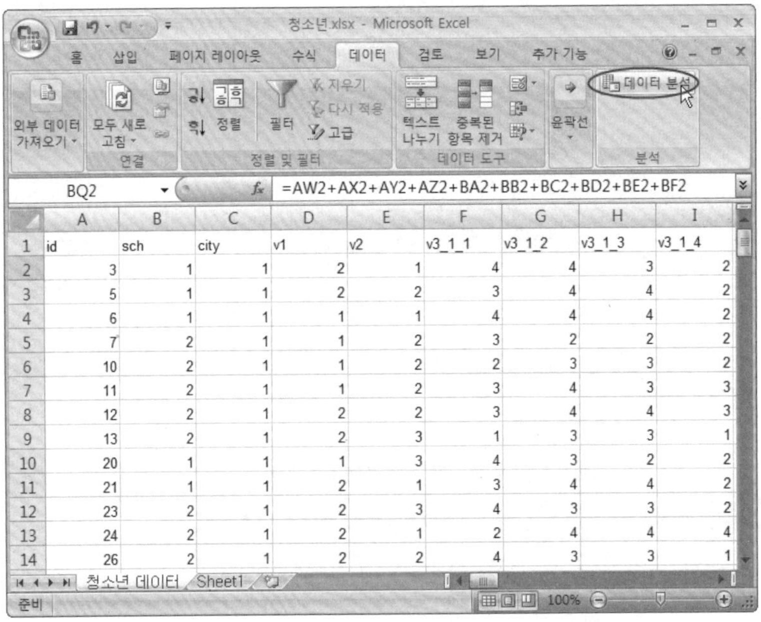

〈그림 1-5〉 데이터분석 기능을 추가하면 새 메뉴가 생김

창의 크기에 따라 메뉴표시줄의 아이콘 등이 모두 표시되거나 일부 아이콘만 나타나므로, 모두 나타나지 않을 경우에는 창 크기를 조절하면 된다.

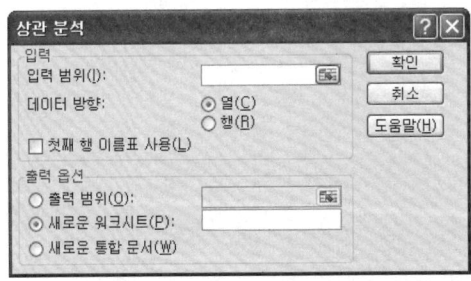

〈그림 1-6〉 통계 데이터분석 대화상자

· 엑셀 화면의 구성

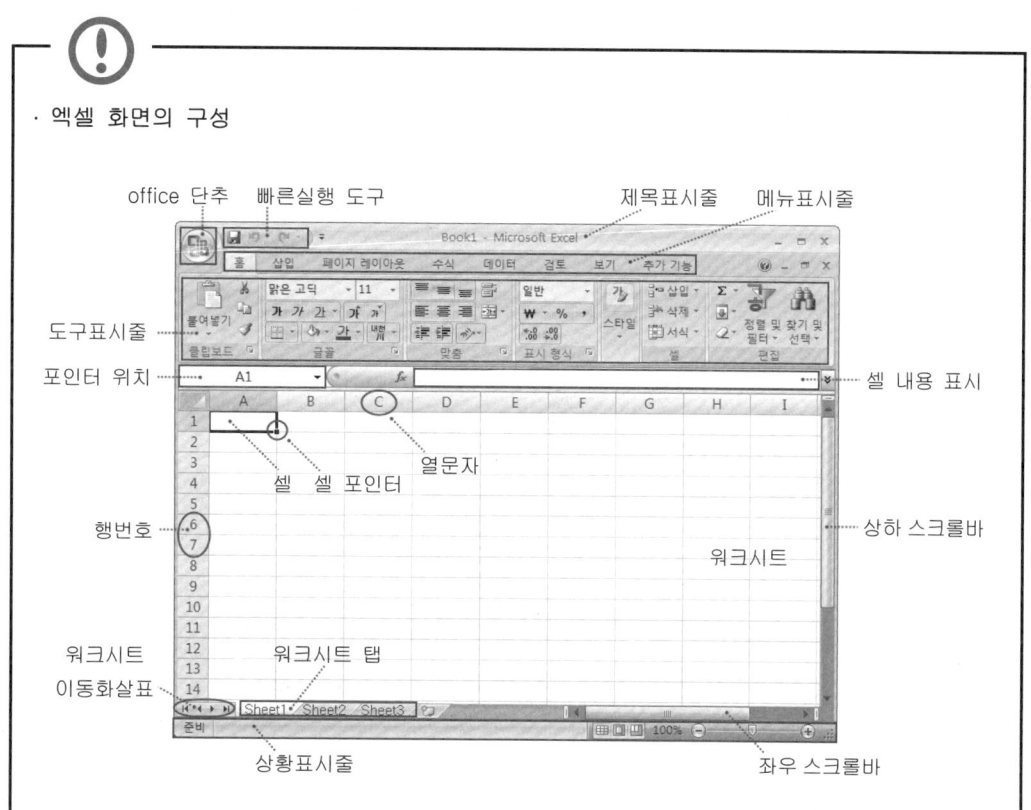

2. 분석대화상자

분석하고자 하는 내용에 따라 대화상자의 형태가 달라지지만, 통계 데이터분석 대화상자는 크게 두 부분으로 이루어진다. 분석에 사용할 변수를 지정하는 부분(입력)과 분석한 결과를 보여줄 곳을 지정하는 부분(출력옵션)이다. 기초적인 분석대화상자의 모습은 〈그림 1-7〉과 같다.

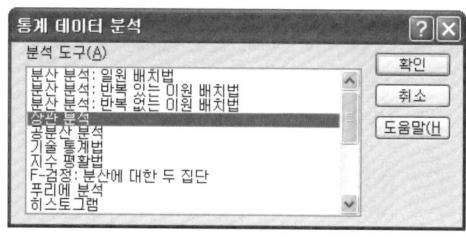

<그림 1-7> 분석대화상자

(1) 입력

입력부분에서 입력범위는 미리 지정하고 나서 데이터분석 대화상자를 연다. 미리 지정하지 않았거나, 다른 범위를 지정하고 싶으면 [입력 범위(I):] 옆의 공간에 있는 아이콘 [　　　] 을 클릭하여 대화상자를 작게 만든 뒤 마우스로 범위를 지정한다. 범위 지정하는 방법을 익힌 뒤에는 마우스를 이용하지 않고도 열과 행번호를 적어 지정할 수도 있다.

데이터의 방향은 행에 케이스를 두고 열에 변수를 입력했다면 항상 '열'이 된다. 만일 첫 행에 변수이름을 사용한다면 [☑첫째 행 이름표 사용(L)] 박스에 ☑표시한다.

(2) 출력 옵션

분석한 결과를 출력할 위치를 정한다. 현재 워크시트에 출력물을 내서 보고 싶은 경우 [◉출력 범위(O):] 를 선택한다. 출력할 위치를 마우스로 지정하면, 그곳에 결과가 나온다. 데이터가 큰 경우, 출력결과를 찾아다니기 복잡하므로 이 방법은 바람직하지 않다.

[◉새로운 워크시트(P):] 를 선택하면 다른 워크시트에 결과를 내어준다. 오른쪽의 공간에 출력할 워크시트의 이름을 적는다. 원 데이터와 상관없이 새로운 워크시트를 이용하므로 결과를 보기 쉽다. 될 수 있으면 항상 이 방법을 이용할 것을 권한다. 분석이 끝난뒤 통합문서를 저장하면 모두 한꺼번에 저장된다.

[◉새로운 통합 문서(W)] 는 분석 결과를 데이터와 구분해서 보관하고자 할 때 바람직하다. 다시 원래의 워크시트로 돌아가려면 메뉴표시줄의 을 선택한 뒤 원래의 워크시트를 선택하면 된다. 분석 결과가 있는 통합문서는 데이터가 있는 워크시트와는 다른 이름으로 따로 저장하여야 한다.

- 파일은 프로젝트에 따라 서로 다른 폴더에 저장하는 것이 관리하기에 좋다.
- 파일 이름은 될 수 있는 대로 내용을 잘 알려줄 수 있는 것으로 한다. 대개 한 개의 프로젝트에 여러 개의 파일을 저장하게 되므로, 한 두 자리 숫자로 그 순서를 알려주는 것이 편하다.

  예: 흡연과 관련된 프로젝트 → '흡연01.xlsx'
  　　흡연과 관련된 프로젝트의 분석 결과 → '흡연 출력-1.xlsx'
  　　건강문제와 관련된 프로젝트 → 'health1.xlsx'
  　　2008년 4월 9일 선거와 관련된 프로젝트 → 'p080409.xlsx'

연습문제

1. 데이터에서 각 행과 열이 나타내는 내용은 각각 무엇인가?

2. 수집한 정보를 분석할 수 있게 처리하는 과정에서 부호화와 전산화가 필요하다. 부호화란 무엇이며, 전산화란 무엇인가?

3. 보건복지가족부 홈페이지(http://www.mw.go.kr/)의 생생정책정보 → 자료실 → 통계자료에 가면 보건정책팀(2006/11/22)에서 올린 '2005년도 국민건강영양조사 중'이라는 제목의 글이 있다. 그 중 '6성인 보건의식행태.pdf' 294쪽 흡연에 대한 성인 의식조사표를 보고 ① 명목형, 서열형, 구간형, 비율형 변수를 찾아 예를 하나씩 들고, 코딩을 위해 각각 몇자리가 준비되어 있는지 확인하시오. ② 이 책의 청소년 설문지〈부록 B-1〉과 비교해서 어느 방법이 코딩과 전산화의 오류를 줄일 수 있겠는지 생각해 보시오.

과제

이번 학기동안에 분석할 자료를 준비하시오. 자료에는 다음의 내용이 모두 포함되도록 준비하시오. 만일 분석할 자료가 없으면 관심있는 주제를 정해 설문지를 준비하여 약 50명~100명의 자료를 수집하시오. 자료수집은 어떤 방법을 이용해도 좋으나, 수집된 자료는 단순확률표본에서 수집된 것으로 간주하기로 한다. 준비한 자료에 대한 코드북을 만드시오.

다음: ① 일련번호(id)를 제외하고 적어도 5개의 변수가 있어야 함.

② 변수 중 2가지는 범주형 변수이고, 그 중 하나는 반드시 이항형 변수일 것.

③ 변수 중 3가지는 연속형 변수이거나 연속형변수로 간주할 수 있는 변수(예를 들면 리커트척도로 측정된 변수)일 것.

제1부

제2장 데이터 관리

- 제1절 데이터 소개
- 제2절 데이터 작성
- 제3절 데이터 편집
- 제4절 데이터 변환

이 장에서는 엑셀에서 활용할 수 있는 데이터를 만드는 방법과 데이터를 관리하는 방법을 배운다. 분석을 하기 위해서는 데이터를 자유자재로 변환할 수 있어야 한다. 이 책에서 예제와 연습문제에 사용할 데이터도 소개한다.

이 장에서는 엑셀 데이터시트를 만드는 방법과 관리하는 방법, 변수를 변환시키는 방법에 대해 알아본다. 여기에 소개된 방법은 일부분으로서, 처음으로 사회과학분야 데이터를 분석하는 사람이 큰 어려움 없이 사용할 수 있도록 하는데 초점을 맞추었다. 자료를 분석하여 경험이 많아지고 패키지의 사용에 익숙해지면 도움말 등을 참고하여 더욱 다양하고 편리하게 활용할 수 있다.

제1절 데이터 소개

데이터 관리를 위해 필요한 첫 단계는 설문지 등 자료수집 서식의 내용을 분석 가능한 숫자의 모임 즉, 데이터로 만드는 것이다. 데이터는 직사각형 모양의 숫자의 모임으로, 각 케이스(case)가 행(row)을 이루고, 각 변수(variable)가 열(column)을 이루는 숫자의 행렬(matrix)이다.

이 절에서는 사회과학분야 데이터의 특징을 간단히 살펴보고 이 책의 예제와 연습문제에 사용하고 있는 데이터를 소개하고자 한다. 데이터는 우리의 생활과 밀접한 관계가 있는 데이터 중에서 선정하고자 노력하였다.

1. 사회과학분야의 데이터

사회과학분야의 데이터는 주로 설문지를 통하여 얻는다. 설문지의 각 문항을 항목(item)이라 하며, 각 항목의 응답은 범주형으로 이루어지는 경우가 많다. 사회인구학적 변수 가운데 성별, 최종학력, 직업은 물론 연령 등 연속형으로 측정할 수 있는 변수도 10대, 20대, 30대 등으로 범주를 나누어 수집하는 경우가 많다. 따라서 사회과학분야에서 수집된 데이터는 많은 경우 범주형 변수로 이루어진다.

또 사회과학분야에서는 인간의 행동이나 생각을 측정할 경우가 많다. 행동이나 생각의 측정은 자나 저울 등으로 측정할 수 없기 때문에 여러 항목으로 이루어진 측정도구를 사용한다. 측정도구는 같은 개념을 여러 측면에서 질문하는 것이다. 예를 들어 노년기에 '얼마나 활동성이 있는가'를 측정하기 위해 ① 벽장 위의 물건을 꺼낼 수 있는지 ② 화장실에 혼자서 다닐 수 있는지 ③ 혼자서 목욕을 할 수 있는지 등의 항목들을 질문하여 각 항목에 대한 응답 중 긍정적인 응답의 항목수로 활동성의 점수를 삼는 것 등이다. 도구로 측정한 점수는 연속형 변수가 되어 다양한 분석을 할 수 있다.

제 2 장 데이터 관리

2. 가상의 데이터

데이터의 관리 방법을 배우기 위해서 아주 작고 다양한 종류의 변수가 있는 <표 2-1>과 같은 가상의 데이터를 예제 데이터 중의 하나로 사용한다. 이 데이터에는 총 9개의 케이스가 있고 6개의 변수가 있다.

<표 2-1> 가상의 데이터

id	이름	생년월일	성별	교육수준	주거형태
1	김유미	03/05/1970	f	2	2
2	류석영	05/12/1973	f	3	2
3	오오목	11/20/1971	f	2	1
4	유수덕	06/15/1971	f	2	2
5	전진현	03/22/1974	f	3	3
6	김형준	01/01/1976	m	3	1
7	김윤철	09/19/1973	m	3	1
8	김선대	04/08/1969	m	9	3
9	서기선	06/20/1970	m	9	3

3. 청소년 데이터

이 책의 예제에서 주로 사용되는 데이터이다. 데이터에 대해 간단히 설명해보면 다음과 같다.

사단법인 한국사회조사연구소에서는 청소년 문제에 대한 해결책을 찾기 위해서는 먼저 청소년을 이해하는 것이 우선 되어야 한다고 보고, 우리 청소년이 무엇을 하고 노는지, 누구와 노는지, 어디서 노는지 등 청소년 일상생활의 구석구석을 구체적으로 알아보는 청소년 종합실태조사를 1998년부터 거의 해마다 해오고 있다.

이 책에서는 2004년에 전국의 중·고등학생 27,672명으로부터 400여개 항목의 내용을 조사한 데이터에서 무작위로 추출한 데이터 중에서 결측치가 없는 153케이스만 사용한다. 연습을 위해 변수의 개수도 68개로 줄였다. <부록 B>에는 이 조사의 설문지와 코드북이 실려 있다. <그림 2-1>에 보이는 데이터시트는 코드북에 따라 전산화한 원자료인 '청소년.txt'파일을 엑셀로 분석할 수 있게 변환시킨 데이터의 일부분으로서 '청소년.xlsx'파일로 저장되어 있다.

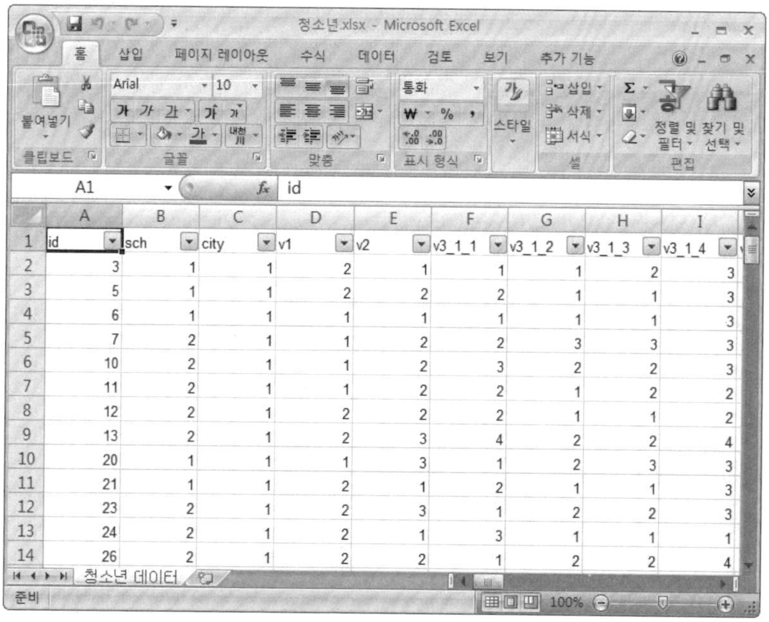

	A	B	C	D	E	F	G	H	I
1	id	sch	city	v1	v2	v3_1_1	v3_1_2	v3_1_3	v3_1_4
2	3	1	1	2	1	1	1	2	3
3	5	1	1	2	2	2	1	1	3
4	6	1	1	1	1	1	1	1	3
5	7	2	1	1	2	2	3	3	3
6	10	2	1	1	2	3	2	2	3
7	11	2	1	1	2	2	1	2	2
8	12	2	1	2	2	2	1	1	2
9	13	2	1	2	3	4	2	2	4
10	20	1	1	1	3	1	2	3	3
11	21	1	1	2	1	2	1	1	3
12	23	2	1	2	3	1	2	2	3
13	24	2	1	2	1	3	1	1	1
14	26	2	1	2	2	1	2	2	4

<그림 2-1> 청소년 데이터의 일부분

이 책의 예제와 연습문제에서 사용되는 청소년 데이터는 (사)한국사회조사연구소 홈페이지를 통해 받아볼 수 있다. 홈페이지의 예제데이터에서 '청소년.zip'을 download받으면 된다.

http://www.ksrc.or.kr

제2절 데이터 작성

원자료를 엑셀에서 분석할 수 있는 형태로 만드는 과정을 데이터 작성이라 한다. 이 과정을 거쳐 작성된 엑셀 데이터는 마치 한 장의 종이에 숫자를 적어 놓은 것과 같아서 데이터시트(datasheet)라 한다. 데이터시트는 여러 가지 방법으로 만들 수 있지만, 쉽게 응용할 수 있는 방법을 두 가지만 소개하면 다음과 같다.

(1) 원자료를 엑셀 데이터 편집기 창에 직접 입력하여 만드는 방법
(2) 원자료를 문서편집기(호글, 워드패드, 메모장 등)에서 입력하여 엑셀에서 불러들여 만드는 방법

두 가지 방법 모두 경우에 따라 적절히 사용할 수 있다. 이 책에서는 엑셀과 익숙해지기 위해, 먼저 원자료를 엑셀 데이터 창에 직접 입력하여 만드는 방법을 알아보고, 비교적 많은 양의 데이터를 분석 할 때 사용되는 방법인 원자료를 문서편집기(호글)에 입력하여 엑셀에서 직접 불러 만드는 방법을 소개한다.

1. 데이터 시트에 직접 입력하기

엑셀 데이터시트를 만들기 위해서는 다음의 세 단계가 필요하다.
(1) 데이터 입력하기(전산화)
(2) 변수 정의하기
   첫 행에는 변수 이름을 입력해주고 변수 특성에 맞는 셀 서식(맞춤)을 지정한다. 따로 지정하지 않으면 숫자로 입력한 변수는 오른쪽 맞춤이 되고, 숫자 이외의 다른 변수는 모두 문자열로 인식하여 왼쪽 맞춤이 된다.
(3) 데이터시트 저장하기
이 방법은 케이스와 변수의 수가 비교적 적은 경우에 손쉽게 할 수 있는 방법이다. 예제를 통해 살펴보자.

워크시트에 <표 2-1>에 있는 가상의 데이터를 입력하여 데이터시트로 저장해보자. 데이터시트의 이름은 '가상.xlsx'라 하자.

<표 2-2> 가상의 데이터에 대한 약식 코드북

변수이름	내용
id	.... 일련번호
이름	.... (문자)
생년월일	.... mm/dd/yyyy (06/11/1977)
성별	.... f. 여자 m. 남자
교육수준	.... 1. 고졸 2. 대졸 3. 대학원졸 9. 무응답
주거형태	.... 1. 주택 2. 아파트 3. 연립주택

	A	B	C	D	E	F
1	id	이름	생년월일	성별	교육수준	주거형태
2	1	김유미	03/05/1970	f	2	2
3	2	류석영	05/12/1973	f	3	2
4	3	오오묵	06/15/1971	f	2	1
5	4	유수덕	03/22/1971	f	2	2
6	5	전진현	01/01/1974	f	3	3
7	6	김형준	09/19/1976	m	2	1
8	7	김윤철	09/19/1973	m	2	1
9	8	김선대	04/08/1969	m	9	3
10	9	서기선	06/20/1970	m	9	3

<그림 2-2> 가상의 데이터 입력이 끝난 모습

> 엑셀에서는 변수 및 변수값의 설명을 따로 입력할 수 없으므로 자료 분석시 항상 코드북을 곁에 두고 함께 보도록 한다.

2. 문서편집기에서 입력한 뒤 불러들이기

이 방법을 위해서는 다음 단계를 거쳐야 한다.

⑴ 문서편집기에서 데이터 입력

⑵ 데이터를 '텍스트'형식으로 저장

⑶ 엑셀에서 불러오기

⑷ 변수지정하기

⑸ 데이터시트로 저장하기

문서편집기에 데이터를 입력하는 방식은 '구분자로 구분하여 입력하는 방법'과 '일정한 열에 정해진 변수를 입력하는 방법' 등 두 가지가 있다. 구분자로 구분하여 입력하는 방식은 변수의 자리수를 따로 맞추지 않고 '빈칸'이나 '탭', 또는 ','(콤마) 등으로 구분하여 입력하는 방식인데, 변수의 개수가 많아지면 구분자를 일일이 입력해야 해서 불편하다.

변수의 수가 많을 때는 일정한 열에 정해진 변수를 입력하는 '고정 너비로 배열' 방식을 보통 많이 사용하는데, 이때는 정해진 자리수를 지켜(예를 들어, 청소년데이터처럼 id가 275번까지, 즉 3자리라면 32번은 '032'로 입력한다) 입력하면 된다. 이때 5~10자리이다. 한자리씩 빈칸을 주면 어디까지 입력했는지 확인하기가 쉽고, 따라서 오류발생 가능성이 낮아진다.

⑴ 문서편집기에서 데이터 입력

우리나라의 대표적인 문서편집기 **호글**을 이용해서 입력하는 것을 위주로 설명한다. 먼저, 구분자로 입력하여 불러들이는 방법을 함께 해보자. 케이스나 변수의 개수가 적을 때 사용하는 방법이다. 가상데이터의 각 변수를 탭 키(⇥)를 사용해 구분하며 입력해 보자.

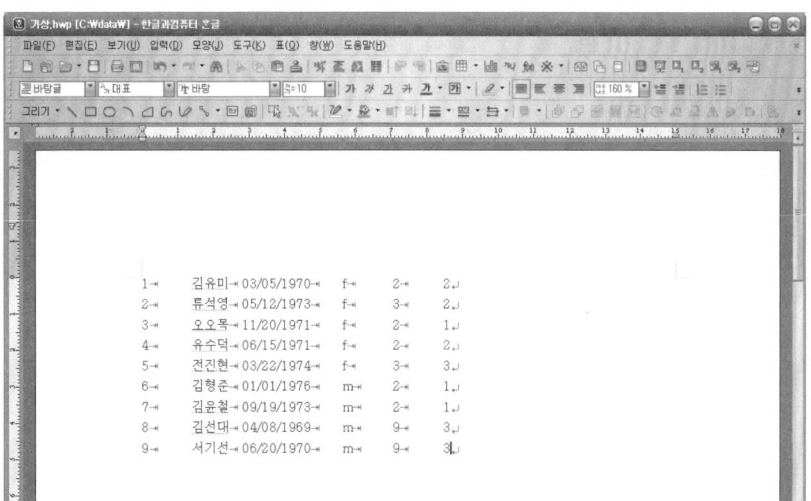

<그림 2-3> 탭으로 구분하여 입력한 결과

(2) 데이터를 텍스트형식으로 저장

입력이 끝나면 파일을 일단 **훈글** 형식(.hwp)으로 저장하고[1] 다시 다른 이름으로 저장하기를 선택하여 텍스트 문서로 저장을 한 다음 Windows 기본 값(W) 으로 선택하고 저장한다.

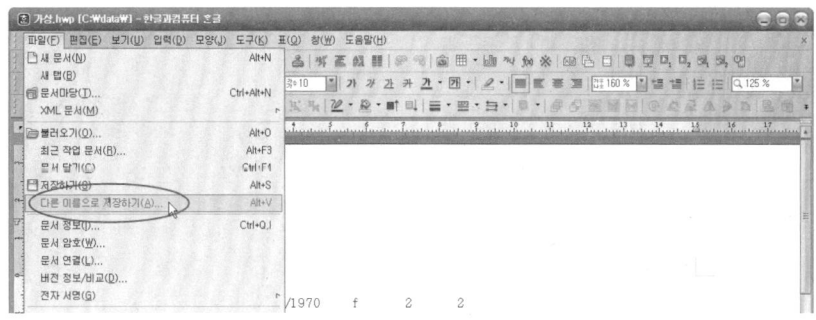

<그림 2-4> 다른 이름으로 저장하기 선택

---

[1] 자주 발생하는 문제 중의 하나가 잘 저장한 뒤 다시 훈글형식으로 덮어써버리는 것이다. 이 문제를 예방하기 위한 조처이다.

제 2 장   데이터 관리

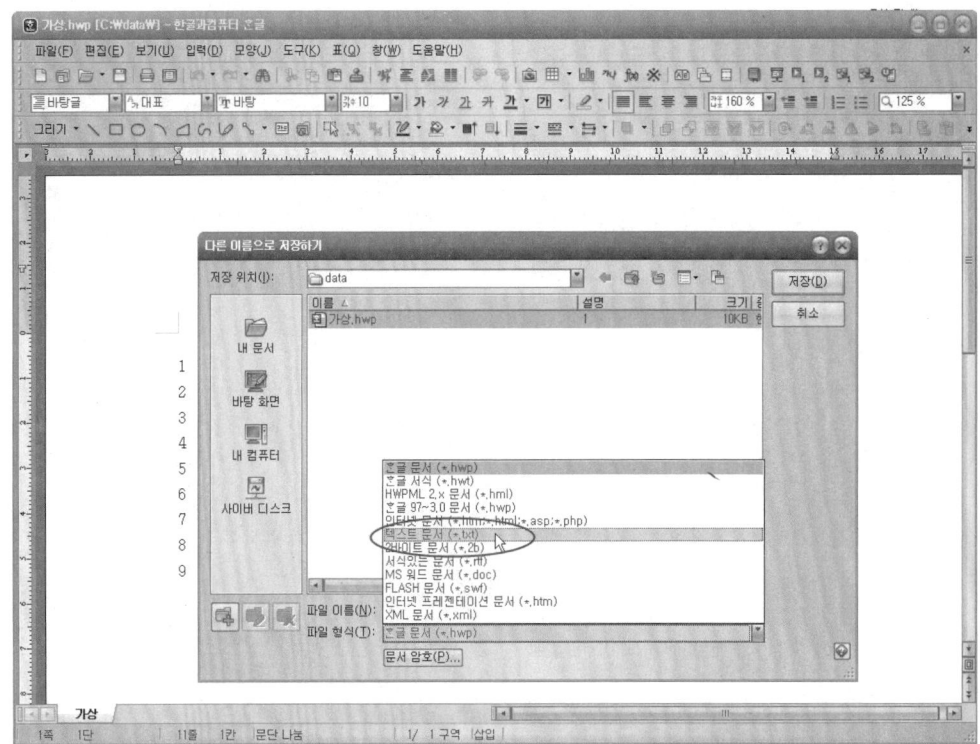

<그림 2-5> 다른 이름으로 저장하기 대화상자에서 텍스트 문서로 저장

(3) 엑셀에서 불러오기

　　텍스트 문서를 불러오기 위해서 메뉴표시줄의 데이터 → 외부 데이터 가져오기 → 텍스트 를 클릭하여 파일 가져오기 대화상자 열어 폴더를 찾아가 파일 형식을 텍스트 파일로 바꿔준다<그림 2-6>. 원하는 텍스트 파일을 두 번 클릭하여 열면 텍스트 마법사가 저절로 시행된다.

2장 2절   데이터 작성   27

<그림 2-6> 텍스트 파일 가져오기

가상 데이터는 탭 으로 구분하여 입력했으므로 텍스트 마법사에서 설정된 (구분 기호로 분리됨) 대로 다음(N) > 을 선택하여 다음 단계로 넘어간다<그림 2-7>.

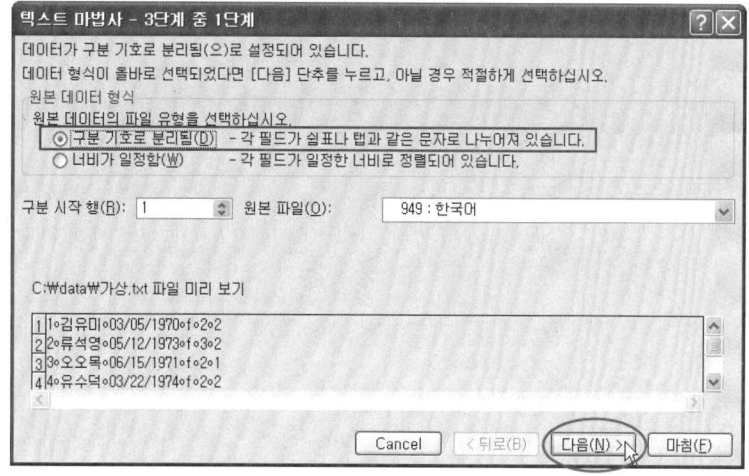

<그림 2-7> 원본 데이터 파일 유형 선택하기

28   제 2 장   데이터 관리

변수의 구분자를 선택한다. '탭'이 선택되어 있으면 제대로 인식한 것이다. 만약, 다른 기호가 선택되어 있다면 '탭'을 선택하면 된다<그림 2-8>.

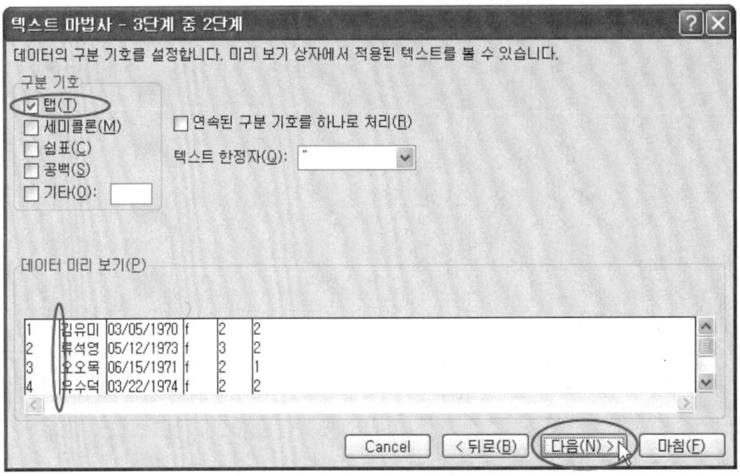

<그림 2-8> 데이터의 구분기호 설정

모든 변수가 '일반' 형식으로 되어있다. 이름이나 성별은 텍스트로, 생년월일은 날짜(월일년)형식으로 지정한다<그림 2-9>. 마침(F) 을 클릭하고 기존 워크시트(E): 를 선택한다<그림 2-10>.

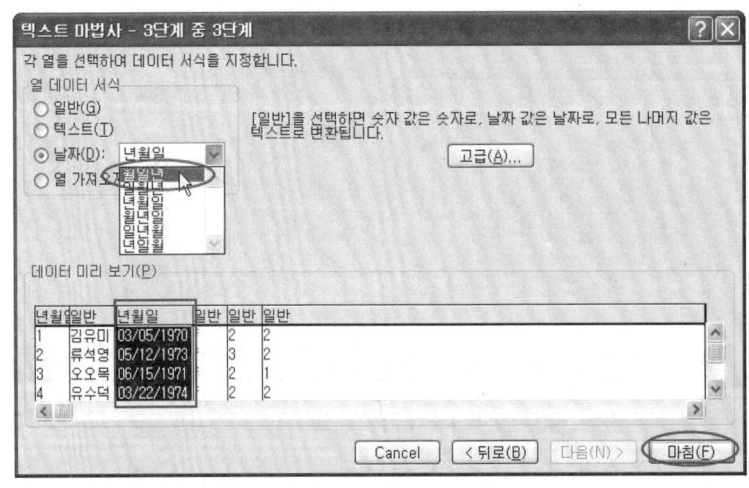

<그림 2-9> 변수의 형태에 따라 적절한 서식을 지정

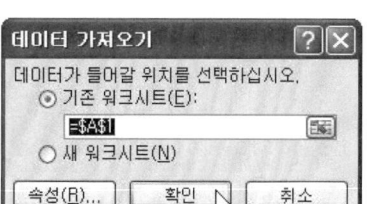

<그림 2-10> 워크시트의 위치지정

결과를 출력할 워크시트의 시작 위치(A1셀)를 <그림 2-10>과 같이 지정하고 나면 <그림 2-11>과 같은 출력 결과를 볼 수 있다. 새로운 행을 삽입하여 변수 이름을 입력해 준다<그림 2-12>.

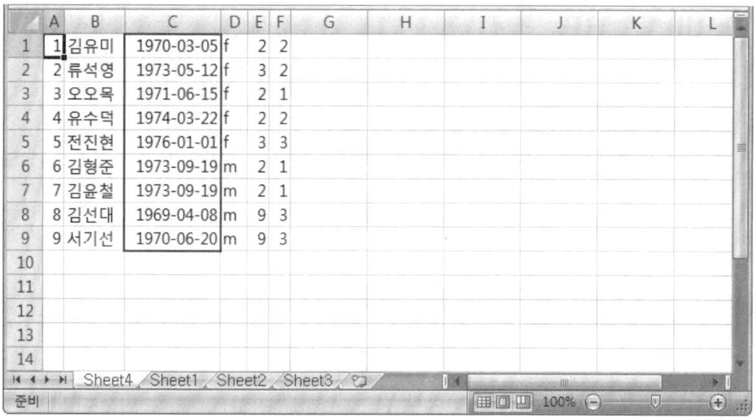

<그림 2-11> 출력 결과

<그림 2-12> 변수명을 입력한 모습

지정된 데이터의 형식에 맞게 생년월일을 '월/일/년도'의 모양으로 바꿔준다<그림 2-13>. C열 전체 C 를 선택한 후 마우스 오른쪽 버튼을 눌러 셀 서식(F)... 을 선택한다. 셀 서식 창에서 사용자 지정 을 선택하고 형식(T): 에 'mm/dd/yyyy'라고 입력한 후 확인 을 선택한다.

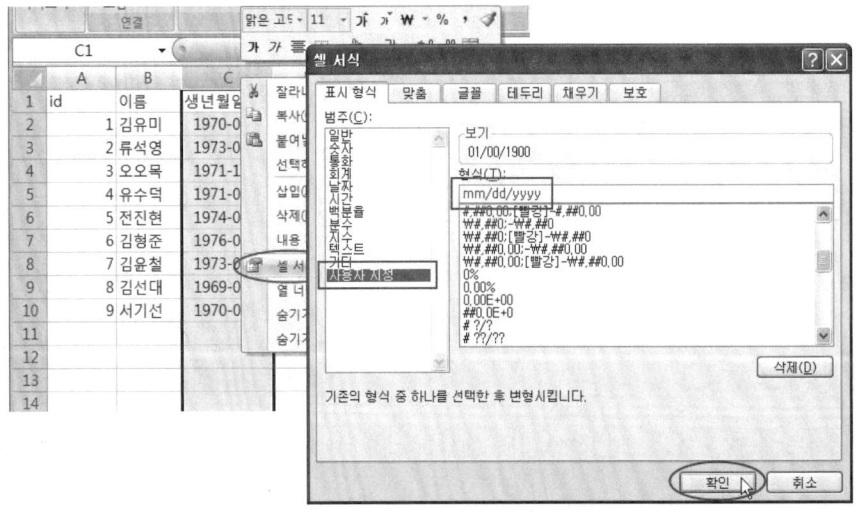

<그림 2-13> 데이터시트가 완성됨

2장 2절   데이터 작성   31

<그림 2-14> 데이터시트가 완성됨

<그림 2-14>처럼 생년월일의 서식이 원래 데이터처럼 변경된 것을 확인할 수 있다.

> 앞에서 문서편집기(호글)에서는 '월/일/년도' 순으로 데이터를 입력했고, 텍스트마법사의 3단계에서 날짜(월일년) 형식으로 서식을 지정해 주었지만 엑셀에서는 '연도-월-일'로 표시된 점을 눈여겨 볼 필요가 있다. 엑셀에서 날짜 데이터의 형식은 '연도-월-일'과 같은 형태가 기본이며, 이와 같이 입력해야 한다. 이렇게 입력된 데이터만이 '날짜' 변수의 속성을 가지며 시계열에 따른 정렬이나 계산이 가능하다. 이런 형식이 지켜지지 않을 경우 입력된 변수를 '텍스트'나 '숫자' 형식으로 인식하게 되어 시간에 따른 정렬을 할 수 없다. <그림 2-14>에서 보면 날짜데이터는 오른쪽 정렬이 된 것을 볼 수 있다.

예제 2-2

문서편집기(호글)에서 입력한 데이터 '청소년.txt'를 엑셀에서 이용할 수 있는 데이터로 만들어 보자.

① 문서편집기에 입력된 데이터를 텍스트로 저장한다.

이번에는 일정한 열에 정해진 변수를 입력하는 방식을 해보자. 호글에 데이터를 입력하여 전산화가 끝나면, <그림 2-15>와 같이 파일 형식을 텍스트 문서(*.txt)로 선택하고 파일 이름은 '청소년.txt'로 저장한다.

32 제 2 장   데이터 관리

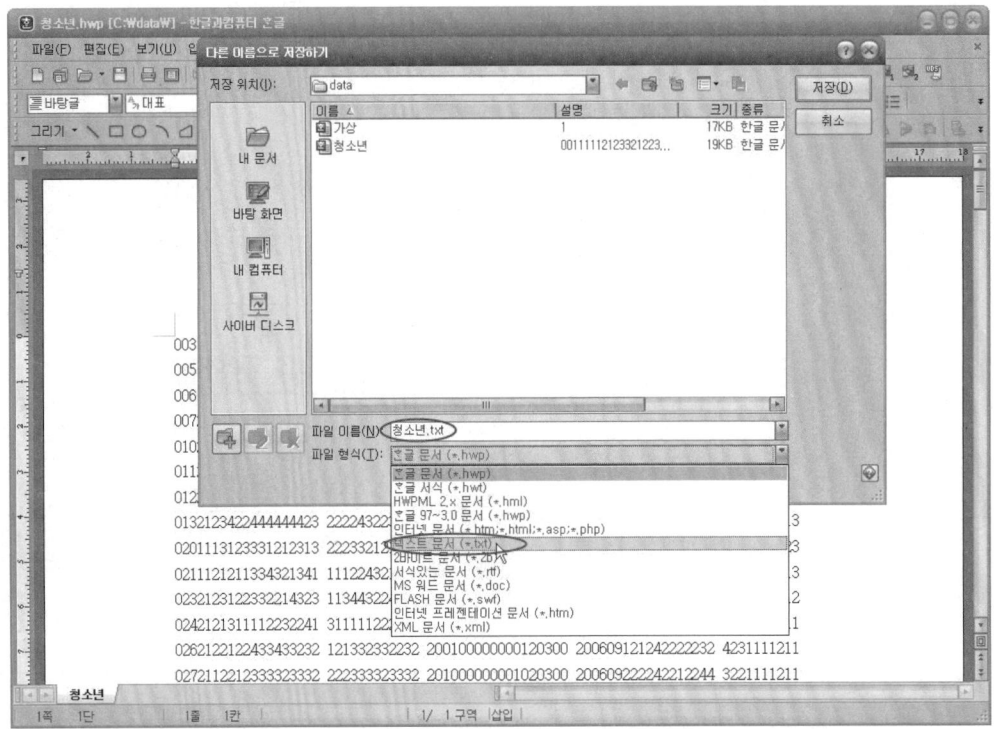

<그림 2-15> 텍스트 파일로 저장하기

> 데이터를 입력할 때 <그림 2-15>처럼 중간 중간에 적절히 빈칸을 주면 입력을 할 때나 잘못 입력된 케이스를 찾아 수정할 때 훨씬 편하다. 워드프로세서에서 입력을 하다보면 중간에 데이터를 빼먹거나 두 번씩 타이핑이 되어 칸이 밀리거나 당겨지게 되는 경우가 자주 있다. 빈칸이 없으면 그 줄이 끝날 때까지 틀린 것을 모르게 되지만, 빈칸이 있는 경우 줄이 틀리면 쉽게 눈에 띄므로 바로 고칠 수 있어서 편리하다. 간단한 것이지만 비표본 오차(non-sampling error)를 줄여 질 좋은 자료를 만들어내는데 큰 도움이 되는 방법이다.

② 텍스트로 저장된 데이터 읽기

텍스트 문서를 불러오기 위해서 메뉴표시줄에 데이터 → 외부 데이터 가져오기 → 텍스트 를 클릭하여 텍스트 파일 가져오기 대화상자를 열고 '청소년.txt'를 선택한 후 가져오기(M) 를 선택해 파일을 가져온다<그림 2-16>.

<그림 2-16> 텍스트 파일 가져오기

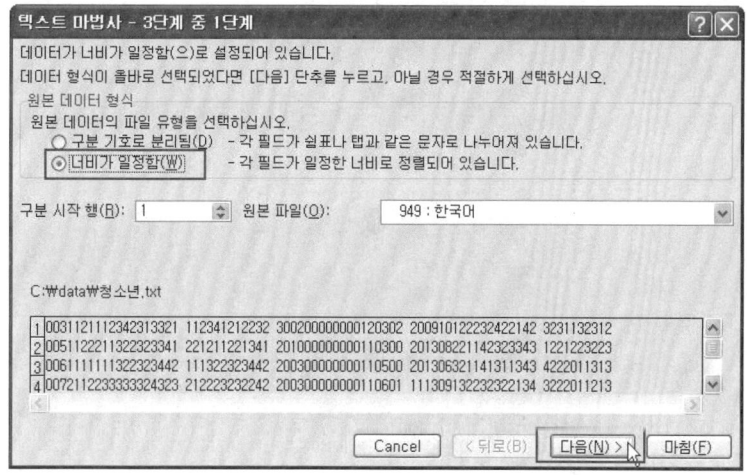

<그림 2-17> 원본 데이터 형식 지정하기

1단계에서 너비가 일정함(W) 에 체크하고 다음(N)> 을 선택한다.

2단계의 대화상자 상단에 나와 있는 설명에 따라 변수를 구분할 위치에서 마우스를 클릭하여 변수 구분선을 알맞게 지정한다. 변수 구분선은 부록 B 질문지 및 코드북을 참조하여 정확하게 지정하도록 한다. <그림 2-18> 과 같이 지정해 나가면 된다. 변수 구분선이 알맞게 지정되었으면 다음(N)> 을 클릭한다.

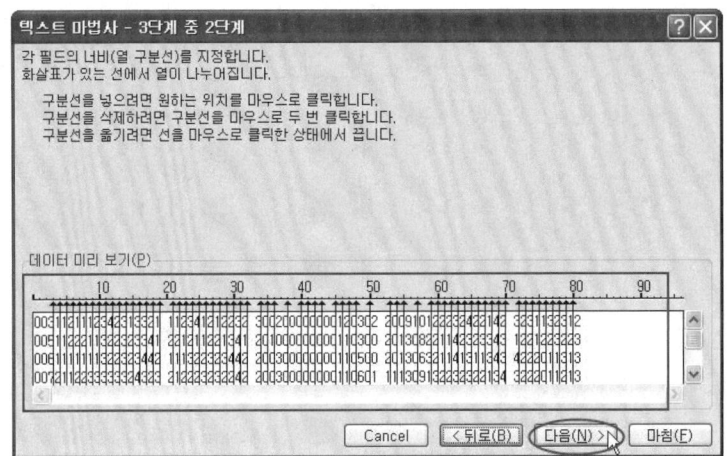

<그림 2-18> 변수 구분선 지정하기

3단계에서는 변수의 형식을 지정할 수 있다. 열 데이터 서식 란에 변수의 서식을 정해준다. 날짜 등 다른 형식의 변수가 없으므로 모두 일반(G) 에 체크하고 변수의 서식을 지정했으면 마침(F) 을 클릭한다.

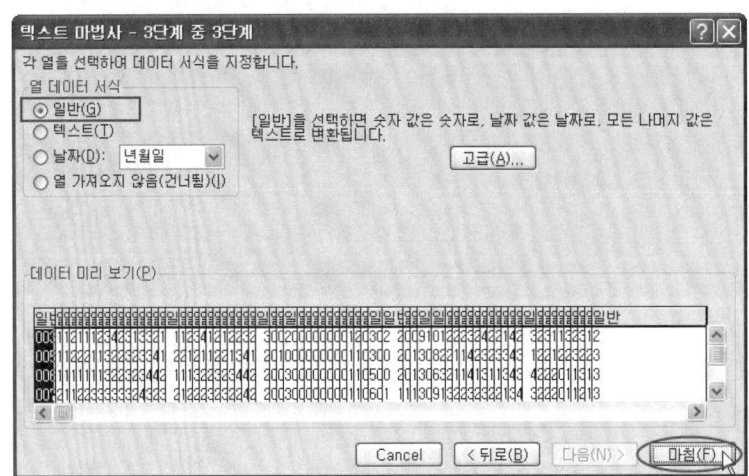

<그림 2-19> 변수 서식 지정하기

데이터 가져오기 창에서 기존 워크시트(E): 에 체크하고 확인 을 클릭한다<그림 2-20>. 데이터를 불러들인 결과는 <그림 2-20>과 같다.

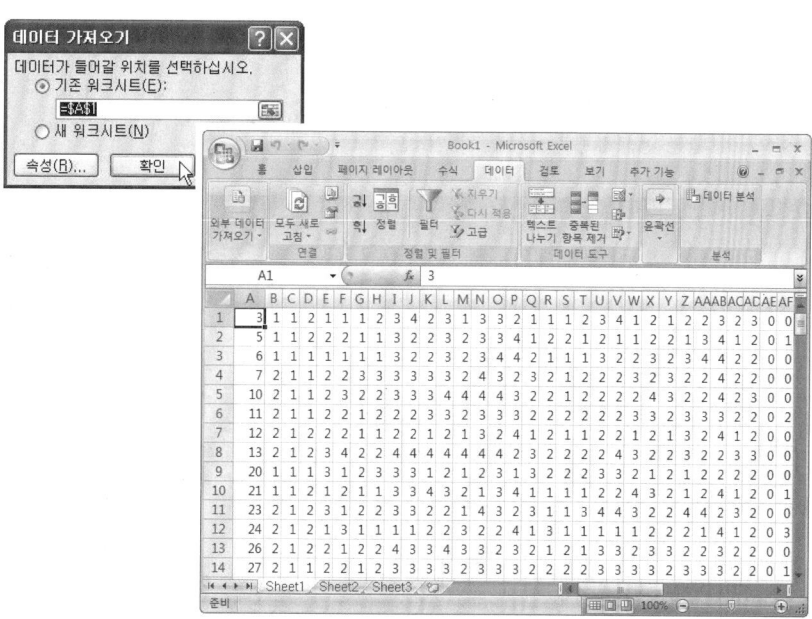

<그림 2-20> 데이터를 불러들인 결과

1행 위에 새 행을 하나 삽입하고 변수 이름을 입력해 준다. 변수이름을 삽입한 결과는 <그림 2-21>과 같다.

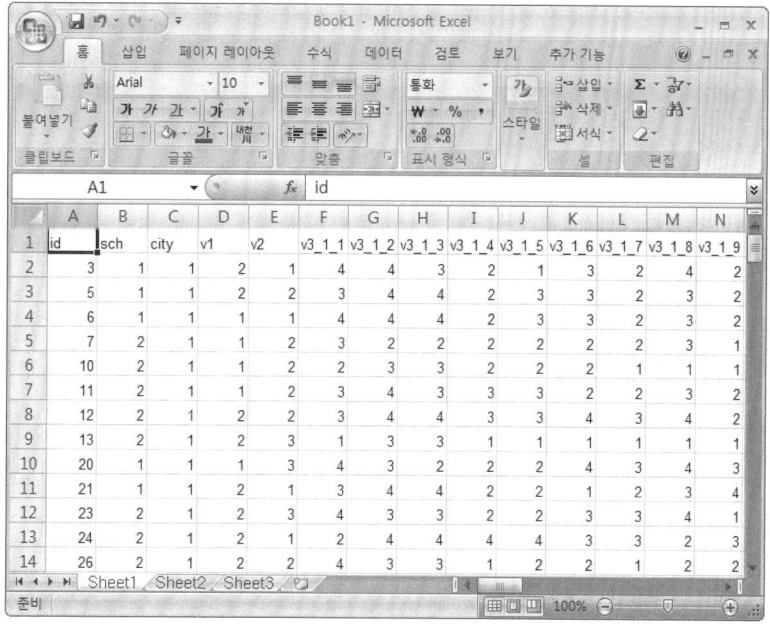

<그림 2-21> 변수이름을 삽입한 결과

3. 복수응답의 처리

부록B 청소년 질문지의 10번 질문(친구를 사귈 때 중요한 점)처럼 하나의 질문에 2개 이상의 답을 고르는 설문이 있다. 이와 같은 복수응답 질문은 어떻게 입력하고 분석해야 하는지 알아보자.

만약, "친구를 사귈 때 중요하게 생각하는 2가지는 무엇인가요?"라는 질문처럼 응답의 수가 2개인 경우에는 "친구를 사귈 때 어떤 점을 가장 중요하게 생각하나요?"라는 질문 하나와, "친구를 사귈 때 2번째로 중요하게 생각하는 점은 무엇인가요?"라는 질문 하나, 즉 2개의 독립된 질문으로 여기고 각각의 답을 차례로 입력하면 된다.[2]

분석시에는 친구를 사귈 때 중요하게 생각하는 점 첫 번째와 두 번째를 각각 빈도표로 내어볼 수도 있고, 순서에 관계없이 해당 보기를 골랐는지 아닌지에 따라 분석을 할 수도 있다.

만약, "친구를 사귈 때 어떤 점을 가장 중요하게 생각하나요? 있는 대로 고르세요"처럼 있는 대로 모두 고르는 질문(보기의 개수는 17개)이라면 응답자마다 고르는 개수가 다르므로 각 보기를 하나의 질문으로 여기고 해당 보기를 골랐으면 1, 아니면 0의 식으로 입력한다. 예를 들어, ① 공부 잘하는 것이 중요하고 ③ 리더십이 있는 것 ⑧ 나를 이해해 주는 것 등 3가지를 골랐으면 10100 00100 00000 00으로 입력하면 된다.

복수응답일 경우의 빈도표는 전체 응답자 중에서 그 응답을 한 사람의 빈도와 퍼센트를 나타내게 되므로 모든 보기의 빈도를 합하면 당연히 응답자수보다 많다. 퍼센트의 합이 100%를 넘는 것 또한 당연하다. 따라서, 응답자수는 "합계"가 아니라 전체 응답자 수라는 의미로 "BASE"라고 한다<표 2-3>.

또한, 복수응답일 경우 각각 해당 보기를 고른 사람과 아닌 사람으로 비교하도록 교차분석(카이제곱 검정)을 할 수는 있으나, 해당하는 변수 모두를 가지고 교차분석을 할 수는 없다. 즉, 성별과 '취미가 비슷한 것이 친구 사귈 때 중요한지의 여부'의 관계를 통계적으로 검정할 수는 있으나, 성별과 '친구 사귈 때 가장 중요하게 여기는 점' 간의 관계를 통계적으로 검정할 수는 없다.

---

[2] "친구를 사귈 때 중요하게 생각하는 2가지는 무엇인가요?"라고 묻는 것 보다는, 부록B 질문지에 있는 것처럼 "친구를 사귈 때 어떤 점을 가장 중요하게 생각하나요? 그 다음으로는요?"라고 묻는 편이 좋다.

<표 2-3> 복수응답 빈도표

친구 사귈 때 가장 중요한 점	빈도	%
공부 잘하는 것	2	1.3
춤, 노래, 운동, 유머 등 재주가 있는 것	7	4.6
리더쉽이 있는 것	2	1.3
취미가 비슷한 것	12	7.9
잘사는 것(부자)	2	1.3
친구들과 잘 어울리는 것	23	15.2
학교생활에 성실한 것	2	1.3
나를 잘 이해해 주는 것	89	58.9
함께 있으면 즐거운 것	85	56.3
친구들에게 돈을 잘 쓰는 것	2	1.3
잘 생긴 것/예쁜 것	4	2.6
싸움 잘 하는 것	3	2.0
성격	59	39.1
나랑 관심이 비슷한 친구	1	.7
BASE	153	100.0

4. 데이터 클리닝(data cleaning)

데이터를 입력하고 난 후에는 분석에 앞서 조사과정이나 입력과정의 실수를 찾아내서 수정하는 데이터 클리닝(data cleaning) 과정을 거쳐야 한다. 통계분석에 익숙한 연구자들도 이 과정을 놓치는 경우가 많은데, 데이터 클리닝이 제대로 되지 않은 자료는 돌이 섞인 쌀로 밥을 짓는 것과 마찬가지로 아무리 고급 분석기법이나 맞는 분석기법을 사용했다고 하더라도 분석을 제대로 한 것이 아니다. 데이터가 제대로 수집되고 입력되었는지 그 타당성을 확인할 때에는 범위를 벗어난 응답과 논리적인 잘못의 두 가지 측면을 고려해야 한다.

범위를 벗어난 응답의 예로 성별을 생각해보자. 성별은 남(1로 코딩), 여(2로 코딩)의 2가지 범주만 있어야 한다. 그런데 만약, 성별의 빈도표를 내어 보았더니 3이나 5와 같은 값이 있다면 이는 범위를 벗어난 것이다.

논리적인 잘못은 응답의 내용이 앞뒤가 맞지 않거나, 물어야 할 문항에 응답이 안 된 경우, 묻지 말아야할 문항에 응답이 된 경우 등이다. 예를 들어, 남자인데 임신경험이 있다고 응답되어 있다거나, 청소년 질문지의 9번 질문(친하게 지내는 이성친구 유무)에서 "친하게 지내는 이성친구가 없다"라고 응답했으면서 9.1번 질문(특별히 사귀는 이성친구 유무)에서 "특별히 사귀는 이성친구가 있다"라고 응답했다면 응답의 내용이 논리적으로 앞뒤가 맞지 않는 것이다. 위와 같은 잘못을 발견하면 해당 케이스를 찾아내서 응답지를 살펴보고 조사가 잘못되었는지 자료 입력상의 잘못인지를 찾아 수정해야 한다.

범위를 벗어난 응답은 변수의 빈도표를 내어 보아서 알 수 있는데, 빈도표에서 범위를 벗어난 케이스가 나오면 필터 메뉴를 이용해서 찾을 수 있다.3) 논리적으로 앞뒤가 맞지 않는 응답을 찾아내려면 데이터 → 필터 → 고급 을 사용하여 알아볼 수 있지만 사용이 복잡하므로 우리는 교차표를 통해 찾아보도록 하자.4)

만약, 청소년 질문지의 9번 질문(친하게 지내는 이성친구 유무)에서 "친하게 지내는 이성친구가 없다"라고 응답했으면서 9-1번 질문(특별히 사귀는 이성친구 유무)에서 "특별히 사귀는 이성친구가 있다"라고 응답한 경우를 찾으려면 9번 질문과 9-1번 질문의 교차표를 내어 해당하는 케이스가 있는지 없는지, 있다면 몇 케이스인지 알아본 다음, 필터를 두 번 사용하여(먼저 9번 질문에 2번으로 응답한 케이스만 골라낸 후, 9-1번 질문에 1번으로 응답한 케이스만 골라내면 된다) 해당 케이스를 찾아낼 수 있다.

해당 케이스를 찾아낸 후, 만약 입력상의 잘못이라면 데이터를 수정하고, 조사가 잘못되었다면 해당 응답자에게 다시 연락하여 보완하도록 한다. 만약, 수정하기 어려운 경우(해당 응답자와 연락이 되지 않거나 확인할 수 없는 경우)라 하더라도 연구자의 임의대로 자료를 바꾸거나 연구자의 필요에 의해 자료를 바꾸어서는 안 된다(예, 성별이 무응답인데 남자의 데이터 개수가 부족하니 임의대로 남자로 바꾸는 경우). 확실히 추정할 수 있는 경우라면(예, 여학교에서 조사했는데 성별이 무응답이거나 남자로 체크되어 있는 경우) 제대로 바꾸고 도저히 추정하기 어렵거나 수정할 수 없는 경우라면 결측치로 처리하여야 한다.

---

3) 일부 케이스를 선택하는 방법은 p. 41을 참고하기 바란다.
4) 교차표를 만드는 방법은 p.75를 참고하기 바란다.

제3절 데이터 편집

1. 케이스 정렬

케이스들을 특정한 변수의 값으로 정렬하고자 하는 경우에 이용한다. 예를 들어 모든 케이스를 id순으로 정렬한다든지, 점수가 높은 사람부터 내림차순으로 성적을 정렬하는 것 등이다. 케이스 정렬은 데이터 → 정렬 및 필터 를 선택한다.

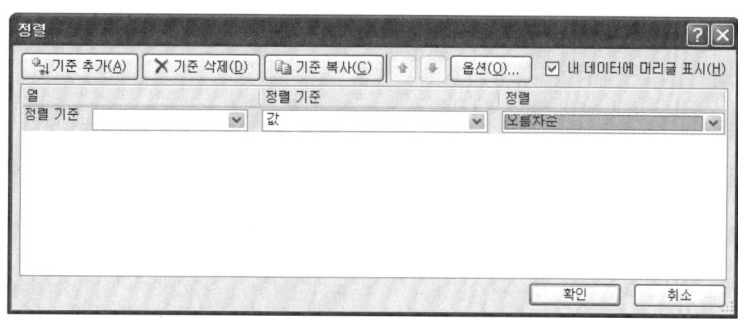

<그림 2-22> 케이스 정렬

예제 2-3

'가상' 데이터를 이용하여 각 케이스를 생년월일 순으로 정렬하여 보자. 먼저 태어난 사람부터 차례로 정렬하자.

① 정렬 기준 에 정렬의 기준이 되는 변수를 선택한다.
② 먼저 태어난 사람은 생년월일이 이른 사람이므로 생년월일에 대하여 오름차순으로 정렬해야 한다. 정렬순서에서 오름차순 을 선택하고 확인 을 클릭한다<그림 2-23>.

40   제 2 장   데이터 관리

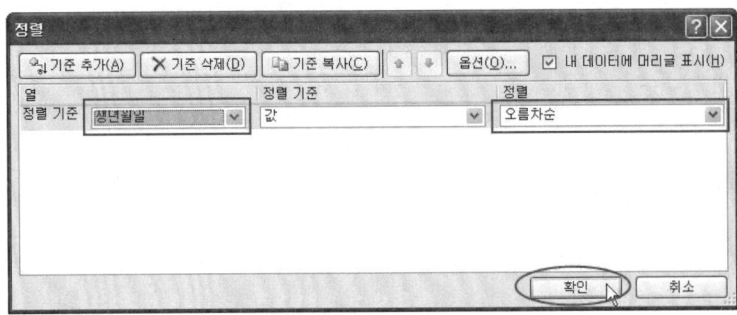

<그림 2-23> 케이스 정렬하기

결과는 <그림 2-24>와 같다. 생년월일이 이른 사람부터 오름차순으로 케이스가 정렬되었다. <그림 2-12>에 있는 처음 저장한 데이터가 id의 오름차순으로 되어 있었던 것과 차이가 난다.

<그림 2-24> 케이스를 생년월일 오름차순으로 정렬한 결과

2. 일부케이스 선택

대부분의 분석에서는 모든 케이스를 분석하지만 때로는 일부 케이스들만을 선택하여 분석하는 경우도 있다. 예를 들어 응답자 중 여자들만 선택하여 분석한다든지, 조사된 사람들 중 일부(예를 들어 절반)만 선택하여 분석하는 경우 등이다. 여자만 선택하는 것은 조건을 만족하는 케이스만 선택하는 것인데, 필요하면 무작위로 일부만 선택할 수도 있다. 사회과학에서는 특히 수집된 케이스를 절반으로 나누어 두 개의 서로 독립된 표본으로 삼아 한쪽 표본에서 얻은 결론을 다른 쪽에 적용해보는 방법을 많이 쓴다.

엑셀에서는 필터를 이용하여 원하는 케이스만 선택할 수 있다. 가상 데이터에서 여자만 선택하는 경우를 예로 들어 필터 설정하는 방법을 알아보자.

먼저 필터를 설정하고자 하는 변수인 '성별'이 있는 D열을 선택한다. <그림 2-25>처럼 메뉴표시줄의 홈 → 편집 → 정렬 및 필터 → 필터(F) 를 차례로 클릭하면 첫번째 행의 성별 옆에 조그만 화살표 가 나타난다<그림 2-26>.

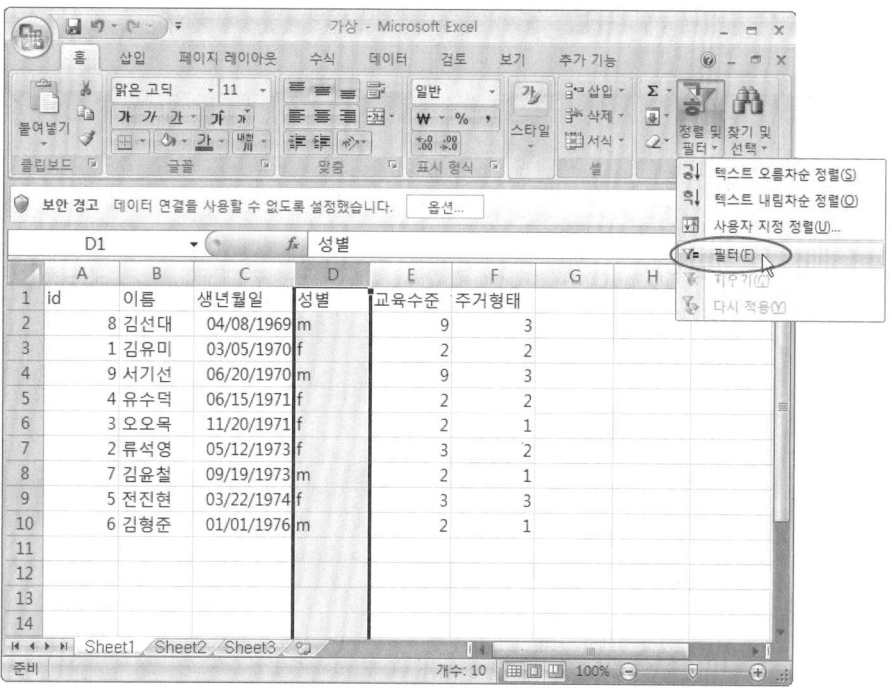

<그림 2-25> 조건에 맞춰 선택할 범위와 조건 선택항목 준비

화살표를 클릭하여 나타나는 선택 항목 중 'f'에만 ☑를 하여 선택하고 [확인] 을 클릭하면 성별의 값이 'f'인 케이스만 선택된다<그림 2-27>.

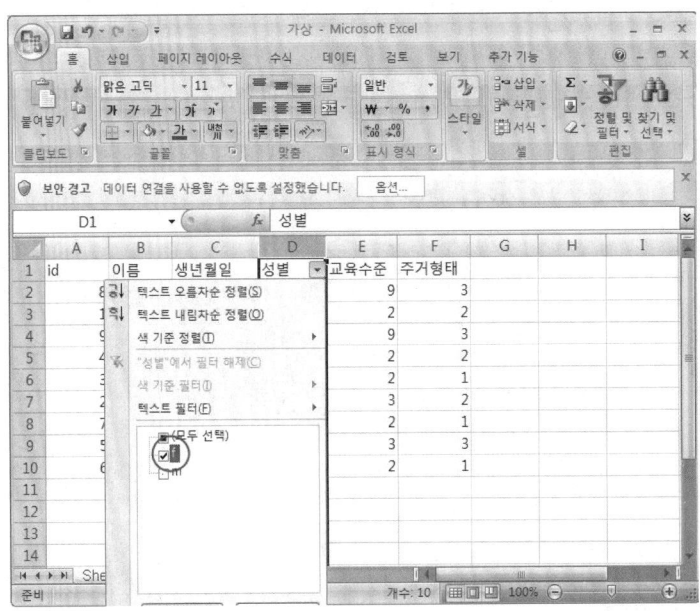

<그림 2-26> 성별의 값이 'f'인 케이스만 선택

<그림 2-27> 성별의 값이 'f'인 케이스만 선택한 결과

다시 모든 케이스를 선택하고자 하면 선택 항목 중 '모두 선택'을 클릭한다. 필터를 없애려면 필터를 설정할 때와 마찬가지로 메뉴표시줄의 [홈] 에서 [편집]

의 ![정렬 및 필터] 와 ![필터(F)] 를 클릭한다. 필터를 설정할 때와는 달리 필터 아이콘에 색으로 선택되어 있는 것을 알 수 있다. 필터를 다시 클릭하여 필터를 해제한다.

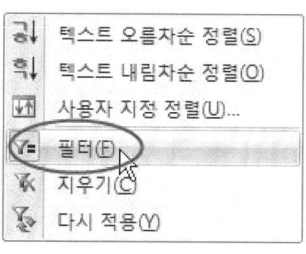

<그림 2-28> 필터를 다시 클릭하여 필터해제

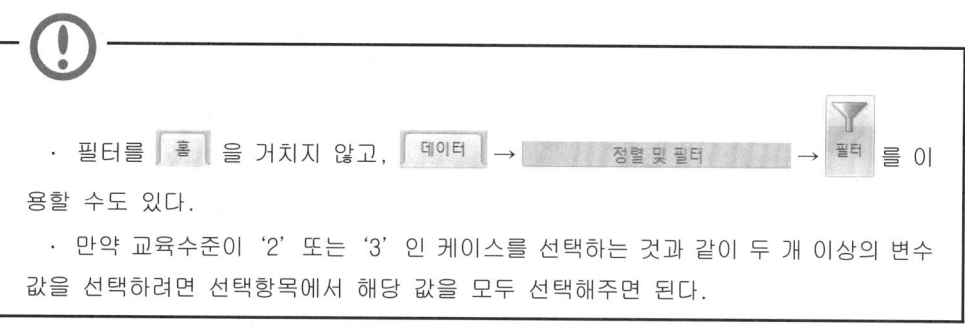

- 필터를 [홈]을 거치지 않고, [데이터] → [정렬 및 필터] → [필터]를 이용할 수도 있다.
- 만약 교육수준이 '2' 또는 '3'인 케이스를 선택하는 것과 같이 두 개 이상의 변수 값을 선택하려면 선택항목에서 해당 값을 모두 선택해주면 된다.

3. 창 나누기

데이터 중 행 번호가 큰 케이스를 보기 위해 상하스크롤바를 아래로 이동시키면 행 1번에 있는 변수의 이름이 나타나지 않는다<그림 2-29>. 아래쪽의 케이스를 보면서 동시에 변수의 이름도 볼 수 있다면 참 편리할 것이다. 창을 둘로 나누어 한쪽 창에는 변수 이름이 보이고 다른 창에는 아래쪽의 케이스들을 볼 수 있게 만들어 보자.

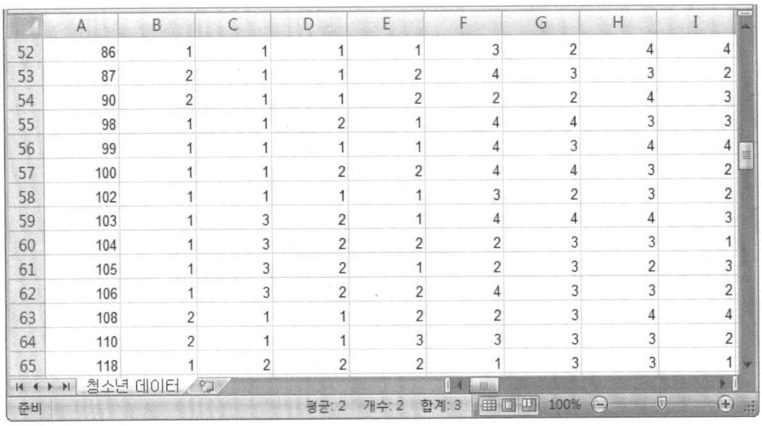

	A	B	C	D	E	F	G	H	I
52	86	1	1	1	1	3	2	4	4
53	87	2	1	1	2	4	3	3	2
54	90	2	1	1	2	2	2	4	3
55	98	1	1	2	1	4	4	3	3
56	99	1	1	1	1	4	3	4	4
57	100	1	1	2	2	4	4	3	2
58	102	1	1	1	1	3	2	3	2
59	103	1	3	2	1	4	4	4	3
60	104	1	3	2	2	2	3	3	1
61	105	1	3	2	1	2	3	2	3
62	106	1	3	2	2	4	3	3	2
63	108	2	1	1	2	2	3	4	4
64	110	2	1	1	3	3	3	3	2
65	118	1	2	2	2	1	3	3	1

<그림 2-29> 행번호가 높은 케이스를 볼 때 변수의 이름이 보이지 않음

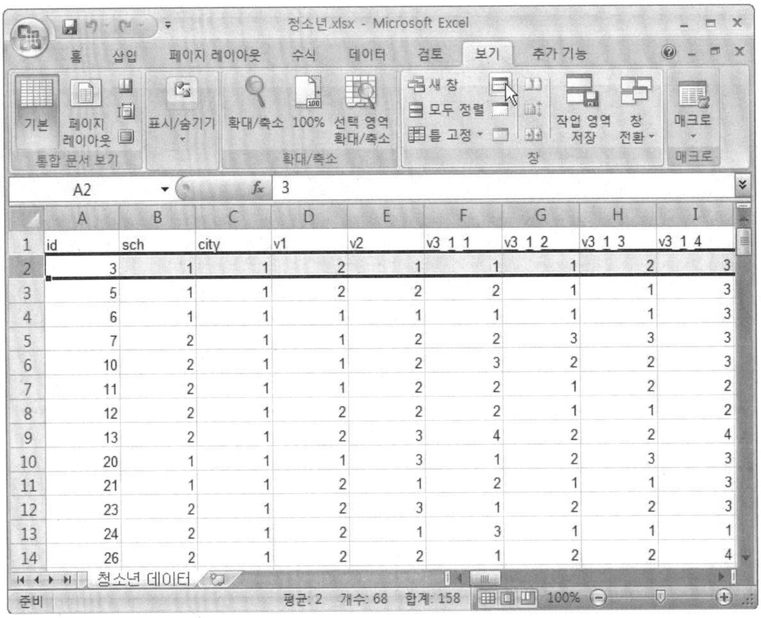

	A	B	C	D	E	F	G	H	I
1	id	sch	city	v1	v2	v3_1_1	v3_1_2	v3_1_3	v3_1_4
2	3	1	1	2	1	1	1	2	3
3	5	1	1	2	2	2	1	1	3
4	6	1	1	1	1	1	1	1	3
5	7	2	1	1	2	2	3	3	3
6	10	2	1	1	2	3	2	2	3
7	11	2	1	1	2	2	1	2	2
8	12	2	1	2	2	2	1	1	2
9	13	2	1	2	3	4	2	2	4
10	20	1	1	1	3	1	2	3	3
11	21	1	1	2	1	2	1	1	3
12	23	2	1	2	3	1	2	2	3
13	24	2	1	2	1	3	1	1	1
14	26	2	1	2	2	1	2	2	4

<그림 2-30> 행 번호를 선택하고 보기 의 나누기 로 화면을 나눔

화면나누기는 화면을 나누고자 하는 위치(행이나 열)의 행 번호나 열 문자를 선택하고 메뉴표시줄 보기 의 나누기 를 선택하여 사용할 수 있다<그림 2-30>.

나뉜 화면은 각기 다른 화면처럼 상하스크롤바를 움직일 수 있다. <그림 2-31>은 <그림 2-29>처럼 52행부터 화면에 나타나게 한 화면으로, 첫번째 행에 있는 변수

이름도 보이도록 화면을 나눈 것이다. 처음 화면 나눌 위치를 행2에 지정했기 때문에 위쪽 화면에는 항상 한개의 행밖에 보이지 않는다. 아래, 위 화면 모두 스크롤 화살표를 이용하여 다른 행을 볼 수도 있다.

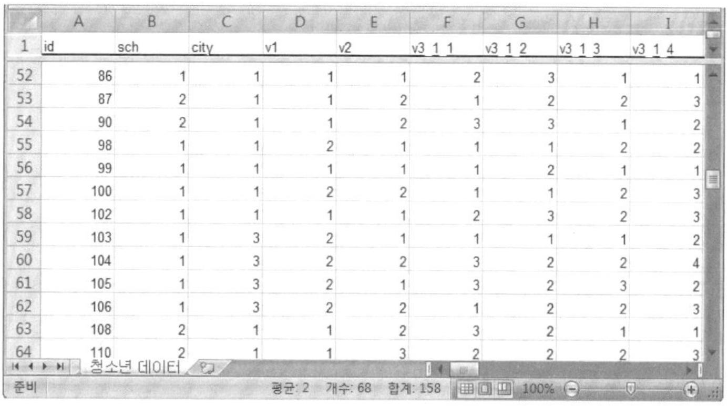

	A	B	C	D	E	F	G	H	I
1	id	sch	city	v1	v2	v3_1_1	v3_1_2	v3_1_3	v3_1_4
52	86	1	1	1	1	2	3	1	1
53	87	2	1	1	2	1	2	2	3
54	90	2	1	1	2	3	3	1	2
55	98	1	1	2	1	1	1	2	2
56	99	1	1	1	1	1	2	1	1
57	100	1	1	2	2	1	1	2	3
58	102	1	1	1	1	2	3	2	3
59	103	1	3	2	1	1	1	1	2
60	104	1	3	2	2	3	2	2	4
61	105	1	3	2	1	3	2	3	2
62	106	1	3	2	2	1	2	2	3
63	108	2	1	1	2	3	2	1	1
64	110	2	1	1	3	2	2	2	3

<그림 2-31> 화면을 나누어 변수이름과 행 52 이하를 동시에 봄

화면나누기를 해제하고자 하면 메뉴표시줄 [보기] 의 [나누기] 를 다시 눌러 해지하면 된다.

제4절 데이터 변환

1. 코딩 변경 : 변수값의 변경

때로는 **데이터수집 시에 지정한 변수값들을 다른 값으로 바꿔야 할 필요가 있다.** 예를 들어 실제로 측정한 연령을 10대, 20대, 30대와 같이 집단으로 묶거나, 교육수준이 초등학교 졸업인 사람의 수가 적어서, 이 사람들을 중졸이하로 합하는 경우 등이 이에 속한다. 또, 문자로 입력된 성별(m, f)을 숫자(1, 2)로 바꾸고자 할 때도 있다.

변수값을 변경할 때는 기존의 변수이름을 그대로 사용하면서 값만 바꿀 수도 있지만 새로운 변수를 만들어 사용하는 것도 좋다. 위에서 예로 든 연령이나 학력처럼 원래의 값이 완전히 없어지는 경우에는 새로운 변수이름을 주고, 성별처럼 원래 값들이 유형만 바뀌는 경우에는 기존의 이름을 그대로 두고 코드값만 변경시켜도 된다. 각 방법을 예제를 통해 알아보자.

자아존중감에 관한 질문[문13 : v13_1~v13_10]은 긍정적인 문항과 부정적인 문항이 섞여 있으며, 모든 문항이 '1=매우 그렇다' 부터 '4=전혀 그렇지 않다' 로 코딩되어 있다. 자아존중감이 높은 사람의 응답 점수가 높아지도록 하기 위하여 긍정적인 문항(1번, 2번, 4번, 6번, 7번)의 코딩을 1 → 4로, 2 → 3로, 3 → 2로, 4 → 1로 변경하여 보자. 이러한 과정을 역코딩이라고 한다.

※ 주의: 엑셀에서는 변수의 값을 바꿀 때, 바뀐 값과 같은 변수값을 이용하여 바꾸려고 하는 값만 바꾸게 되면 바뀐 값이 원래의 값 중 하나와 같아지면서 그 값을 바꿀 때 다시 바뀌게 되어 제대로 바뀌지 않는 문제가 생긴다 <표 2-4>. 따라서 <표 2-5>와 같이 매우 그렇다(1)를 4로 바꾸는 경우 그냥 1을 4로 바꾸면 원래 전혀 그렇지 않다(4)의 값과 같아지게 되므로 먼저 전혀 그렇지 않다(4)를 원래 없던 값(0)으로 바꿔놓고 매우 그렇다(1)를 4로 바꾼 후, 4를 1로 바꾸는 것은 4를 먼저 0으로 바꾸어 두었기 때문에 0을 1로 바꾸면 된다. 즉, 바꾸려고 하는 것은 4가지이지만 6단계를 거쳐야 우리가 원하는대로 변수값을 바꿀 수 있다.

<표 2-4> 원래 값과 같은 변수값을 이용할 때의 문제점

응답내용	원래의 변수값	바꾸는 순서와 바꾼 결과				새로운 변수값
		① 1→4	② 2→3	③ 3→2	④ 4→1	
매우 그렇다	1	→ 4	변화없음	변화없음	→ 1	1
그런 편이다	2	변화없음	→ 3	→ 2	→ 2	2
그렇지 않은 편이다	3	변화없음	변화없음	→ 2	변화없음	2
전혀 그렇지 않다	4	변화없음	변화없음	변화없음	→ 1	1

<표 2-5> 원래값과 다른 변수값을 이용하면 문제가 없음

응답내용	원래의 변수값	바꾸는 순서와 바꾼 결과						새로운 변수값
		① 4→0	② 1→4	③ 3→1	④ 2→3	⑤ 1→2	⑥ 0→1	
매우 그렇다	1	변화없음	→ 4	변화없음	변화없음	변화없음	변화없음	4
그런 편이다	2	변화없음	변화없음	변화없음	→ 3	변화없음	변화없음	3
그렇지 않은 편이다	3	변화없음	변화없음	→ 1	변화없음	→ 2	변화없음	2
전혀 그렇지 않다	4	→ 0	변화없음	변화없음	변화없음	변화없음	→ 1	1

① v13_1, v13_2, v13_4, v13_6, v13_7 열을 한꺼번에 선택한다.

<그림 2-32> 변수값을 바꿀 범위 지정

② 메뉴표시줄에서 홈 → 편집 → 찾기 및 선택 → 바꾸기(R)...

를 차례로 클릭하면 바꾸기 대화상자가 나타난다<그림 2-33>. 찾을 문자열에는 변수의 원래 값을, 바꿀 문자열에는 새로운 값을 넣는다. 이 예제에서는 먼저 4를 0으로 바꾼다.

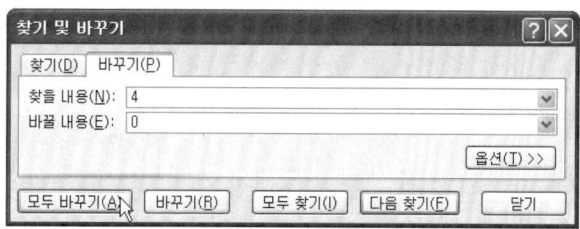

<그림 2-33> 선택된 셀의 변수값 4를 모두 0로 바꿈

③ 다시 바꾸기 대화상자에서 1을 4로, 3을 1로, 2를 3으로, 1을 2로, 0을 1로 순서대로 바꾼다.

④ 결과를 저장한다.

제 2 장   데이터 관리

　　경험에 비추어 보면, 변수값을 변경시키는 경우 다른 이름으로 지정하는 것이 좋다. 변경시킨 변수를 일단 같은 이름으로 지정하여 저장시켜 버리면 원래의 값을 잃어버리게 되지만, 다른 이름으로 저장하는 경우 필요에 따라 변경시키기 전의 데이터와 변경시킨 데이터를 모두 사용할 수 있기 때문이다. 엑셀에서 새로운 변수로 코딩변경 하려면 해당 변수를 복사하여 삽입한 후 변수 이름을 바꾸고 위의 예제처럼 변수값 바꾸기를 하면 된다.

　　조사자료에서 리커트척도로 측정할 때 '긍정적'인 문항과 '부정적'인 문항을 섞어 묻는 경우가 있다. 이러한 변수들을 합하여 하나의 새로운 변수로 만드는 경우에는 어느 한 방향으로 먼저 일정하게 한 후 합해야 한다. 예를 들면, 부정적인 문항은 코딩변경을 통해 긍정적인 내용으로 점수를 바꿔주는 것이다. 이 작업을 "역코딩"이라고 하는데, 역코딩을 하는 방법은 일일이 코딩변경을 할 수도 있고, 척도의 "(최대값+1)-원래값"으로 계산해서 구할 수도 있다.
　　예를 들어, '① 매우 그렇다, ② 그런 편이다, ③ 보통이다, ④ 그렇지 않은 편이다, ⑤ 전혀 그렇지 않다'로 조사된 변수라면 ①→⑤, ②→④, ③→③, ④→②, ⑤→①로 코딩변경하거나, "새변수 = 6-기존변수"로 변수 계산하여 구할 수 있다.

2. 변수계산

　　때로는 측정된 변수값으로 여러 가지 계산을 하여 새로운 변수를 만들어야 할 때가 있다. 예를 들어 키와 체중을 이용하여

$$비만도 = [체중 / \{(키-100) \times 0.9\}] \times 100$$

이라는 계산을 하여 비만도를 측정한다든지 또는 생년월일을 가지고 연령을 계산한다든지, 기존의 변수 A와 B를 사칙연산해서 새로운 변수 C를 만드는 것 등이다.
　　예제를 이용하여 변수 계산하는 방법을 알아보자. 변수 계산은 수식이나 함수를 이용하여 실행한다. 계산방법은 다음 예제를 통해 배우자.

2장 4절   데이터 변환   49

 '청소년.xlsx' 데이터에서 '마음을 터놓을 정도로 친한 친구의 수[문8 : v8_1, v8_2]' 는 '동성친구' 변수와 '이성친구' 변수로 구성되어 있다. 이 두 변수를 더해서 '마음을 터놓을 정도로 친한 친구의 수' 를 구해보자.

① 새 열에 변수이름(셀 BQ1의 값)을 'v8'로 준다.
② 첫 케이스인 셀 BQ2에 셀포인터를 놓고 ⊞키를 친다. 셀내용 표시줄이 함수를 입력할 수 있게 바뀐다<그림 2-34>.

<그림 2-34> 셀에 등호(=)를 치면 셀내용이 바뀜

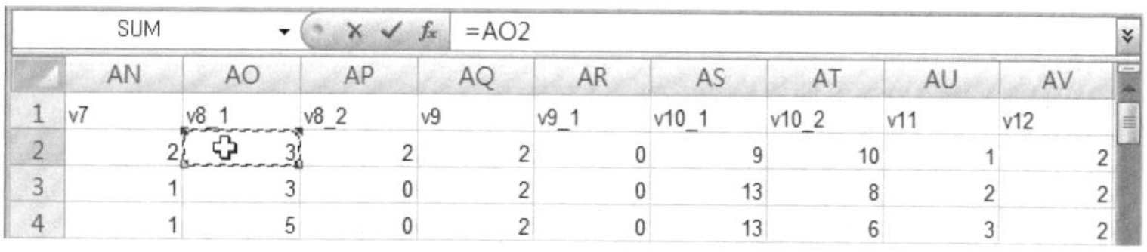

<그림 2-35> 셀에 함수를 입력

③ 'v8_1'의 첫번째 값이 있는 AO2 셀을 마우스로 클릭하면, 등호 옆에 셀포인터의 위치를 나타내는 AO2 라는 글자가 생긴다. + 를 친다.
④ 계속해서 AP2를 클릭한다<그림 2-36>.

<그림 2-36> 더하고자 하는 셀을 모두 클릭하여 식을 완성

⑤ 함수 입력 완성을 알리는 체크 ✓ 를 클릭하거나 Enter↵ 키를 치면 BQ2 셀의 값이 'v8_1'과 'v8_2'의 합인 5로 바뀐다.
⑥ 다시 BQ2 셀을 클릭한 뒤 셀포인터의 오른쪽 아래 코너에 마우스를 대면 마우스의 모양이 까맣고 가느다란 십자 모양으로 바뀐다<그림 2-37>.

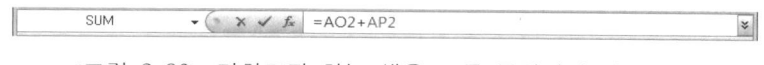

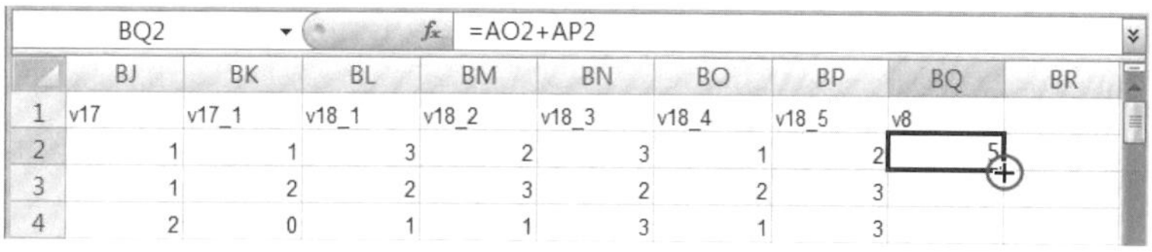

<그림 2-37> 마우스 포인터가 까만 십자로 바뀜

⑦ 마우스의 왼쪽 버튼을 누른 채 마우스를 BQ154 셀까지 끌면 같은 수식으로 'v8'의 값이 모두 바뀐다<그림 2-38>.

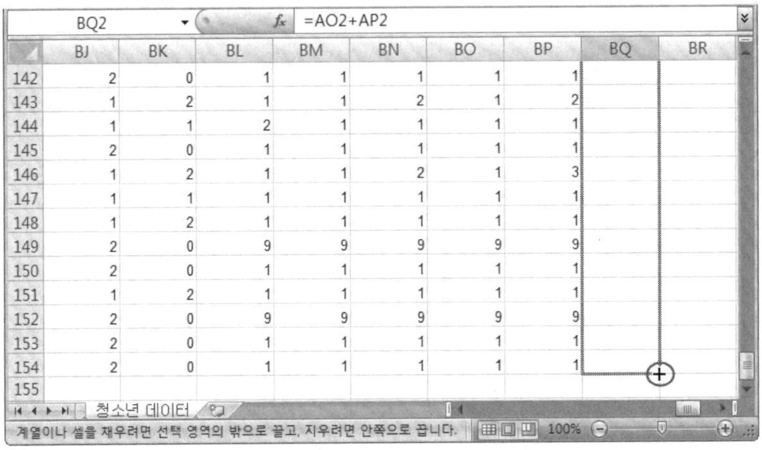

	BJ	BK	BL	BM	BN	BO	BP	BQ	BR
142	2	0	1	1	1	1	1		
143	1	2	1	1	2	1	2		
144	1	1	2	1	1	1	1		
145	2	0	1	1	1	1	1		
146	1	2	1	1	2	1	3		
147	1	1	1	1	1	1	1		
148	1	2	1	1	1	1	1		
149	2	0	9	9	9	9	9		
150	2	0	1	1	1	1	1		
151	1	2	1	1	1	1	1		
152	2	0	9	9	9	9	9		
153	2	0	1	1	1	1	1		
154	2	0	1	1	1	1	1		
155									

<그림 2-38> 마우스를 끌어 값을 채우는 과정

⑧ 값을 확인하기 위하여 BQ154 셀에 셀포인터가 오도록 마우스로 클릭하면 셀내용이 나온다<그림 2-39>. 154번 행의 값을 더해서 'v8'의 마지막 케이스 값을 계산한 것을 알 수 있다.

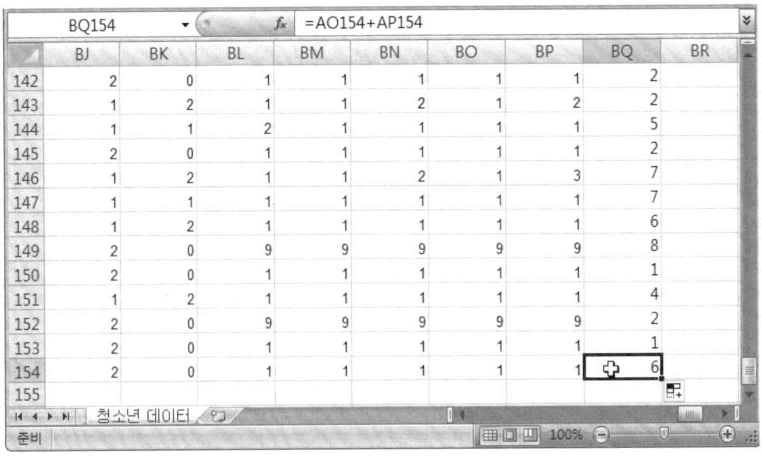

	BJ	BK	BL	BM	BN	BO	BP	BQ	BR
142	2	0	1	1	1	1	1	2	
143	1	2	1	1	2	1	2	2	
144	1	1	2	1	1	1	1	5	
145	2	0	1	1	1	1	1	2	
146	1	2	1	1	2	1	3	7	
147	1	1	1	1	1	1	1	7	
148	1	2	1	1	1	1	1	6	
149	2	0	9	9	9	9	9	8	
150	2	0	1	1	1	1	1	1	
151	1	2	1	1	1	1	1	4	
152	2	0	9	9	9	9	9	2	
153	2	0	1	1	1	1	1	1	
154	2	0	1	1	1	1	1	6	
155									

<그림 2-39> BQ154 셀의 값이 154번 케이스의 값을 합한 값으로 계산됨

2장 4절   데이터 변환   51

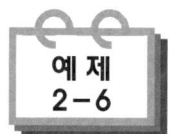
청소년 데이터(청소년.xlsx) 문13번의 10문항은 자아존중감에 대해 물은 문항이다. 이 변수들의 값을 모두 더해 '자아존중감점수[self]' 라는 변수를 만들어 보자.

① 새 열을 만들고 변수이름(셀 BR1의 값)을 'self'라 하자.
② 첫 케이스인 셀 BR2에 셀포인터를 놓고 ⊞키를 친다. 셀내용 표시줄이 함수를 입력할 수 있게 바뀐다<그림 2-40>.

<그림 2-40> 셀에 등호(=)를 치면 셀내용이 바뀜

<그림 2-41> 셀에 함수를 입력

③ 'v13_1'의 첫번째 값이 있는 AW2 셀을 마우스로 클릭하면, 등호 옆에 셀포인터의 위치를 나타내는 AW2 라는 글자가 생긴다. + 를 친다.
④ 계속해서 AX2를 클릭하고 +, AY2, +, AZ2, +, …, BF2 까지 클릭한다<그림 2-42>.

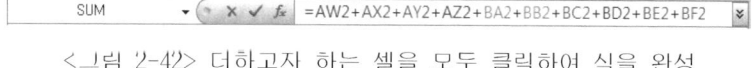

<그림 2-42> 더하고자 하는 셀을 모두 클릭하여 식을 완성

⑤ 함수 입력 완성을 알리는 체크 ✓ 를 클릭하거나 Enter↵ 키를 치면 BQ2 셀의 값이 'v13_1'부터 'v13_10'의 합인 29로 바뀐다.
⑥ 다시 BR2 셀을 클릭한 뒤 셀포인터의 오른쪽 아래 코너에 마우스를 대면 마우스의 모양이 까맣고 가느다란 십자 모양으로 바뀐다<그림 2-43>.

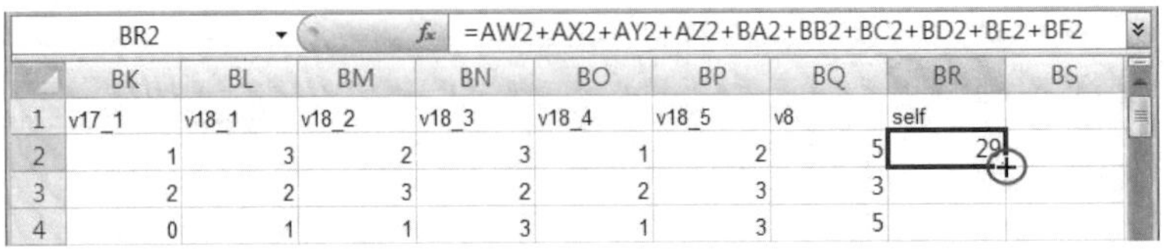

52 제 2 장   데이터 관리

[표: BR2 = AW2+AX2+AY2+AZ2+BA2+BB2+BC2+BD2+BE2+BF2]

<그림 2-43> 마우스 포인터가 까만 십자로 바뀜

⑦ 마우스의 왼쪽 버튼을 누른 채 마우스를 BR154 셀까지 끌면 같은 수식으로 'self'의 값이 모두 바뀐다<그림 2-44>.

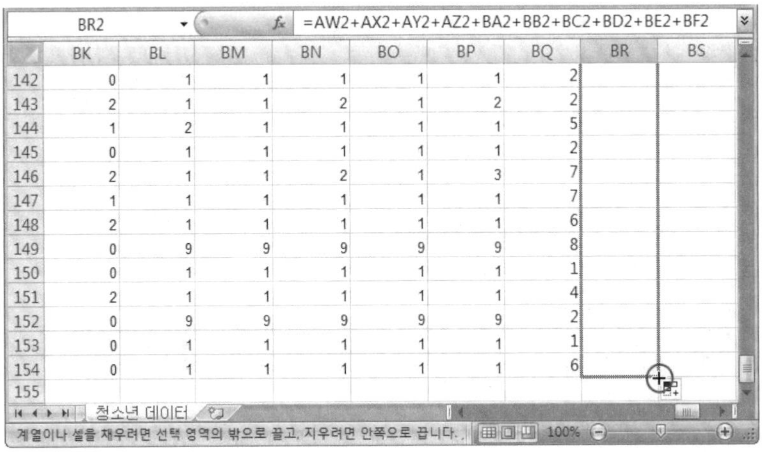

<그림 2-44> 마우스를 끌어 값을 채우는 과정

⑧ 값을 확인하기 위하여 BR154 셀에 셀포인터가 오도록 마우스로 클릭하면 셀내용이 나온다<그림 2-45>. 154번 행의 값을 더해서 'self'의 마지막 케이스 값을 계산한 것을 알 수 있다. 10문항으로 이루어진 self의 합을 모두 구했다.

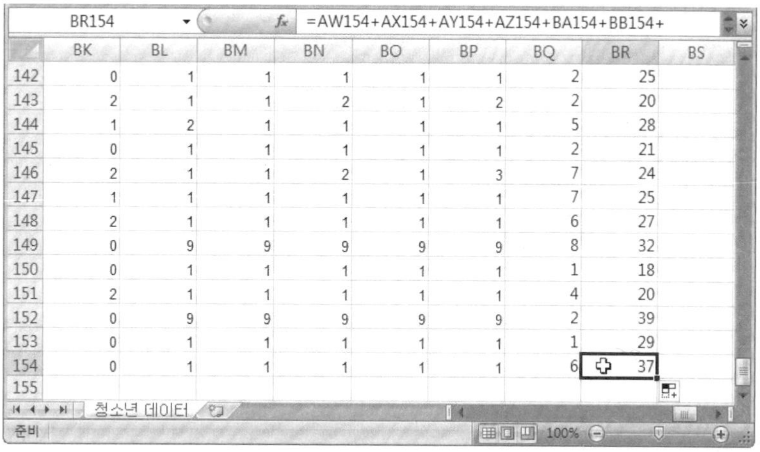

BR154 | =AW154+AX154+AY154+AZ154+BA154+BB154+

	BK	BL	BM	BN	BO	BP	BQ	BR	BS
142	0	1	1	1	1	1	2	25	
143	2	1	1	2	1	2	2	20	
144	1	2	1	1	1	1	5	28	
145	0	1	1	1	1	1	2	21	
146	2	1	1	2	1	3	7	24	
147	1	1	1	1	1	1	7	25	
148	2	1	1	1	1	1	6	27	
149	0	9	9	9	9	9	8	32	
150	0	1	1	1	1	1	1	18	
151	2	1	1	1	1	1	4	20	
152	0	9	9	9	9	9	2	39	
153	0	1	1	1	1	1	1	29	
154	0	1	1	1	1	1	6	37	
155									

<그림 2-45> BR154 셀의 값이 154번 케이스의 값을 합한 값으로 계산됨

자아존중감점수를 만들 때 함수를 사용할 수도 있는데, 수식에 SUM(AW2, AX2, AY2, AZ2, BA2, BB2, BC2, BD2, BE2, BF2)로 써두어도 된다. 또는 더하려는 셀이 인접해 있으므로 SUM(AW2:BF2)와 같이 간단히 나타낼 수도 있다. SUM 함수를 사용할 때 셀 이름은 일일이 쳐도 되지만, 클릭이나 드래그를 이용해도 된다. 더하려는 셀이 떨어져 있을 때는 Ctrl 키와 함께 클릭하고 붙어있는 셀을 더할 경우에는 해당 셀을 드래그 하면 된다.

역코딩에서도 변수 계산을 이용할 수 있다. 값을 바꾸고자 하는 변수 중 하나를 간단한 계산식을 이용하여 값을 바꾼 뒤 다른 변수도 같은 방법으로 바꾼다. 이 방법은 새 변수가 들어갈 열을 삽입하여야 한다. 예제 3-4의 경우 원래 변수의 값 1, 2, 3, 4를 각각 4, 3, 2, 1로 바꾸므로 '새로운 값=5-원래값' 임을 알 수 있다. 이 식을 이용해서 변수의 값을 바꿔보자.

54　　제 2 장　데이터 관리

v13_1의 값을 엑셀의 수식을 이용해 4→1, 3→2, 2→1, 1→4로 바꿔보자.

① 바꾸고자 하는 (v13_1)의 옆에 새 열을 만들고 변수이름을 'v13_1a'로 주자. 값을 바꾸기 위해 <그림 2-45>처럼 셀 AX2에 '=5-AW2'를 입력한 후 체크 ✓ 를 클릭하거나 [Enter↵] 를 쳐서 계산을 마친다.

<그림 2-46> 수식을 넣어 계산을 완성

② 까만 십자포인터를 끝까지 끌어 나머지 케이스의 계산을 한다. <그림 2-47>처럼 4→1, 3→2, 2→1, 1→4로 수의 값이 바뀐 것을 확인할 수 있다. 마우스로 셀을 한 번 클릭해서 끌기를 끝내고 계산을 마친다.

<그림 2-47> 전체 케이스에 수식을 적용

연습문제

1. 이 장에 나온 예제를 모두 따라 하고 그 결과를 저장하시오. 예제의 결과와 비교해 보시오. 각 예제를 할 때는 예제에서 요구한 것보다 한 가지를 더 선택하여 실행하시오.

2. 문 3번의 아버지와의 관계와 어머니와의 관계 12문항을 모두 합하여 '아버지와의 관계(father)'라는 변수와 '어머니와의 관계(mother)'라는 변수를 새로 만들어 보시오. 아버지나 어머니와의 관계가 좋으면 각각 점수가 높은 것으로 하기 위해 '11)나는 그분과 갈등이 있다' 문항을 제외한 모든 변수를 ①→④, ②→③, ③→②, ④→①로 코딩변경한 후 새로운 변수를 만드시오.

3. '부모님과 대화를 나누는 시간[문5 : v5_1, v5_2]'은 '시간' 변수와 '분' 변수로 구성되어 있다. 이 두 변수를 가지고 부모와의 대화시간을 분 단위로 계산해 보자.

과제

제1장의 과제에서 준비한 데이터를 가지고 다음을 하시오.

1. 데이터를 전산화하고 수집된 데이터와 동일한지 검토해 보시오.
2. 각 변수의 이름에 설명문을 넣고, 모든 범주형변수에 대하여 각 변수의 값에 설명을 지정하시오.

제2부   기술통계

제3장   빈도표와 교차표

제4장   기술통계량

제5장   도표

제2부

제3장 빈도표와 교차표

제1절 빈도표

제2절 교차표

이 장에서는 빈도표와 교차표를 이용한 자료의 정리방법을 설명한다. 빈도표는 변수값의 분포를 나타내주는 기본적이고 중요한 표이다. 자료를 전산화한 뒤에는 모든 변수에 대해 빈도표를 만들어 꼼꼼히 살펴보아야 한다.

제1절 빈도표

1. 빈도표

청소년 데이터에는 중고등 학생들의 응답 내용이 들어있다. 첫 번째 학생의 성별은 2(여자), 두 번째 학생의 성별도 2(여자), 세 번째 학생의 성별은 1(남자)이다. 이 데이터에서 여학생은 몇 명이고, 남학생은 몇 명이나 될까? 전체 학생은 몇 명일까?

이러한 질문은 하나 하나의 케이스만 살펴봐서는 대답하기 어려운 것들이다. 전체를 정리해서 변수의 각 범주에 해당되는 사람이 몇 명이나 되는지 알아보아야 대답할 수 있다. 이처럼 각 범주에 해당되는 사람의 수, 또는 각 응답 범주가 나타난 횟수를 표로 정리한 것을 빈도표(frequency table)라 한다.

빈도표에는 빈도뿐만 아니라 비율과 누적비율을 동시에 제시한다.

- 빈도 : ○○명, ○○번과 같이 나타난 횟수
- 비율 : $\frac{\text{그 값을 가진 케이스수}}{\text{총케이스수}} \times 100$
- 누적비율 : 총 케이스 중 해당변수 값 이하의 값을 가진 케이스의 비율

빈도표에는 속성의 숫자가 작은 값의 빈도부터 차례로 나타난다. 숫자가 가장 작은 값을 **최소값**, 가장 큰 값을 **최대값**이라 하며, 빈도가 가장 많이 나타난 값을 **최빈값**이라 한다. 이처럼 빈도표를 통하여 변수의 분포를 알 수 있다. 범주형 변수의 경우에는 응답 범주가 몇 안되지만, 연속형 변수인 경우에는 가능한 응답이 아주 많을 수도 있다. 일련번호나 이름, 주소 같은 변수는 각 케이스마다 서로 다른 값을 갖게 되므로 가능한 응답의 수는 케이스의 수만큼이나 많다.

2. 엑셀로 빈도표 만들기

엑셀에서 빈도표를 만들기 위해서는 메뉴표시줄의 삽입 에 제시된 메뉴 중 → 피벗 테이블 을 클릭하면 나오는 〈그림 3-1〉과 같은 대화상자를 이용한다. 이

방법으로 작성한 빈도표에는 단순히 빈도만 제시되므로, 비율과 누적빈도, 누적비율은 함수식을 이용해서 간단히 계산해 넣어 함께 살펴보는 것이 좋다. 예제를 통해 빈도표 만드는 방법을 알아보자.

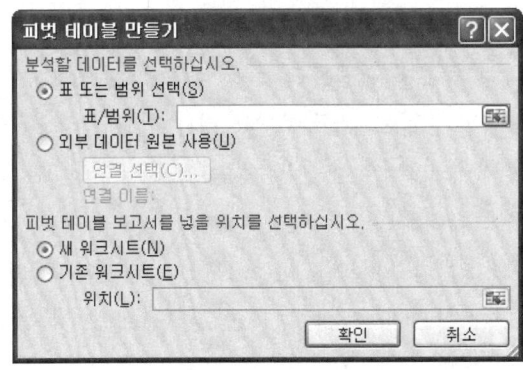

<그림 3-1> 피벗테이블 대화상자 초기화면

예제 3-1 청소년 데이터(청소년.xlsx)를 가지고 '지역구분[city]' 와 '성별[v1]' 의 빈도표를 각각 만들어 보자.

엑셀에서는 2개 이상의 변수의 빈도표를 한번에 보기 위해서는 피벗테이블을 변수별로 각각 만들어 줘야 한다. 먼저, '청소년 데이터' 파일을 열고 <그림 3-2>와 같은 피벗테이블 대화상자를 연다. 대화상자가 나타나면서 기본적으로 모든 변수와 모든 케이스가 지정되어 있다.

범위지정은 표/범위(T): 에서 맨 오른쪽에 위치한 사각형을 클릭한다. 그 다음 빈도표를 뽑고 싶은 범위를 드래그 한 후, 마우스를 떼면 범위가 지정된다. 먼저 'city'의 빈도표를 뽑기 위해서 우선 'city'의 열문자인 C를 클릭한다. 범위를 지정하였으면 '피벗테이블 보고서'를 넣을 위치도 지정을 해준다. ⊙ 새 워크시트(N) 는 새로운 워크시트가 만들어지며 ○ 기존 워크시트(E) 는 원래의 파일에서 남아있는 시트를 선택해주면 그 곳에 피벗테이블 보고서가 만들어진다. 여기서는 새 워크시트에 만든다.

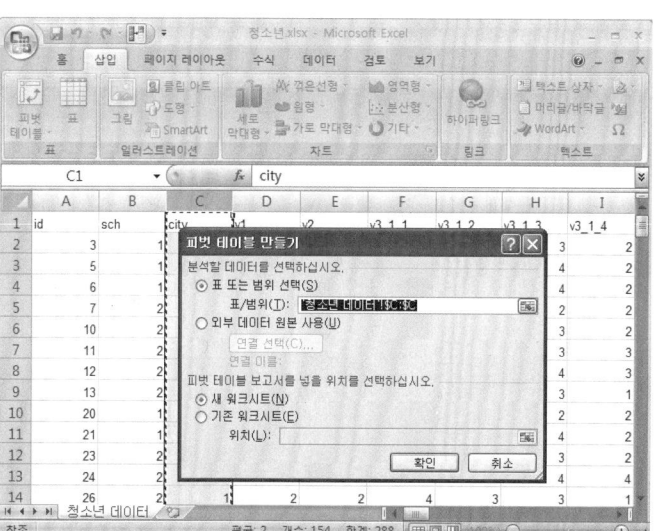

<그림 3-2> 피벗 테이블 만들기 초기화면

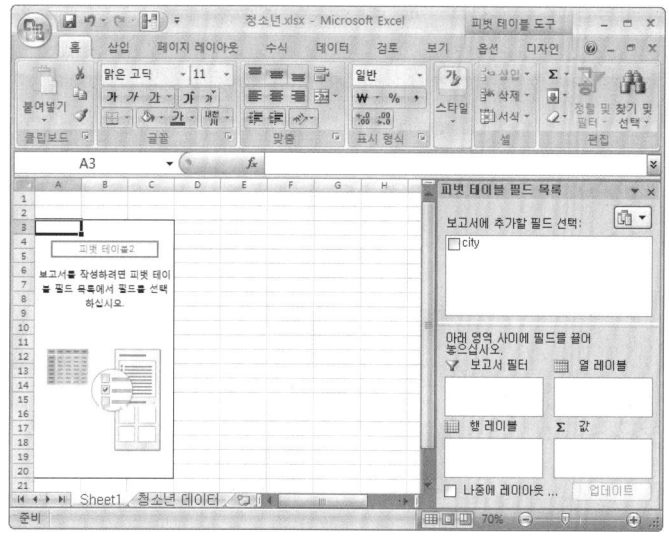

<그림 3-3> 피벗 테이블 초기창

　확인　을 클릭하면 새 워크시트에 <그림 3-3>과 같은 창이 뜬다. 창이 뜬 후, 오른쪽에 위치한 피벗 테이블 필드 목록 에서 빈도표를 뽑고자 하는 'city (지역구분)'를 클릭한다<그림 3-4>. 다음 해당하는 필드 목록에 마우스의 오른쪽 버튼을 클릭하면 화면과 같이 작은 메뉴얼 창이 뜬다. 여기에서는 　행 레이블에 추가　를 클릭하여 '행 레이블' 표 형식을 선택하기로 한다.

64　　제 3 장　　빈도표와 교차표

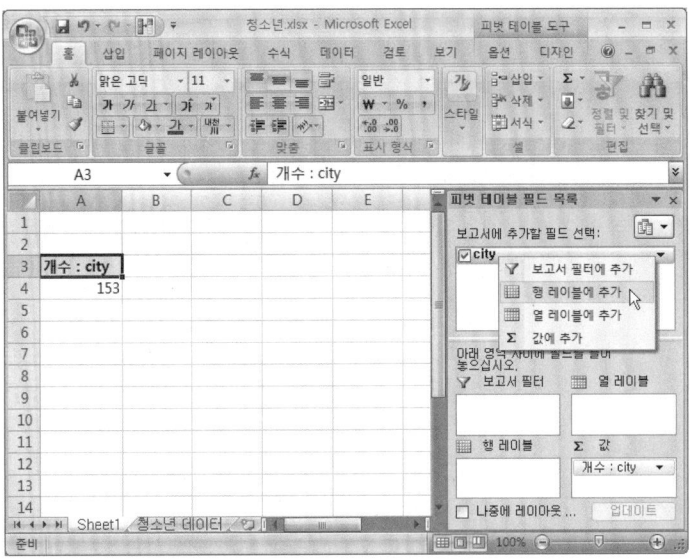

<그림 3-4> 원하는 표 종류를 선택함

'city'의 빈도표가 나타난다<그림 3-5>. 이 과정에서 주의 할 점은 표 안쪽에 클릭이 되어져 있어야 피벗 테이블 필드 목록 창이 유지가 된다. 만일 표 바깥에 있으면 피벗 테이블 필드 목록 창은 자동으로 꺼져버린다.

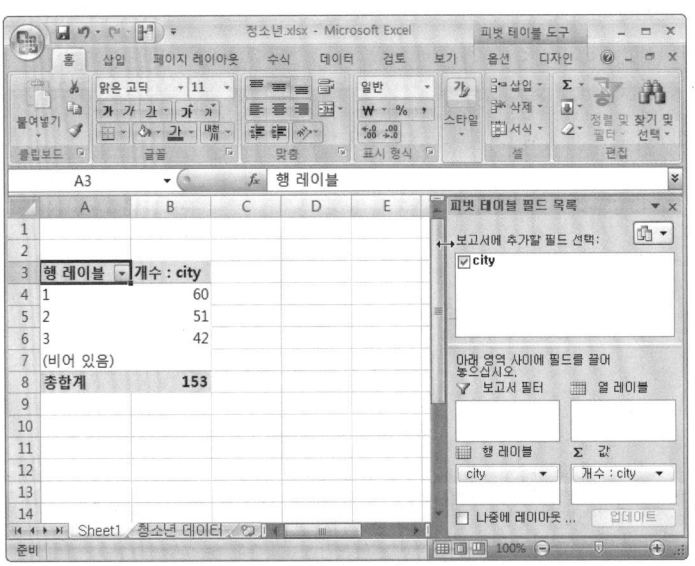

<그림 3-5> 'Sheet1'에 작성된 지역구분의 빈도표

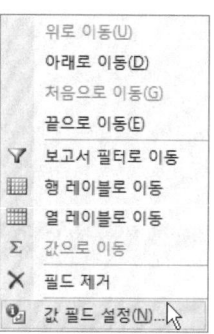

<그림 3-6> '값 필드 설정' 과정 창

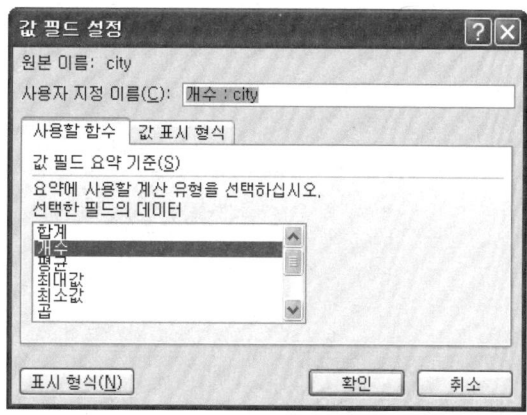

<그림 3-7> '값 필드 설정' 창

빈도표를 작성할 때, 각 변수를 열 레이블과 행 레이블에 옮겨놓으면 '합계' 데이블이 기본적으로 출력된다. 이 테이블에서 '합계'를 ∑ 값 의 항목에서 바꿀 수 있다. ∑ 값 의 목록창에 있는 합계 : city ▼ 는 마우스 왼쪽 버튼을 눌러서 〈그림 3-6〉과 같은 창이 뜨면 맨 아래의 값 필드 설정(N)... 을 클릭하고 〈그림 3-7〉처럼 '개수'로 바꿔주면 된다.

'v1(성별)'의 빈도표도 'city(지역구분)'의 빈도표가 있는 'Sheet1'에 삽입하자. '피벗테이블 만들기' 창에서 데이터 범위는 열 D를 지정하고 결과가 나올 곳은 ⊙ 기존 워크시트(E) 위치(L): 를 클릭한 후 〈그림 3-8〉과 같이 빈도표를 넣을 위치를 지정해 준다. 지정 한 후 확인 을 클릭하면 〈그림 3-9〉와 같이 빈도표가 만들어진다.

제 3 장 빈도표와 교차표

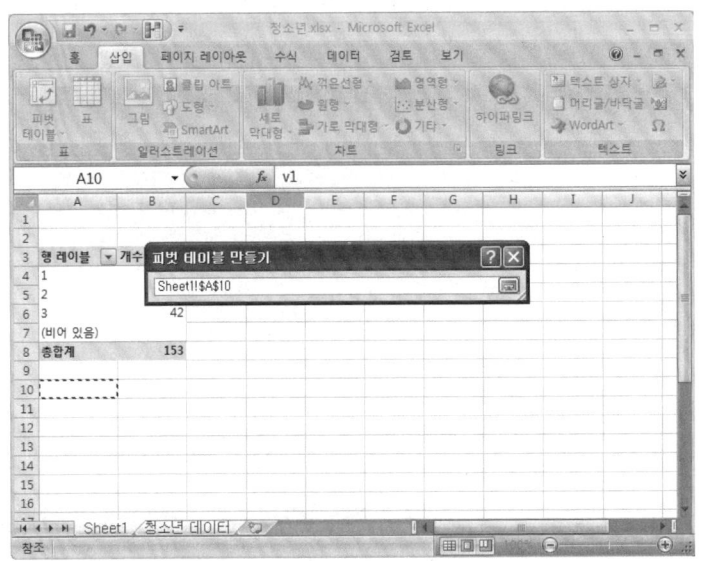

<그림 3-8> 성별의 빈도표 넣을 위치 지정

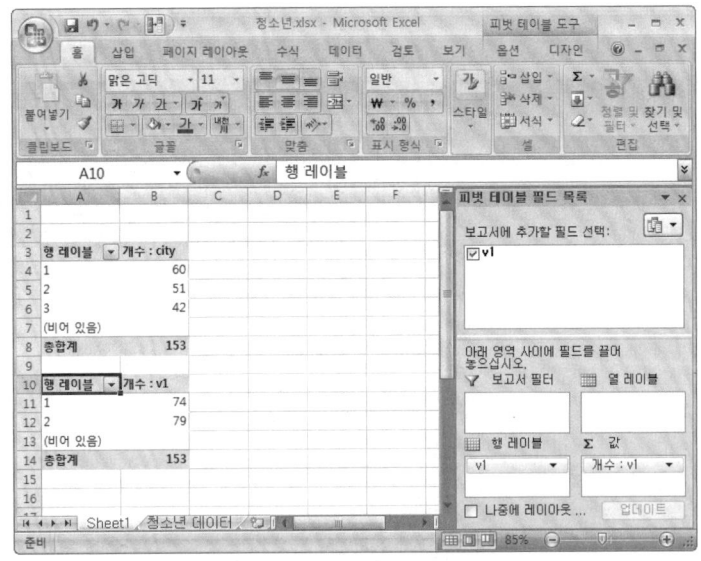

<그림 3-9> '지역구분'과 '성별'의 빈도표

엑셀의 빈도표에는 비율이 따로 나오지 않으므로 계산해 넣도록 하자. 빈도표에 비율을 계산해 넣는 방법에는 두 가지가 있다.
(1) 함수를 이용하여 비율을 계산하는 방법
(2) 비율만 있는 빈도표를 만들어 필요한 부분만 잘라 붙이는 방법

이 예제에서는 함수를 이용하여 비율을 계산하는 방법을 이용해보자. 변수의 계산에서 배운 방법을 이용한다. 먼저 지역구분의 응답항목 1의 비율을 구한다.

(1) 셀 C3에 '비율'이라고 쓰고 [Enter↵]를 쳐 셀포인터를 C4로 옮긴다.
(2) 셀 C4에 비율을 계산하는 함수를 넣기 위하여
    =, 셀 B4, /, 셀 B8, *100, [Enter↵]
    를 차례로 치거나 클릭해서 함수식을

와 같이 만든다. 소수 아래 자리수가 한 자리가 되도록 셀서식을 조정한다. 다른 항목의 비율은 함수식을 복사해서 구하는데 분모가 되는 셀의 위치를 B8로 고정시키기 위해서 셀 C4의 함수식의 'B8'을 'B$8'로 바꾼다.

(3) 까만 십자 포인터를 셀 C8까지 끌어 비율 값을 모두 계산한다. '성별'도 같은 형식으로 비율을 구한다.

누적비율을 구하기 위해서는 먼저 누적빈도를 구해야 한다. 누적빈도를 구해보자.

(1) 셀 D3에 '누적빈도'라고 쓰고 [Enter↵]를 쳐 셀포인터를 D4으로 옮긴다.
(2) 셀 D4의 누적빈도는 셀의 값과 같다.
    ⊞, 셀 B4, [Enter↵]를 차례로 치거나 클릭한다.
(3) 셀 D5에는 ⊞, 셀 D4, +, 셀 B5, [Enter↵]라는 식을 쓴다. 셀 D6의 누적빈도는 까만 십자 포인터를 셀 D6까지 끌어 계산한다. '성별'도 같은 형식으로 누적 빈도를 구한다.

누적비율은 비율을 구한 방법과 비슷한 방법으로 기본 표 양식에 맞추어서 구한다. 〈그림 3-10〉은 완성된 빈도표이다.

<그림 3-10> '지역구분'과 '성별'의 빈도표에 누적비율 추가

〈그림 3-10〉의 결과를 보면, '지역구분'과 '성별'은 다음과 같은 것을 알 수 있다.

(1) '지역구분'의 빈도표를 보면 대도시(1)에 사는 학생이 60명(39.2%)으로 가장 많고, 중소도시(2)에 사는 학생이 51명(33.3%), 읍면지역(3)에 사는 학생이 42명(27.5%)이다.

(2) 성별의 분포는 남자(1)는 74명 48.4%, 여자(2)는 79명 51.6%이다. ■

3장에서 만든 '마음을 터놓을 정도로 친한 친구의 수[v8]'는 연속형 변수이다. 이 변수의 빈도표를 만들어 보고, '성별[v1]'이나 '학교구분[sch]'과 같은 범주형 변수의 빈도표와 무엇이 다른지 생각해 보자.

`피벗 테이블 필드 목록`에서 'v8'을 클릭하여 행 레이블에 추가하여 비율과 누적비율을 계산하여 빈도표로 만들어 준다〈그림 3-11〉.

	행 레이블	개수 : v8	비율	누적빈도	누적비율
4	0	2	1.3	2	1.3
5	1	12	7.8	14	9.2
6	2	31	20.3	45	29.4
7	3	30	19.6	75	49.0
8	4	15	9.8	90	58.8
9	5	21	13.7	111	72.5
10	6	13	8.5	124	81.0
11	7	7	4.6	131	85.6
12	8	3	2.0	134	87.6
13	9	2	1.3	136	88.9
14	10	8	5.2	144	94.1
15	11	3	2.0	147	96.1
16	13	2	1.3	149	97.4
17	15	2	1.3	151	98.7
18	19	1	0.7	152	99.3
19	21	1	0.7	153	100.0
20	총합계	153	100		

<그림 3-11> 마음을 터놓을 정도로 친한 친구의 수

〈표 3-11〉의 빈도표를 살펴보자. 최소값은 0, 최대값은 21이고, 최빈값은 전체의 20.3%를 차지한 2이다. 마음을 터놓을 정도로 친한 친구의 수가 6명 이하는 81.0%로 대다수 케이스의 관찰값이 6이하이며, 따라서 7 이상이 19.0%임을 알 수 있다. 또한, 3명 이하의 값을 가진 사람이 49.0%로서 전체의 절반가량이 3명 이하의 절친한 친구를 갖고 있다.

데이터를 분석하기에 앞서 모든 변수에 대하여 빈도표를 만들어볼 필요가 있다. 이 때, 일련번호나 이름, 주소 등 각 케이스마다 서로 다른 값을 가질 수밖에 없는 변수까지도 빈도표를 만들어서 자세히 살펴보아야 하는데, 그 이유 중 중요한 것들을 소개하면 다음과 같다.

① **변수의 범위를 살펴본다.** – 부호화나 전산화 단계에서 실수로 범위 밖의 값이 데이터에 포함되는 경우가 있다. 빈도표를 확인함으로써 이같은 실수를 찾아내어 고칠 수 있다. 때로는 조사원의 실수로 엉뚱한 값이 적히는 경우도 있는데, 이 때, 빈도표 하나로 조사원관리까지도 가능하다.

② **일련번호의 경우 도수가 모두 1인지 살펴본다.** – 일련번호나 등록번호 등 각 대상자마다 서로 다른 값을 가지는 변수인데도 역시 부호화나 전산화단계에서 실수했을 수도 있고, 같은 케이스가 두 번 이상 포함된 경우도 있을 수 있다.

③ **변수의 응답범주가 예상했던 것과 같은지 살펴본다.** – 계획한 범주를 벗어나면 다음 단계의 진행에 문제가 발생하므로, 이러한 문제를 사전에 수정해야 한다.

제 3 장   빈도표와 교차표

청소년 질문지에서 '혹시 특별히 사귀는 이성친구가 있나요?[v9_1]' 라는 질문은 현재 친하게 지내는 이성친구가 있는 사람(9번 질문에서 '① 있다' 라고 응답한 사람)만 응답하는 질문이다. 따라서, 이 변수의 빈도는 응답자 전체를 대상으로 구하는 것이 아닌, 친하게 지내는 이성친구가 있는 사람만을 가지고 구해야 한다. 이 변수의 빈도표를 만들어 보자.

이 예제를 풀기 위해서는 먼저 '친하게 지내는 이성친구가 있나요?(v9)'에 대한 '혹시 특별히 사귀는 이성친구가 있나요?(v9_1)'의 빈도표를 구한 후 v9에 1번으로 응답한 케이스만을 선택하면 친하게 지내는 이성친구가 있는 사람(v9=1) 중에서 사귀는 이성친구가 있는 사람(v9_1)의 빈도가 나오게 된다.

v9와 v9_1의 빈도표를 함께 구해보자. 삽입 → 피벗테이블 아이콘 ( ) 을 선택하고 〈그림 3-13〉처럼 행 레이블에 v9를, 열 레이블에 v9_1을 설정하면 출력 결과를 볼 수 있다. 전체 응답자(153명) 중에 친하게 지내는 이성친구가 있는 사람은 91명이다.

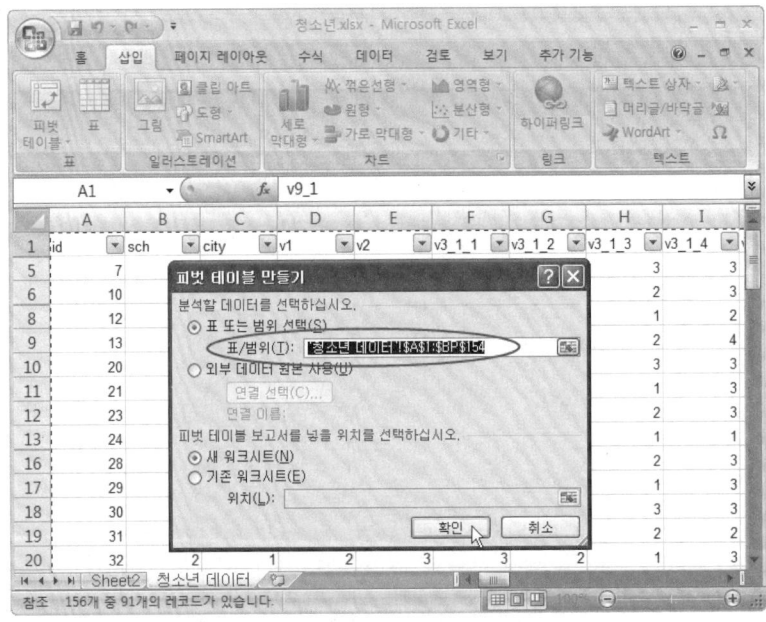

〈그림 3-12〉 케이스 선택 대화상자

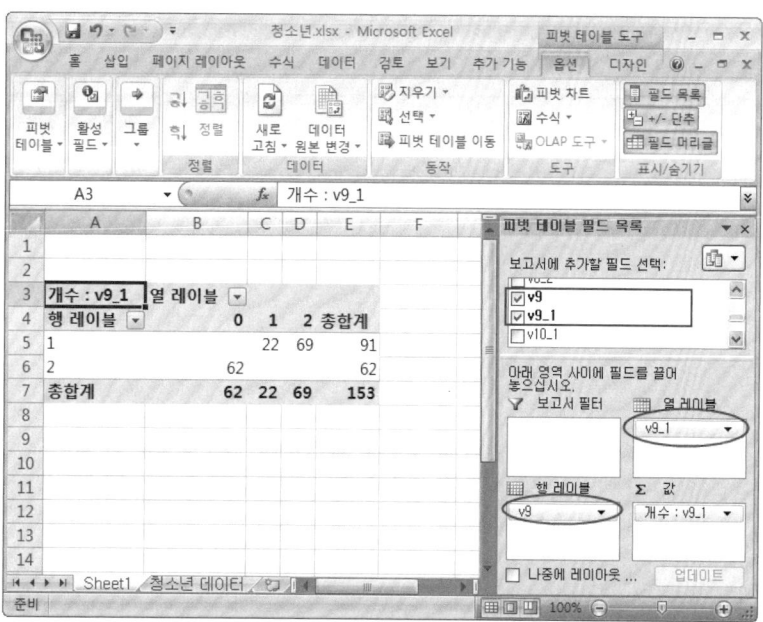

<그림 3-13> '친하게 지내는 이성친구 유무'와 '특별히 사귀는 이성친구 유무'의 빈도표 구하기

이 중에서 v9에서 1번을 선택한 사람의 빈도만을 구하기 위해 〈그림 3-14〉처럼 v9에서 1번만 선택하면 〈그림 3-15〉와 같은 결과를 볼 수 있다.

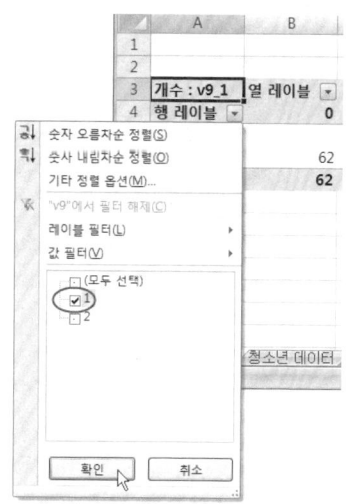

<그림 3-14> 1번 응답 필터하기

<그림 3-15> 친하게 지내는 이성친구가 있는 경우(v9)의 빈도표

이번에는 〈그림 3-16〉처럼 전체에 대한 비율로 나타내보자. 표시형식은 소수 첫째자리까지만 나타내도록 하자〈그림 3-17〉.

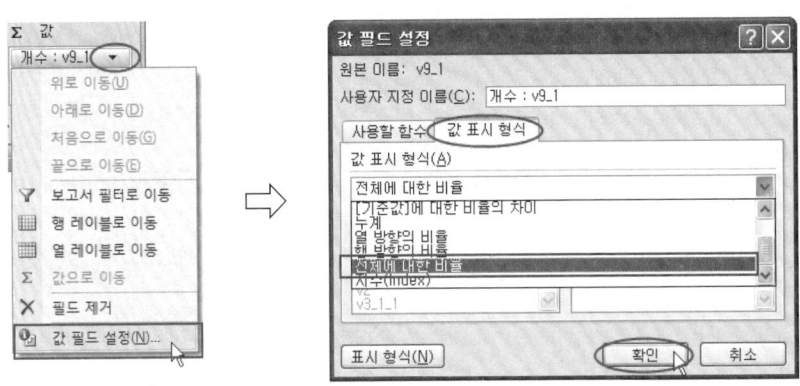

<그림 3-16> 전체에 대한 비율 표시 설정

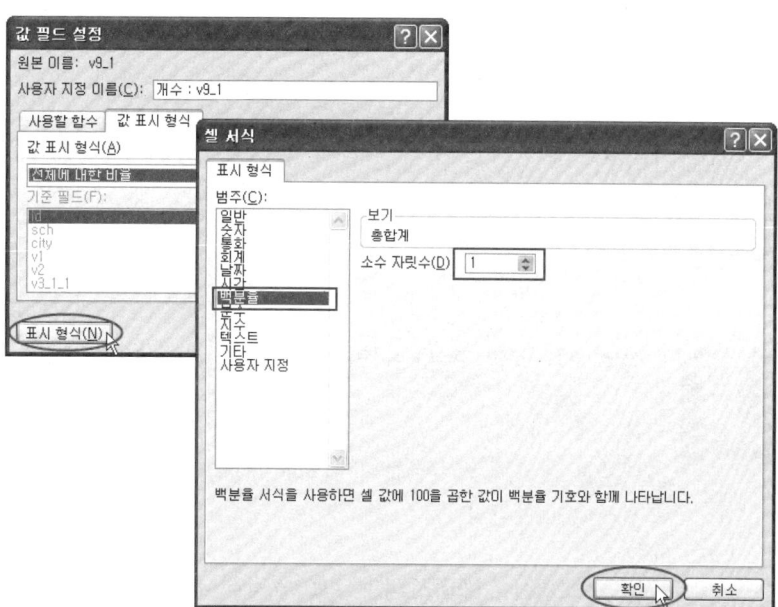

<그림 3-17> 백분율 소수 첫째 자리수 지정

③ 빈도표<그림 3-18>를 보면, 친하게 지내는 이성친구가 있는 91명중 특별히 사귀는 이성친구가 있는 사람은 22명(24.2%)이고, 없는 사람은 69명(75.8%)으로 특별히 사귀는 이성친구가 없는 사람이 더 많음을 알 수 있다.

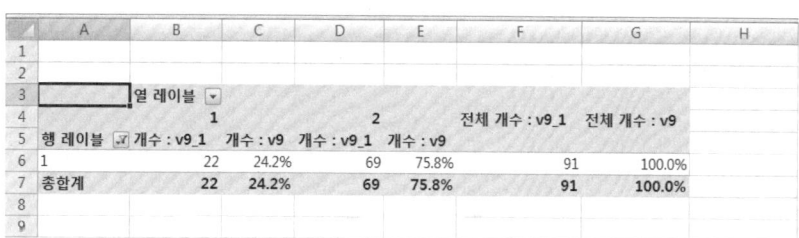

<그림 3-18> 전체에 대한 비율

빈도표를 구해보면 때로 비율을 모두 합했을 때, 100.1%나 99.9% 등으로 정확히 100.0%가 아닐 경우가 있다. 이것은 소수점 둘째 자리에서 반올림하면서 생기는 반올림 오차(rounding error) 때문이다. 그대로 보고해도 된다.

3. 빈도표 보고하기

변수마다 따로 따로 구해진 빈도표를 보고서의 형태로 정리해 보자.

범주형 변수는 관찰값을 그대로 보고 해도 되지만, 연속형 변수는 몇 개의 범주로 묶어 보고하는 것이 좋다. 예를 들어 연속형 변수인 연령의 경우 20대, 30대, 40대 등으로 묶어서 보고하는 것이 좋다.

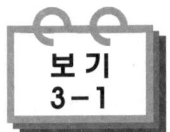

성별[v1]과 지역구분[city]의 빈도를 보고서의 형태로 정리하자.[5]

엑셀로 성별과 지역구분의 빈도분석을 한 결과를 〈표 3-1〉과 같은 표로 작성하여 보고한다.

<표 3-1> 응답자의 사회인구학적 특성

		빈도	%
성별	남자	74	48.4
	여자	79	51.6
지역구분	대도시	60	39.2
	중소도시	51	33.3
	읍면지역	47	27.5

---

5) 성별과 교육수준, 연령, 거주지역 등의 변수를 사회인구학적 변수라 부른다.

제2절 교차표

1. 교차표

　　　　빈도표를 통하여 한 변수의 분포를 살펴보는 것도 중요하지만, 때로는 서로 다른 변수에 대하여 각각의 범주들이 어떠한 방식으로 상호 분포되어 있는지 알아볼 필요가 있다. 예를 들어, 청소년 데이터를 보면 여학생이 79명으로 전체 학생의 51.6%이고, 남학생이 74명으로 전체 학생의 48.4%임을 알 수 있다. 또 학교의 분포의 경우, 고등학생이 83명으로 54.2%, 중학생이 70명으로 45.8%임을 알 수 있다. 그런데 중고등학교에 남녀학생의 비율이 비슷할까? 아니면 중학교는 남학생이 많고, 고등학교에는 여학생이 많을까? 이러한 질문에 답하고 싶은 경우 교차표를 이용하면 편리하다.

　　　　다음과 같은 경우도 교차표를 이용해서 답할 수 있는 질문이다. 학생들의 '성별'과 '가족들과의 생활 만족도' 간에는 서로 관련이 있을까? 그리고 '학교'와 '가족들과의 생활 만족도'는 서로 관련이 있을까? 또한 '성별'에 따라 '남녀에 따른 사회적 차별에 대한 생각'에 대한 의견이 다를까?

　　　　교차표(cross tabulation)는 두 변수가 지니는 값을 교차시켜서 변수간의 관계를 나타내 보이는 표이다. 교차표는 대개 두 개의 변수를 교차시켜 만들기 때문에 이원배치표라고도 한다. 때로는 제3의 변수 값마다 하나씩 따로 교차표를 만들 수도 있는데, 이 교차표를 삼원배치표라 한다. '학교'마다 '성별'과 '용돈에 대한 만족도'의 교차표를 따로 만드는 경우가 그 예이다.

　　　　교차표에서 각 응답 범주가 하나의 행을 이루는 변수를 행변수, 열을 이루는 변수를 열변수라 하며, 행변수와 열변수의 범주의 수에 따라 크기를 구분해서 부른다. 예를 들어 성별(남성, 여성)과 취업상태(취업, 미취업, 실직)처럼 2가지 범주와 3가지 범주가 있는 변수로 구성된 교차표는 '2×3 교차표'라 하고 '2행 3열 교차표' 또는 'two by three table'이라고 읽는다.

2. 엑셀로 교차표 만들기

　　　　교차표 만들기는 빈도표 만들기와 비슷하다. 청소년 데이터를 이용하여 교차표를 만들고 읽는 방법을 알아보자.

제 3 장 빈도표와 교차표

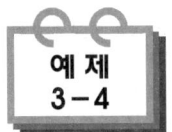

'성별[v1]'과 '친하게 지내는 이성친구 유무[v9]'의 교차표를 만들고 표의 내용을 살펴보자. 남자 중 친하게 지내는 이성친구가 있는 학생은 몇 %인가? 또 친하게 지내는 이성친구가 있는 학생 중 여자는 몇 %인가? 남자이면서 친하게 지내는 이성친구가 없는 학생은 전체의 몇 %인가?

세 개의 질문에 답하기 위해서는 각각 다른 비율을 나타내는 표가 필요하다. 비율을 나타내는 교차표를 보기 위해서는 먼저 빈도로 제시된 교차표를 만든 후 값 표시형식을 바꾸어 주면 된다.

(1) 남자 중 친하게 지내는 이성친구가 있는 학생은 몇 %인가?

보고서에 추가할 필드 선택: 에서 '성별(v1)'과 '친하게 지내는 이성친구 유무(v9)'를 선택한 후, '성별(v1)'은 행 레이블에 추가 , '친하게 지내는 이성친구 유무(v9)'은 열 레이블에 추가 를 해준다. 그리고 '합계'를 '개수'로 바꾼다.

성별이 남자(1)이면서 친하게 지내는 이성친구가 있는(V9=1) 학생은 43명이다. 이들이 몇 %인지 비율을 알기 위해서는 교차표 셀의 내용을 개수가 아닌 비율로 바꾸어 주어야 한다.

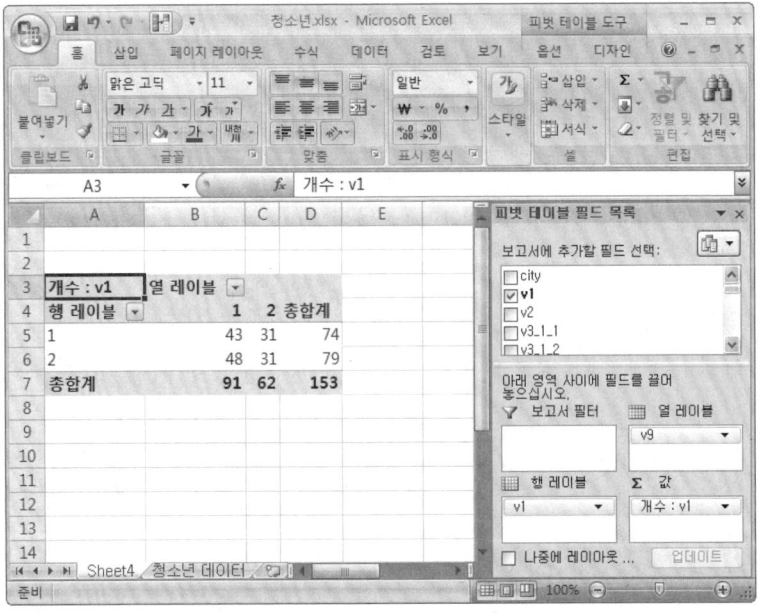

<그림 3-19> 성별과 친하게 지내는 이성친구 유무의 교차표

`Σ 값`의 `개수 : v1 ▼`을 마우스 왼쪽버튼으로 클릭하여 '값 필드 설정' 창을 불러온다. `값 표시 형식`에서 '표준'으로 되어있는 `값 표시 형식(A)`을 '열 방향에 대한 비율'로 바꾼 뒤 `확인`을 클릭한다〈그림 3-20〉.

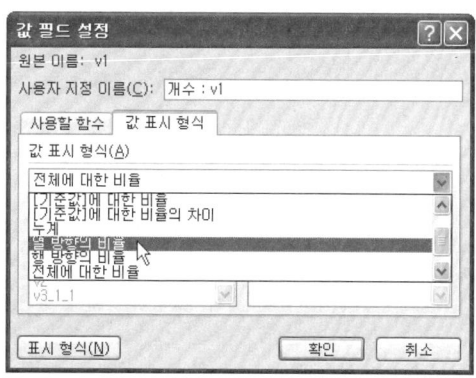

〈그림 3-20〉 성별과 친하게 지내는
이성친구 유무의 교차표 : 값 필드 설정 창

〈그림 3-21〉 교차표를 보면 남자 중 친하게 지내는 이성친구가 있는 학생은 58.11%이다.

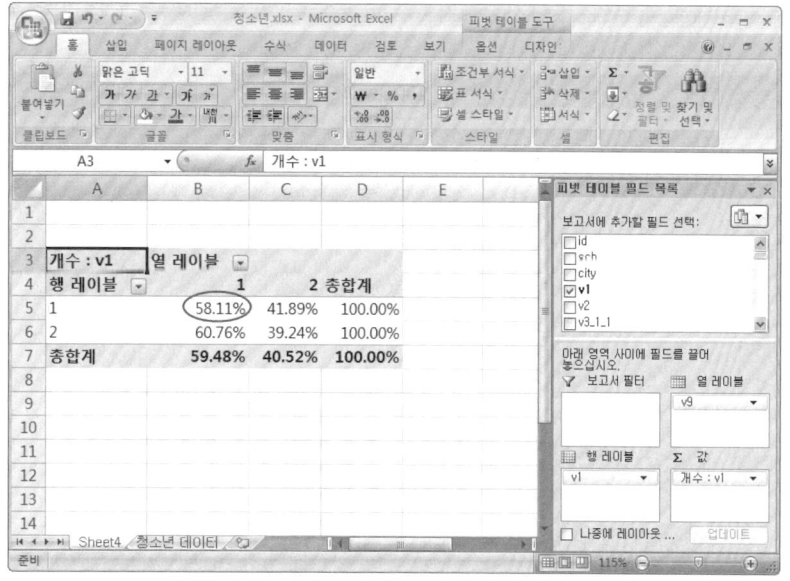

〈그림 3-21〉 성별과 친하게 지내는 이성친구 유무의 교차표 :
열 방향의 비율 교차표

(2) 친하게 지내는 이성친구가 있는 학생 중에서 여자는 몇 %인가?

이번에는 '행 방향의 비율'을 계산한 교차표를 보아야 한다.

`Σ 값`의 `개수:v1`을 마우스 왼쪽버튼을 클릭하여 '값 필드 설정' 창을 불러온다. `값 표시 형식`에서 '표준'으로 되어있는 `값 표시 형식(A)`을 '행방향에 대한 비율'로 바꾼 뒤 `확인`을 클릭한다.

〈그림 3-22〉의 교차표를 보면, 친하게 지내는 이성친구가 있는 학생 중에서 여자는 52.75%이다.

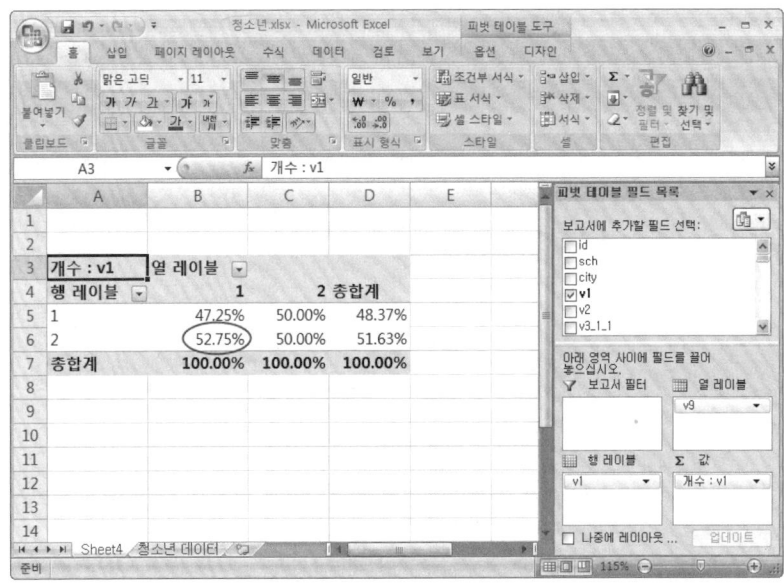

〈그림 3-22〉 성별과 친하게 지내는 이성친구 유무의 교차표 : 행 방향의 비율 교차표

(3) 남자이면서 친하게 지내는 이성친구가 없는 학생은 전체의 몇 %인가?

`Σ 값`의 `개수:v1`을 마우스 왼쪽버튼을 클릭하여 '값 필드 설정' 창을 불러온다. `값 표시 형식`에서 '표준'으로 되어있는 `값 표시 형식(A)`을 '전체에 대한 비율'로 바꾼 뒤 `확인`을 클릭한다.

〈그림 3-23〉의 교차표를 보면, 남자이면서 친하게 지내는 이성친구가 없는 학생은 전체의 20.26%이다.

3장 2절   교차표   79

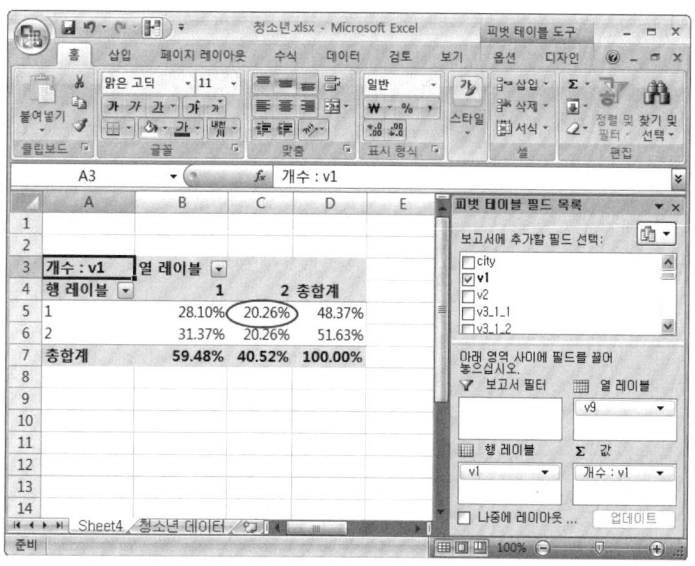

<그림 3-23> 성별과 친하게 지내는 이성친구 유무의 교차표 :
전체에 대한 비율

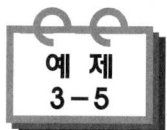

'성별[v1]'과 '자신의 고민을 부모님께서 알고 계시나요?[v4]'의 교차표를 만들고 표의 내용을 살펴보자.

이 예제는 2행 3열의 표를 살펴보기 위한 것이다. <그림 3-24>를 보면, 전체 응답학생의 12.4%가 '잘 알고 계신다', 64.1%가 '조금 알고 계신다', 23.5%가 '전혀 모르고 계신다'는 것을 알 수 있다. '잘 알고 계신다'는 남녀학생의 비율이 5.2%, 7.2%로 비슷하고, '조금은 알고 계신다'는 남학생이 32.7%, 여학생이 31.4%로 비슷하며, '전혀 모르고 계신다' 역시 남학생이 10.5%, 여학생이 13.1%를 차지하였다. 즉 남녀학생의 자신의 고민을 부모님이 알고 계시는 비율이 비슷함을 알 수 있다.

제 3 장   빈도표와 교차표

	A	B	C	D	E	F
1	교차표					
2	개수 : v1	열 레이블				
3	행 레이블	1	2	3	총합계	
4	1	8	50	16	74	
5	2	11	48	20	79	
6	총합계	19	98	36	153	
7						
8	행 방향의 비율					
9	개수 : v1	열 레이블				
10	행 레이블	1	2	3	총합계	
11	1	42.1%	51.0%	44.4%	48.4%	
12	2	57.9%	49.0%	55.6%	51.6%	
13	총합계	100.00%	100.0%	100.0%	100.0%	
14						
15	열 방향의 비율					
16	개수 : v1	열 레이블				
17	행 레이블	1	2	3	총합계	
18	1	10.8%	67.6%	21.6%	100.0%	
19	2	13.9%	60.8%	25.3%	100.0%	
20	총합계	12.4%	64.1%	23.5%	100.0%	
21						
22	전체에 대한 비율					
23	개수 : v1	열 레이블				
24	행 레이블	1	2	3	총합계	
25	1	5.2%	32.7%	10.5%	48.4%	
26	2	7.2%	31.4%	13.1%	51.6%	
27	총합계	12.4%	64.1%	23.5%	100.0%	
28						

<그림 3-24> '성별'과 '자신의 고민 부모님이 인지여부'의 2×3 교차표

3. 교차표 보고하기

비교하고자 하는 집단을 구분하여 여러 개의 교차표를 정리·보고하는 방법을 간단히 살펴보자. 교차표는 목적에 따라 보고하는 방법에 약간의 변화를 줄 수 있다. 만일 남자와 여자를 대비시키고자 하면, 성별을 '집단을 구분하는 변수'로 이용한다.

보 기 3-2

<예제 3-5>의 결과 <그림 3-24>를 보고서로 작성하자. 자신의 고민을 부모님이 잘 알고 계시는지에 대해 남학생과 여학생을 비교해보자.

<그림 3-24>의 빈도와 행에 대한 비율을 다음 표처럼 보고한다.

<표 3-2> '성별'과 '자신의 고민 부모님이 인지 여부'의 정리 결과

		친하게 지내는 이성친구의 유무		
		잘 알고 계신다	조금은 알고 계신다	전혀 모르고 계신다
성별	총수(명)	19(12.4)	98(64.1)	36(23.5)
	남학생 74(100.0)	8(10.8)	50(67.6)	16(21.6)
	여학생 79(100.0)	11(13.9)	48(60.8)	20(25.3)

> ❗ 행과 열에 들어갈 변수를 지정하는 것은 분석자의 생각대로 하면 된다. 참고로, 논문에서는 행에 독립변수를, 열에 종속변수를 지정하는 경우가 많다.

4. 기초적 통계표 작성하기

사회조사 보고서에서 쓰이는 통계표를 작성하는 방법과 엑셀 결과물을 보고서에 포함시키는 방법에 대해 알아보자.

사회조사 보고서 등을 작성할 때에는 검정의 결과보다도 여러 사회인구학적 변수 (성별, 나이, 교육수준 등)별로 응답이 어떻게 다른지 〈표 3-3〉과 같이 하나로 정리하여 제시하는 경우가 많다.

<표 3-3> 기초적 통계표

		합계		가족들과의 생활 만족도			
		%	응답자 수	아주 만족한다	만족하는 편이다	불만이 약간 있는 편이다	불만이 많다
전체		100.0%	153	27.5	52.9	17.0	2.6
성별	남자	100.0%	74	27.0	58.1	13.5	1.4
	여자	100.0%	79	27.9	48.1	20.3	3.8
학교구분	중학교	100.0%	70	41.4	45.7	10.0	2.9
	고등학교	100.0%	83	15.7	59.0	22.9	2.4
지역구분	대도시	100.0%	60	35.0	48.3	16.7	0.0
	중소도시	100.0%	51	17.7	58.8	19.6	3.9
	읍면지역	100.0%	42	28.6	52.4	14.3	4.8

다음의 간단한 예제를 통해 〈표 3-3〉과 같은 표를 작성해 보자.

보기 3-3

청소년 데이터에서 성별[v1], 학교구분[sch], 지역구분[city]에 따라 '가족들과의 생활 만족도[v2]'의 의견이 어떻게 다른지 통계표를 작성해서 알아보자.

엑셀에서 〈표 3-3〉과 같은 표를 작성하려면 한 시트에 여러 개의 빈도표를 작성하는 것과 마찬가지로 여러 개의 교차표를 작성하면 되고, 교차표의 내용은 '열 방향의 비율'로 나타내면 된다.

'v1'과 'v2', 'sch'와 'v2', 'city'와 'v2'의 교차표를 한 워크시트에 삽입하면 〈그림 3-25〉과 같은 결과가 나온다. 각각의 교차표 '총합계'가 모두 같다는 것을 알 수 있다.

	A	B	C	D	E	F
1	개수 : v1	열 레이블				
2	행 레이블	1	2	3	4	총합계
3	1	27.03%	58.11%	13.51%	1.35%	100.00%
4	2	27.85%	48.10%	20.25%	3.80%	100.00%
5	총합계	27.45%	52.94%	16.99%	2.61%	100.00%
6						
7	개수 : sch	열 레이블				
8	행 레이블	1	2	3	4	총합계
9	1	41.43%	45.71%	10.00%	2.86%	100.00%
10	2	15.66%	59.04%	22.89%	2.41%	100.00%
11	총합계	27.45%	52.94%	16.99%	2.61%	100.00%
12						
13	개수 : city	열 레이블				
14	행 레이블	1	2	3	4	총합계
15	1	35.00%	48.33%	16.67%	0.00%	100.00%
16	2	17.65%	58.82%	19.61%	3.92%	100.00%
17	3	28.57%	52.38%	14.29%	4.76%	100.00%
18	총합계	27.45%	52.94%	16.99%	2.61%	100.00%
19						

〈그림 3-25〉 '성별', '학교구분', '지역구분'과 '가족들과의 생활 만족도'의 교차표 : 열 방향의 비율

〈그림 3-25〉와 같이 각각의 교차표를 작성했으면 한 번에 알아 볼 수 있도록 〈표 3-3〉과 같이 정리하여 작성한다.

연습문제

청소년 데이터(청소년.xlsx)를 분석하여 아래의 물음에 답하시오.

1. '가족과의 생활만족 여부(v2)'와 '용돈에 대한 만족도(v16)'의 빈도표를 출력하시오. 가족과의 생활에 만족하는 편인 사람은 몇 명인가? 이는 전체의 몇 %인가? 자기가 받고 있는 용돈이 넉넉한 편이라고 생각하는 사람은 몇 명인가? 그 사람들은 16번 문항(용돈에 대한 만족도)에 응답한 사람의 몇 %인가?

2. '어머니와의 관계(mother)'의 빈도표를 출력하여 분포를 살펴보시오. 유효케이스는 전체의 몇 %인가? 최소값은 얼마인가? 최대값은 얼마인가? 어머니와의 관계 점수가 30점 이하인 학생은 몇 %인가? 40점 이상인 학생은 몇 %인가?

3. '성별(v1)'과 우리나라의 '남녀에 따른 사회적 차별에 대한 의견(v18_3)'의 교차표를 출력하고, 각 수준의 분포를 살펴보고 비교하시오. 남자 중에서 우리나라가 남녀에 따라 사회적 차별이 심하다고 생각하는 사람의 비율은 얼마인가? 우리나라가 남녀에 따라 사회적 차별이 심하지 않다고 생각하는 사람 중에서 여자의 비율은 얼마인가?

과 제

제1장의 과제에서 준비한 데이터를 활용하여 아래의 과제를 해결해 보시오.

1. 각 변수의 빈도표를 출력하시오. 관찰값의 범위와 분포를 살펴보시오.

2. 범주형변수의 빈도표를 출력하시오.

3. 범주형변수의 교차표를 출력하시오. 비교하고자하는 집단이 나타난 변수를 열에 배치하시오.

제2부

제4장 기술통계량

제1절 중심경향의 측도

제2절 산포의 측도

제3절 엑셀로 기술통계량 구하기

이 장에서는 연속형의 변수에서 자료의 중심경향과 산포, 분포의 형태를 측정하는 여러 가지 지표를 구하는 방법을 알아본다.

데이터의 분포를 단숨에 파악하기에는 도표가 좋고, 데이터의 분포를 자세히 살펴보기에는 빈도표가 좋다. 그러나 도표나 빈도표는 공간을 많이 차지한다는 단점이 있다. 연속형 변수의 경우, 데이터의 중심경향의 측도(대표값)나 퍼진 정도(산포도)를 간단하게 하나의 숫자로 서술해주는 것이 기술통계량이다. 이 장에서는 여러 가지 기술통계량의 특성에 대해 살펴보고, 기술통계량을 해석하는 방법을 설명한다.

제1절 중심경향의 측도

교육정도나 성별과 같은 변수는 응답의 범주가 그리 많지 않기 때문에 빈도표 만으로도 간단하게 정리할 수 있지만, 키나 체중처럼 변수가 가질 수 있는 가능한 값이 아주 많은 경우, 즉 연속형 변수의 경우에는 각 값이 한두 번씩밖에 나타나지 않을 수도 있다. 이럴 때 변수가 지니는 여러 값(관찰값)의 중심이 어디인가를 파악하거나 그 변수를 대표할 만한 값이 얼마인지 알아볼 필요가 있는데, 이같은 통계량을 중심경향의 측도 또는 간단히 대표값이라고 한다. 여기서 대표값이란 대상자의 특성을 대표할 수 있는 하나의 값으로 평균(mean, $\bar{x}$)과 중위수(median), 최빈값(mode) 등이 있다.

대표값은 기술통계의 일부분이다. 중심경향의 측도와 산포의 측도, 형태의 측도를 모두 소개한 뒤에 엑셀로 구하는 방법을 설명한다.

1. 평균

평균(mean)에는 산술평균과 기하평균, 조화평균이 있다. 이 가운데 일반적으로 조사결과나 연구발표에 가장 많이 쓰이는 평균은 산술평균(arithmetic mean)으로, 보통 평균이라고 부르는 것이다.

$$\bar{x} = \frac{\sum x_i}{n}$$

이 식에서 $\sum x_i$ 는 각 케이스의 관찰값 x_i 를 모두 합한다는 뜻이고, n 은 유효케이스의 수를 말한다.

평균은 각 케이스의 관찰값을 모두 합해서 케이스의 수로 나눈 값으로, 모든 통계값 중 가장 많이 알려져 있고 가장 널리 쓰인다. 예를 들어 5명의 관찰값이 1, 2, 3, 4, 5인 경우 평균은 (1+2+3+4+5)/5=3이다.

평균의 중요한 특징을 몇 가지 살펴보자.
① 평균은 변수가 등간식이거나 비율식일 때 의미가 있다. 명목식 또는 서열식 변수의 경우에는 각 범주를 아무리 숫자로 나타냈다고 해도, 숫자들의 평균은 아무런 의미가 없는 것이다.
② 평균은 케이스들의 무게중심이다. 예를 들어 관찰값이 1, 2, 3, 4, 5인 데이터를 생각해보자. 각 케이스를 놀이 블록으로 생각하고, 1부터 5까지 숫자가 씌어있는 막대 위에 각 숫자마다 블록을 하나씩 올려놓은 것으로 생각하자. 이 막대를 받침대 위에 균형있게 올려놓으려면 받침대를 어디에 두어야할까? 물론 3 아래이다.

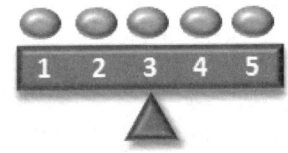

그러면 관찰값이 1, 1, 1, 1, 11인 데이터는 어떨까? 역시 1부터 11까지 숫자가 씌어있는 막대 위에 1에 4개, 11에 하나의 블록을 올려놓았다면, 무게의 중심은 어디일까? 역시 3이다. 숫자 3 밑에 받침대를 놓아야 막대가 균형을 잡는다. 두 가지 데이터를 통해서 본 것 같이 평균은 무게중심이다.

③ 각 케이스의 관찰값에서 평균을 뺀 값, 즉, 편차를 모두 합하면 항상 0이 된다.
④ 평균으로부터의 편차를 제곱하여 합하면, 다른 어떤 값으로부터의 편차를 제곱해서 합한 것보다 더 적은 값이 나온다.

평균분포에 대해서는 중심극한정리(Central Limit Theorem, CLT) 등 통계이론이 발달되어 있으며, 연구가 가장 많이 된 통계값이다. 그러나 다른 대표값에 비해 비정상적으로 크거나 비정상적으로 작은 값, 즉, 이상점의 영향을 많이 받는다.

데이터가 1, 1, 1, 1, 11인 경우, 하나만 빼고 모두 1에 있는데도 불구하고 평균(대표값)이 3인 것은 이상점 11의 영향을 많이 받기 때문이다.

기하평균(geometric mean)은 배지의 농도(10배, 100배, 1000배)에 따른 대장균 콜로니의 수, 인구증가율(2배, 1.2배) 등 기하급수적으로 변하는 변수에 많이 사용된다. 기하평균 $\overline{x_G}$ 를 구하는 공식은

$$\overline{x_G} = \sqrt[n]{x_1 \cdot x_2 \cdot \ldots \cdot x_n} = (x_1 \cdot x_2 \cdot \ldots \cdot x_n)^{\frac{1}{n}}$$

이다. 한편 조화평균(harmonic mean)은 단위시간 당 주행거리 또는 단위가격 당 구매력 등을 구할 때 쓰인다. 조화평균 $\overline{x_H}$ 를 구하는 공식은

$$\overline{x_H} = \frac{n}{\frac{1}{x_1} + \frac{1}{x_2} + \ldots + \frac{1}{x_n}}$$

이다. 기하평균이나 조화평균은 사회과학분야 데이터의 분석에 그다지 널리 쓰이지 않으므로 이 책에서는 다루지 않는다.

2. 중위수

중위수(median)는 한 변수의 관찰값들을 오름차순으로 배열했을 때, 한 가운데 위치하는 값을 말한다. 중위수의 특징을 평균과 비교해서 살펴보자.

① 중위수를 내기 위해서는 관찰값을 순서에 따라 배열해야하기 때문에 변수가 서열식이거나 등간식일 때 의미가 있다.
② 데이터가 중위수를 중심으로 좌우 대칭인 경우에는 중위수와 평균은 같다.
③ 중위수를 중심으로 데이터의 꼬리가 한쪽으로 길게 분포된 경우, 평균은 중위수보다 더 꼬리 쪽에 있다.
④ 중위수는 이상점의 영향을 적게 받는다.
⑤ 그러나 중위수를 내기 위해서는 케이스의 수와 절반 근처에 위치한 두 케이스의 관찰값만 필요하므로 각 케이스의 관찰값들이 가지는 정보를 최대한 이용하지 않는 약점이 있다. 표본의 크기가 5인 데이터에서 관찰값이 1, 2, 3, 4, 5인 경우나 1, 1, 3, 5, 5인 경우, 2, 3, 3, 3, 4인 경우, 또는 1, 2, 3, 4, 10인 경우의 중위수는 3으로 모두 같다. 세 번째 경우는 다른 표본에 비해 3주위에 매우 밀집되어 있는데도 이러한 정보가 충분히 활용되지 않았고, 네 번째의 경

우는 이상점(10)이 있는데도 중위수는 3으로 똑같다. 이러한 성질은 때로는 장점으로 작용할 수도 있고, 때로는 단점으로 작용할 수도 있다.

3. 최빈값

최빈값(mode)은 이름이 나타내는 대로, 가장 **많이 나타난 값**(특성)을 말한다. 최빈값은 관찰빈도가 가장 많은 관찰값이므로 다른 관찰값이 얼마인지 또는 몇 개의 케이스가 있는지 등은 전혀 영향을 미치지 않는다. 따라서 정보를 가장 적게 이용하는 약점이 있지만, 구하기 쉽다는 장점도 있다.

최빈값의 특징을 다른 중심경향의 측도와 비교해서 살펴보자.
① 최빈값은 변수의 측정수준에 관계없이 어느 경우에나 사용할 수 있다.
② 한 데이터에 한 개 이상의 최빈값이 있거나 하나도 없을 수 있다. 케이스의 수가 5인 데이터에서 관찰값이 1, 1, 3, 5, 5인 경우 최빈값은 1과 5이다. 또 관찰값이 1, 2, 3, 4, 5인 경우에는 최빈값이 없다.
③ 봉우리가 하나이고 좌우가 대칭인 분포에서는 평균과 중위수, 최빈값이 모두 같다〈그림 4-1〉.

최빈값은 가족 수 등의 대표값으로 널리 사용된다.

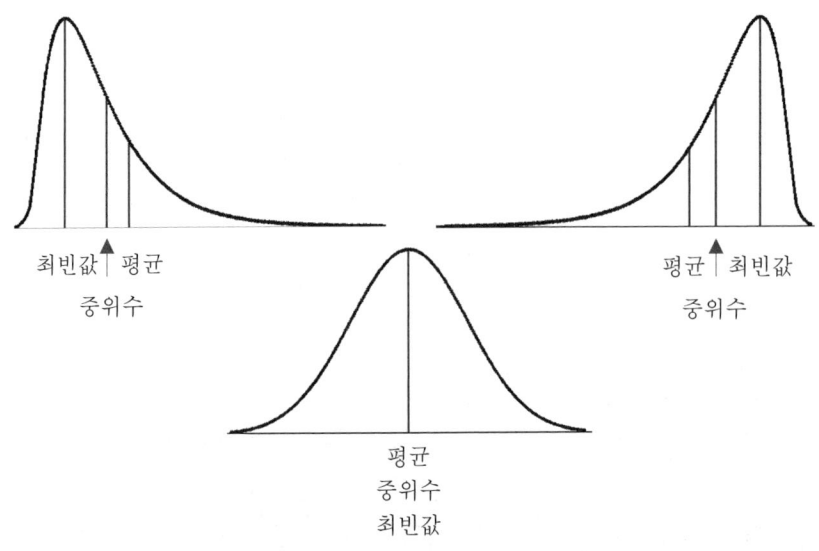

〈그림 4-1〉 단봉분포에서 평균, 중위수, 최빈값의 관계

예제 4-1

<표 4-1>에 있는 네 개의 가상 데이터에서 대표값들을 비교해보자.

<표 4-1> 가상의 데이터

데이터 번호	관찰값
1	1, 2, 3, 4, 5
2	1, 1, 3, 5, 5
3	2, 3, 3, 3, 4
4	1, 2, 3, 4, 10

<표 4-2>는 평균과 중위수, 최빈값 등 세 가지의 대표값을 비교하고 있다. 데이터 번호 1~3은 관찰값이 좌우대칭으로 퍼져 있기 때문에 평균과 중위수가 3으로 모두 같다. 4번 데이터는 이상점이 있는 경우로서 평균은 영향을 받지만, 중위수는 이상점 10의 영향을 전혀 받지 않는다.

<표 4-2> 가상 데이터의 대표값 비교

데이터 번호	관찰값	평균	중위수	최빈값
1	1, 2, 3, 4, 5	3	3	없음
2	1, 1, 3, 5, 5	3	3	1, 5
3	2, 3, 3, 3, 4	3	3	3
4	1, 2, 3, 4, 10	4	3	없음

제2절 산포의 측도

산포도는 변수가 지니는 여러 수치들이 특정한 대표값(대개 평균)을 중심으로 어느 정도나 흩어져 있는가를 나타내는 통계값으로서, 퍼진 정도를 측정한다. 평균이 똑같다고 해도 관찰값들이 모여있거나 퍼진 정도가 같은 경우는 거의 없다. 표본의 크기가 5인 데이터의 관찰값이 1, 2, 3, 4, 5인 경우나 1, 1, 3, 5, 5인 경우, 또는 2, 3, 3, 3, 4인 경우의 평균은 같다. 그러나 첫 번째 데이터의 관찰값들보다 맨 마지막 데이터의 관찰값들이 평균을 중심으로 더 밀집되어 있다. 이처럼 대표값만으로는 데이터 전체의 분포 형태를 제대로 알 수 없으므로 퍼진 정도를 함께 살펴볼 필요가 있다.

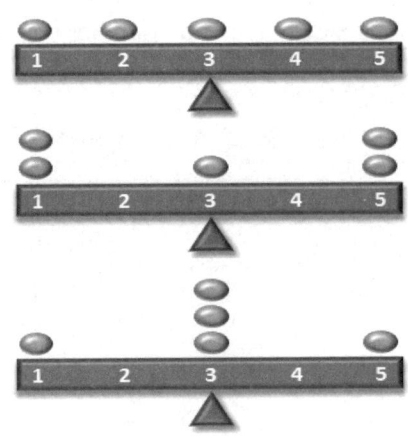

<그림 4-2> 가상데이터의 분포

데이터의 퍼진 정도, 즉, 산포도를 측정하는 도구에는 여러 가지가 있다. 그 중 몇 가지를 살펴보면 범위(range), 분산(variance), 표준편차(standard deviation, SD), 사분위수범위(inter-quartile range) 등이 있다.

1. 범위

관찰값 중 가장 큰 값을 최대값, 가장 작은 값을 최소값이라 하는데, 이 두 값 사이의 거리가 범위이다. 범위는 일반적으로 영어 단어 range의 첫 자를 따서 R로 나타낸다. 범위를 식으로 적어보면 다음과 같다.

$$R = 최대값 - 최소값$$

범위의 장점은 쉽게 구할 수 있다는 것이다. 그러나 데이터에서 단지 두 점(최대값과 최소값)만을 사용하기 때문에 관측된 데이터를 충분히 활용하지 못하는 단점이 있다. 또 최대값 또는 최소값이 이상점일 때는 실제보다 과장된 값이 나오게 된다. 따라서 범위는 다른 산포도의 보조적인 측도로서 사용될 때가 많다.

2. 분산

분산(variance)은 평균으로부터의 편차의 제곱합을 케이스 수(n)로 나눈 것으로, 관찰값들이 평균적으로 산술평균 주위에 얼마나 밀집해있는지, 혹은 산술평균에서 얼마나 넓게 퍼져있는지를 측정한다. 표본의 분산은 s^2으로 나타내며, 그 공식은 다음과 같다.

$$s^2 = \frac{\sum (x_i - \overline{x})^2}{n-1} = \frac{\sum x_i^2 - n\overline{x}^2}{n-1}$$

여기에서 분모는 모수인 모분산에 더욱 가깝게 하기 위하여 $n-1$로 처리한다.[6]

분산은 항상 양수이다. 범위와는 달리 분산의 계산에서는 모든 케이스의 값을 다 이용하기 때문에 퍼진 정도를 가장 잘 나타낼 수 있다. 그러나 분자에서 관찰값 x를 제곱하게 되므로 처음 측정한 단위와 같지 않아 불편한 점도 있다. 또 평균처럼 이상점의 영향도 많이 받는다.

3. 표준편차

표준편차(standard deviation)는 분산의 단위가 변수의 단위와 같지 않은 문제점을 해결한 산포의 측도로서 분산의 제곱근이다.

$$s = \sqrt{s^2}$$

표준편차는 측정값과 단위가 같기 때문에 이해하기 쉽다. 연속형변수를 설명할 때 평균과 더불어 가장 많이 쓰이는 통계량이다.

표준편차는 정규분포를 따르는 변수를 표준화(standardization)할 때 특히 중요하다. 변수의 표준화는 관찰값에서 평균을 빼고 표준편차로 나누는 것으로서, 변수 X의 i번째 관찰값 x_i의 표준화된 변수 T의 값은

$$t_i = \frac{x_i - \overline{x}}{s}$$

이다. 표준화된 변수의 값은 관찰값이 평균으로부터 몇 표준편차나 떨어져 있는가를 나타내준다. 가설의 검정통계량 중에는 이처럼 표준화된 값을 사용하는 경우가 많다.

4. 사분위수범위

k 분위수란, 데이터를 오름차순으로 정렬해서 k개로 나누었을 때 그 중 몇 번째에 위치한 데이터인지 알려주는 것으로, k가 100이면 백분위수(percentile), k

---

[6] 더욱 엄밀히 말하면, 분모에 n 대신에 $n-1$을 사용하는 이유는 표본분산 s^2을 불편향추정량 (unbiased estimate)으로 만들기 위해서이다.

가 10이면 십분위수(decile), k 가 4이면 사분위수(quartile) 등으로 부른다. 일사분위수는 제일 작은 값에서부터 25%에 해당하는 관찰값이므로 25백분위수이고, 삼사분위수는 75%에 해당하는 관찰값이므로 75백분위수이며, 이사분위수는 중위수(median)이다.

일사분위수와 삼사분위수 사이의 거리를 사분위수범위라고 부른다. 일사분위수를 Q_1, 삼사분위수를 Q_3 이라 할 때, 사분위수범위(inter-quartile range)

$$IQR = Q_3 - Q_1$$

이다. 이는 분포의 양 끝에 있는 값들을 제외하고 가운데 부분을 이루는 절반(50%)이 얼마나 넓은 구간에 걸쳐서 퍼져있는가를 나타낸 것으로, 대부분의 케이스가 가운데 모여 있고 일부 이상점이 있는 변수들의 퍼진 정도를 비교하기 위해 많이 쓰인다.

예제
4-2

<표 4-1>에 있는 네 개의 가상 데이터에서 산포의 측도를 계산하여 비교해 보자. (각 표본의 크기가 작으므로 IQR은 구하지 않는다)

〈표 4-3〉은 각 데이터에 대하여 최소값과 최대값, 평균을 범위, 분산, 표준편차와 함께 정리한 것이다. 여기에서 관찰값이 모여있는 데이터(3번)의 산포는 다른 데이터에 비해 작고, 이상점이 있는 데이터(4번)의 산포는 상대적으로 크다. 범위와 분산, 표준편차 계산방법을 첫 번째 데이터를 예로 들어보면 다음과 같다.

범위: $R = 5 - 1 = 4$

분산: $s^2 = [(1-3)^2 + (2-3)^2 + (3-3)^2 + (4-3)^2 + (5-3)^2]/(5-1)$
$= (4+1+0+1+4)/4 = 2.5$

표준편차: $s = \sqrt{2.5} = 1.58$

각 데이터의 범위와 분산, 표준편차를 실제로 구해보라.

<표 4-3> 가상 데이터의 산포도 비교

데이터 번호	최소값	최대값	평균	범위	분산	표준편차
1	1	5	3	4	2.5	1.58
2	1	5	3	4	4.0	2.00
3	2	4	3	2	0.5	0.71
4	1	10	4	9	12.5	3.54

제3절 형태의 측도

1. 왜도

왜도(skewness)는 관측값들의 비대칭성을 측정하는 도구로, 왜도의 값이 0이면 좌우 대칭이다. 예를 들어, 정규분포는 좌우가 대칭이므로 왜도의 값이 0이다.

왜도의 부호는 관찰값 분포의 꼬리 방향을 나타낸다. 여기서 꼬리는 다른 케이스들과는 달리 아주 큰 값이나 아주 작은 값을 가지는 몇몇 케이스가 있는 부분을 가리킨다. 왜도의 값이 양수이면 관찰값들의 꼬리가 오른쪽에 있고 대부분의 관찰값들이 왼쪽에 높이 모여 있어서 마치 오른쪽으로 꼬리를 늘인 고래의 형태를 보인다. 반면에 왜도의 값이 음수이면 관찰값들의 꼬리가 왼쪽에 있어서, 왼쪽으로 꼬리를 늘어뜨리고 오른쪽으로 가는 고래의 형태를 이룬다.

왜도의 크기는 꼬리의 길이를 나타낸다. 만일 왜도를 자신의 표준오차[7]로 나누어 2 이상의 값이 나오면 꼬리가 아주 긴 것으로서 '유의한 양의 왜도를 가졌다'라고 한다. 이때 관찰값들은 오른쪽으로 긴 꼬리를 가진다. 한편 왜도를 자신의 표준오차로 나누어 -2 이하의 값이 나오면 '유의한 음의 왜도를 가졌다'라고 하는데, 이 경우 관찰값들은 왼쪽으로 길게 꼬리를 늘이며 퍼져있는 형태를 보인다.

2. 첨도

첨도(kurtosis)는 관찰값들이 산술평균 주위에 밀집된 정도를 측정하는 것이다. 관찰값이 밀집되어 있으면 솝고 뾰족한 분포를 이루겠고, 널리 퍼져있으면 낮고 완만한 분포를 이룬다. 첨도의 기준이 되는 분포 역시 정규분포로서, 관찰값들이 정규분포와 비슷하게 분포되어 있으면 첨도의 값은 0이다.

첨도의 크기는 분포의 뾰족한 정도를 나타낸다. 첨도의 값이 0보다 크면 정규분포보다 대표값 주위에 더 밀집되어 있는 것으로서 관찰값이 좁고 높게 모여 있는 형태를 띤다. 한편 음의 첨도는 관찰값이 그다지 밀집되어 있지 않기 때문에 정규분포보다 더 낮고 넓게 퍼져있는 형태를 보이게 된다.

---

[7] 표본평균이나 왜도 등 통계량의 표준편차를 표준오차라 한다.

제4절 엑셀로 기술통계량 구하기

1. 엑셀로 기술통계량 구하기

기술통계량은 엑셀 화면의 맨 윗부분에서 데이터 → 데이터 분석 순으로 클릭한다. '통계 데이터 분석' 창이 뜨면 '기술 통계법'을 클릭하도록 한다〈그림 4-3〉. 예제를 통해 기술통계량을 구하고 값을 살펴보자.

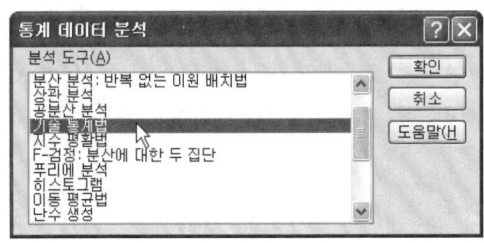

<그림 4-3> 통계 데이터 분석 창

예제 4-3

청소년 데이터(청소년.xlsx)를 이용해서 자아존중감점수[self]의 대표값과 산포도를 구해보자.

(1) 기술통계법 대화상자에서 입력 범위(I): $BR:$BR 에 'self'가 있는 열 문자 BR을 클릭하여 지정한다.
(2) 첫째 행에는 변수의 이름이 있으므로 ☑첫째 행 이름표 사용(L) 을 클릭한다.
(3) 출력 옵션을 〈그림 4-4〉와 같이 선택한다. 다른 내용이 선택되어 있으면 다시 한번 클릭하여 해제한다. 확인 을 클릭하면 새 워크시트에 기술통계량이 나온다.

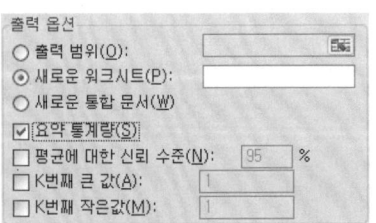

<그림 4-4> 출력옵션을 지정

〈그림 4-5〉에 보면 총 관측수는 153 케이스이다. 결과를 보면서 기술통계량에 대해 생각해보자.

(1) 이 변수의 최소값은 16, 최대값은 39이고, 평균은 28.82, 표준편차는 4.89이다.

(2) 대표값의 위치가 최빈값(29.0), 중앙값(29.0), 평균(28.81)의 순이다. 봉우리가 하나라면 꼬리가 왼쪽에 있는 분포를 하고 왜도는 음수일 것이다.

(3) 중앙값이 29.0인 것으로 보아, 'self'의 값이 29.0 이하인 사람이 절반이고 29.0 이상인 사람도 절반일 것이다.

(4) 왜도는 -0.07, 첨도는 -0.62이다. 봉우리가 하나인 분포라면, 정규분포보다는 조금 더 봉우리가 낮고 넓게 퍼져있을 것으로 생각된다.

(5) 셀 B4에는 '표준오차'가 나와있다. 표준오차 (standard error)는 통계량의 표준편차를 말하는 것으로, 여기서는 평균(이라는 통계량)의 표준편차이다. 평균의 표준오차는

$$S.E.(\bar{x}) = \frac{s}{\sqrt{n}}$$

로 계산되며, 이 예에서는 $4.89/\sqrt{153} = 0.395$이다.

	A	B	C
1	self		
2			
3	평균	28.81699	
4	표준 오차	0.395455	
5	중앙값	29	
6	최빈값	29	
7	표준 편차	4.891504	
8	분산	23.92681	
9	첨도	-0.62573	
10	왜도	-0.07714	
11	범위	23	
12	최소값	16	
13	최대값	39	
14	합	4409	
15	관측수	153	
16			

<그림 4-5> 자아존중감점수'의
기술통계량 결과

98　　제 4 장　기술통계량

학생들의 자아존중감점수(self)의 기술통계량을 성별에 따라 따로 내어보자.

기술통계량을 성별에 따라 따로 내기 위해서는 필터를 이용한다.

<그림 4-6> 행이 불규칙적으로 나열 된 경우

먼저, 남학생을 필터하면 왼쪽의 행번호가 1, 4, 5, 6, 7… 과 같이 불규칙적으로 나타난다<그림 4-6>. 이 상태에서 'self'의 범위를 지정하여 분석하면 화면에는 남학생만 보이지만 전체 153 케이스가 분석이 되므로, 반드시 필터하는 과정에서 먼저 [숫자 오름차순 정렬(S)] 을 하여 남학생 데이터가 위쪽으로 모이도록 한 후 분석한다<그림 4-7>.

<그림 4-7> '숫자 오름차순 정렬' 완성

필터를 이용하여 남학생, 여학생을 따로 기술통계량을 낸다.
입력범위를 지정할 때 필터된 부분만 마우스로 끌어야 한다<그림 4-8>. 열 문자를 클릭해서 지정하면, 필터되지 않은 케이스들도 모두 분석에 포함된다.

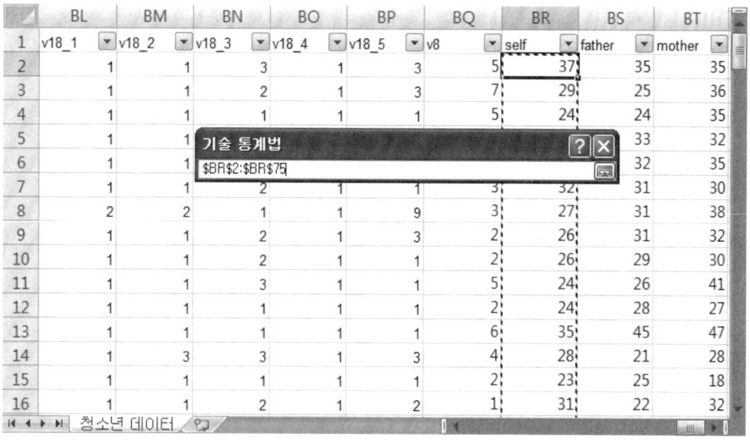

<그림 4-8> 입력범위 지정하는 방식

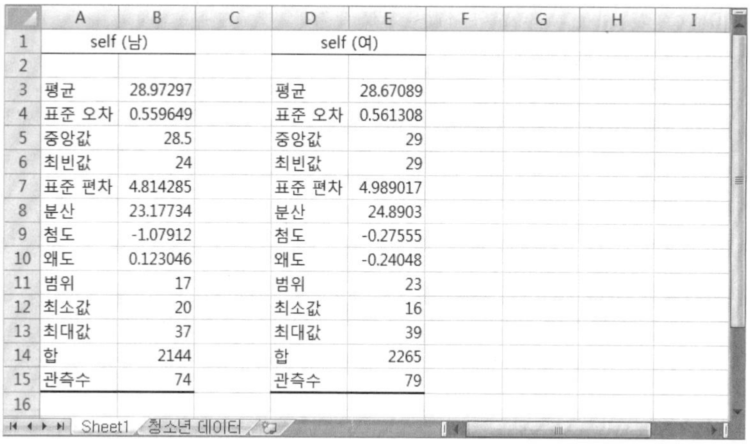

self (남)			self (여)	
평균	28.97297		평균	28.67089
표준 오차	0.559649		표준 오차	0.561308
중앙값	28.5		중앙값	29
최빈값	24		최빈값	29
표준 편차	4.814285		표준 편차	4.989017
분산	23.17734		분산	24.8903
첨도	-1.07912		첨도	-0.27555
왜도	0.123046		왜도	-0.24048
범위	17		범위	23
최소값	20		최소값	16
최대값	37		최대값	39
합	2144		합	2265
관측수	74		관측수	79

<그림 4-9> 남녀학생의 '자아존중감점수' 기술통계량

2. 대표값과 산포도 보고하기

보고서를 작성할 때는 대표값과 산포도를 동시에 제시하여 변수의 분포를 쉽게 알아볼 수 있도록 해야 한다. 연령이나 키 등의 연속형 변수를 정리한 것을 표로 보고할 때는 다음과 같이 하는 것이 좋다.

100   제 4 장   기술통계량

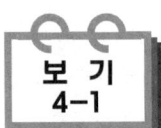
자아존중감점수[self]의 평균과 표준편차를 표로 정리해 보자.

보고서에는 〈표 4-4〉와 같이 변수이름 또는 변수 내용을 적고 평균과 표준편차를 적는다. 때로는 평균과 표준편차 사이에 ±부호를 넣어 $\bar{x} \pm s$, 또는 $\bar{x} \pm S.D.$ 의 형태로 적기도 한다.

<표 4-4> 자아존중감점수의 평균과 표준편차 (n=153)

변 수	평균($\bar{x}$)	표준편차(s)
자아존중감점수	28.82	4.89

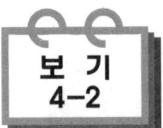
자아존중감점수[self]의 평균과 표준편차를 성별에 따라 따로 표로 정리해 보자.

〈그림 4-9〉 남녀학생의 기술통계량은 〈표 4-5〉와 같이 정리한다.

<표 4-5> 남녀 학생의 비교

변 수	남학생 (n=74)	여학생 (n=79)
	$\bar{x} \pm S.D.$	$\bar{x} \pm S.D.$
자아존중감점수	29.0±4.81	28.7±4.99

연습문제

청소년 데이터(청소년.xlsx)를 이용하여 아래의 연습문제를 풀어 보시오.

1. 어머니와의 관계(mother)의 평균, 표준편차, 최소값, 최대값은 얼마인가? 이 장에서 배운 통계량을 모두 찾아보고 설명하시오. 통계량들 간의 관계를 설명하시오.

2. 어머니와의 관계(mother)를 성별(v1)에 따라 나누어 평균과 표준편차를 구하시오.

과 제

제1장의 과제에서 준비한 데이터를 이용해서 아래의 과제를 해결해 보시오.

1. 연속형변수의 평균과 표준편차를 구하시오. 전체에 대한 평균과 표준편차를 구하고, 다른 범주형변수를 하나 정해서 그 변수의 각 수준에 따라 평균과 표준편차를 구하시오.

제5장 도 표

제1절 이산형 변수의 도표

제2절 연속형 데이터의 도표

도표는 변화양상이나 집단간의 차이를 한눈에 파악할 수 있게 해준다. 이 장에서는 수집한 자료를 도표를 이용해서 정리하는 방법을 설명하고 출력된 자료를 잘 활용할 수 있게 하기 위하여 문서에 포함시키는 방법도 함께 설명한다.

수집된 데이터를 빈도표나 기술통계를 이용해 정리하였다고 해도, 빈도표에 제시된 숫자의 나열은 가시적 효과를 주지 못한다. 데이터의 분포를 단숨에 파악하기에는 역시 도표가 좋다. 데이터에 따라서는 도표를 이용하면 변화 또는 차이를 한눈에 볼 수 있는 경우도 많다.

변수의 종류에 따라 적용할 수 있는 도표가 다르다. 변수는 크게 이산형(범주형)과 연속형으로 나뉘는데, 이산형(범주형) 변수의 분포를 나타내는 그림에는 막대형 차트와 원형 차트 등이 있고, 연속형 변수의 분포를 나타내는 그림에는 히스토그램이 있다. 두 연속형 변수의 관계를 나타내는 그림에는 산점도가 있다. 엑셀에서는 [삽입] → [차트] 를 이용하여 위와 같은 그림들을 적성할 수 있고, 히스토그램은 데이터분석 도구를 이용해서 작성한다.

이외에도 시간이 지남에 따라 변화하는 값을 보이기 위해서는 꺾은 선형 차트를 이용하고, 주식형 차트를 이용하여 평균과 신뢰구간을 표시하는데 응용할 수도 있지만 이 책의 범위를 벗어나므로 여기서는 다루지 않는다.

제1절 이산형 변수의 도표

1. 막대형 차트

막대형 차트(bar chart)는 이산형(범주형) 변수에 사용하며, 각 범주가 가지는 상대도수(relative frequency; %)나 도수(frequency), 또는 다른 변수의 통계량을 막대의 길이로 표현한 것이다. 범주마다 막대를 하나씩 그리다 보니 막대와 막대 사이가 서로 떨어져 있는 것이 특징이다.

막대형 차트를 그릴 때 주의할 점으로는
(1) 각 막대의 굵기를 일정하게 하고,
(2) 원점을 항상 0으로 지정하는 것이다.

막대의 굵기를 일정하게 하지 않으면 굵은 막대는 더 많은 양을 나타내는 것 같은 착각을 일으키게 된다. 예를 들어 한 범주의 빈도가 다른 범주의 두배가 된다고 하자. 만일 막대의 길이 뿐 아니라 굵기까지 두배로 그린다면 면적이 네배가 되어, 보는 이는 두배 이상의 차이로 느끼게 된다. 이러한 실수는 막대를 사람이나 자동차, 나무 등의 모양으로 나타낼 때 자주 일어나므로 주의해야 한다.

또 원점을 0으로 하지 않으면, 아주 작은 차이도 과장되어 보이게 된다. 따라서 굵기를 일정하게 하고 원점을 0으로 해야 막대형 차트의 역할을 충실히 할 수 있다.

막대형차트를 그리기 위해서는 먼저 막대에 들어갈 값을 빈도표로 작성해야한다. 예제를 통해서 알아보기로 하자.

청소년 데이터(청소년.xlsx)에서 응답자의 지역구분[city]별 비율이 얼마나 되는 지 알고 싶다. 각 항목의 비율을 막대로 나타내자.

(1) 삽입 → 피벗테이블 아이콘 을 이용하여 '지역구분' 비율의 빈도표를 먼저 작성한다(제3장 참조).

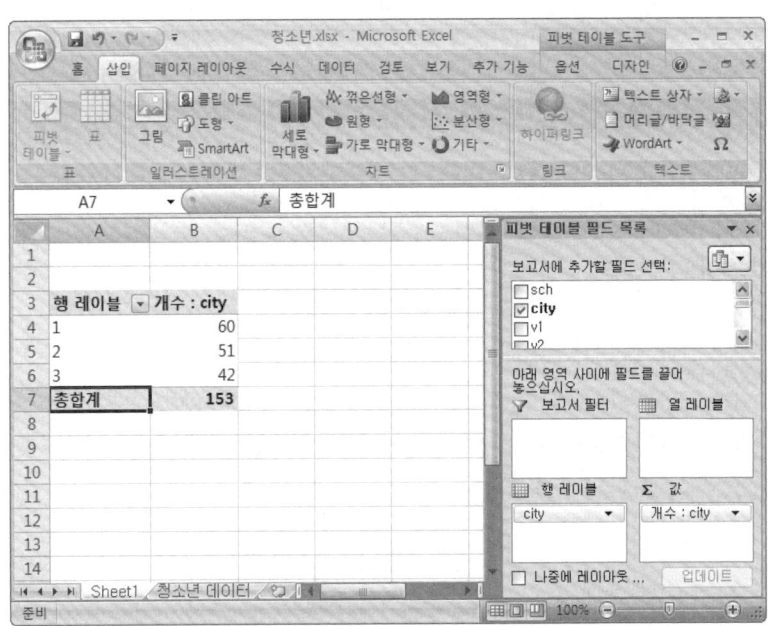

<그림 5-1> 지역구분별 빈도표 작성

빈도표를 작성했다면 성격에 맞게 값들의 이름을 바꾸고, 개수 부분도 비율로 바꾸자. 개수를 비율로 바꾸는 방법은 개수 : city → 값 필드 설정(N) 을 클릭하면 <그림 5-2>와 같은 '값 필드 설정'창이

뜬다. 여기서 값표시형식 탭을 누르고 값표시형식(A) 부분에서 '행 방향의 비율'을 선택하고 확인 을 누른다. 그 결과는 <그림 5-3>과 같이 바뀌게 된다.

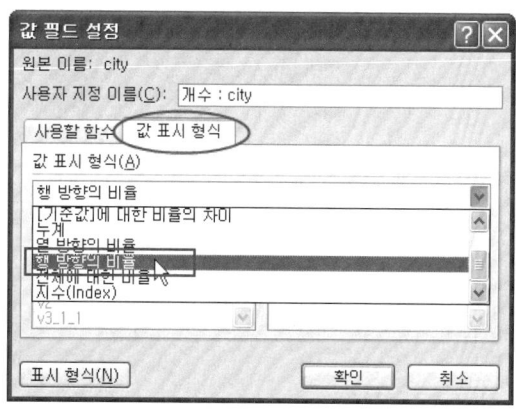

<그림 5-2> 개수를 비율(%)로 변경

	A	B	C	D
1				
2				
3	행 레이블	개수 : city		
4	1	39.2%		
5	2	33.3%		
6	3	27.5%		
7	총합계	100.0%		
8				
9				

<그림 5-3> 지역구분 개수를 비율로 변경한 결과

(2) 빈도표<그림 5-3>처럼 내용부분을 클릭 한 뒤에 도구표시줄 차트 그룹에서 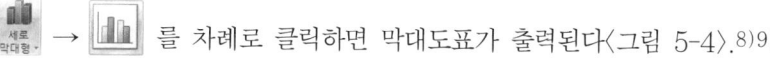 를 차례로 클릭하면 막대도표가 출력된다<그림 5-4>.[8][9]

---

8) 비율이 아닌 빈도를 이용하여 차트를 그려도 모양은 같게 나온다.
9) 세로 막대형 대신에 가로 막대형으로 그릴 수도 있다.

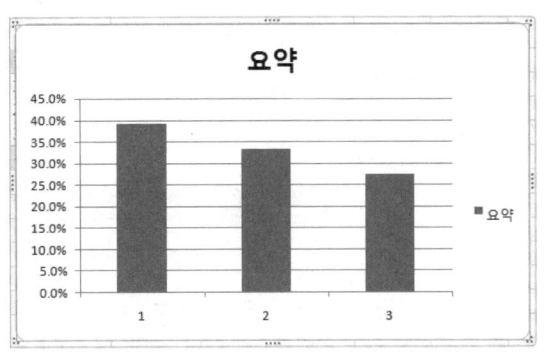

<그림 5-4> 비율을 이용한 지역구분별 막대도표

차트 제목과 범례를 차트성격에 맞게 수정해 보자. 차트 제목에 마우스 커서를 올려놓고, 사각 테두리가 나타날 때 다시 한 번 클릭하여 제목을 수정할 수 있다<그림 5-5>.

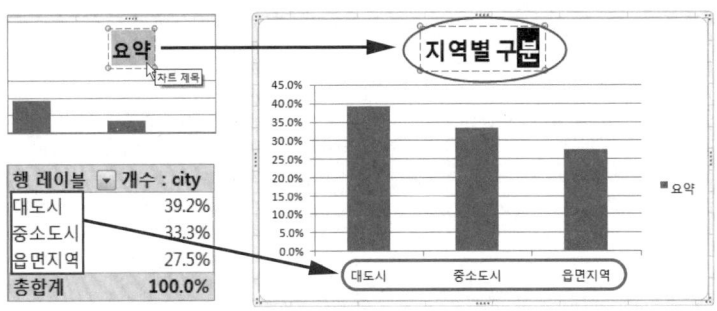

<그림 5-5> 차트 제목과 데이터 계열의 이름 수정

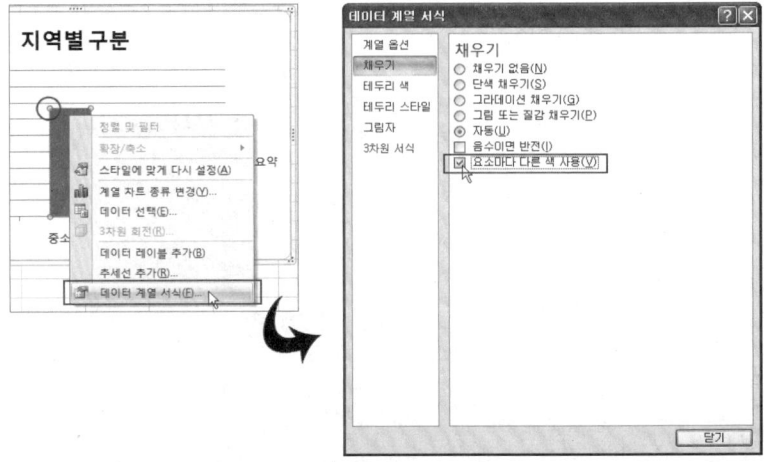

<그림 5-6> 데이터 계열마다 다른 색 적용

범례의 수정〈그림 5-6〉은 막대를 클릭한 후 [데이터 계열 서식(F)...] →
[채우기] → [☑요소마다 다른 색 사용(V)] 을 체크하면 〈그림 5-7〉과 같이 막대마다
다른 색으로 표시된 결과를 얻을 수 있다. [데이터 레이블 추가(B)] 를 선택하면
값이 막대그래프 위에 표시된다〈그림 5-8〉.

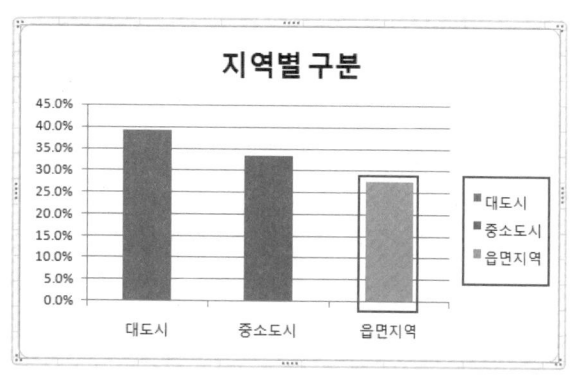

〈그림 5-7〉 범례의 수정

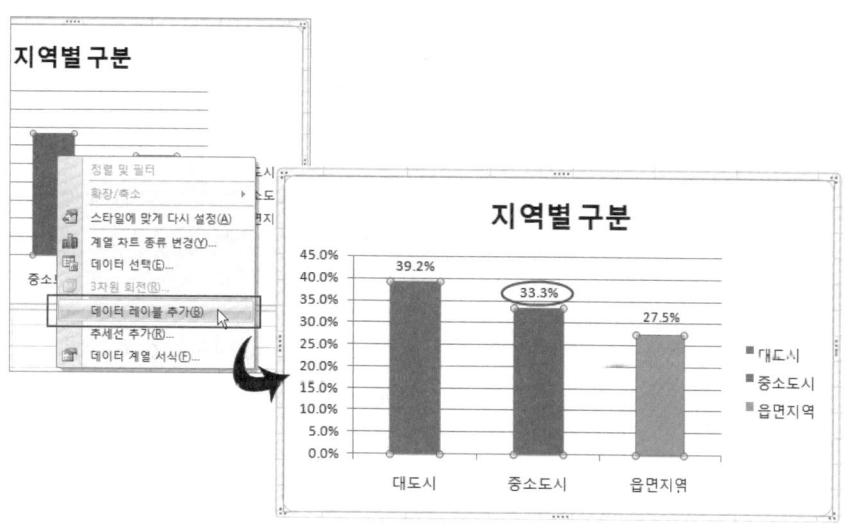

〈그림 5-8〉 데이터 레이블 추가

도표는 행에 있는 값들을 이용하였으므로 '행 기준'으로 작성된 것이다. 때에 따라서는 필요에 따라 항목을 넣거나 빼야할 일이 있다. 이번에는 읍면지역을 제외한 대도시와 중소도시만 막대형 차트로 나타내보자. 위에서 작성한 차트를 클릭하면 나타나는 [피벗 차트 필터 창 ▼×] 에서 [▼] 를 눌러

제 5 장 도 표

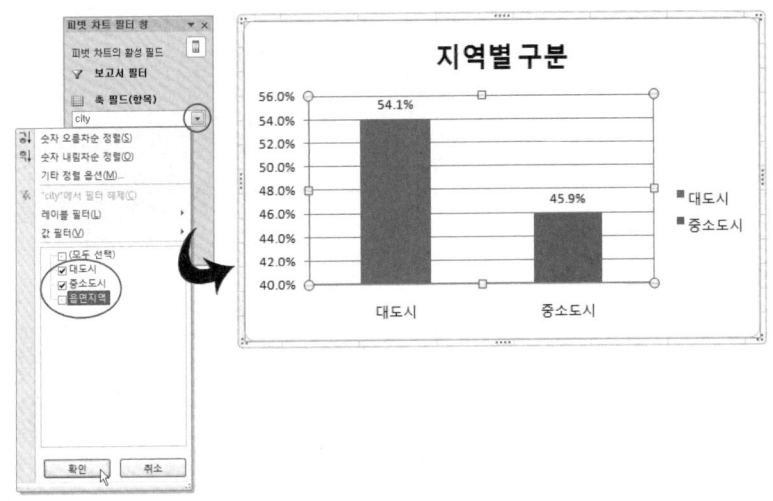

축 필드(항목) 부분의 읍면지역 의 체크를 해제하자. 〈그림 5-9〉와 같이 읍면지역을 제외한 결과가 나온다.

<그림 5-9> 읍면지역 데이터 제외하기

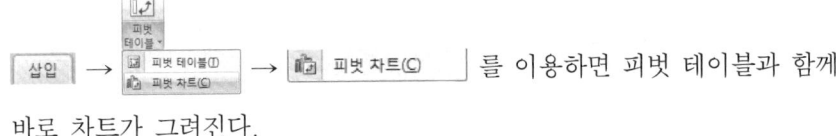

삽입 → 피벗 테이블 → 피벗 차트(C) 를 이용하면 피벗 테이블과 함께 바로 차트가 그려진다.

차트의 모양이나 색깔 및 제목, 범례 등을 다양하게 바꿀 수 있다. 자세한 내용은 엑셀 안내서를 참조하여 각자 해보자.

예제 5-2

청소년 데이터(청소년.xlsx)에서 남학생과 여학생 중 누가 더 자아존중감점수가 높은지 알고 싶다. 남학생과 여학생의 평균 자아존중감점수[self]를 막대도표로 나타내어 보자.

삽입 → 에서 〈그림 5-10〉처럼 행 레이블 상자에는 변수 성별[v1]을 옮겨놓고, Σ 값 에 자아존중감점수[self]를 옮긴 후 '평균' 값으로 고쳐 준다. 기본값으로 '합계'가 지정되어 있는데, 이 예제처럼 평균 등 다른 요약함수로 나타내고자 하는 경우에는 값 필드 설정(N)... → 평균 : self ▼ 을 클릭하여, 〈그림 5-10〉의 오른 쪽 필드 목록 창에서 다른 함수를 선택할 수 있다.

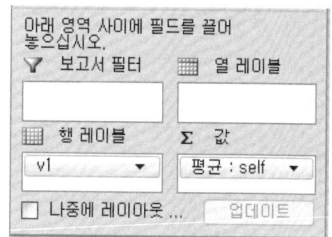

<그림 5-10> 성별 자아존중감점수 평균의 설정

막대도표를 보면 남학생들의 평균 점수와 여학생들의 평균점수가 약 29점으로 남녀학생들의 자아존중감점수가 거의 같은 것을 알 수 있다.

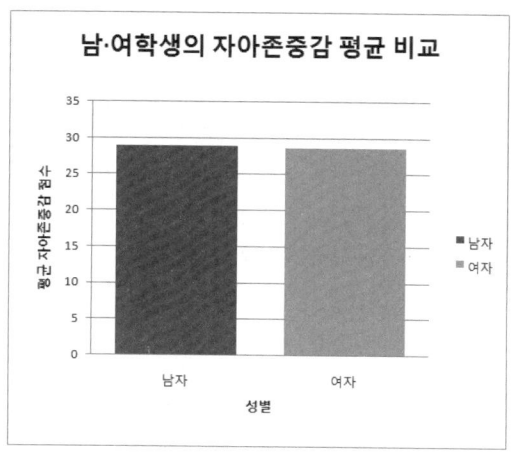

<그림 5-11> 성별 자아존중감 평균 비교

막대도표의 원점을 0으로 하지 않는 경우에는 남녀학생의 퍼센트의 차이가 더욱 크게 나타나므로, 정확한 정보를 전달하기 위해서는 항상 원점을 0으로 한다.

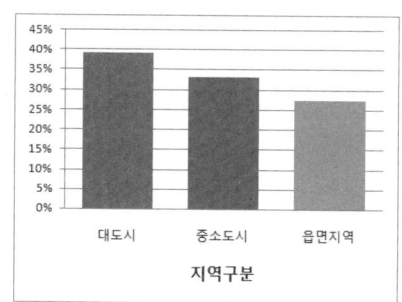
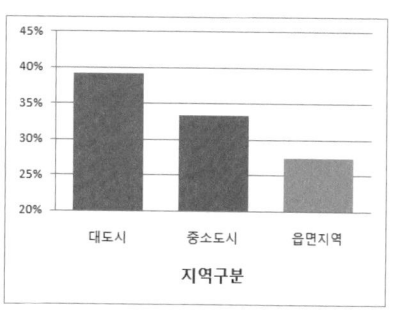

2. 원형 차트

원형 차트(pie chart)는 원형그림 또는 파이차트라고도 한다. 원도표는 각 응답 범주의 빈도나 비율, 또는 다른 변수의 통계량에 비례해서 원의 중심각 360°를 나누어 만든다. 12시 방향에서부터 시계방향으로 응답 범주의 순서에 따라 그린다.

원도표도 막대도표와 마찬가지로 이산형(범주형) 변수를 도표로 표현하는 것이다. 특히 전체를 1로 놓고 범주간의 상대적인 크기 또는 점유비율을 비교하는데 효과적이다.

원도표도 막대도표와 마찬가지로 파이조각의 크기를 나타낼 빈도표를 먼저 작성해야 한다. 예제를 통해서 알아보기로 하자.

예제 5-3 출생지역에 따른 사회적 차별에 대한 생각(v18_5)에 대한 응답을 원형 차트로 나타내 보자.

(1) 삽입 → 피벗차트 아이콘  을 이용하여 'v18_5'의 빈도표를 작성한다 〈그림 5-12〉.

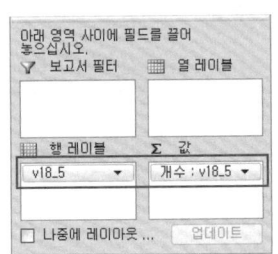

〈그림 5-12〉 빈도표 작성

빈도표에서 '1', '2', '3', '9'를 코드북에 따라 각각 '심하다', '심하지는 않지만 심하다고 하는 것 같다', '심하지 않다', '모르겠다'로 바꿔준다.

빈도표를 클릭하고 삽입 → 차트 → 원형 → 2차원 원형 그룹의 원형 아이콘을 클릭하면 〈그림 5-13〉의 차트를 볼 수 있다. '요약'을 더블 클릭해서 '출생지역에 따른 사회적 차별에 대한 생각'으로 제목을 바꿔준다.

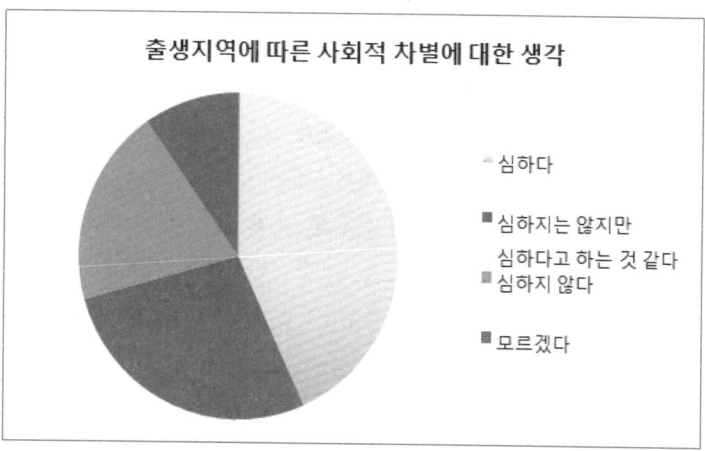

<그림 5-13> 2차원 효과의 원형 차트 선택

(2) 이번에는 3차원의 그림을 그릴 수 있도록 3차원 효과의 원형을 선택하자. ![원형]을 클릭하여 나타난 차트에서 ![아이콘]를 클릭하여 3차원 원형 차트로 바꾼다.

조각마다 다른 색을 적용해 보자. 파이를 클릭하여 오른쪽 버튼을 눌러 [데이터 계열 서식(F)...] → [채우기] → [☑ 조각마다 다른 색 사용(V)]에 체크한다. 조각마다 다른 색이 적용된다.

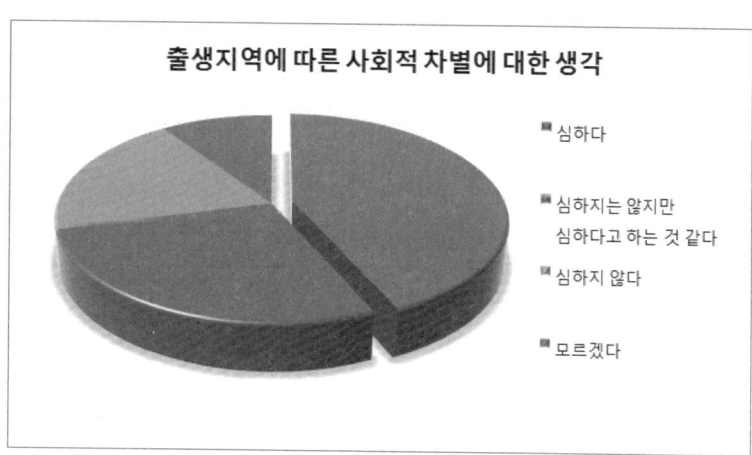

<그림 5-14> 3차원 효과의 쪼개진 원형 차트

(3) 위에서 작성한 차트에 빈도와 비율을 표시해보자. 파이를 클릭하고 마우스 오른쪽 버튼을 눌러 [데이터 레이블 추가(B)]를 선택한다. 다시 한 번

제 5 장 도 표

`데이터 레이블 추가(B)` 를 선택하면 이번에는 '데이터 레이블 서식' 창이 뜬다. `레이블 옵션` 을 클릭하고 맨 위의 `레이블 내용` → ☑ 값(V) → ☑ 백분율(P) 에 체크한다. 차트에 '66, 43.1%' `66,43.1%` 등의 수치가 표시될 것이다. 앞의 수치는 빈도이고, 뒤의 수치는 비율이다. 더블클릭으로 편집모드로 들어가 빈도와 비율을 두 줄로 표시하자. 빈도 다음에 엔터를 치고 ',' 기호를 없앤 후 편집모드에서 빠져나오면 두 줄로 표시 `66 43.1%` 가 된다. 보기 좋게 크기와 색상을 바꾸자〈그림 5-15〉.

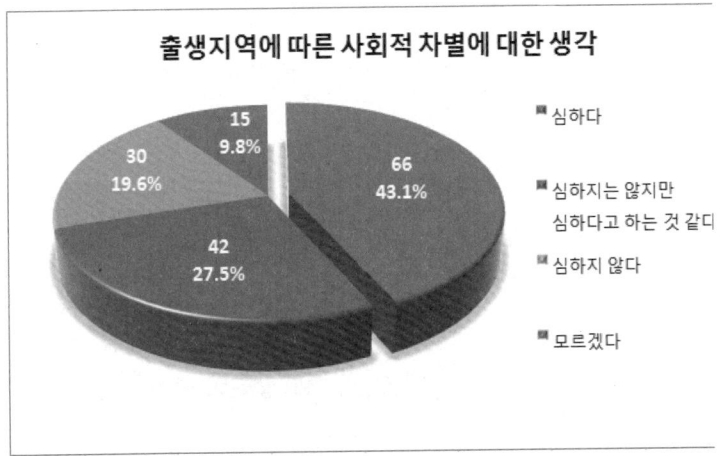

〈그림 5-15〉 빈도와 비율을 표시한 원형 차트

> ⚠ 원도표는 전체를 1로 놓고 범주간의 상대적인 크기를 비교하는 것이므로 전체의 합계가 100%가 넘는 복수응답 문항에는 사용할 수 없다.

제2절 연속형 데이터의 도표

1. 히스토그램

히스토그램(histogram)은 연속형 변수의 분포를 나타내는 도표로서 직사각형 막대의 면적으로 빈도나 퍼센트를 표시한다. 변수값의 구간을 정하여 여러 개의 계급으로 나눈 뒤, 각 계급에 속하는 케이스의 수를 직사각형의 막대로 나타내는 방법이다.

직사각형의 면적을 모두 합한 것을 100퍼센트로 생각하면 히스토그램은 막대의 면적으로 상대빈도를 나타낸다고 볼 수 있다. 막대도표가 막대의 높이로 빈도나 상대빈도를 나타내는 것과 달리, 히스토그램은 기둥의 면적으로 상대빈도를 나타내기 때문에 상대빈도가 같다고 하더라도 기둥의 폭(구간)에 따라 높이가 달라질 수 있다. 구간을 일정하게 하면 막대의 길이만 비교해서도 계급간의 비교가 가능하다. 그러나 구간을 일정하게 하지 않는 경우, 자칫 사각형 막대의 길이로만 파악하려는 오류를 범하게되므로 조심하여야 한다. 히스토그램은 막대도표와는 달리 사각형의 막대들이 서로 붙어있는 것이 특징이다.[10]

히스토그램의 작성은 데이터 → 데이터 분석 에서 히스토그램을 선택하여 나타나는 대화상자를 이용한다〈그림 5-17〉. 예제를 통해 기본적인 히스토그램을 작성해 보고 히스토그램에서 알 수 있는 정보는 무엇인지 살펴보자.

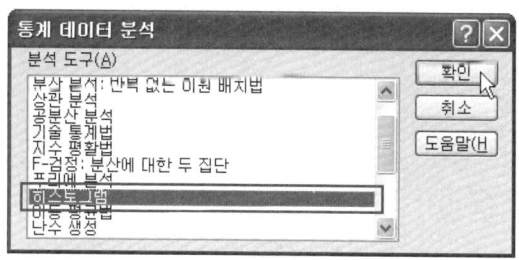

〈그림 5-16〉 히스토그램 선택

---

10) 이산형 변수에서 사용하는 막대도표와 달리, 히스토그램에서는 막대와 막대간에 간격이 없이 서로 붙어있는데, 이는 변수의 연속성을 나타내는 것이다.

116  제 5 장   도 표

<그림 5-17> 히스토그램 대화상자

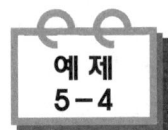 자아존중감점수[self]의 분포를 히스토그램으로 나타내보자.

(1) 새 시트에 'self'의 구간을 지정하는 값을 입력한다.

'self'는 16에서 39 사이의 값을 가진다. 폭이 2인 구간을 이용하기로 하고 새 시트에 17.9부터 40.9까지 각 계급의 상한값을 입력한다.11) 맨 첫 줄(셀 A1)에는 데이터의 내용을 알려주는 변수이름을 적는다〈그림 5-18〉.

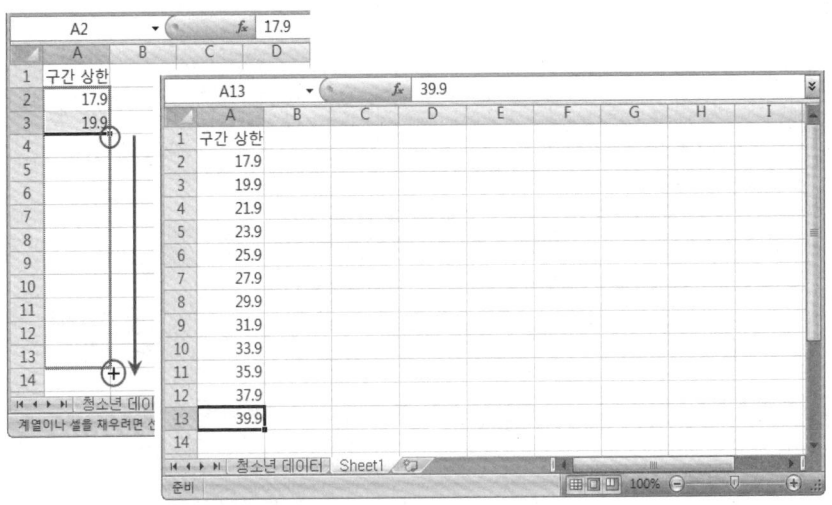

<그림 5-18> 'self'의 구간 값 입력

---

11) 'self'의 값의 최소값이 16이므로 16부터 17.9, 18.0부터 19.9 …의 구간으로 한다. 맨 마지막 구간은 38.0부터 39.9 구간이다.

(2) 청소년.xlsx 데이터가 있는 시트에서 데이터 → 데이터 분석 을 차례로 클릭하여 히스토그램 대화상자를 불러온다.

(3) 입력 범위(I): 는 'self'의 데이터가 있는 열을 마우스로 표시하거나 $BR:$BR라고 직접 입력한다〈그림 5-19〉.

계급 구간(B)에는 구간 상한값이 있는 Sheet1의 A1에서 A13까지를 마우스로 표시한다. 이름표(L) 를 클릭한다.

출력 옵션에는 새로운 워크시트(P): 를 선택하거나 출력 범위(O): 를 클릭하고 결과(각 구간의 도수가 출력됨)가 위치할 곳을 클릭한다. 이 예제에서는 Sheet1의 셀 C2를 클릭하였다.

마지막으로 차트 출력(C) 을 클릭한 뒤 확인 을 클릭하면 계급구간의 빈도표와 히스토그램이 출력된다〈그림 5-19〉.

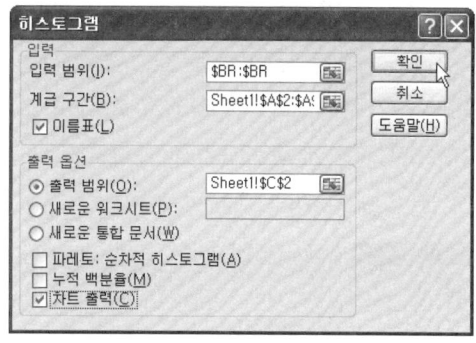

〈그림 5-19〉 히스토그램의 입력범위 지정

(4) 〈그림 5-20〉를 보면 몇가지 내용을 알 수 있다.

① 출력 위치로 지정한 Sheet1의 셀 C3부터 계급의 빈도표가 나와있다.

② 구간 상한의 마지막 구간(셀 C15)이 '기타'로 되어있고 이에 상응하는 빈도가 0이다. 오른쪽의 히스토그램의 39.9 옆에 '기타'라는 범주가 빈 공간으로 지정되어 있는 것을 알 수 있다. 편집기를 이용하여 시트의 행 번호 13번을 삭제하면 히스토그램도 따라서 변한다.

제 5 장 도표

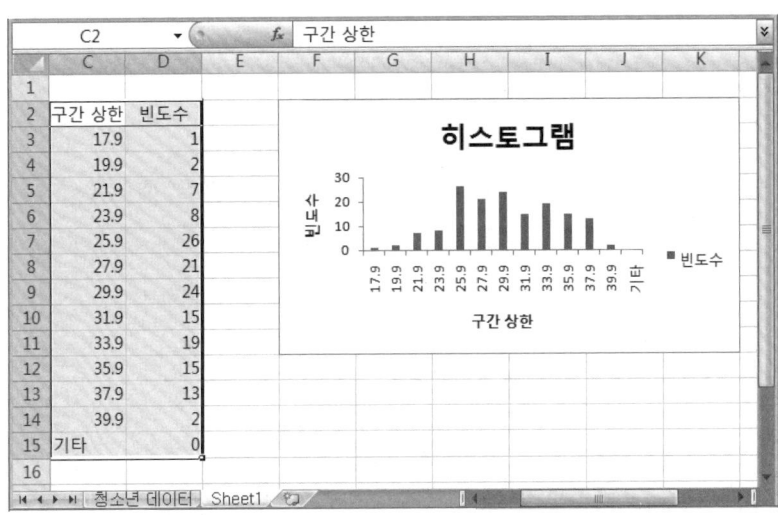

<그림 5-20> 히스토그램의 입력범위 등을 지정함

③ 막대형차트 모양을 히스토그램 모양으로 고친다.

〈그림 5-20〉을 보면 히스토그램을 마치 막대형차트처럼 만들어 놓았다. 구간의 상한까지 폭이 꽉 차서 서로 붙어있는 막대로 그려야 하는데 그런 형태로 출력하지 않았다. 모양을 고치기 위하여 막대 중 하나를 더블클릭하여 〔데이터 계열 서식(F)...〕 창이 나오도록 한다. 창의 〔계열 옵션〕에서 〔간격 너비(W)〕가 0이 되도록 고친다〈그림 5-21〉. 차트의 막대그래프가 아닌 바탕에〈그림 5-22〉마우스 커서를 놓고 오른쪽 버튼을 눌러 그림 영역 서식(F) 〔그림 영역 서식(F)...〕 → 〔채우기〕 → ⦿ 단색 채우기(S) → 색(C): 〔▼〕 을 선택한 후 히스토그램 막대가 잘 보이도록 밝은 색을 선택한다. 〈그림 5-23〉은 히스토그램의 높이를 늘이고 차트를 편집한 결과이다.

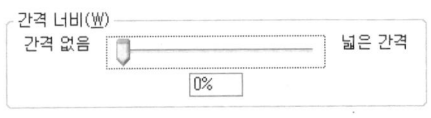   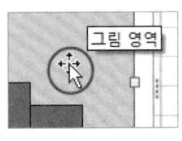

<그림 5-21> 너비간격 '0'으로 조정   <그림 5-22>

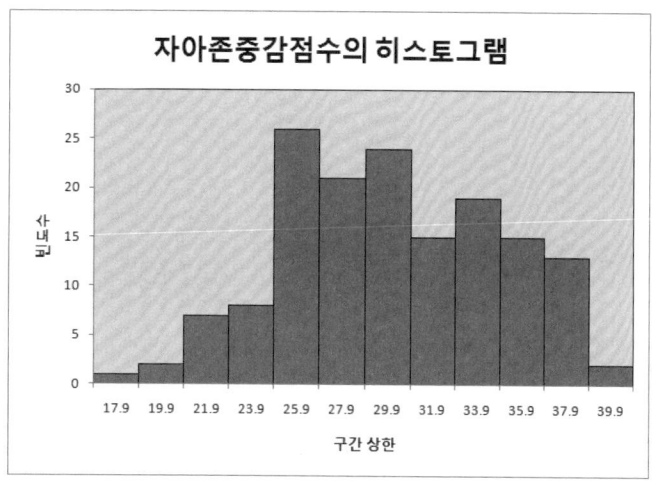

<그림 5-23> 항목너비를 0으로 바꾸어 막대도표를
히스토그램으로 바꿈

(5) 〈그림 5-23〉을 보면서 '자아존중감점수'의 히스토그램에서 알 수 있는 내용을 생각해보자.

① X축을 살펴보면 변수를 2간격으로 나누어 각 구간의 빈도를 직사각형의 막대로 표시하였다.

② 대체로 단봉분포모양을 나타내고 있으며 점수가 높은 케이스가 점수가 낮은 케이스보다 많다.

③ 23.9에서 25.9 사이의 자아존중감점수를 가진 학생이 가장 많다.

자아존중감점수[self]의 분포를 히스토그램으로 나타내고 누적 비율을 덧그려 보자.

히스토그램 대화상자에서  을 선택하면 누적된 값의 백분율이 함께 출력된다. 〈그림 5-24〉와 같은 히스토그램을 작성해보자.

(1) 누적백분율 그래프에서 X축이 id로 출력된다. 이를 구간 상한으로 바꾼다.

(2) 비율의 표시 형식을 사용자 정의에서 0%의 형식으로 지정한다.

(3) 범례에서 '빈도수' 부분은 지우고 '누적 %'의 글씨크기를 편집한 뒤 그림영역으로 옮긴다.

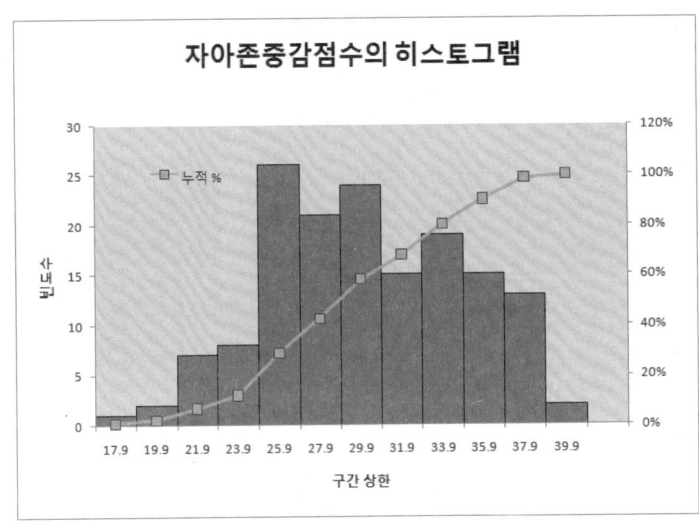

<그림 5-24> 누적비율이 함께 출력된 히스토그램

2. 산점도

산점도(scatter plot)는 두 변수의 분포를 XY평면 위에 나타내는 것으로서, X축 변수의 값과 Y축 변수의 값이 만나는 지점들을 평면 위에 표시한다. 양 축의 변수가 모두 연속형 변수일 때 산점도의 의미가 있다.

산점도를 보면 두 변수의 관계를 알 수 있다. 한 변수의 값이 크면 다른 변수의 값도 큰지, 또는 다른 변수의 값은 작은지, 또는 두 변수간에 그러한 관계가 전혀 없는지 등의 정보를 알 수 있다.

예제 5-6

'자아존중감점수(self)' 와 '아버지와의 관계(father)' 의 관계를 알아보기 위해 산점도를 그려보자.

(1) 데이터가 나란히 있는지 확인한다. 두 변수 'self'와 'father'는 나란히 있지 않다. 나란히 있지 않으면 원하는 열의 데이터를 복사해서 새 워크시트에 나란히 붙인다. 변수 'self'와 'father'가 있는 열 문자를 마우스로 끌어 산점도를 작성할 데이터의 범위를 지정한다.[12]

(2) 삽입 → 차트 → 분산형 을 선택한다. 분산형 아이콘의 화살표 아래로 산점도의 형식을 선택할 수 있는 작은 창〈그림 5-25〉이 나타난다. 맨 왼쪽 위의 아이콘을 선택하면 〈그림 5-26〉과 같은 형태의 산점도 창이 나타난다.

〈그림 5-25〉
분산형 차트 종류
선택 창

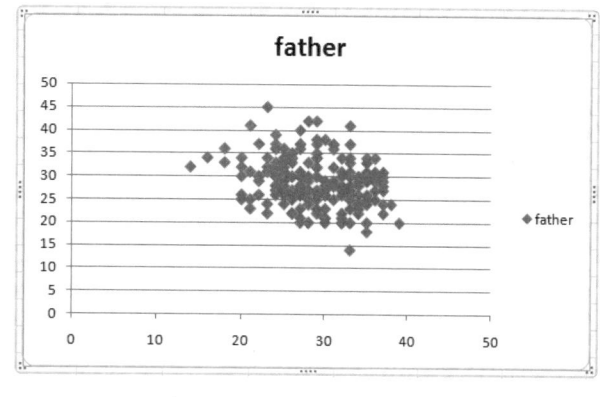

〈그림 5-26〉 편집하기 전의 산점도

(3) 약간의 편집을 통하여 외양을 가다듬는다.

① 제목과 X축, Y축의 축 제목을 단다.

제목: 레이아웃 → 차트 제목 여기에는 미리 'father'라는 제목이 있으므로, 수정을 원하면 제목을 더블클릭한다.

X축 : 레이아웃 → 축 제목 → 기본 가로 축 제목(H) ▶

Y축 : 레이아웃 → 축 제목 → 기본 세로 축 제목(V) ▶

② 눈금선 시트에서 기본 가로 축 제목(H) ▶ → 없음 축 제목 표시 안 함 메뉴를 이용해 가로 축 제목을 없앤다.

---

12) 변수가 많은 데이터에서 산점도를 그릴 때는 범위를 먼저 지정하고 차트를 만드는 것이 편리하다.

③ 범례 [범례] 시트에서 [범례 사용 안 함] 을 이용해 범례를 없앤다.
다음에서 산점도 표에 마우스를 대고 오른쪽 버튼을 누른 후 [차트 이동(M)...]
을 클릭한다. [새 시트(S):] 를 지정한 후 [확인] 을 클릭한다.

⑷ 〈그림 5-27〉은 산점도 결과이다. 차트의 크기와 글씨의 크기 등을 편집하였다. 이 산점도에서는 다음과 같은 내용을 알 수 있다.

① 아버지와의 관계는 15점에서 47점 사이에 분포되어 있으며, 자아존중감점수는 16점에서 39점 사이에 분포되어 있다.

② 관계가 뚜렷하게 보이지는 않지만 아버지와의 관계 점수가 높은 케이스는 자아존중감점수도 높은 경향이 있다.

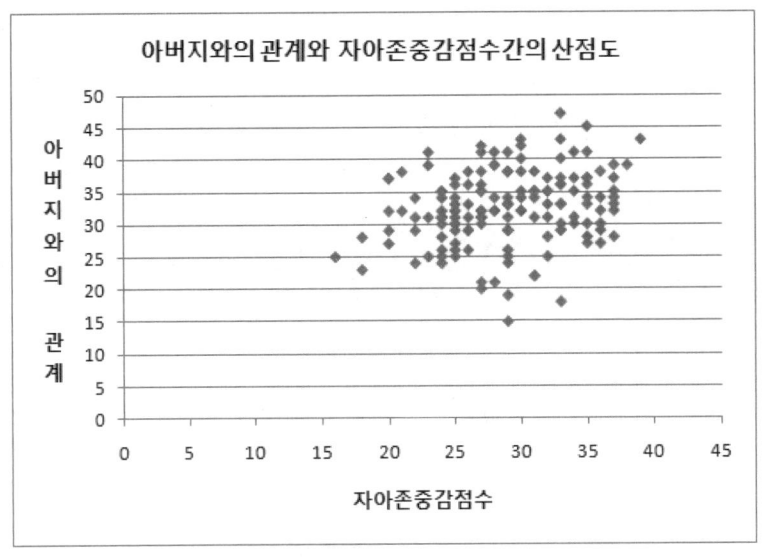

〈그림 5-27〉 완성된 산점도

이처럼 산점도는 두 변수간의 관계를 나타내주기는 하지만, 평면상에 나타내는 도표이기 때문에 각 점이 하나의 케이스를 나타내는 것인지 여러 개의 케이스를 나타내는 것인지는 알 수 없다는 단점이 있다.

연습문제

청소년 데이터(청소년.xlsx)를 이용하여 다음을 하시오.

1. '친구들에게 인기를 얻는 것의 중요도(v12)'의 막대형 차트를 작성하시오. 각 축의 제목을 가운데 정렬하고 그래프의 제목에 본인의 이름을 넣으시오. 빈도표와 비교하여 어떤 점이 좋고 어떤 점이 덜 좋은지 서술하시오.

2. '가정의 사회적 위치(v14)'를 '상의 상, 상의 하'는 '상'으로, '중의 상, 중의 하'는 '중'으로 '하의 상', '하의 하'는 '하'로 코딩 변경하여 새로운 변수 '가정의 사회적 위치-상중하(v14_1)'를 만들고 이를 원형차트로 그리시오. 조각 안에 빈도수와 백분율을 같이 나타내시오.

3. '어머니와의 관계(mother)'와 '아버지와의 관계(father)'간의 관계를 알 수 있도록 산점도를 그려보시오. 두 변수 간에 관계가 있는 것으로 보이는가?

과제

제1장의 과제에서 준비한 데이터를 이용해서 다음을 하시오.

1. 범주형변수의 막대형 차트를 작성하시오. 제목을 달고 축제목을 가운데로 정렬하시오.

2. 다른 범주형변수의 원형차트를 작성하시오. 제목을 달고 각 조각에 퍼센트 값이 나오게 하시오. 도표를 흑백으로 출력하여도 조각들이 서로 구분되도록 무늬를 달리 주시오.

3. 위에서 작성한 두 도표를 보고, 어느 변수에 어떤 도표가 적절한지 비교해서 간단히 서술하시오.

4. 연속형변수의 히스토그램을 작성하시오. 히스토그램에 누적비율 곡선을 덧 그리고 두 분포를 비교 서술하시오.

제3부 추리통계 및 통계적 분석

제6장　추정과 검정의 기본개념

제7장　t-검정

제8장　분산분석

제9장　상관관계분석

제10장　단순회귀분석

제11장　다중회귀분석

제12장　교차분석

제3부

제6장 추정과 검정의 기본개념

제1절 추 정

제2절 검 정

모집단의 일부로서 관측된 표본을 이용하여 모집단의 특성을 추측하고 검정하는 통계적 방법을 추측통계학이라 한다. 이 장에서는 추측통계학의 기본이 되는 개념과 엑셀로 추정하는 방법을 배운다.

제1절 추정

　한 사업가가 외국에 공장을 내려고 한다. 현지 파트너를 구하기 전에 그 나라 사람들의 시간 약속 준수 정도를 알아보기로 했다.

　한 사람만 봐서는 그 나라 사람들이 시간을 잘 지키는지 확인할 수 없다. 여러 사람을 만나본 뒤에야 그 나라 사람들의 속성을 파악할 수 있다. 세 명을 만나 두 명은 잘 지키고, 한 명은 잘 지키지 않았다면, 그 나라 사람은 약 67%정도 시간을 잘 지킨다고 추리할 수 있다.

　이 나라 사람에 대해서 67%정도 시간을 잘 지키는 나라라고 추리했는데 만일 이 나라 사람이 사실은 69% 잘 지킨다면 사업가의 추리가 딱 들어맞았다고 할 수 없다. 그러나 '통계적 오차'의 개념을 도입해서 63%에서 71%정도로 잘 지킨다고 추리했다면 이는 제대로 추리한 것이다.

　또, 그 나라를 소개해준 사람이 '이 나라 사람들은 90% 시간을 잘 지킨다'라고 했다면, 과연 그 말이 맞는지 확인하고자 할 때도 있다. 이때도 역시 여러 사람을 만나보고 나서 그만하면 소개해준 사람의 말이 맞다든지 틀리다든지 결론을 내리게 된다. 사람들을 한두 명만 만나 가지고는 시간을 잘 지키는지 아닌지에 대한 판단을 하기 어렵다면, 과연 몇 명이나 만나보아야 보다 정확한 추리가 가능할까?

　이 예는 설명을 위해서 아주 단순하게 표현한 것이지만, 이러한 개념을 추정에 연관시키면 이해가 쉽다. 여기서 사업가가 관심을 가지는 내용은 '시간을 잘 지키는지 여부' 또는 '시간을 지키는 점수'라 할 수 있다. 이것이 관심있는 변수이고, 그 변수가 가지는 값이 관찰값이다.[13] 여기서 '모든 만남'은 모집단, '몇 명 만남'은 표본이라 할 수 있을 것이다. 모든 사람을 만나 몇 %나 시간을 지키는지 또는 시간을 지키는 점수의 평균이 얼마인지 파악하면 %나 평균이 모수이다. 사업가는 모든 사람을 만날 수 없으므로 몇 명만 만나서 시간약속 준수 %나 점수를 파악하면 이는 통계량이다. '67%'라고 추리한 것은 점추정이라 하고, '63%~71%'라고 추리한 것은 구간추정이라 한다. 90% 잘 지킨다는 말이 맞는지 살펴보는 것은 검정이고, '몇 명이나 만나보아야 하나'의 문제는 표본 크기의 문제이다.

　모수(parameter)란 모집단의 수치적 특성을 말한다. 모수에 대응되는 통계량(statistic)은 표본의 수치적 특성을 말한다. 일반적으로 모집단은 너무 커

---

[13] 첫 번 만난 사람에서는 시간 지킴(○), 두 번째 지킴(○), 세 번째 안지킴(×)이라면, ○, ○, ×가 관찰값이다.

서 전부 다 관찰할 수 없으므로 모수의 값도 알 수 없다. 표본으로부터 모수를 추리하는 방법에 대해 생각해보자.

우리나라에서는 5년에 한번씩 인구주택센서스를 실시한다. 이번 센서스에서는 특별히 각 사람의 키를 조사했다고 하자. 센서스에서 얻은 평균키는 모수인가? 통계량인가?

센서스는 우리나라 사람 모두를 조사한다고 볼 수 있다. 따라서 센서스에서 얻은 평균키는 모수이다.

비록 센서스라고 하더라도, 모든 국민을 하나도 빼지 않고 조사하기란 거의 불가능하다. 예를 들면 해외출장중인 사람이나 주거가 불분명한 사람 등은 조사가 되지 않는다. 이 경우 비록 센서스라 하더라도 여기서 얻은 평균이 엄밀한 의미에서는 모수가 아니라고 할 수 있다. 그러나 일반적으로 센서스는 하나도 빼지 않고 조사한 것으로 간주한다.

관심 있는 모수에는 평균과 (성공)비율, 분산 등이 있다. 키나 몸무게, 점수 등 연속형 변수인 경우에는 평균이나 분산을, 시간을 지키는지 여부, 성별, 찬·반 등 범주형 변수인 경우에는 비율을 추정한다. 두 변수간의 관계를 나타내는 상관계수 역시 관심 있는 모수이다. 모수는 대개 그리스문자로 쓰는데, 각 모수와 그에 상응하는 통계량을 나타내는 기호는 〈표 6-1〉에 나와 있다. 예를 들면, μ는 모집단 평균(모평균)이고 $\overline{X}$는 표본평균을 나타낸다.14)

통계량을 통해 미지의 모수값을 추리하는 것을 추정(estimation)이라 하고, 추정하는 값을 내는 공식을 추정량(estimator)이라 한다. 일반적으로 추정량은 모수 위에 모자(hat)를 씌워서 나타낸다. 예를 들어, 표본평균 $\overline{X} = \dfrac{\sum X_i}{n}$는 μ의 추정량이므로 $\hat{\mu} = \overline{X}$라 쓴다. $\hat{\mu}$는 'mu hat'이라고 읽는다.

---

14) 추정량은 대개 대문자로 쓰고, 그 추정량으로 계산해서 얻은 값은 소문자로 적는다. 즉, $\overline{X}$라는 추정량으로 계산해서 142가 나왔다면, $\overline{x} = 142$로 적는다.

<표 6-1> 모수와 통계량을 나타내는 기호

	모 수	통계량
평균	μ (mu)	$\bar{x}$
분산	σ^2 (sigma 제곱)	s^2
비율	π (pi)	p
상관계수	ρ (rho)	r

1. 점추정

모평균의 추정을 중심으로 추정에 관해 알아보자. 모비율이나 모분산의 추정에 관심이 있는 사람은 부록A의 2절을 참고한다.

모수를 하나의 값으로 추정하는 것을 점추정(point estimation)이라 한다. 모평균 μ의 추정량으로는 표본의 평균이나 중위수가 많이 쓰이지만 원한다면 최빈값 또는 최소값도 사용할 수 있다. 표본평균을 $\bar{X}$, 중위수를 $\tilde{x}$(x tilde), 최빈값을 $\check{x}$(x check), 최소값을 $\underline{x}$(x underbar)라 하고, $\widehat{\mu_{(1)}} = \bar{X}$, $\widehat{\mu_{(2)}} = \tilde{x}$, $\widehat{\mu_{(3)}} = \check{x}$, $\widehat{\mu_{(4)}} = \underline{x}$ 라 하자. 이처럼 여러 가지 추정량이 있을 때, 그 중 가장 좋은 추정량은 무엇이며, '가장 좋다'는 기준은 무엇일까? 좋은 추정량은 일정한 성질을 만족하여야 하는데, 가장 중요한 세 가지 성질은 불편성과 효율성, 일치성이다.15) 모평균 μ의 추정량 중 표본평균은 이러한 세 가지 성질을 만족하는 최소분산 불편향추정량(minimum variance unbiased estimator)이고, 따라서 이를 모평균의 추정량으로 널리 쓰인다.

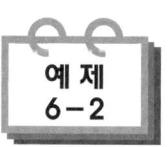
예제 6-2

대한민국 6학년 어린이들의 키가 얼마인지 알기 위해 표본을 추출하여 조사하였다. 표본의 평균은 142㎝였다. 이 어린이들이 포함된 전국의 모든 6학년 어린이들의 평균키는 얼마라고 추정할 수 있을까?

표본평균 $\bar{X}$는 모평균의 가장 좋은 추정량이므로 표본평균값 $\bar{x}$로 추정한다. 모평균은 142㎝일 것이다. ■

---

15) ① 불편성(unbiasedness): 모든 가능한 표본에서 얻은 추정량의 기대값, 즉, 평균은 추정하려고하는 모수의 값과 같아야 한다.
② 효율성(efficiency): 추정량의 분산은 가능한 한 작은 것이 좋다.
③ 일치성(consistency): 표본의 크기가 아주 커지면, 추정값이 참값과 거의 같아지는 성질이다.

이 예제에서 알 수 있듯이, 모수가 어떤 특정한 값(142㎝)이라고 말하는 것은 한 개의 숫자로 나타내기 때문에 구하기도 쉽고, 나타내기도 간단하고 이해하기도 쉽다.

2. 구간 추정

(1) 구간추정의 기본개념

모수의 추정량을 한 개의 숫자로 나타내는 것이 간단하고 알기 쉽기는 하지만 어린이들 키의 모평균이 반드시 142㎝라고 자신할 수는 없다. 점추정은 맞는 경우보다 틀리는 경우가 더 많다. 모평균에 대해 다음과 같이 말하는 방법을 생각해보자.

"6학년 어린이들 키의 모평균은 140.2㎝에서 143.8㎝ 사이에 있으며,
그 사이에 있다는 것을 95% 확신한다."
또는
"6학년 어린이들 키의 모평균은 139.7㎝에서 144.3㎝사이에 있으며,
그 사이에 있다는 것을 99.7% 확신한다."

이렇게 이야기하면, 이 추정이 얼마나 정밀하게 이루어졌는지(142㎝를 중심으로 ±1.8㎝이내, 또는 ±2.3㎝이내)를 알 수도 있고, 주어진 두 값 사이에 있을 것으로 확신하는 정도(각각 95%와 99.7%)가 얼마인지도 알 수 있다. 이처럼 일정한 구간을 제시하여 추정하는 것을 구간추정(interval estimation)이라 하고, 모수가 포함되었을 것이라고 제시한 구간을 신뢰구간(confidence interval)이라 한다. 이때, 신뢰구간의 양 끝을 각각 하한추정량과 상한추정량이라 하고, 표본에서 얻은 값을 신뢰구간의 하한값(lower limit)과 상한값(upper limit)이라 한다.

(2) 신뢰수준

신뢰구간에서 '확신하는 정도'는 신뢰수준(reliability level)이라 하여, 대개 95%(또는 99%, 때로 90%)를 쓰는데, 연구자가 결정한다. 신뢰수준이 95%라 함은, 이와 똑같은 연구를 100번 반복해서 똑같은 방법으로 신뢰구간을 구하는 경우, 그 중 적어도 95번은 그 구간 안에 모평균이 포함될 것임을 의미한다. 즉, 모평균의 위치를 맞추지 못하는 실수는 5%이상 하지 않는다는 의미이다.

실수를 하지 않기 위해서, 즉, 신뢰수준을 높이기 위해서는 신뢰구간을 아주 넓게 정하는 방법이 있다. 예를 들어 초등학생 키의 평균에 대한 신뢰구간을 정하는 경우, 50cm에서 200cm로 정하면 틀릴 리가 없다. 즉, 신뢰수준이 100%이다. 그러나 신뢰수준을 이처럼 높게 정하면, 구간이 너무 넓어져서 추정의 의미가 없어진다.

신뢰수준을 높이면 신뢰구간이 넓어지고, 신뢰수준을 낮추면 신뢰구간이 좁아진다. 같은 신뢰수준에서 신뢰구간이 좁은 것은 추정이 정밀하게 되었다는 뜻이다.

(3) 신뢰계수

신뢰구간에 이용되는 z값 또는 t값을 신뢰계수(reliability coefficient)라 하는데, 신뢰수준에 따라 그 값이 정해진다.16) 모분산을 아는 경우, 표준화 값으로 −1.96에서 +1.96까지의 확률이 .95이므로 95% 신뢰구간의 신뢰계수 z는 1.96이다. 모분산을 모르고 자유도가 20인 경우 95% 신뢰구간의 신뢰계수 t는 2.086이다. t값은 자유도에 따라 달라진다.

3. 엑셀로 모평균 추정하기

엑셀에서 신뢰구간은 기술통계법을 이용해 표본평균과 오차의 크기(d) 값을 구해 계산할 수 있다. 예제를 통해 추정하는 방법을 알아보자.

우리나라 학생들의 자아존중감점수[self]의 모평균이 얼마인지 알아보고자 한다. 이 조사의 대상이 된 학생들의 평균 점수로 모평균의 추정값과 95%신뢰구간을 구해보고, 결과를 적절히 해석해 보자.

(1) 기술 통계법 상자에서 'self'가 있는 범위를 지정하고 '요약통계량(S)'과 '평균에 대한 신뢰수준(N)'을 클릭한다. 신뢰수준의 기본값은 95%로 되어있다. 확인 을 클릭하면 기술통계값이 출력된다.

---

16) 신뢰계수로 쓰이는 z값 또는 t값은 각각 표준정규분포, t-분포에서 얻어진 값이다. 각 분포에 대한 자세한 내용은 부록A를 참고하자.

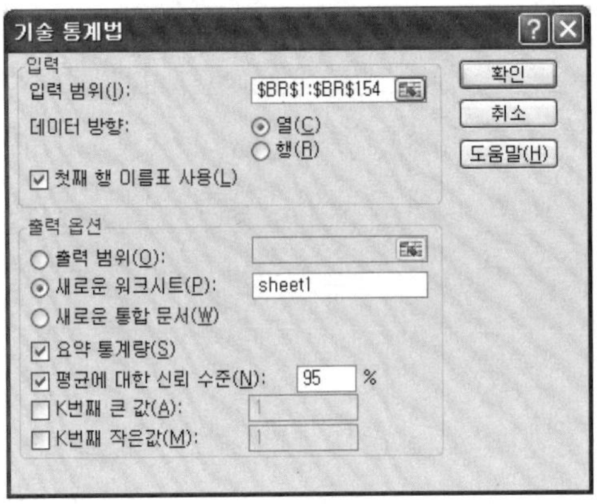

<그림 6-1> 평균의 점추정과 구간추정을 위한 설정

(2) 기술통계값 중 표본의 평균 $\bar{x}=28.81699$이고 표준편차 $s=4.891504$, 표본의 크기(관측수) $n=153$이다.

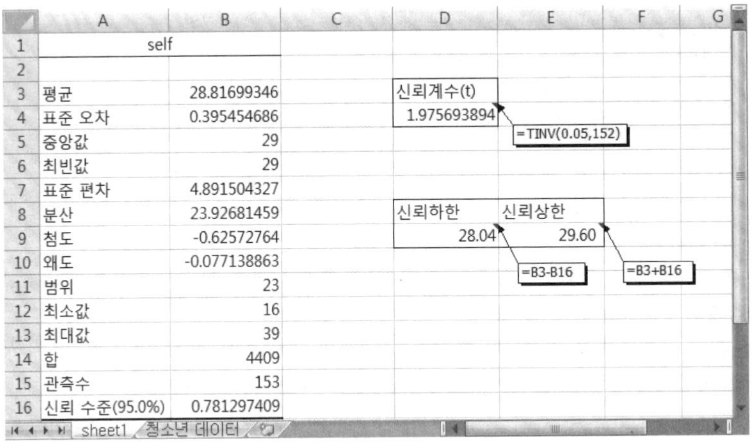

	A	B	C	D	E	F	G
1	self						
2							
3	평균	28.81699346		신뢰계수(t)			
4	표준 오차	0.395454686		1.975693894	=TINV(0.05,152)		
5	중앙값	29					
6	최빈값	29					
7	표준 편차	4.891504327					
8	분산	23.92681459		신뢰하한	신뢰상한		
9	첨도	-0.62572764		28.04	29.60		
10	왜도	-0.077138863			=B3-B16	=B3+B16	
11	범위	23					
12	최소값	16					
13	최대값	39					
14	합	4409					
15	관측수	153					
16	신뢰 수준(95.0%)	0.781297409					

<그림 6-2> 자아존중감점수의 추정

(3) 적당한 위치의 셀을 선택하여(여기서는 D9셀을 선택했음) '평균-신뢰수준(B3-B16)'과 '평균+신뢰수준(B3+B16)'을 수식으로 입력하면 신뢰구간의 하한과 상한이 구해진다. 신뢰하한은 28.04, 신뢰상한은 29.60이다.[17]

---

17) 공식을 이용해서 신뢰하한 값 28.04를 직접 구해보자. 신뢰구간 공식은 $\bar{x} \pm t\frac{s}{\sqrt{n}}$로서 표본평균 $\bar{x}$에서 $t\frac{s}{\sqrt{n}}$를 빼면 신뢰하한값이 나온다. $\frac{s}{\sqrt{n}}$는 표준오차를 말하는데, 〈그림

95% 신뢰구간이 (28.04, 29.60)이라는 것은 이 구간 안에 모평균이 있을 것으로 95% 확신한다는 뜻이다. 신뢰수준 95%에서 모평균은 최소 28.04, 최대 29.60 이내에 있다고 추정할 수 있다.

신뢰구간 (28.04, 29.60)은 모평균의 위치를 구간으로 나타낸 것으로서 "자아존중감 점수의 **평균**이 28.04와 29.60사이에 있을 것이다"는 뜻이지, "자아존중감점수가 최저 28.04에서 최대 29.60이다" 라는 뜻이 아니다. 신뢰구간은 모평균의 구간추정값이다.

제2절 검정

1. 가설검정의 기본개념

제1절에서는 표본에서 얻어진 통계값을 바탕으로 모수에 대한 추정을 하였다. 가설검정(hypothesis testing)이란 연구자가 모수의 값을 먼저 가정한 뒤에, 표본에서 얻어진 통계값이 이 값과 어느 정도 일치하는지 혹은 일치하지 않는지를 통계적으로 결정하는 절차이다. 이 절에서는 모평균에 대한 가설검정을 중심으로 설명한다.

6-2〉의 출력결과를 보면 0.395임을 알 수 있다. 신뢰계수를 t는 모분산 σ^2을 모르므로 자유도가 $n-1=152$인 t-분포에서 구한다. 95% 신뢰수준의 신뢰계수는 양쪽 끝 확률이 .05인 t값이므로 빈 셀(여기서는 D4)을 클릭하여 함수 TINV(0.05, 152)로 구한다. TINV는 t-분포의 역함수를 구하는 통계분야의 함수이다.

자유도가 152인 t-분포에서 구한 신뢰계수 값은 1.9757이다. 따라서 신뢰하한은 28.82 - 1.98 × 0.395 = 28.04 이다.

한편, 출력결과의 B16셀에 나와 있는 신뢰수준 값은 자유도가 152인 t-분포에서 구한 신뢰계수 값 1.9757(D4셀에 계산됨)에 표준오차 0.3955를 곱한 값과 같다.

이 절의 내용을 설명하기 위하여 다음과 같은 문제를 생각해 보자. 10년 전에 발표한 조사결과에서 초등학교 어린이들 키의 평균이 140㎝라고 하였는데, 최근 여러 가지 이유로 어린이들의 평균키가 더 커졌을 것으로 생각한다. 조사자는 어린이들의 키를 측정하여 그들의 평균키가 전보다 더 커졌다는 것을 보이고자 한다.

(1) 가설

검정을 하기 위해서는 특정한 값을 모수의 값으로 가정하는 가설(hypothesis)을 세워야 한다. 가설에는 두 가지가 있어서 '지금까지 알려진 것과 같은' 가설을 귀무가설(null hypothesis, 또는 영가설: H_0)이라 하고, 이에 대비해서 '새롭게 주장하고자 하는' 가설을 대립가설(alternative hypothesis, 또는 연구가설 research hypothesis: H_1)이라 한다. 귀무가설은 H_0로 표시하고 대립가설은 H_1 또는 H_a로 표시하는데, 통계학이나 자료분석에서는 아무 설명없이 '가설'이라고 하면 귀무가설을 의미하지만, 학위논문, 연구논문 등에서 아무 설명없이 '가설'이라고 하면 대립가설을 의미한다.

앞에 나타난 내용을 기호로 나타내면

$$H_0 : \mu = 140 \,, \quad H_1 : \mu = (140보다\ 큰\ 값)$$

이다. 대부분의 경우 크긴 더 클 것이라고 생각하지만 얼마나 클지는 알 수 없으므로

$$H_1 : \mu > 140$$

라고 나타내는데, 이처럼 대립가설의 값이 귀무가설의 값보다 오른쪽에 있다고 생각되는 가설을 확인하는 것을 우측검정이라 한다. 즉, 우리가 대립가설에서 새롭게 주장하고자 하는 값이 귀무가설의 값보다 클 때 우측검정을 사용한다. 대립가설을 하나의 값으로 지정하지 않는 이유는, 사회과학 전반의 지식체계가 어느 한 값을 지정하여 정확한 가설(exact hypothesis)을 가정할 만큼 충분하지 않기 때문이다.

'더 클지 작을지는 모르지만, 그 값은 아닐 것이다'라고 가설을 세우는 경우에는

$$H_1 : \mu \neq 140$$

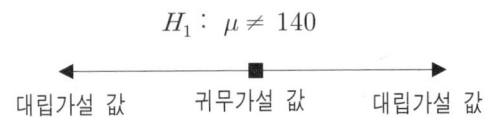

라고 나타낸다. 이 가설에서는 가설값 140의 양측 어디에나 μ의 값이 올 수 있으므로, 이러한 가설을 검정하는 것을 양측검정이라 한다.

대립가설에서 주장하는 값이 귀무가설에서 말하는 값보다 더 작을 경우에는

$$H_1 : \mu < 140$$

◀──────────■

대립가설 값　　　　　귀무가설 값

가 되고, 이것은 모평균 μ가 가설값 140의 왼쪽에 있는지 여부를 확인하는 것이므로 좌측검정이라 한다. 좌측검정과 우측검정을 단측검정이라 한다. 귀무가설에서 말하는 모평균의 값을 일반적으로 나타낼 때는 귀무가설의 첨자 0을 붙여 μ_0로 표시한다. 여기에서 $\mu_0 = 140$이다.

예제 6-4　우리나라 학생들의 자아존중감점수가 평균 25점이라고 한다. 표본을 통해서 정말 그런지 알아보기 위해 귀무가설과 대립가설을 세워보자.

모평균이라고 생각하는 값이 25점이므로 $\mu_0 = 25$이고, 귀무가설은 $H_0 : \mu = 25$가 된다. 연구자가 검정하고자 하는 것은 모집단 평균이 '정말 그런지' 알고자 하는 것이므로 이보다 높든 낮든 상관하지 않는다. 따라서 대립가설은 $H_1 : \mu \neq 25$이다. 이 대립가설을 말로 나타내면, '(모집단에서) 자아존중감점수의 평균은 25점이 아니다'이다.

(2) 기각값과 기각역, 채택역

자료에서 얻은 통계량(또는 검정통계량)을 바탕으로 귀무가설이나 대립가설 중 하나가 맞다는 결정을 내려야하는데, 이 결정의 기준이 되는 값이 기각값(critical value)이다. 채택역과 기각역은 귀무가설을 채택하거나 기각하게 되는 검정통계량이 위치한 곳을 말한다.

그림〈6-3〉에서 기각값을 $c=136$이라 할 때 136보다 작은 통계량은 기각역에 속하는 것이고 136보다 큰 통계량은 채택역에 속하는 것이다.

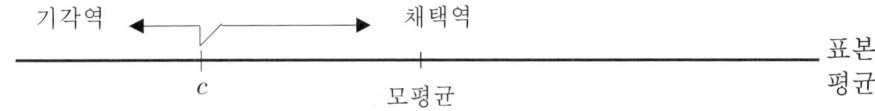

<그림 6-3> 좌측검정의 기각역과 채택역

<그림 6-4> 우측검정의 기각역과 채택역

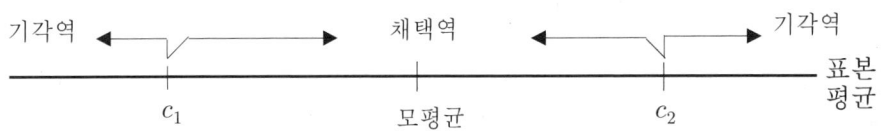

<그림 6-5> 양측검정의 기각역과 채택역

(3) 제Ⅰ종 오류와 제Ⅱ종 오류

표본을 통해서 가설을 검정하면, 아무리 잘 계획해서 시행해도 어느 정도의 오류는 범하기 마련이다. 귀무가설이 맞는데도 불구하고 틀렸다고 결정한다든지, 사실은 대립가설이 맞는데도 귀무가설이 맞다고 결론을 잘못 내리는 경우가 이에 속한다. 앞의 경우를 제Ⅰ종 오류(type Ⅰ error), 뒤의 경우를 제Ⅱ종 오류(type Ⅱ error)라 한다. 오류에 대해 조금 더 자세히 알아보자.

두 개의 가설이 설정되면, 그 중 맞는 것 하나만을 선택하여야 한다. 맞는 것의 선택은 자료에서 얻은 통계량의 값에 따른다. 어린이 키의 예를 생각해보자. 귀무가설에서는 키의 평균이 140cm라고 하였다. 제Ⅱ종 오류를 설명하기 위해 대립가설값을 145cm라는 숫자로 지정하자. 그런데 100명 표본을 뽑아 키를 재보니 그 평균이 143cm였다. 아울러 표본의 표준편차는 25였다. 과연 어느 가설이 맞다고 해야 할까?

쉽게 생각하면 143㎝가 대립가설값인 145㎝에 가깝기 때문에, 대립가설이 맞다고 결정할지 모르겠다. 그러나 이 143㎝라고 하는 표본평균이, 모평균이 140㎝인 어린이들 중에서 우연히 큰 어린이들이 주로 뽑혀서 생긴 것이 아니라고 어떻게 장담하겠는가?

가설검정에서는 웬만큼 확실한 증거가 나타나지 않고는 귀무가설이 틀렸다고 말하지 않는다. 그런 의미에서 가설검정은 보수적이다. 가설검정은 항상 '귀무가설이 맞다고 생각할 때'라는 가정에서 출발한다. 그렇다면 대체 언제 대립가설이 맞다고 할 수 있다는 것일까? 두 가설 중 하나를 결정하는데 중요한 역할을 하는 것이 기각값이고, 기각값을 결정하는데 중요한 역할을 하는 것이 제Ⅰ종 오류의 크기이다.

〈그림 6-6〉은 귀무가설 $H_0 : \mu = 140$을 대립가설 $H_1 : \mu = 145$에 대하여 우측검정하는 경우를 설명하기 위한 그림이다. (a)는 귀무가설이 맞는 경우 표본평균이 모평균 140㎝를 중심으로 정규분포를 따르고 있음을 나타낸다. 표본에서 구한 평균값이 일정기준(기각값) 이상이면 귀무가설을 기각할 것이다. 비록 평균이 140㎝인 모집단에서 표집을 하더라도, 그 평균이 기각값보다 더 크게 나오는 경우가 흔치는 않지만 분명히 있다. 백 번에 너댓번이나 나올까 말까한 큰 수치가 나온다면, 귀무가설을 기각은 하겠지만, 사실은 오류를 범한 것이다. 이러한 오류를 제Ⅰ종 오류라 하고 '백 번에 너댓번'처럼 오류가 나타날 수 있는 크기를 제Ⅰ종 오류의 크기라 한다.

(a)에는 기각값의 오른쪽이 어둡게 표시되어 있는데, 이 부분이 바로 오류의 크기를 나타내는 것이다. 이와 같이 '귀무가설이 맞는데도 불구하고 틀렸다고 결론을 내리는 오류'를 제Ⅰ종 오류라 하고, 이 오류의 크기를 α로 표시한다. 제Ⅰ종 오류의 다른 이름은 유의수준(significance level)이다. 기각값을 오른쪽으로 멀리할수록 유의수준 α가 작아지고, 따라서 귀무가설이 틀렸다는 결론을 내리기 어려워지며, 왼쪽으로 보낼수록 α는 커지고 귀무가설이 틀렸다는 결론을 내리기가 쉬워진다.

(b)는 대립가설이 맞는 경우의 평균의 표본분포로서 145㎝를 중심으로 분포되어 있다. (b)와 (a)는 같은 $\bar{x}$ 축 위에 그려진 것으로서, 두 그림의 기각값을 중심으로 겹쳐서 볼 수 있다. (b)에서도 기각값의 왼쪽이 귀무가설의 채택역, 오른쪽이 귀무가설의 기각역인데, 마찬가지로 표본평균이 기각값의 오른쪽에 있으면 대립가설이 맞다는 결론을 내리고, 왼쪽에 있으면 귀무가설이 맞다는 결론을 내리게 된다.

모집단의 평균이 145㎝이라 하자. 대립가설이 맞는데도 어떤 표본에서는 평균이 기각값의 왼쪽인 (귀무가설의) 채택역에 올 수 있다. 이 경우 귀무가설이 맞다고 결정을 내리게 되는데 이는 오류를 범하는 것이다. 이 때의 오류를 제Ⅱ종 오류라고 하고 β라고 표시하며, (b)에서 어둡게 표시된 부분이다. 기각값의 오른쪽부분, 즉, $1-\beta$는 대립가설이 맞는 경우 이를 옳다고 결정할 확률이다. 이를 검정력(statistical power)이라 한다.

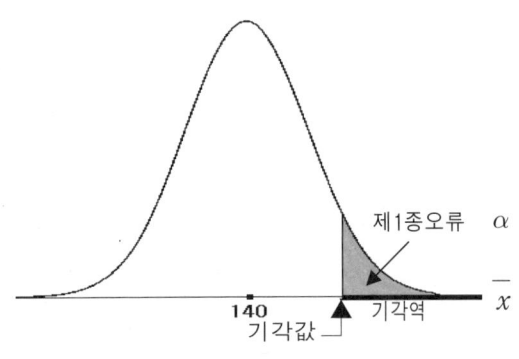

(a) 제 I 종오류

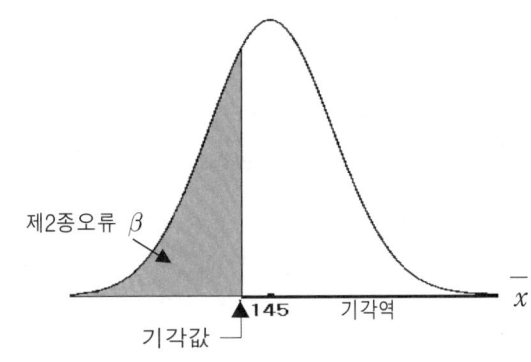

(b) 제 II 종오류

<그림 6-6> 기각값, 기각역과 제 I·II종 오류

<표 6-2> 검정결과와 두 종류의 오류

실 제	검 정 결 과	
	귀무가설을 채택	귀무가설을 기각
귀무가설이 맞다	옳은 결정	α (제 I 종 오류)
대립가설이 맞다	β (제 II 종 오류)	$1-\beta$ (검정력)

위의 <표 6-2>은 실제 경우와 검정 결과에 따른 두 종류의 오류를 정리한 것이다. 실제로는 귀무가설이 맞는데 그 가설을 기각한다면 제 I 종 오류를 범하는 것이다. 이 오류의 크기가 α 이다.

한편, 실제로는 대립가설이 맞는데 귀무가설을 채택한다면, 이 역시 오류를 범하는 것이다. 이 오류의 크기는 β이다. 그러나 대립가설이 맞는데 검정결과 귀무가설을 기각하고 대립가설이 맞다는 결론 내린다면, 이 결론은 맞는 결론이다. 이처럼 맞는 결론을 내릴 확률의 크기가 $1-\beta$로 부르는 검정력이다. 이 표를 볼 때 한 가지 주의할 점은, 비록 귀무가설이 맞는 경우와 대립가설이 맞는 경우가 한 표에 정리되어 있기는 하지만, 각각의 오류(확률)는 귀무가설이 맞는 경우의 분포와 대립가설이 맞는 경우의 분포에서 따로 구해진다는 점이다.

만일 귀무가설의 평균과 대립가설의 평균이 서로 멀리 떨어져 있다면, 제Ⅰ종 오류나 제Ⅱ종 오류는 거의 없거나 아주 작을 것이다. 그러나 많은 경우, 두 가설의 평균이 그다지 멀리 떨어져 있지 않기 때문에 오류는 생기기 마련이다. 오류를 없앨 수는 없지만 줄일 수는 있다. 가장 좋은 방법은 표본의 크기를 늘려 표준오차$\left(\dfrac{\sigma}{\sqrt{n}}\right)$를 작게 하는 것이다. 표준오차가 작아지면 두 분포의 중심(평균)은 그대로 있으면서 분포의 폭이 좁아지기 때문에 거리가 멀어지는 효과를 볼 수 있다.

한편, 두 종류의 오류사이에는 다음과 같은 관계가 있다. 제Ⅰ종 오류를 줄이기 위해 기각값을 오른쪽으로 보내면 제Ⅱ종 오류가 커지고, 제Ⅱ종 오류를 줄이기 위해 기각값을 왼쪽으로 보내면 또 제Ⅰ종 오류가 커진다. 따라서 두 값을 조화롭게 결정해야 하는데, 많은 경우 유의수준에 중점을 두어, $\alpha = .05$, 즉, 100번 중 5번 정도의 오류를 허용하는 정도로 결정한다. 제Ⅱ종 오류는 대개 미리 결정하지 않고, 검정이 끝난 뒤 유의한 결론이 나지 않았을 때 검정력이 얼마나 되는가를 밝히는데 쓰이는데, 그 크기가 제Ⅰ종 오류의 4배, 즉, $\beta = 4\alpha = .20$ 정도까지 허용하는 편이다.

유의수준의 크기를 결정하는 요인 중의 하나는 비용이다. 만일 귀무가설이 틀렸다고 결정하는 것이 비용이 많이 드는 경우, 예를 들어 생명을 잃게 된다든지 비싼 값을 치르게 되는 경우에는 유의수준 α를 더욱 작은 값(예를 들면 .01이나 .001)으로 설정한다. 또한 귀무가설을 틀렸다고 결정하는 것이 그다지 큰 문제가 되지 않는 경우 또는 표본의 크기가 작은 경우에는 유의수준을 조금 더 큰 값(예를 들면 .10)으로 설정하기도 한다.

제Ⅱ종 오류의 크기를 구하기 위해서는 반드시 대립가설의 값 중 하나의 값을 지정해야 한다. 다시 말해서 $\mu = 143$일 때의 크기, 또는 $\mu = 147$일 때의 크기는 구할 수 있지만 $\mu > 145$일 때의 제Ⅱ종 오류의 크기는 구할 수 없다. 이 때는 145에서부터 1씩 또는 0.5씩 μ값을 늘여가면서 (각각의 값에서) 제Ⅱ종 오류의 크기를 구하게 된다.

(4) 유의수준

제 I 종 오류의 크기를 유의수준(significance level)이라 하고 α로 나타낸다. 제 I 종 오류의 크기가 .05이면 유의수준도 .05이다.

(5) 유의확률

귀무가설이 채택된다고 해도, 표본분포의 한가운데서 채택되는 경우와 기각값 가까이에서 채택되는 경우는 그 의미가 다르다. 귀무가설이 기각될 때도 마찬가지로 기각값을 겨우 벗어나서 기각하는 경우와 기각값으로부터 멀리 떨어진데서 기각하는 경우는 차이가 있다. 이러한 차이를 나타낼 수 있는 것이 바로 유의확률(p-value)이다.

유의확률은 '귀무가설이 맞을 경우, 이 표본에서 얻은 표본평균보다 더 대립가설 쪽의 값이 나올 확률이 얼마나 되는지'를 나타내는 값이다. 따라서, 표본평균이 귀무가설값 μ_0에서 멀수록 유의확률은 작아지게 된다. 즉 유의확률이 작아지면 대립가설을 채택하게 될 확률이 높다는 말이 된다.

그림을 통해 유의확률에 대해 좀 더 살펴보자. 〈그림 6-7〉은 좌측검정에서의 유의확률을 나타낸 것으로서, 유의확률은 항상 검정통계량의 왼쪽부분의 확률이다. 따라서 (c)나 (d)처럼 검정통계량이 양수일 때는 유의확률이 .5를 넘는다.

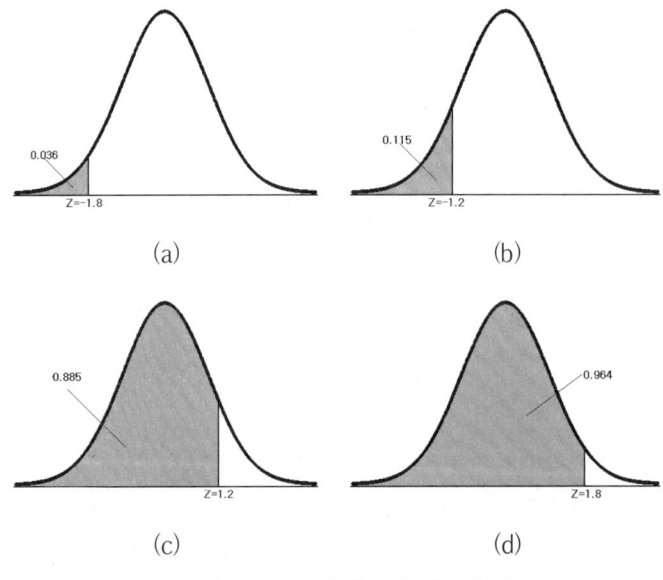

〈그림 6-7〉 좌측검정의 유의확률

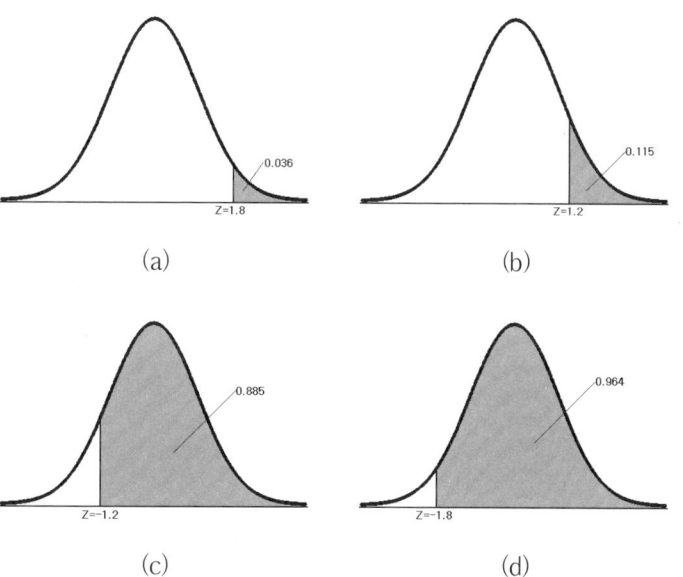

<그림 6-8> 우측검정의 유의확률

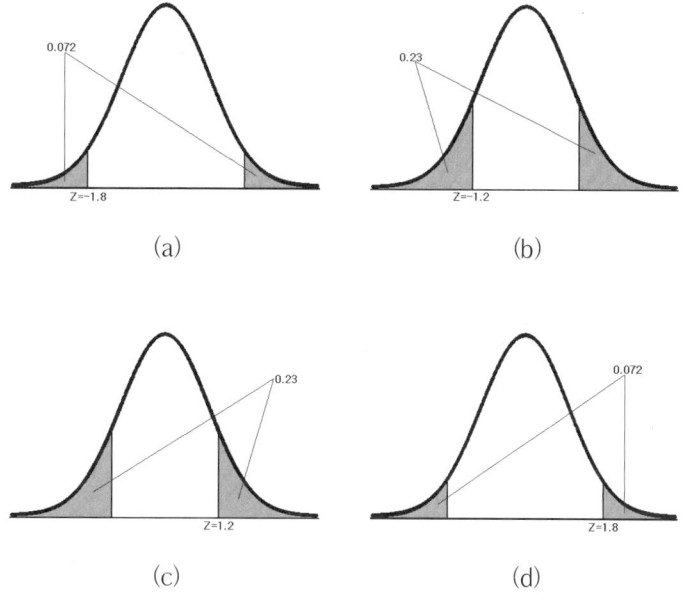

<그림 6-9> 양측검정의 유의확률

〈그림 6-8〉은 우측검정에서의 유의확률을 나타낸 것이다. 검정통계량의 값에 관계없이 항상 검정통계량의 오른쪽부분의 확률이다. 만일 (c)나 (d)처럼 검정 통계량이 음수라면 유의확률은 .5보다 큰 값이 된다.

〈그림 6-9〉는 양측검정에서 유의확률을 나타낸 것이다. 검정통계량의 값이 양수이든 음수이든 상관없이 항상 양측의 확률로 나타난다. 〈그림 6-9〉(a), (b)와 〈그림 6-7〉(a), (b)는 서로 검정통계량 z의 값이 동일하지만 그 확률은 양측 유의확률이 좌측 유의확률의 두 배이고, 〈그림 6-9〉(c), (d)는 각각 〈그림 6-8〉(a), (b)와 검정통계량의 값이 동일하지만 유의확률은 두 배가 되는 것을 알 수 있다. 이처럼 유의확률이 두 배로 커지는 것은 (대립)가설의 방향을 모르기 때문에 감수해야 하는 손해이다.

(6) 검정통계량

매 조사마다 서로 다른 변수나 서로 다른 표본에서 데이터를 수집하기 때문에 평균과 분산이 달라지고 기각값 또한 매번 달라진다. 그때마다 새롭게 기각값과 유의확률을 계산해야 하는 번거로움을 피하기 위하여 검정통계량을 이용한다. 평균에 대한 검정통계량(test statistic)은 표본의 통계량을 표준화한 것이다.

모평균의 검정통계량은 통계량인 표본평균을 표준오차로 나눈것으로서,

$$z = \frac{\bar{x} - \mu_0}{\frac{\sigma}{\sqrt{n}}} \quad \text{또는} \quad t = \frac{\bar{x} - \mu_0}{\frac{s}{\sqrt{n}}}$$

이다. 즉, 모분산(σ^2)을 알면 z값을 계산하고, 모분산을 모르면 표본분산(s^2)을 이용하여 t 값을 계산한다. 실제 분석시에는 모분산을 아는 경우가 거의 없으므로 t 값을 계산하게 된다.

(7) 결정원칙

귀무가설을 채택할 것인가 기각할 것인가를 결정하는 기준을 결정원칙(decision rule)이라 하며, 이는 대립가설의 종류에 따라 달라진다. 각 대립가설에 대한 결정원칙은 다음과 같다.

① 좌측검정인 경우 ($H_1 : \mu < \mu_0$)

검정통계량의 값 t가 기각값 c 보다 작거나 유의확률 p 가 유의수준 $\alpha = .05$보다 작으면 귀무가설을 기각한다.

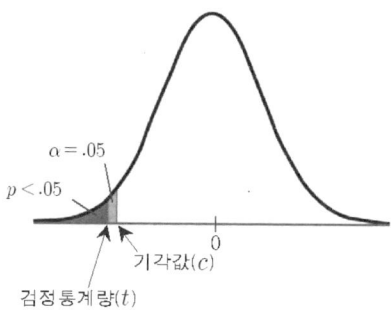

<그림 6-10> 좌측검정의 기각값과
검정통계량, 유의확률

② 우측검정인 경우 ($H_1 : \mu > \mu_0$)

검정통계량의 값 t 가 기각값 c 보다 크거나 유의확률 p 가 유의수준 $\alpha = .05$ 보다 작으면 귀무가설을 기각한다.

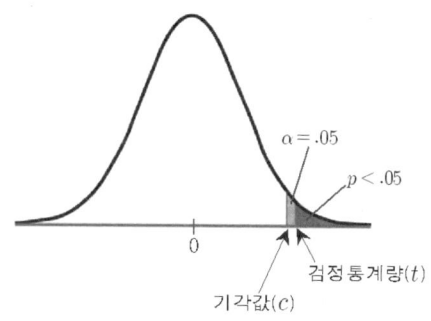

<그림 6-11> 우측검정의 기각값과
검정통계량, 유의확률

③ 양측검정인 경우 ($H_1 : \mu \neq \mu_0$)

검정통계량의 값이 기각값보다 더 밖에 있으면 귀무가설을 기각한다. 검정통계량 t 가 기각값 c 보다 더 밖에 있다는 것은 $t > c$ 이거나 $t < -c$ 인 경우를 말한다 <그림7-12>. 즉 t 값이 양수일 때는 c 보다 크면, t 값이 음수일 때는 $-c$ 보다 작으면 귀무가설을 기각하게 된다.

단측검정일때와 마찬가지로 유의확률 p가 유의수준 α보다 작으면 귀무가설을 기각한다. 혹은 $(1-\alpha) \times 100\%$ 신뢰구간에 귀무가설의 값이 포함되지 않으면 귀무가설을 기각한다.

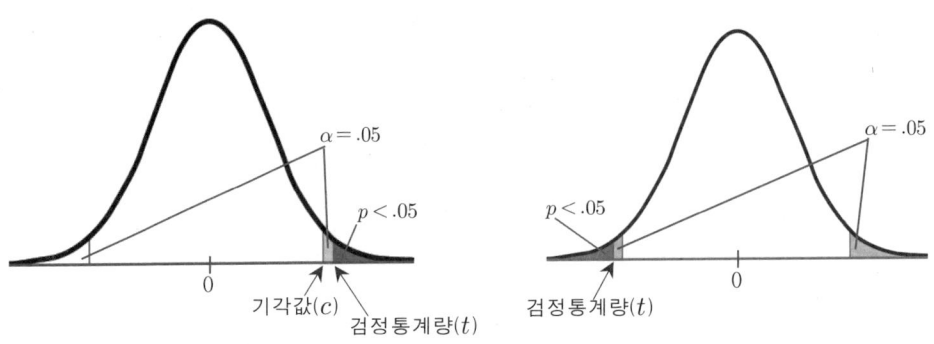

<그림 6-12> 양측검정의 기각값과 검정통계량, 유의확률

귀무가설을 채택할 때 검정통계량은 항상 채택역 안에 있기 때문에 유의확률은 항상 유의수준 α보다 크다. 유의확률을 이용하면 기각값을 따로 구하지 않더라도 유의수준과 비교해서 가설검정을 할 수 있다. 엑셀 등의 통계 패키지에서는 유의확률 값을 계산해주므로 유의확률을 이용하여 가설검정을 한다. 유의확률이 유의수준보다 작으면 '통계적으로 유의한(의미있는) 결과'라 하고 귀무가설을 기각한다. 검정통계량과 기각값을 비교해서 귀무가설의 채택여부를 결정하는 검정방법을 '정성적'인 검정이라 하는데 반해서, 유의확률의 크기에 따라 귀무가설의 채택여부를 결정하는 검정방법을 '정량적'인 검정이라 한다. 엑셀에서 출력해주는 것처럼 정량적인 방법으로 가설을 검정하는 것이 여러 가지 측면에서 효율적이다.

귀무가설을 채택한다는 것은 '귀무가설이 틀렸다고 할 만한 충분한 근거가 이 표본에는 없다'는 뜻이다. 한편 귀무가설을 기각한다 함은 귀무가설이 맞다면 이러한 결과가 나오기란 매우 드물다는 것으로서 '대립가설의 내용이 맞다'는 뜻이다.

2. 가설검정의 절차

엑셀을 이용한 가설검정의 절차는 다음과 같다. 기억해 두자.
① 가설을 설정한다. 귀무가설에는 '평균이 5이다'라거나, '집단간의 차이가 없다'

등 '같다'는 표현이 들어간다. 즉, 식으로 표현할 때 '='가 들어간다. 대립가설은 반대로 '다르다', '크다', '작다'는 표현이 들어간다.

② 데이터의 성격에 맞는 검정방법을 선택한다.

<표 6-3> 가설, 검정방법과 엑셀 절차

(귀무)가설	검정방법	엑셀절차
평균은 μ_0이다	단일표본 t-검정	기술통계량 → 검정통계량 계산, TDIST 함수로 유의확률 계산
평균이 사후에 변화가 없다	대응표본 t-검정	데이터 → 데이터 분석 → t-검정: 쌍체비교
두 집단의 평균은 서로 같다	독립표본 t-검정	데이터 → 데이터 분석 → t-검정: 등분산 가정 두집단
세 집단의 평균은 모두 같다	분산분석	데이터 → 데이터 분석 → 분산 분석: 일원 배치법
두 연속형 변수는 서로 독립이다	상관관계분석	데이터 → 데이터 분석 → 상관 분석, 유의확률은 TDIST 함수로 계산
두 범주형 변수는 서로 독립이다	교차분석	교차표 → 기대빈도표 → 검정통계량 계산, CHIDIST 함수로 유의확률 계산
기울기는 0이다	회귀분석	데이터 → 데이터 분석 → 회귀 분석

③ 각 분석에 필요한 가정들을 검토한다.

(예, 분산분석에서의 정규성, 독립성, 등분산성)

④ 엑셀 출력물에서 '유의확률'을 찾아 본인이 정한 유의수준과 비교해 본다. 특별한 경우가 아니면 유의수준은 .05를 많이 사용한다. 유의확률이 유의수준보다 작으면 귀무가설을 기각한다. 즉, 통계적으로 유의하다.

단측검정의 경우 유의확률 계산에 주의한다(p. 138 참조).

⑤ 가설에 맞게 결론을 내린다. 가설의 기각여부는 귀무가설을 기준으로 생각하지만, 결론은 대립가설을 기준으로 기술한다.

예) H_0 : 4인가족의 한달 생활비는 200만원이다.

H_1 : 4인가족의 한달 생활비는 200만원이 아니다.

p =.03이라면 H_0를 기각하고, 따라서 4인 가족의 한달 생활비는 200만원이 아니라고 할 수 있다.

p =.09라면 H_0를 기각할 수 없다. 따라서, 4인가족의 한달 생활비는 200만원이 아니라고 할만한 충분한 근거가 없다(즉, 200만원이다)고 결론 내린다.

연습문제

청소년 데이터(청소년.xlsx)를 이용하여 다음을 하시오.

1. '어머니와의 관계(mother)' 점수는 몇 점인지 점추정하고 95% 신뢰구간으로 구간추정하시오. 또 90% 신뢰구간과 99% 신뢰구간을 구하시오. 세 개의 구간 중 어느 경우가 가장 좁은가? 이러한 차이는 왜 생기는 것인가? 그 의미는 무엇일까 생각해보고 간단히 서술하시오.

2. '어머니와의 관계' 점수의 평균은 40점이라고 한다. 표본을 통해서 정말 그런지 알고자 한다. 귀무가설과 대립가설을 세워보고, 가설들을 기호로 나타내어 보시오.

3. 위 1번에서 구한 95% 신뢰구간을 볼 때, 유의수준 .05에서 검정한 결과가 어떻게 될 것 같은지 예상하여 보시오.

과제

제1장의 과제에서 작성한 데이터를 이용하여 다음을 하시오.

1. 연속형 변수 중에서 관심이 많은 것을 하나 선택하여 모평균의 95% 신뢰구간을 구하고 해석하시오.

제7장 t-검정

제1절 단일표본 t-검정

제2절 대응표본 t-검정

제3절 독립표본 t-검정

이 장에서는 연구에서 많이 활용되는 평균의 검정 방법을 배운다. 한 집단의 평균이 어떤 특성값과 같은지 검정하는 단일표본 t-검정, 두 집단의 평균이 같은지 검정하는 독립표본 t-검정과 짝을 이루는 변수의 두 관찰값의 차이를 검정하는 대응표본 t-검정에 대해 공부한다.

제1절 단일표본 t-검정

검정의 기본개념에 대해서는 앞장에서 알아보았다. 이제 실제로 엑셀을 이용하여 검정하는 방법을 알아보자.

1. 엑셀로 평균에 대한 단일표본 t-검정하기

단일표본에 대한 가설검정 중 가장 흔히 사용되는 것은 평균에 대한 가설검정이다. 그러나 엑셀은 단일표본 검정을 해주는 기능이 따로 없으므로, 필요한 값을 함수 등을 이용해 계산한다. 그 과정은

(1) 기술통계량을 낸다.
(2) 가설의 방향에 맞게 기각값을 구한다.
(3) 검정통계량을 구한다.
(4) 유의확률을 구한다.
(5) 결론을 내린다.

예제를 통해서 검정방법을 알아보자.

예제 7-1

'청소년의 자아존중감점수[self]'가 평균 25점이라는 기록이 있다. 청소년 데이터를 이용해서 모집단인 우리나라 청소년의 자아존중감점수 평균이 25점이라고 할 수 있는지 유의수준 .05에서 검정해 보자.

검정을 하기 위해서는 먼저 가설을 세워야 하는데, 가설을 적어보면

$$H_0 : \mu = 25 \quad vs \quad H_1 : \mu \neq 25$$

이고, 이는 양측검정이다.[18] 〈그림 7-1〉은 단일표본 t-검정을 실행한 결과이다. 값을 계산하는 방법을 설명하기 전에 결과의 각 부분을 살펴보자.

(1) B열에는 기술통계의 결과가 나와 있다.
(2) 검정에 필요한 통계치 중 ① 부분은 기술통계의 결과에서 계산에 필요한 값을 복사해 붙인 것이다.
(3) 검정에 필요한 통계치 중 ② 부분은 데이터에서 결정되었거나 문제에서 지정한 값을 적어준 것이다. 자유도는 케이스 수-1이다.

---

[18] vs는 versus의 약자이다.

제 7 장 t-검정

(4) 계산된 통계치 ③ 부분은 엑셀의 함수를 이용하여 구한 값들이다. 검정 시에는 유의확률을 보고 해석하므로 유의확률만 구해도 된다. 하지만, 유의확률을 구하려면 검정통계량을 먼저 구해야 하므로 검정통계량도 식에 맞게 구해보자. 또 비교를 위해 기각값도 구해보자.

	A	B	C	D	E	F	G
1	self			검정에 필요한 통계치			
2							
3	평균	28.81699346		① 평균	28.81699346		
4	표준 오차	0.395454686		표준 오차	0.395454686		
5	중앙값	29					
6	최빈값	29		② 자유도	152		관측수-1
7	표준 편차	4.891504327		귀무가설 값	25		
8	분산	23.92681459		유의수준	0.05		
9	첨도	-0.62572764		검정방향	2		단측은 1, 양측은 2
10	왜도	-0.077138863					
11	범위	23			self		
12	최소값	16					
13	최대값	39		③ 기각값	1.975693894		=tinv(0.05,152)
14	합	4409		검정통계량	9.652163938		tdist(검정통계량의 절대값, 자유도, 검정방향)
15	관측수	153		유의확률	1.72698E-17		
16	신뢰 수준(95.0%)	0.781297409		(평균-귀무가설값)/표준오차			

<그림 7-1> 기술통계 결과 시트에서 단일표본 t-검정 : 양측검정

이제 통계치를 계산하는 방법을 하나하나 살펴보기로 하자.

① 검정통계량

통계치의 위치 (여기서는 셀 E14)에 셀 포인터를 두고 등호 =를 쳐서 함수식을 넣을 준비를 한다. 검정통계량의 공식

$$t = \frac{\overline{X} - \mu_0}{\frac{s}{\sqrt{n}}}$$

에서 $\overline{X}$ 자리에는 표본의 평균 $\overline{x}$= 28.81699346(E3셀)이, μ_0에는 가설값 25(E7셀)가, $s/\sqrt{n}$에는 표준오차 0.395454686(E4셀)이 각각 들어간다. 필요한 값이 있는 셀 이름을 직접 치거나 값이 있는 셀을 클릭하면 된다.[19] Enter┘ 를 치면 검정통계량의 값이 나타난다.

---

19) 값을 숫자로 직접 치는 것보다는 셀 이름으로 수식을 만들어 주는 것이 좋다. 혹시 값이 바뀌더라도 셀 이름으로 수식이 되어 있으면 바뀐 값에 따라 저절로 필요한 통계량이 바뀌어 계산되기 때문이다.

7장 1절   단일표본 t-검정   153

```
E14    fx  =(E3-E7)/E4
```

<그림 7-2> 검정통계치가 있는 셀의 함수식

② 유의확률

유의확률을 구하는 것은 함수 TDIST를 이용한다. TDIST함수는 'TDIST(검정통계량의 절대값, 자유도, 검정방향)'과 같은 형식으로 쓴다. 검정방향은 단측검정일때는 1, 양측검정일때는 2를 적는다. 따라서 우리는 '=TDIST(ABS(E14),E6,E9)'와 같이 각 값이 있는 셀을 지정해 주면 된다. 유의확률 1.72698E-17이 나타난다.[20]

```
E15    fx  =TDIST(ABS(E14),E6,E9)
```

<그림 7-3> t-분포에서 양측검정 유의확률을 구함

③ 기각값

기각값은 t분포에서 유의수준만큼의 확률이 나오게 하는 값이므로, t분포의 역함수인 TINV를 이용한다. 이 함수는 'TINV(양측확률값, 자유도)'와 같은 형식으로 사용하므로 이 예에서는 TINV(0.05, 152)로 구할 수 있다. 유의수준은 문제에서 .05로 지정했고, 케이스의 수가 n=153이므로 자유도는 $n-1$=152이다. 기각값은 1.976인데, 검정통계량 t가 9.652이므로 기각값보다 밖에(9.652>1.976) 있어서 귀무가설을 기각하게 된다. 유의확률로 내린 결론과 같다.

이제 결과를 해석해보자.

① 평균은 28.82점으로서 귀무가설 값인 25점과 약간 차이가 있다. 그러나 가설이 맞고 틀린 것은 표본 오차의 크기와 밀접한 관계가 있으므로 단순히 차이가 난다고 해서 (귀무)가설이 틀리다고 할 수는 없다.

② 유의확률은 <.001(1.72698E-17)로서, 유의수준 .05에서 유의하므로 귀무가설을 기각한다.[21] 즉, 모평균이 25라고 할 수 없다.

---

20) 1.72698E-17는 $1.72698 \times \left(\frac{1}{10}\right)^{17}$과 같다. E-oo은 소수점을 왼쪽으로 oo 자리 옮기라는 뜻이다. 예를 들어 1.2E-2는 0.012와 같다.

21) 유의확률이 너무 작아 .000으로 표시되어도, 보고할 때는 <.001로 보고한다.

154 제 7 장 t-검정

③ 평균의 95% 신뢰구간은 7장에서 구했던 것과 같이 (28.43, 29.22)이다. 신뢰구간 안에 가설값 25를 포함하지 않는다. 이 결과도 역시 모평균이 25가 아니라는 결론을 뒷받침한다.

양측검정과 구간추정의 관계

구간추정에서는 표본평균을 중심으로 모평균이 들어있을 것으로 생각되는 구간을 구한다. 만일 이 구간에 연구자가 생각하는 모평균값이 들어간다면, 연구자는 모평균이 가정한 값과 같다고 생각할만한 충분한 근거가 있다. 즉, 신뢰구간에 모평균 μ_0 가 들어간다는 것은, $H_0 : \mu = \mu_0$ 라는 귀무가설을 채택하는 것과 같다.

자아존중감점수의 95% 신뢰구간을 구해보면 (28.43, 29.22)이므로, 위 <예제 7-1>에서 '자아존중감점수의 평균은 25이다'라는 귀무가설은 유의수준 .05에서 기각하였다.

이 예의 검정결과와 같이 유의수준 $\alpha = .05$에서 귀무가설을 기각하는 경우, 같은 정도의 신뢰구간(즉, $(1-\alpha) \times 100 = (1-.05) \times 100 = 95\%$) 안에는 귀무가설의 값이 포함되지 않는다. 이것은 우연히 일어난 것이 아니고, 양측검정 계산공식에 따라 항상 그러하다.

따라서 양측검정을 할 때 귀무가설을 기각하기 위해서는
① 검정통계량이 기각역에 위치하거나,
② 유의확률이 유의수준 α보다 작거나,
③ $(1-\alpha) \times 100\%$ 신뢰구간 안에 귀무가설값이 포함되지 않거나, 또는
④ 차이의 $(1-\alpha) \times 100\%$ 신뢰구간 안에 0이 포함되지 않아야 하는데, 이 네 가지 방법은 모두 동일한 결과를 얻게 된다.

연구자의 의도는 표본 학생들 자료를 이용해서 모집단의 자아존중감점수(self) 평균이 25보다 큰지 알고자 하는 것이다. 대립가설을 '평균은 25보다 크다'라고 세우고 가설을 단측검정 해보자. 유의수준은 .05이다.

귀무가설과 대립가설을 다시 적어보면

$$H_0 : \mu = 25 \quad \text{vs} \quad H_1 : \mu > 25$$

이다. 대립가설의 값이 (귀무)가설값 25보다 '크다'고 하는 우측검정이다.

단측검정을 할 때도 같은 기술통계량 결과를 이용한다. 〈그림 7-1〉과 비교하여 양측검정일 경우에 2였던 검정방향(E9셀) 값을 단측을 뜻하는 1로 바꾼다. 그리고 통계치가 있는 ③번 부분 중 기각값을 수정해야 한다 〈그림 7-5〉.

기각값이 있는 셀 E13을 클릭한 뒤 함수식에서 E8 옆에 *2를 더 입력한다 〈그림 7-4〉. 기각값은 1.6549로 나온다.

<그림 7-4> 단측검정에서 기각값의 함수식

유의확률이 〈.001(8.63492E-18)이므로 귀무가설을 기각할 수 있다. 즉, 자아존중감의 평균 점수는 25보다 크다고 말할 수 있다.

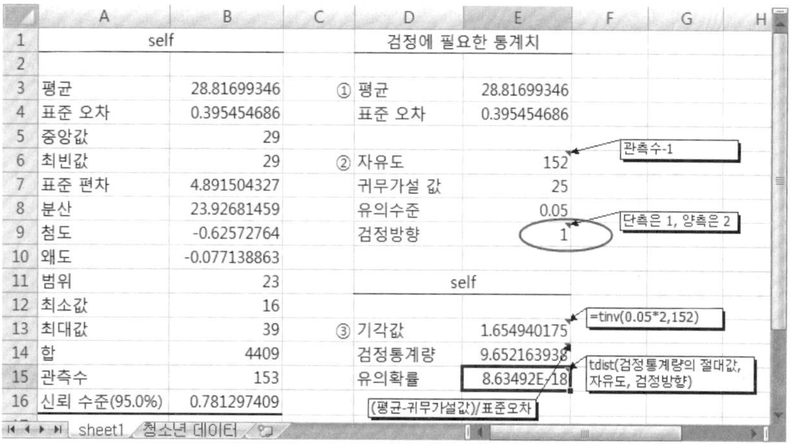

<그림 7-5> 기술통계 결과 시트에서 단일표본 t-검정 : 단측검정

단측검정을 따로 수행하지 않더라도 양측검정의 결과를 이용하여 알아볼 수도 있는데, 먼저 표본평균을 검정값과 비교하여 수직선상에서 표본의 평균이 대립가설과 같은 방향에 있는지 점검한다.

이 예제에서는 표본의 평균이 28.82이고 검정값이 25이므로, 평균이 검정값의 오른쪽에 있고 가설도 우측검정이므로 서로 같은 방향이다. 따라서 대립가설이 지지될 가능성이 있다고 하겠다.

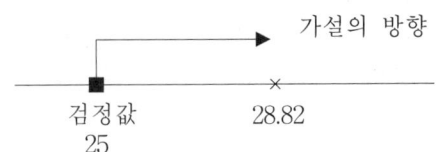

이 예에서처럼 표본평균이 대립가설 방향에 있는 경우에는 양측검정 유의확률의 절반이 단측검정 유의확률이다. 〈예제 7-1〉의 결과에서 양측검정 유의확률이 .000이므로, 단측검정 유의확률은 .000/2=.000이다.[22] 유의수준 .05에서 유의한 결과이다($p<.001$). (이 표본에서는) 모집단의 평균이 25보다 크다고 할 수 있다.

　가설검정은 데이터를 바탕으로 귀무가설이 틀리다고 할 만한 충분한 근거가 있는지를 검정한다. 대립가설이 맞는지 틀리는지 검정하는 것이 아니다.

　양측검정의 유의확률이 p일 때 단측검정의 유의확률은 통계량이 대립가설 방향과 같으면 $p/2$, 대립가설 방향과 다르면 $1-p/2$ 이다(<그림 7-7>~<그림 7-9> 참고).
　좌측검정이냐 우측검정이냐의 여부로 달라지지 않는다.

유의확률 p-값을 보고할 때, 몇 가지 주의할 점이 있다.

① 정수자리 0은 적지 않는다 (.002, .03처럼 적는다).
② 출력된 값이 .0000인 경우는 <.001로 적는다.
③ 출력된 값이 1.000인 경우는 >.999로 적는다.

---

22) 정확히는 1.72698E-17의 절반인 8.63492E-18 이다.

제2절 대응표본 t-검정

대응표본(matched pair sample)은 한 분석단위 안에 서로 대응되는 내용이 관찰된 것이다. 예를 들어 설명해보자. 키가 서로 같은지 알아보기 위하여 남자 집단과 여자 집단을 비교한다고 할 때, 남자와 여자의 키를 측정하는 방법에는 크게 다음과 같은 두 가지가 있을 것이다. 하나는 한 집에서 한 사람(남자든 여자든)의 키만 측정하는 방법이고, 다른 하나는 한 집에서 오빠와 동생의 키를 측정한다든지, 남편과 아내의 키를 측정하는 방법이다. 한집에서 한명씩만 측정하는 경우는 남자 집단과 여자 집단은 서로 관계가 없으므로 '독립'이라 할 수 있겠으나, 남매나 부부를 측정하는 것은 서로 독립이 아니다. 왜냐하면 두 사람은 키에 영향을 주는 같은 유전자를 공유하거나, 일반적으로 키 큰 여자는 키 큰 남자와 결혼하는 경향이 있고, 키 작은 남자는 키가 그다지 크지 않은 여자와 결혼하는 경향이 있기 때문이다. 이러한 표본은 대응표본이라 한다.

서로 대응되는 예를 하나 더 들어보자. 어떤 자극의 영향력을 파악하기 위해 사전-사후에 조사하는 형태의 데이터에서 사전-사후에 관찰된 사람들은 서로 대응된다. 대응표본에서 평균을 비교하는 것을 짝비교라고도 한다.

1. 가설 – 무엇을 검정하나?

런닝머신이 살을 빼는데 탁월한 효과가 있다고 하는데, 정말 그런지 알고자 한다. 연구자는 런닝머신을 사용하기 전 몸무게를 측정한 후 모든 참가자에게 매일 같은 시간에 운동을 하도록 하였다. 일정기간 운동을 한 뒤, 모든 참가자의 몸무게를 다시 한 번 측정하였다.

이처럼 한 대상에서 같은 항목을 (사전-사후에) 반복해서 조사하였다면, '항목의 점수는 사후에 변화(감소, 증가)하였는가'를 검정할 수 있다. 한편 서로 다른 대상(부부)이지만 대응되는 항목을 조사한 경우에는 '한 편의 점수가 다른 편의 점수와 다른지(적은지, 큰지)'를 검정할 수 있다. 두 경우 모두 대응되는 관찰값의 차이를 분석한다.

i 번째 관찰단위에서 한 관찰값을 x_i, 다른 관찰값을 y_i 라 하면, 두 관찰값의 차이는 $d_i = x_i - y_i$로 나타낼 수 있다. 만일 두 관찰값이 서로 같다면 차이의 평균 $\bar{d}$ 은 0에 가까울 것이다. 따라서 가설은, 모집단에서 차이를 나타내는 모수를 δ라 한다면,

158 제 7 장 t-검정

$$귀무가설: \quad H_0 : \delta = 0$$
$$대립가설: \quad H_1 : \delta \neq 0 \quad (양측가설)$$
$$H_1 : \delta > 0 \quad (우측가설)$$
$$H_1 : \delta < 0 \quad (좌측가설)$$

가 된다. 이렇게 되면 두 변수 X와 Y에 대해서 검정하는 것이 아니고 차이를 나타내는 변수 D에 대해 단일표본 가설을 검정하는 것과 같다.

2. 가정 - 언제 사용할 수 있나?

(1) 두 개의 관찰값 x_i와 y_i가 같은 분석단위에서 측정되어야 한다. 따라서 이 관찰값들은 서로 다른 케이스라기보다는 '서로 다른 변수'로 지칭되는 것이 마땅하다. 예를 들면 '사전의 관찰값', '사후의 관찰값' 등이다. 서로 다른 케이스에서 관측되었더라도 하나의 분석단위이다.

(2) 두 개의 관찰값 x_i와 y_i는 같은 항목에 대한 관측값(예를 들어 영어과목의 중간고사 성적과 기말고사 성적)이거나 비교할 수 있는 내용(예를 들어 영어점수와 수학점수를 측정한 것)이어야 한다.

(3) 두 개의 관찰값 x_i와 y_i는 적어도 구간식변수이어야 한다.

(4) 두 변수의 차이가 정규분포한다는 가정을 만족하여야 한다. 정규분포성을 확신할 수 없으면 표본의 크기가 충분해야한다. 적어도 30 이상은 되어야 한다.

3. 엑셀로 대응표본 t-검정하기

엑셀의 메뉴표시줄에서 데이터 → 데이터 분석 → t-검정: 쌍체비교 를 클릭하여 실행한다 〈그림 7-6〉. 예제를 통하여 검정방법을 살펴보고 결과를 해석해보자.

예제 7-3

다음과 같은 예를 생각해 보자. 어느 고등학교에서 중간고사 이후 성적이 중간 정도 되는 학생들 중 50명의 희망자를 뽑아 특별 수업을 실시하였다. 특별수업은 기말고사 전까지 계속되었는데, 특별수업이 효과가 있었는지 알아보고자 한다. 각 학생의 중간고사와 기말고사의 평균 점수가 <표 7-1>에 있다. 특별수업이 학생들의 성적을 향상시켰는지 검정해 보자. 검정은 유의수준 .05로 하자.

<표 7-1> 학생들의 시험 점수

번호	중간	기말	번호	중간	기말	번호	중간	기말	번호	중간	기말	번호	중간	기말
1	58	89	11	53	79	21	67	80	31	70	87	41	66	82
2	79	89	12	62	86	22	71	84	32	79	88	42	55	88
3	62	78	13	64	85	23	62	82	33	74	90	43	68	84
4	73	76	14	61	86	24	66	93	34	73	86	44	65	76
5	60	90	15	66	81	25	61	83	35	54	93	45	60	92
6	62	75	16	67	85	26	58	88	36	68	81	46	60	85
7	60	80	17	69	89	27	65	93	37	67	86	47	62	86
8	68	80	18	67	89	28	70	89	38	58	82	48	58	82
9	61	74	19	69	86	29	61	80	39	76	84	49	68	86
10	68	83	20	57	90	30	66	93	40	59	83	50	68	88

'중간고사'와 '기말고사'라는 변수명으로 위의 데이터를 각각 입력한 다음 통계 데이터 분석 상자에서 t-검정: 쌍체비교를 선택한다 〈그림 7-6〉.

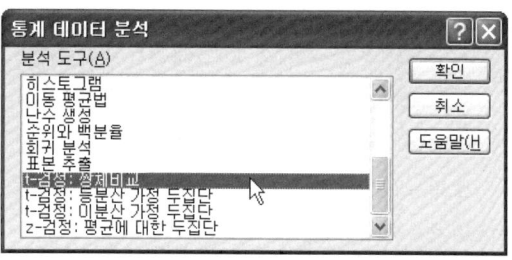

〈그림 7-6〉 대응표본 t-검정의 통계방법 선택

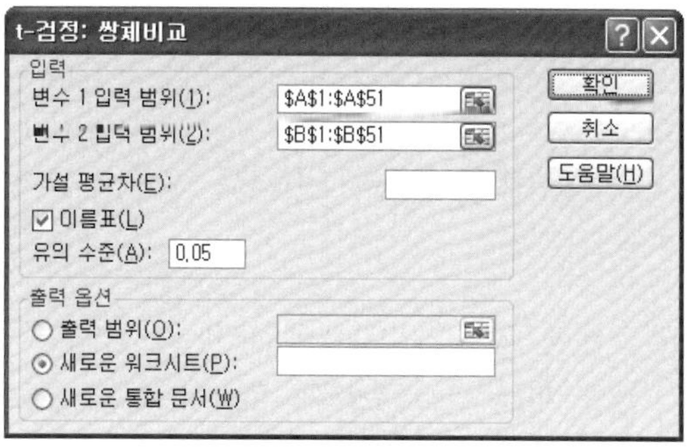

〈그림 7-7〉 '중간고사점수'와 '기말고사점수' 의 위치를 지정

앞의 〈그림 7-7〉과 같이 t-검정: 쌍체비교 대화상자에서 두 변수의 위치를 지정하고 가설 평균차와 출력 옵션 등을 지정한 뒤 확인 을 클릭한다.

	A	B	C
1	t-검정: 쌍체 비교		
2			
3		변수 1	변수 2
4	평균	64.82	84.88
5	분산	36.3955102	23.61795918
6	관측수	50	50
7	피어슨 상관 계수	0.07094442	
8	가설 평균차	0	
9	자유도	49	
10	t 통계량	-18.97976599	
11	P(T<=t) 단측 검정	1.5729E-24	
12	t 기각치 단측 검정	1.676550893	
13	P(T<=t) 양측 검정	3.1458E-24	
14	t 기각치 양측 검정	2.009575199	

〈그림 7-8〉 대응표본 t-검정 결과

(1) 〈그림 7-8〉의 출력결과를 살펴보자.

이 경우 모든 사람이 빠짐없이 시험을 보았으므로 관측수는 둘 다 50이다. 중간고사('변수1') 점수의 평균은 64.82점, 기말고사('변수2') 점수의 평균은 84.88점으로 서로 상당한 차이가 있는 것을 알 수 있다. 하지만, 점수 차이로만 결론을 내려서는 안 되고 가설검정을 통해 결론을 내리도록 한다. 셀 B9의 자유도가 49이다.

(2) B7셀에는 두 변수간의 상관계수가 제시되어 있다. 상관계수는 .071로서 매우 낮고 통계적으로도 유의하지 않다. 두 변수 간에는 유의한 상관관계가 있다고 할 수 없다.[23]

(3) 우리가 관심 있는 대응표본 검정결과는 양측검정의 유의확률을 보면 된다. 유의 확률은 $<.001(3.1458 \times \left(\frac{1}{10}\right)^{24})$로서 유의수준 .05에서 통계적으로 유의한 결과이다.

(4) 결론적으로 '중간고사' 점수와 '기말고사' 점수는 유의한 차이가 있다. 즉, 특별수업이 학생들에게 효과가 있었다고 할 수 있다.

---

23) 상관계수와 상관관계에 대해서는 10장에서 자세하게 공부한다.

만일 '중간점수'와 '기말점수'를 하나의 변수로 입력하여 마치 총 $50 \times 2 = 100$개의 케이스가 있는 것 같이 만들어 독립표본 t-검정을 하였다면, 검정통계량은 t = -18.31이고 자유도는 99에 유의확률은 p = 1.5729E-24로 나왔을 것이다.

유의확률이 같으니 문제가 없다고 생각할지 모르겠으나, 두 가지 분석방법의 결과가 항상 똑같이 나오는 것은 아니므로 주의해야 한다.

제3절 독립표본 t-검정

지금까지는 데이터 전체가 하나의 모집단으로부터 수집된 경우 모집단 평균에 대해 추정하고 검정하는 방법을 배웠다. 이 절에서는 서로 독립인 두 집단에서 측정된 데이터의 평균을 비교하는 방법을 공부한다.

두 집단은, 예를 들면, 남자와 여자의 집단, 도시 사람과 농촌 사람의 집단, 지병이 있는 노인과 지병이 없는 노인의 집단 등을 말한다. 두 집단 평균을 비교하는 예로서 남자 어린이 키의 평균과 여자 어린이 키의 평균을 비교하는 상황을 생각해보자. 편의상 여자 어린이들을 집단 1이라 하고, 남자 어린이들을 집단 2라 하자. 각 집단의 모평균과 분산, 각 집단에 있는 어린이들의 수(표본의 크기)를 나타내는 기호는 각각 〈표 7-2〉에 나타난 것과 같다.

<표 7-2> 두 집단의 모수

집 단	여자 어린이	남자 어린이
집단번호	1	2
평균	μ_1	μ_2
분산	σ_1^2	σ_2^2
표본크기	n_1	n_2

1. 가설 − 무엇을 검정하나?

만일 남녀 두 집단의 평균 키를 비교하고자 한다면 비교하여 알아보고자 하는 내용은 세 가지가 있을 수 있다. '두 집단의 평균 키가 서로 다른지', '여자의 평균 키가 남자의 평균 키보다 큰지' 또는 '여자의 평균 키가 남자의 평균 키보다 작은지' 알아보는 것 등이다. 이 내용을 가설로 적어보면 다음과 같다.

독립표본 t-검정에서 귀무가설은

H_0 : 한 집단의 평균과 다른 집단의 평균은 서로 같다

또는 $H_0 : \mu_1 = \mu_2$

또는 $H_0 : \mu_1 - \mu_2 = 0$ 이다.

남·여 학생의 평균 키를 비교한다면

H_0 : 여학생의 평균 키와 남학생의 평균 키는 서로 같다

처럼 고쳐 쓰면 된다.

대립가설은

H_1 : 한 집단의 평균과 다른 집단의 평균은 서로 같지 않다.

또는 $H_1 : \mu_1 \neq \mu_2$

또는 $H_0 : \mu_1 - \mu_2 \neq 0$

이다. 이 대립가설에서 두 평균의 차이 $\mu_1 - \mu_2$ 가 0을 중심으로 좌우 어느 곳에나 올 수 있으므로, 양측검정이다.

만일 한 집단의 평균이 다른 집단의 평균보다 작은지 검정하고자 한다면, 가설은

$H_0 : \mu_1 = \mu_2$ vs $H_1 : \mu_1 < \mu_2$

이고 양변에서 μ_2를 빼면

$H_0 : \mu_1 - \mu_2 = 0$ vs $H_1 : \mu_1 - \mu_2 < 0$

이다. 대립가설에서 두 평균의 차이 $\mu_1 - \mu_2$ 가 0을 중심으로 왼쪽에 있으므로 좌측검정이다.

우측검정은 대립가설에서 두 평균의 차이 $\mu_1 - \mu_2$ 가 0을 중심으로 오른쪽에 오는 경우로서, 한 집단의 평균이 다른 집단의 평균보다 큰지 검정하고자 하는 경우이다.

이때 가설은

$$H_0 : \mu_1 = \mu_2 \quad vs \quad H_1 : \mu_1 > \mu_2$$

또는 $\quad H_0 : \mu_1 - \mu_2 = 0 \quad vs \quad H_1 : \mu_1 - \mu_2 > 0 \quad$ 이다.

두 집단의 차이가 같다고 하더라도, 방향을 몰라 양쪽을 모두 고려해야 하는 양측검정에 비해, 단측검정은 집단간 차이의 '방향'을 설명해 준다는 점에서 더 바람직한 검정방법이다. 단, 가설은 데이터를 수집하기 전에 세워야 하며, 단측가설을 세우는 경우에는 선행연구와 기타 관찰을 바탕으로 방향을 예측할만한 충분한 근거가 있어야 한다.

> 가설을 말할 때 항상 1번 집단과 비교해서 말해야 좌측인지 우측인지를 쉽게 구분 할 수 있다. 부호가 숫자로 되어있지 않고 문자로 된 경우, 알파벳순으로 먼저 나오는 집단을 1로, 나중에 나오는 집단을 2로 정한다.

예제를 통해 단측검정을 이해해보자.

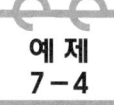

예제 7-4 안경을 쓴 사람을 1로, 쓰지 않은 사람을 2로 부호화한 데이터가 있다. 안경을 쓴 사람이 쓰지 않은 사람보다 공부를 더 잘한다(평균점수가 더 높다)는 대립가설을 μ_1, μ_2를 이용해서 나타내고 좌측검정인지 우측검정인지 말하시오.

안경을 쓴 사람의 평균점수 μ_1 이 쓰지 않은 사람의 평균점수 μ_2 보다 더 높디고 히므로 대립가실은 $H_1 : \mu_1 > \mu_2$ 이다. 양쪽에서 μ_2를 빼보면 $\mu_1 - \mu_2 > 0$ 으로서 두 평균의 차이 $\mu_1 - \mu_2$ 가 0보다 더 오른쪽에 있으므로 우측검정이다. ■

예제 7-5 남학생을 1로, 여학생을 2로 부호화한 데이터가 있다. 여학생들의 아버지와의 관계 점수 평균이 남학생들의 아버지와의 관계 점수 평균보다 더 높은지 알아보고자 한다. 연구가설을 μ_1, μ_2를 이용해서 나타내고 좌측검정인지 우측검정인지 말하시오.

여학생들의 아버지와의 관계 점수 평균 μ_2가 남학생들의 아버지와의 관계 점수 평균 μ_1보다 더 높은지 알아보고자 하므로 대립가설은 $H_1 : \mu_2 > \mu_1$이다. 첫 번째 집단을 먼저 적으면 $H_1 : \mu_1 < \mu_2$이 된다. 이 가설은 (양쪽에서 μ_2를 빼보면) 좌측검정임을 알 수 있다.

2. 가정 – 언제 사용할 수 있나?

(1) 측정 변수가 구간식변수 이상이어야 한다. 명목식변수나 서열식변수인 경우에는 평균 자체가 의미가 없기 때문이다.
(2) 두 집단이 서로 독립이어야 한다. 사전·사후에 반복해서 측정했거나, 측정 변수와 밀접한 관계가 있는 다른 요인을 두 집단이 공유하는 대응표본이 아니어야 한다.
(3) 각 집단에서 측정한 변수의 분포가 정규분포를 따르거나 거의 정규분포에 가깝다는 가정을 할 수 있어야한다. 이 가정은 확실하게 그렇지 않다는 근거가 있지 않은 이상, 큰 표본인 경우(적어도 30이상)에는 대개 다 가정을 할 수 있는 것으로 생각한다.

3. 엑셀로 독립표본 t-검정하기

독립표본 t-검정은 메뉴표시줄에서 〈그림 7-9〉와 같이 데이터 → 데이터 분석 → t-검정: 등분산 가정 두집단 이나 t-검정: 이분산 가정 두집단 을 클릭하여 실행한다.

독립표본 t-검정에서는 두 집단의 분산이 서로 같을 때와 서로 다를 때의 통계량이 다르므로 적절한 통계량을 구하기 위해서는 분산이 서로 같은지 같지 않은지를 먼저 점검하여야 한다. 독립표본 t-검정 방법을 정리해 보면,
① 분산의 동질성을 검정한다. 이를 위해서는 먼저 데이터를 비교하고자 하는 집단변수의 집단별로 정렬하여 구분한다.
② 분산의 동질성에 대한 검정결과에 따라 적절한 메뉴를 선택한다.
③ 결과물에서 두 집단이 잘 정의되었는지 확인하고, 각각의 평균을 점검한다.
④ 검정통계량과 유의확률을 바탕으로 결론을 내린다.

<그림 7-9> 독립표본 t-검정 선택

이제 예제를 통해서 실제로 검정해보자. 먼저 양측검정(두 집단의 평균이 서로 다르다는 대립가설을 검정)하는 방법을 공부한 뒤, 이어서 단측검정 방법을 배운다.

예제
7-6

남학생들과 여학생들의 '어머니와의 관계 점수(mother)'에 차이가 있을까 없을까? 청소년 데이터를 이용하여 남학생과 여학생의 어머니와의 관계 점수가 서로 같은지 다른지 알아보자. 유의수준 .05에서 검정해 보자.

우선 가설을 세워보자. 이 데이터에서 남자는 1로, 여자는 2로 코딩되었으므로 가설을 세울 때 남자를 먼저 적는다.

H_0 : 어머니와의 관계점수는 남학생과 여학생간에 차이가 없다 ($\mu_1 = \mu_2$)
H_1 : 어머니와의 관계점수는 남학생과 여학생간에 차이가 있다 ($\mu_1 \neq \mu_2$)

(1) 분산의 동질성 검정하기

독립변수 t-검정을 하기 전에 먼저 분산의 동질성을 검정한다.
① 데이터를 집단별로 정렬한다.

남학생의 데이터와 여학생의 데이터가 쉽게 구분되도록 정렬한다. 메뉴표시줄의 데이터 를 클릭한 뒤 도구표시줄의 정렬 을 선택한다.24) 〈그림 7-10〉처럼 정렬하고자 하는 변수인 성별을 나타내는 v1을 선택한다. 확인 을 클릭하면 모든 케이스가 성별의 오름차순으로 정렬된다.

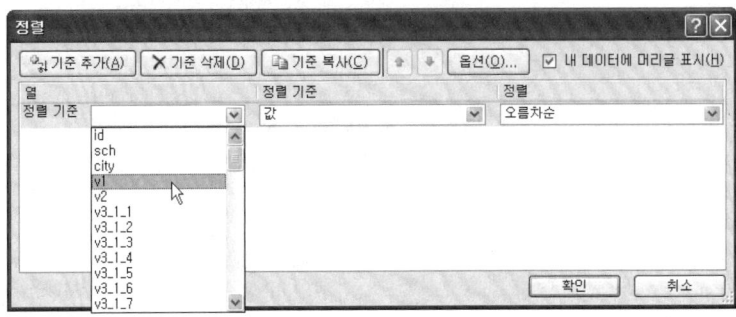

<그림 7-10> 성별로 정렬

② 분산의 동질성을 검정한다.

a. 메뉴표시줄의 데이터 와 데이터 분석 을 클릭하여 통계 데이터 분석 대화상자에서 F-검정: 분산에 대한 두 집단 을 선택한다 〈그림 7-11〉.

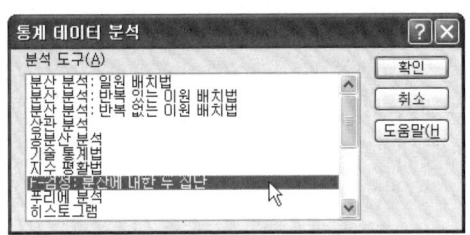

<그림 7-11> 분산의 동질성 검정을 선택

b. 입력 부분에서 변수 1 입력 범위(1): 에는 남학생의 어머니와의 관계점수 (mother) 데이터가 있는 부분을 마우스로 표시하고, 변수 2 입력 범위(2): 에는 여학생의 데이터가 있는 부분을 표시한다. 변수 이름이 있는 셀 BT1은 선택하지 않는다 〈그림 7-12〉.

c. 유의수준과 출력 옵션을 확인하고 확인 을 클릭한다.

---

24) 정렬하려는 변수(v1)열을 선택한 후 메뉴표시줄의 「기」 이나 「기」 로 정렬할 수도 있다.

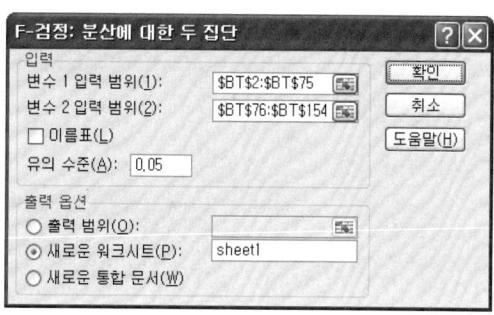

<그림 7-12> 남학생과 여학생 데이터를 지정

d. 〈그림 7-13〉의 결과를 살펴보자. '변수 1'과 '변수 2'는 각각 '남학생'과 '여학생'을 나타낸다. 두 집단의 분산은 각각 29.84와 26.55이다.

H_0: 두 집단의 분산은 동일하다

라는 귀무가설을 검정하는 검정통계량은 셀 B8에 있는 1.12이고 검정에 대한 유의확률은 .305이다. 유의수준 .05에서 귀무가설을 기각할 수 없으니 두 집단의 분산은 서로 동일하다고 결론짓는다.[25]

	A	B	C
1	F-검정: 분산에 대한 두 집단		
2			
3		변수 1	변수 2
4	평균	34.93243243	37.25316456
5	분산	29.84468715	26.55047063
6	관측수	74	79
7	자유도	73	78
8	F 비	1.124073753	
9	P(F<=f) 단측 검정	0.305409208	
10	F 기각치: 단측 검정	1.462019326	

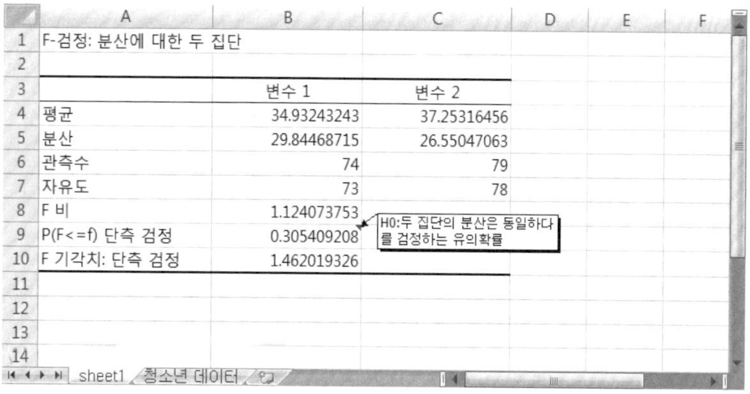

<그림 7-13> 남학생과 여학생의 '어머니와의 관계' 동질성 검정 결과

(2) 남녀학생 평균의 비교: 양측검정

분산의 동질성 검정결과 남녀 학생의 '어머니와의 관계 점수'의 분산이 동일하다고 가정할 수 있으므로 통계 데이터 분석 대화상자에서 't-검정: 등분산 가정 두집단'을 선택한다〈그림 7-14〉.

25) 유의확률이 .05보다 작으면 분산이 서로 다르다고 결론짓는다.

168   제 7 장   **t**-검정

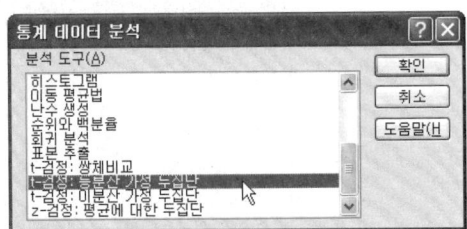

<그림 7-14> 등분산을 가정할 수 있는
독립표본 t-검정 선택

① `t-검정: 등분산 가정 두집단` 창에서 <그림 7-15>와 같이 두 집단의 데이터를 지정한다. 데이터는 등분산 검정할 때 지정했던 부분과 같다.

② `가설 평균차(E):` 에는 '두 집단의 평균은 서로 같다'는 가설을 검정하므로 차이 값인 0을 입력한 후 `확인` 을 클릭한다.

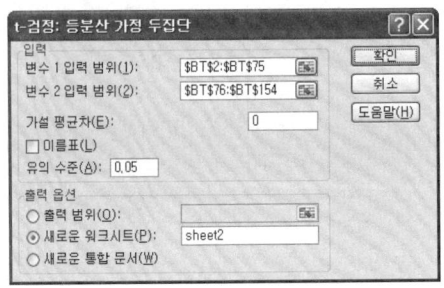

<그림 7-15> 남녀 학생 '어머니와의
관계'의 위치를 지정

③ 검정의 결과를 보자 <그림 7-16>.

   a. '변수 1'은 남학생, '변수 2'는 여학생 집단을 의미한다.

   b. 두 집단의 평균은 각각 34.93과 37.25로서, 차이는 -2.32이다.[26] 케이스 수는 남학생집단이 74명이고 여학생집단이 79명이다.

   c. 양측검정 유의확률은 .008로서 .05보다 작다. 유의수준 .05에서 유의하다. 즉, 남학생과 여학생간의 어머니와의 관계 점수는 의미있는 차이가 있다. 남학생보다 여학생의 어머니와의 관계 점수가 높음을 알 수 있다.

---

26) 항상 1번 집단에서 2번 집단의 평균을 뺀다.

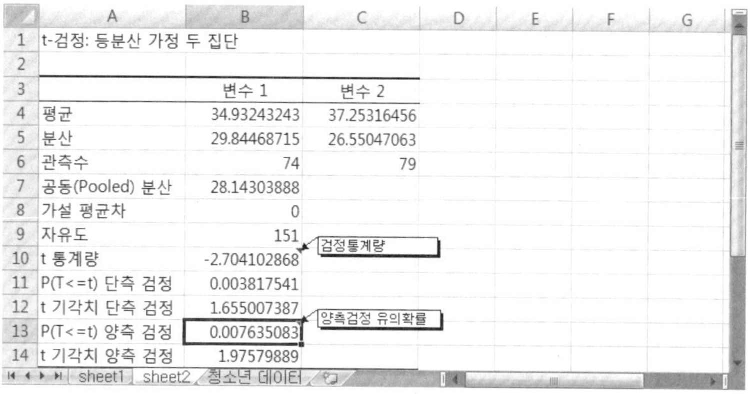

	A	B	C
1	t-검정: 등분산 가정 두 집단		
2			
3		변수 1	변수 2
4	평균	34.93243243	37.25316456
5	분산	29.84468715	26.55047063
6	관측수	74	79
7	공동(Pooled) 분산	28.14303888	
8	가설 평균차	0	
9	자유도	151	
10	t 통계량	-2.704102868	
11	P(T<=t) 단측 검정	0.003817541	
12	t 기각치 단측 검정	1.655007387	
13	P(T<=t) 양측 검정	0.007635083	
14	t 기각치 양측 검정	1.97579889	

<그림 7-16> 남학생과 여학생 어머니와의 관계점수 평균은 서로 같다는 가설을 검정한 결과

분산의 동질성 검정결과 분산이 동일하지 않다는 결론이 나오면 [t-검정: 이분산 가정 두집단] 메뉴를 이용하면 되고, 데이터를 지정하는 방법이나 출력물을 읽는 방법은 [t-검정: 등분산 가정 두집단] 의 경우와 같다. ■

> 평균의 차이(여기서는 2.32)만 보아서는 위와 같은 결론을 내리기 어렵다. 섣부른 결론은 내리지 말고 반드시 가설검정을 하도록 한다. 이러한 이유로 '통계적으로 유의한 차이' 가 있다는 표현을 사용한다.

> t -검정시 항상 두 집단의 평균, 표본의 크기, 최대·최소값과 표준편차 등의 값을 유의해서 보는 습관을 들인다.

두 집단의 평균이 서로 같지 않다는 결과가 선행연구 결과 이미 나와 있는 경우, 한쪽이 다른 쪽보다 더 크다(또는 작다)는 단측검정을 할 필요가 있다. 예를 들어, 초등학교 6학년 남녀 어린이들 키의 평균이 서로 다르다는 연구가 이미 활발히 된 경우, 같은지 다른지만 반복해서 연구하는 것은 별 의미가 없다. 오히려 여학생의 키가 더 큰지(혹은 남학생의 키가 더 큰지)를 연구할 필요가 있는 것이다. 예를 들어, 청소년 데이터와는 달리 남학생을 '1'번, 여학생을 '0'번 집단이라 할 때, '0'번 집단의 평균이 '1'번 집단의 평균보다 더 크다는 대립가설은

H_1 : 여학생의 평균 키는 남학생의 평균 키보다 더 크다

또는 H_1 : $\mu_{여자} > \mu_{남자}$

이다.

　　단측검정을 할 때는 가설에서 말하는 평균의 방향과 표본에서 구한 평균값의 방향이 일치하는지 확인하는 것이 중요하다. 왜냐하면 일치하는 경우의 유의확률과 일치하지 않는 경우의 유의확률은 완전히 다르기 때문이다. 예제를 통해 단측검정 방법을 알아보자.

선행연구에서 남·여학생들의 어머니와의 관계 점수는 서로 다르다는 결과가 이미 나와 있다고 한다. 모두들 남학생들이 어머니와의 관계 점수가 높을 것이라고 말하는데, 한 연구자는 '요즈음은 여학생들의 점수가 남학생보다 높을 것이다' 라는 가설을 세우고 자신의 가설이 뒷받침되는지 검정해보기로 했다. 유의수준 .05에서 검정해 보자.

(3) 남녀학생 평균의 비교 : 단측검정

엑셀에서는 단측검정과 양측검정 방법이 따로 있는 것이 아니다. 같은 출력물에 단측검정의 결과도 함께 나온다.

① 올바른 해석을 위해서 먼저 가설을 다시 한번 확인한다. 이 예제에서는 '여학생의 점수가 남학생의 점수보다 더 크다'이다.

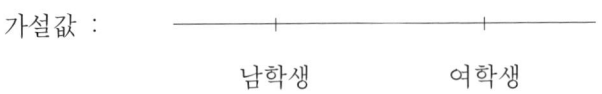

② 표본의 평균이 가설과 같은 방향인지 두 평균을 비교한다. 남학생의 평균이 34.93이고 여학생의 평균이 37.25로서 여학생의 평균이 더 높다. 가설과 같은 방향이다.

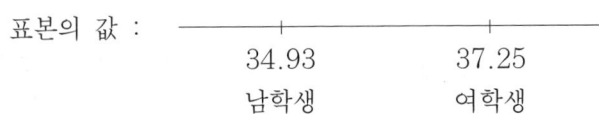

③ 유의확률을 계산한다. 출력물에는 항상 좌측검정의 유의확률이 나온다 〈그림 7-17〉. 출력물에는 가설의 방향이 맞는 경우의 유의확률이 나온다. 만약 방향이 맞지 않은 경우에는 '1-출력물의 유의확률'로 계산하면 된다. 이 예제에서는 B11 셀을 보면 $p=.004$로서 유의수준 .05에서 유의한 결과이므로, 이 연구자의 (대립)가설은 지지된다. 즉, 여학생들의 어머니와의 관계 점수가 남학생보다 높다고 말할 수 있다.

④ 또한, 양측검정의 유의확률을 $p_{양측}$이라고 하면, 가설과 평균이 같은 방향일 때의 단측검정 유의확률은 $p = p_{양측}/2$이고, 가설과 평균의 방향이 반대일 때는 $p = 1 - p_{양측}/2$이다. 이 예제에서 양측검정 $p_{양측} = .008$이므로 단측검정 $p = .008/2 = .004$이며, 출력물의 결과와 같음을 알 수 있다.

	A	B	C
1	t-검정: 등분산 가정 두 집단		
2			
3		변수 1	변수 2
4	평균	34.93243243	37.25316456
5	분산	29.84468715	26.55047063
6	관측수	74	79
7	공동(Pooled) 분산	28.14303888	
8	가설 평균차	0	
9	자유도	151	
10	t 통계량	-2.704102868	
11	P(T<=t) 단측 검정	0.003817541	
12	t 기각치 단측 검정	1.655007387	
13	P(T<=t) 양측 검정	0.007635083	
14	t 기각치 양측 검정	1.97579889	

(주석: 가설과 같은 방향일때의 유의확률임. 반대방향일 때는 1-0.0040이다.)

〈그림 7-17〉 '여학생의 평균이 남학생의 평균보다 높을 것이다'라는 가설을 검정

단측검정을 하고자 할 때는 반드시 가설의 방향을 확인해야 한다. 출력된 유의확률을 그대로 인용하다가는 엉뚱한 결론에 도달할 수 있다.

4. t-검정 결과 보고하기

  t-검정을 하고 나면 그 결과를 표나 도표의 형태로 제시하고 설명해 준다. 보고서에 제시하는 표의 형태를 보기를 통해 알아보자.

<예제 7-6>에서 남녀 학생[v1]의 '어머니와의 관계점수[mother]'의 평균을 비교한 결과 <그림 7-16>을 표로 제시해 보자.

  t-검정 결과는 <표 7-3>처럼 기술통계량 표에 함께 보고한다. 검정통계량과 유의확률을 적고, 단측검정인 경우에는 단측검정임을 주석으로 나타낸다.

<표 7-3> 남녀 학생의 비교

변 수	남학생 (n=74)	여학생 (n=79)	$t\ (p)$
	$\overline{x} \pm S.D.$	$\overline{x} \pm S.D.$	
자아존중감점수	34.93±5.46	37.25±5.15	-2.704 (.008)

연습문제

청소년 데이터(청소년.xlsx)를 이용하여 다음을 하시오.

1. 어머니와의 관계(mother)의 평균이 40점이라는 가설을 세우고, 유의수준 .05에서 검정하시오.

2. 95% 신뢰구간을 엑셀을 통해 구해보고 1번 결과와 비교해 보시오.

3. 어머니와의 관계(mother)의 평균이 성별에 따라 차이가 있는지를 유의수준 .05에서 검정하시오. 남학생과 여학생의 평균점수를 적고 검정통계량과 유의확률을 보고하시오. 결과를 설명하시오.

4. 남학생이 여학생보다 어머니와의 관계가 높다는 가설을 기호를 이용해서 나타내고 유의수준 .05에서 검정하시오.

과제

제1장의 과제에서 만든 데이터에 있는 연속형변수 중 관심 있는 변수에 대해 다음을 하시오.

1. 위에서 선택한 변수의 삼사분위수(Q3)의 값을 μ_0로 정하고 모평균의 값이 μ_0인지에 대하여 양측검정하시오. 검정결과를 위의 결과와 비교해서 서술하시오.

2. 위에서 선택하지 않은 다른 연속형변수의 삼사분위수(Q3)의 값을 μ_0로 정하시오. 모평균의 값이 μ_0보다 작은지 좌측검정하시오. 가설을 기호를 이용해서 나타내고 검정통계량과 유의확률을 적으시오. 해석을 적으시오.

3. 이항형변수의 각 범주에서 1번에서 선택한 변수의 평균이 서로 같은지 유의수준 .05에서 검정하시오. 결과를 표로 제시하고 해석하시오.

4. 같은 출력물을 보고 첫 번째 집단의 평균이 두 번째 집단의 평균보다 더 큰지 유의수준 .05에서 우측검정하시오. 유의확률을 제시하고 결과를 해석하시오. 검정한 대립가설을 적으시오.

5. 두 개의 연속형변수가 서로 같은 내용을 측정하는지 검토해보시오.

   ① 대응표본 t-검정이 가능한지 가능하지 않은지 서술하시오. 그 이유를 대시오.

   ② 가능한 경우에는 실행하시오. 가설을 적고 결과를 해석하시오.

제3부

제8장 분산분석

제1절 일원배치 분산분석

이 장에서는 여러 집단의 평균이 같은지 검정하는 일원배치 분산분석(F-검정)과 대표적인 사후분석인 다중비교를 배운다.

제1절   일원배치 분산분석: 여러 독립표본 평균의 비교

연속형 변수의 평균을 세 개 이상의 집단에서 비교하는 경우를 생각해 보자. 예를 들어 학력이 중졸이하, 고졸, 대학이상인 세 집단이 있다고 할 때, 각 집단에 속하는 사람들이 생각하는 행복지수의 평균에 차이가 있는지 알아보는 문제가 이에 속한다. 이처럼 집단이 여러 개 있는 경우에는 서로를 어떻게 통계적으로 비교할 수 있을까?

독립표본 t-검정을 공부한 사람은 아마 둘씩 비교하는 방법을 생각할지 모르겠다. 예를 들어 중졸이하와 고졸을 비교하고, 고졸과 대학이상을 비교하는 식으로 말이다. 그러나 이러한 접근방법은 옳지 않다. 두 표본 t-검정을 일반화시킨 F-검정을 이용하는 것이 옳다. F-검정은 분산을 분석하기 때문에 분산분석이라는 이름으로 더 널리 알려져 있다. 이 절에서는 여러 집단의 평균을 한꺼번에 비교하는 방법인 일원배치 분산분석(oneway ANalysis Of VAriance: ANOVA)을 배운다.[27]

분산분석에서도 '집단'을 나누어주는 변수와 '평균'을 구할 변수가 필요하다. 평균을 구하여 비교하고자 하는 변수, 예를 들어 행복지수나 자아존중감점수 등을 분석변수, 반응변수 또는 종속변수라 한다. 종속변수는 구간식으로 측정되어야 한다.

집단을 나타내는 변수는 독립변수 또는 설명변수라 하기도 하고, 실험자료인 경우에는 처리 조건을 나타내는 요인이라고도 한다. 독립변수의 예를 들면 조사자료인 경우에는 교육수준, 혈액형, 인종 등이 있겠고, 실험자료인 경우에는 배지의 종류, 배양기 온도 수준, 처치의 종류, 중재의 종류 등이 있다. 독립변수는 단순히 어떤 특성을 가졌는지 여부만 나타내면 되므로 명목식으로 측정하면 되지만, 수준이 6이하인 서열식으로 측정한 자료도 가능하다. 분산분석의 경우 비교하고자 하는 집단의 수는 3~5 정도가 적당하다.

1. 가설 – 무엇을 검정하나?

분산분석을 할 때 검정하고자 하는 귀무가설은

H_0: 모든 집단의 평균은 다 같다.

또는 H_0: $\mu_1 = \mu_2 = ... = \mu_k$

---

[27] 종속변수의 평균을 비교하는 설명변수가 하나이므로 일원배치 분산분석이라고 한다. 만약, 설명변수(요인)가 두 개라면(예, 학력과 성별) 이원배치 분산분석이다.

이고, 이에 대한 대립가설은

H_1 : 집단의 평균이 다 같지는 않다.

또는 H_1 : 집단중 적어도 하나의 평균은 다르다.

이다. 대립가설에서 보듯이 주의할 점은, 만일 검정결과가 유의하여 귀무가설을 기각한다 해도, '모든 집단의 평균은 다 다르다'라는 결론을 내릴 수 없다는 것이다. '모든 집단의 평균이 다 같지는 않다'라는 결론은 내릴 수 있다. 또, '모든 집단의 평균이 다 같지는 않다'라는 말은 '집단 중 적어도 어느 하나는 평균이 다르다'는 의미이다. 〈표 8-1〉의 데이터를 예로 들어 생각해 보자.

<표 8-1> 일정한 농도로 희석하는데 필요한 증류수의 양

회사	A		B		C	
필요한 증류수 양	35	29	28	27	33	32
	31	29	29	25	31	32
	30	32	26	28	30	32
	29	30	24	27	29	33

이 데이터는 세 회사—A, B, C 회사—의 분말제품을 일정한 농도로 희석하는데 필요한 증류수의 양에 대한 데이터이다. 세 가지의 제품은 모두 같은 양의 증류수를 필요로 한다고 하는데, 과연 그런지, 필요로 하는 증류수의 양이 다른 제품이 있는지 알고 싶다. 세 제품이 필요로 하는 증류수 양의 모평균을 각각 μ_1, μ_2, μ_3 이라 하고, 세 집단의 공통 평균을 μ 라 하면 검정하고자 하는 가설은

$$H_0 : \mu_1 = \mu_2 = \mu_3 (= \mu)$$

vs $H_1 : \mu_i \neq \mu$ for some i, $i = 1, 2, 3$

가 된다. 즉,

H_0 : 세 회사의 제품을 일정한 농도로 희석하는데 필요한 증류수의 양은 모두 같다
H_1 : 세 회사의 제품을 일정한 농도로 희석하는데 필요한 증류수의 양이 모두 같지는 않다

이다.

2. 분산분석표

분산분석을 할 때는 가설검정을 위해서 변동(Variation)을 분할하여 정리한 '분산분석표(ANOVA table)'를 이용한다. 변동을 상수로 나누면 분산이 되므로 두 가지 용어를 구분하지 않아도 크게 문제되지는 않는다. 〈표 8-2〉의 분산분석표를 먼저 공부하자. 표에 적힌 것은 k개의 집단을 비교하는 것으로서, 각 집단에는 동일한 크기의 표본 n이 있는 경우이다.

(1) 변동 요인은 총제곱합(계)을 집단간의 차이에 의한 부분(between)과 집단내의 케이스간의 차이에 의한 부분(within)으로 나눈다.

(2) 총제곱합의 자유도는 항상 (총 표본의 수-1)이고, 집단 간 변동의 자유도는 (집단의 수-1), 집단 내 변동의 자유도는 (각 집단의 표본의 크기-1) × 집단수이다. 집단 간 변동의 자유도와 집단 내 변동의 자유도를 합하면 항상 총합의 자유도가 된다.

$$(k-1) + k(n-1) = k-1+kn-k = kn-1$$

<표 8-2> 분산분석표

요인 (source)	자유도 (df)	제곱합 (SS)	평균제곱합 (mean SS)	검정통계량 (F)	유의확률 (p-value)
집단간 (between)	$k-1$	SSB	$MSB = \dfrac{SSB}{k-1}$	$F = \dfrac{MSB}{MSW}$	
집단내 (within)	$k(n-1)$	SSW	$MSW = \dfrac{SSW}{k(n-1)}$		
총합 (total)	$kn-1$	SST			

(3) 제곱합은 다음과 같다.

$$\begin{array}{ccccc} SST & = & SSB & + & SSW \\ \sum_{ij}(y_{ij}-\overline{y})^2 & = & \sum_{i} n(\overline{y_i}-\overline{y})^2 & + & \sum_{ij}(y_{ij}-\overline{y_i})^2 \end{array} \quad (8\text{-}1)$$

여기서, y_{ij}는 각 케이스의 관찰값을 나타내고 $\overline{y}$는 전체평균이며, $\overline{y_i}$는 i번째 집단의 평균이다. SSB와 SSW의 합은 항상 SST와 같다.

(4) 제곱평균은 제곱합을 자신의 자유도로 나눈 것이다.

(5) 만일 집단들의 평균이 모두 같다면(귀무가설이 옳다면) 식 (8-1)에서 SSB가 이론적으로 0이어야 하나 표본에서는 0에 아주 가까운 값이 될 것이다. 그러나 귀무가설에서 멀어질수록, 즉 집단간의 평균이 같지 않을 때, SSB의 값은 더 커지게 된다. 그러면 검정통계량 $F = \dfrac{MSB}{MSW}$의 값은 더 커질 것이다. 따라서 두 값의 비 F가 크면 귀무가설을 기각하고 이 값이 작으면 귀무가설을 채택한다.

(6) 검정통계량 F가 얼마나 커야 크다고 결론지을지 결정하는 것은, 이 통계량의 분포가 결정짓는다. 검정통계량 F는 자유도가 $(k-1)$와 $k(n-1)$인 F분포를 따르므로, 이 분포표에서 유의확률 p-값을 구한다. p-값이 유의수준보다 작으면 귀무가설을 기각하여 '평균들이 다 같지는 않다'는 결론을 내린다.

(7) 각 집단의 표본크기가 동일하지 않은 경우, 즉 n_i인 경우, 집단내 자유도는 $\Sigma n_i - k$이고 총합자유도는 $\Sigma n_i - 1$이다. 집단간 자유도는 여전히 $k-1$이다.

평균을 비교하는데 '평균분석' 같은 이름을 쓰지 않고 왜 '분산분석'이라고 부를까? 그 이유는 이렇다. SSW를 자신의 자유도로 나눈 값은 y의 분산이다. 이를 s_1^2이라 하자. SSB를 자신의 자유도로 나눈 값은 각 집단 표본평균들의 분산 $s_{\bar{y}}^2$에 n을 곱한 것과 같으며, 이는 y분산의 또다른 형태이다. s_2^2이라 하자.

분산분석의 검정통계량 F는 s_1^2인 MSB와 s_2^2인 MSW의 비이다. 이처럼 분산을 분석하기 때문에 이 분석방법은 평균의 비교이면서도 '분산분석'이라 한다.

3. 가정 - 언제 사용할 수 있나?

데이터에 대하여 다음과 같은 가정을 할 수 있을 때 사용할 수 있다. 이를 분산분석에 필요한 가정이라 한다.

(1) 독립성 : 집단들은 서로 독립이고, 집단내의 케이스들은 서로 독립이다 — 분석하고자 하는 종속변수와 관련된 요소들을 케이스들이 공유하지 않는다는 뜻이다. 만일 한 가정에서 어린이, 청소년, 성인을 표집한 뒤 사회문제에 대한 어린이집단, 청소년집단, 성인집단의 의견 점수를 비교하고자 한다면, 각 집단에 있는 사람은 생활습관이나 사고방식 등을 공유하므로 집단들이 서로 독립이라고 할 수 없다. 또한 한 가정에서 여러 명의 성인을 표집하는 경우도, 집단내의 케이스들이 서로 독립이라고 할 수 없다.

(2) 정규성 : 각 집단에서 종속변수는 정규분포를 따른다 — 우리 주위의 연속형 변수들 중 많은 수는 정규분포를 따른다고 가정할 수 있다. 정규분포를 따르지 않는다고 생각할 만한 특별한 이유가 없고 각 집단의 크기가 30을 넘으면 이 가정은 가능한 것으로 본다.

(3) 등분산성 : 종속변수의 분산은 모든 집단에서 서로 같다 — t-검정에서는 분산의 동질성에 대한 검정을 해서 동일분산을 가정하는 경우와 가정하지 않는 경우의 통계량을 각각 이용할 수 있었다. 하지만 분산분석은 분산이 동일할 때 만 바른 결과를 얻을 수 있으므로, 이 가정은 무엇보다 중요하다. 엑셀에서는 세 집단 이상인 경우 분산의 동질성을 쉽게 검정하지 못한다. 분산들이 크게 차이나지 않는 한 동질성을 가정할 수 있다고 생각하자.

4. 엑셀로 분산분석하기

엑셀에서 일원배치 분산분석을 하기 위해서는 분석하고자 하는 각 집단의 데이터가 서로 다른 열에 있어야 한다 〈표 8-3〉. 집단별로 케이스 수는 똑같지 않아도 된다. 이미 입력된 데이터라면 집단별로 정렬한 뒤 분산분석을 할 수 있는 형태로 배치한다 〈표 8-4〉.

제 8 장   분산분석

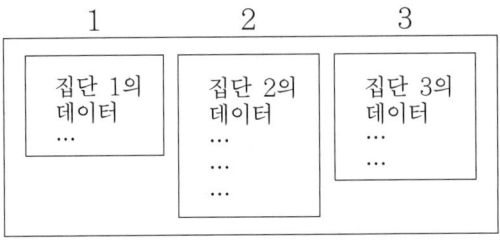

<표 8-3> 집단별로 다른 열에 배치 (1)

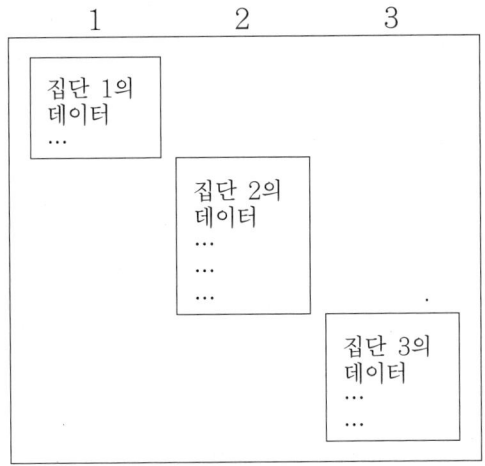

<표 8-4> 집단별로 다른 열에 배치 (2)

일원배치 분산분석의 대화상자는 〈그림 8-1〉과 같다. 예제를 통해서 분산분석 방법과 출력물을 해석하는 방법을 알아보자.

<그림 8-1> 일원배치 분산분석 대화상자 열기

예제
8-1

<표 8-1>에 있는 가상의 데이터를 엑셀을 이용해 분산분석하여 보자. 이해를 돕기 위해 가상의 데이터를 다시 설명하면 다음과 같다.

세 회사에서 생산되는 분말제를 기준에 맞게 희석하기 위하여 필요한 증류수 양의 평균이 모두 같은지, 회사에 따라 차이가 있는지 알아보고자 한다. 가설검정을 위하여 각 회사제품의 상자에서 각각 8병씩 무작위로 뽑아서 희석에 필요한 증류수의 양을 측정하였다. 회사 A, B, C를 집단 i =1, 2, 3이라 하자.

이 문제는 다음의 네 단계로 풀어보자.

⑴ 가설을 세우고
⑵ 먼저 데이터를 입력하여 엑셀 데이터시트를 만든 뒤
⑶ 가정을 점검하고
⑷ 분산분석을 실행한다.

(1) 먼저 가설을 세워보자.

H_0: A, B, C 세 회사의 약품을 희석하기 위한 증류수의 양이 모두 같다.

H_1: A, B, C 세 회사의 약품을 희석하기 위한 증류수의 양이 모두 같지는 않다.

(2) <표 8-1>의 데이터를 <표 8-3>의 모양으로 입력한다. 입력한 모습은 <그림 8-2>와 같다.

	A	B	C
1	회사=A	회사=B	회사=C
2	35	28	33
3	29	27	32
4	31	29	31
5	29	25	32
6	30	26	30
7	32	28	32
8	29	24	29
9	30	27	33

<그림 8-2> 증류수 데이터를 회사마다 다른 열에 입력

(3) 분산분석의 가정에 대해 생각해 보자.

① 독립성 – 세 회사의 제품은 서로 독립이라 할 수 있고, 같은 회사 안에서도 각 케이스는 서로 독립이라 할 수 있다.

② 정규성 – 증류수의 양은 정규분포를 따르지 않는다고 믿을 만한 이유가 없으므로, 정규분포를 따른다고 가정할 수 있다.

③ 분산의 동질성 – 동질성을 가정할 수 있다고 생각하자.

(4) 분산분석을 실행한다.

분산 분석: 일원 배치법 대화상자에서 입력 범위를 지정한다. 데이터의 양이 얼마 되지 않으므로 같은 시트에 출력하도록 범위를 지정하고 〈그림 8-3〉, 확인 을 클릭한다. 결과가 셀 A12의 위치부터 출력된다.

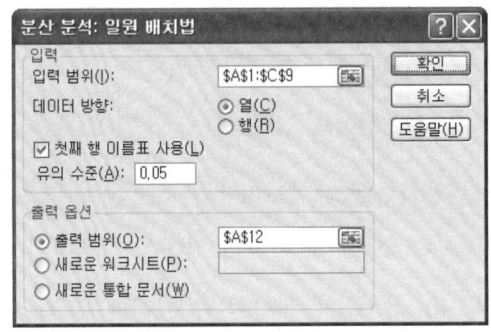

〈그림 8-3〉 분산분석의 입·출력 범위 지정

출력결과는 〈그림 8-4〉에 있다. 결과를 하나씩 점검해보자.

① 요약표에는 각 회사의 표본의 크기와 증류수 양의 합, 평균, 분산 등의 기술통계가 나와 있다. 세 회사의 평균을 보면 A회사는 30.63이고, B회사는 26.75, C회사는 31.50으로서 A회사와 C회사의 평균이 비슷하게 높고 B회사가 양이 가장 낮다. 유의한 결과가 나오는 경우 세 회사 중에서 하나를 선택한다면 희석액의 양이 많은 A회사나 C회사 제품을 선택하겠다.

② 분산분석표를 보면 회사들의 평균 증류수의 양은 모두 같지는 않다(적어도 어느 한 회사의 제품 중에 필요한 증류수의 양이 다르다).[28] 유의확률 p-값은 .001보다 작다 ($4.163 \times \left(\frac{1}{10}\right)^5$).

---

[28] 집단과 케이스를 제대로 분석하였는지 확인하는 간단한 방법은 자유도가 맞는지 확인하는 것이다. 여기서는 비교할 집단이 셋이므로 집단 간 자유도는 2인데, 출력물의 '처리'부분 자유도를 보면 된다. 집단내 자유도는 각 잡단에 8케이스씩 있으므로 24-3=21인데, 출력물의 '잔차'부분을 보면 된다.

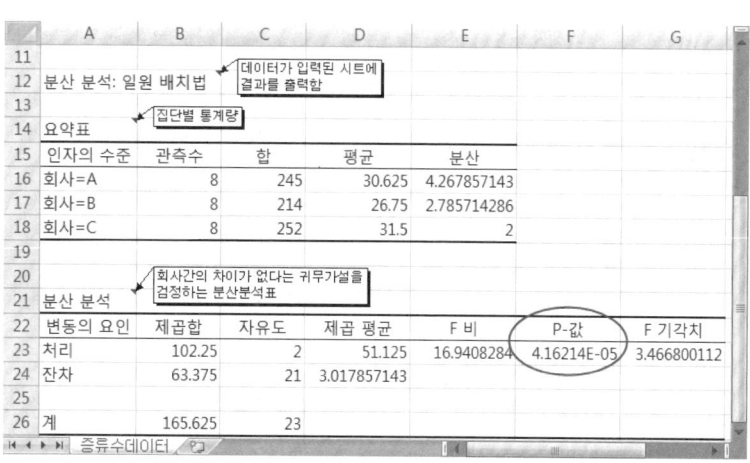

<그림 8-4> 증류수의 양에 대한 일원배치 분산분석 결과

예제 8-2

'지역구분[city]'에 따라 '자아존중감점수[self]'의 평균이 다 같은지 유의수준 .05에서 검정해 보자. 청소년 데이터를 이용하자. 먼저,

(1) 가설을 세우고,
(2) 분산분석에 필요한 가정이 충족되는지 알아보고,
(3) 가설을 검정하자.

(1) 가설을 세워보자.

H_0 : 지역에 따라 자아존중감점수의 평균이 모두 같다.

H_1 : 자아존중감점수의 평균이 모든 지역에서 다 같은 것은 아니다.

(2) 분산분석이 가능한지 알아보기 위하여 데이터에 대해 분산분석의 가정을 살펴보자.

① 독립성 - 각 지역은 독립이고 각 지역 내에서 학생 한명 한명은 독립이므로 각 케이스들은 서로 독립이라 할 수 있다.

② 정규성 - 자아존중감점수는 케이스가 충분히 많아 정규분포에 근접한다고 가정할 수 있다.

③ 분산의 동질성 - 동질성을 가정할 수 있다고 생각하자.

(3) 데이터를 일원배치 분산분석에 맞게 준비한다. 이미 데이터가 변수별로 입력되어 있으므로 복사하여 <표 8-4>의 모양으로 배치한다.

① 데이터 배치를 쉽게 하기 위해서 집단을 구분하는 변수 'city'를 열 BW에 복사해서 'city1'라는 이름으로 붙인다.
② 'self' 열을 복사해서 'city1' 옆 열(BX)에 붙인다.
③ 'city1'변수를 기준으로 데이터를 정렬한다.29)
④ 'city1'의 범주마다 'self'의 데이터가 다른 열에 있게 배치한다.

열 BX의 'self'를 'city1'의 범주의 개수만큼 복사해 붙인다. 이 예제에서는 BY, BZ까지 세 개가 되게 한다.

열 BX에는 'city1'=1인 케이스들의 점수만 남기고 나머지는 다 지운다. 이름표를 'city1=1'이라고 고친다.

열 BY에는 'city1'=2인 케이스들의 점수만 남기고 나머지는 다 지운다. 이름표를 'city1=2'라고 고친다.

열 BZ에는 'city1'=3인 케이스들의 점수만 남기고 나머지는 다 지운다. 이름표를 'city1=3'으로 고친다.

〈그림 8-5〉는 데이터 준비가 끝난 모습의 일부이다. BX2:BX61까지는 'city1'=1인 케이스들의 'self'의 값이, BY62:BY112까지는 'city1'=2인 케이스들의 값이 들어있다. 'city1'=3인 케이스들의 값은 BZ113:BZ154에 있다.

(4) 일원배치 분산분석을 실행한다. 데이터의 입력 범위를 BX1:BZ154까지 직사각형으로 지정한다 〈그림 8-6〉.

---

29) 'self'는 다른 열들을 참조하므로 데이터 전체를 정렬해야 한다. 'self' 데이터를 붙여 넣었기 때문에 'self'열이 지정된 상태이다. 이 상태에서 데이터 메뉴의 정렬 을 클릭하면 아래와 같은 '정렬경고' 창이 뜨는데, 여기서 '선택 영역 확장'을 선택하고 정렬(S)... 을 한다. '현재 선택 영역으로 정렬'을 선택하면 'self' 열만 정렬되므로 주의하도록 한다.

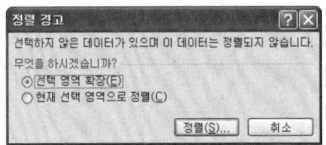

	BU	BV	BW	BX	BY	BZ	CA	CB	CC
1			city1	city1=1	city1=2	city1=3			
2			1	22					
3			1	23					
61			1	21					
62			2		22				
63			2		25				
64			2		24				
65			2		21				

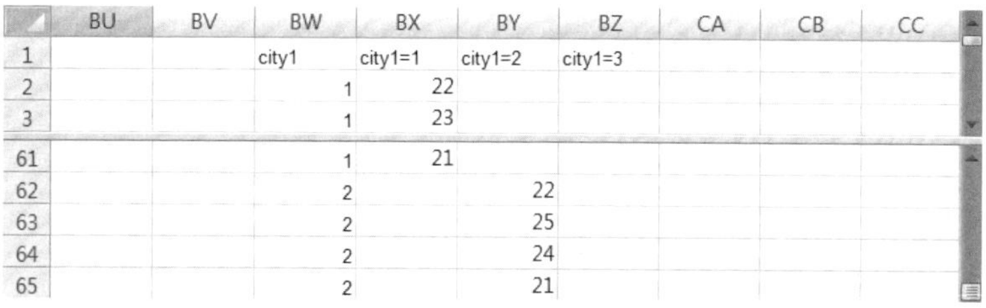

<그림 8-5> '자아존중감점수'를 'city1'의 범주마다 다른 열에 배치

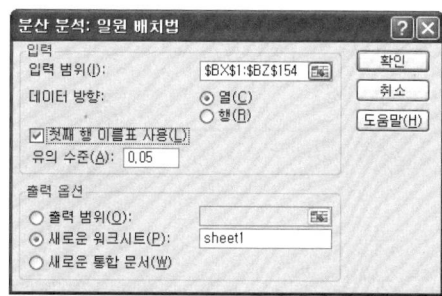

<그림 8-6> 일원배치 분산분석 대화상자 열기

(4) 결과를 살펴본다.

① 요약표를 보면 각 집단의 평균은 각각 29.95, 28.39, 27.71로서 큰 차이는 없는 것 같다 〈그림 8-7〉.

	A	B	C	D	E	F	G
3	요약표						
4	인자의 수준	관측수	합	평균	분산		
5	city=1	60	1797	29.95	19.67542		
6	city=2	51	1448	28.39216	24.48314		
7	city=3	42	1164	27.71429	27.18467		
8							
9							
10	분산 분석						
11	변동의 요인	제곱합	자유도	제곱 평균	F 비	P-값	F 기각치
12	처리	137.2975	2	68.64876	2.942444	0.055788	3.056366
13	잔차	3499.578	150	23.33052			
14							
15	계	3636.876	152				
16							

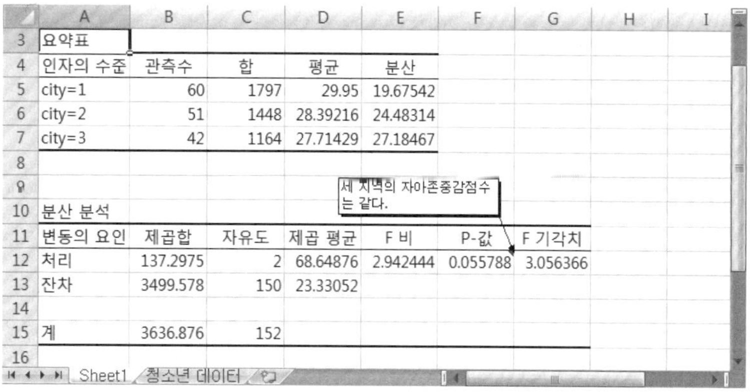

<그림 8-7> 일원배치 분산분석 결과

② 분산분석표를 보면, 유의확률은 .056으로, 유의수준 .05보다 크므로 귀무가설을 기각할 수 없다. 즉, 지역에 따라 자아존중감점수의 평균은 다르다고 할 수 없다. ■

5. 분산분석 결과 보고하기

분산분석 결과를 보고하는 것은 t-검정 결과 보고하기와 비슷하다. 예제를 통해 알아보자.

<예제 8-2>의 분산분석 결과를 표의 형태로 보고하시오.

분산분석의 결과는 t-검정 결과와 마찬가지로 평균을 정리한 표에 덧붙여 보고하면 된다.

<표 8-5> 지역별 자아존중감점수의 비교

지역구분	(n)	$\overline{x} \pm S.D.$	$F(p)$
대도시	60	29.95±4.43	2.94(.056)
중소도시	51	28.39±4.95	
읍면지역	42	27.71±5.21	

> 만일 한 변수의 평균을 여러 가지 기준으로 구분해서 비교하는 경우에는 위와 같은 표를 이어서 만들면 된다. 예를 들어 회사에 따른 비교, 실험자에 따른 비교를 하고자 하면
>
> | | | (n) | $\overline{x} \pm S.D.$ | $F(p)$ |
> |---|---|---|---|---|
> | 회사 | A | | | |
> | | B | | | |
> | | C | | | |
> | 실험자 | 가 | | | |
> | | 나 | | | |
> | | 다 | | | |
> | | 라 | | | |

등으로 정리한다.
만일 여러 변수의 평균을 같은 기준으로 분류해서 보고하고자 한다면 표의 모양을 약간 다르게 하는 것이 좋다. 예를 들어 세 회사를 판매량, 가격 면에서 비교하고자 하면 다음과 같이 정리한다.

회사 변수	A ($n=8$) $\overline{x} \pm S.D.$	B ($n=8$) $\overline{x} \pm S.D.$	C ($n=8$) $\overline{x} \pm S.D.$	$F(p)$
판매량				
가격				

연습문제

청소년 데이터(청소년.xlsx)를 이용하여 다음을 하시오.

1. '어머니와의 관계(mother)' 점수의 평균이 '지역구분(city)'에 따라 차이가 있는지 검정하시오.

   ① 가설을 적으시오.

   ② 일원배치 분산분석의 가정이 가능한지 검토하시오.

   ③ 일원배치 분산분석을 이용하여 검정하시오. 일원배치 분산분석의 단계에 따라 수행내용을 서술하시오. 유의수준 .05를 이용하시오.

과제

제1장의 과제에서 만든 데이터에서 연속형변수 중 관심있는 변수에 대해 다음을 하시오.

1. 다항형의 범주형변수의 각 범주에서 평균이 서로 같은지 유의수준 .05에서 검정하시오. 평균과 표준편차를 표로 제시하시오. 분산분석 표를 제시하고 해석하시오.

제9장 상관관계분석

제1절 산점도와 상관관계

제2절 상관계수

이 장에서는 두 변수의 선형의 관계를 나타내는 상관계수에 대하여 공부한다. 여기에서 두 변수는 구간식 이상으로 측정된 변수를 말한다.

제1절 산점도와 상관관계

우리는 종종 두 변수, 예를 들면 원의 반지름과 원의 둘레, 체중과 키, 시간(in hours)과 기억력(점수)간에 어떤 관계가 있는지를 알아보고자 한다. 원의 반지름이 커지면 원의 둘레도 일정한 비율로 커진다. 키와 체중은 원의 반지름과 둘레처럼 정확하게 변하지는 않지만, 키가 큰 사람은 대부분 체중도 많이 나간다. 시간과 기억력 사이에는, 시간이 많이 지나면 기억력이 낮아지는 관계가 있다. 두 변수간의 대체적인 관계는 산점도(scatter plot)를 통해서 알아볼 수 있는데 그 관계의 강도를 하나의 수치로 나타낸 것이 상관계수이다.

〈그림 9-1〉은 원의 반지름을 X축, 원의 둘레를 Y축에 그린 산점도로서, 모든 점이 직선상에 나타난다. 반지름이 얼마인지 알면 둘레가 얼마인지를, 거꾸로 둘레가 얼마인지 알면 반지름이 얼마인지를 정확히 알 수 있다. 반지름이 커질수록 둘레도 커진다. 이러한 관계를 완전한 양의 (선형)상관관계 또는 완전한 정적 관계(perfect positive linear correlation)라고 한다. 이때 반지름과 둘레의 상관계수는 $r=1.0$ 으로서, 상관계수 중에는 가장 큰 값이다.

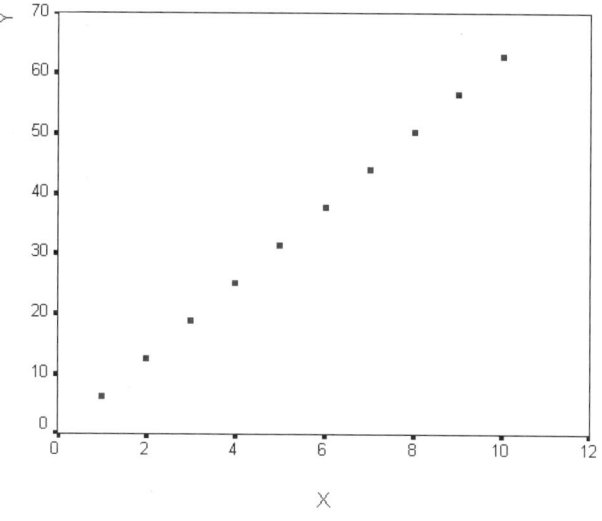

〈그림 9-1〉 완전한 양의 (선형)상관관계 ($r=1.00$)
: 반지름(x)과 원의 둘레($y=2\pi X$)

〈그림 9-2〉는 21cm짜리 연필에서 사용한 연필의 길이(x)와 남은 연필의 길이(y)를 나타낸 것으로, 많이 사용할수록 남은 길이는 짧아지는 음의 관계가 있으며, 하나를 알면 다른 하나도 정확히 알 수 있는 완전한 선형의 관계를 가진다. 이 때 두 변수간에는 완전한 음의 (선형)상관관계 또는 완전한 부적 관계(perfect negative linear correlation)가 있으며, 상관계수는 r=-1.0으로서 상관계수 중 가장 작은 값이다.

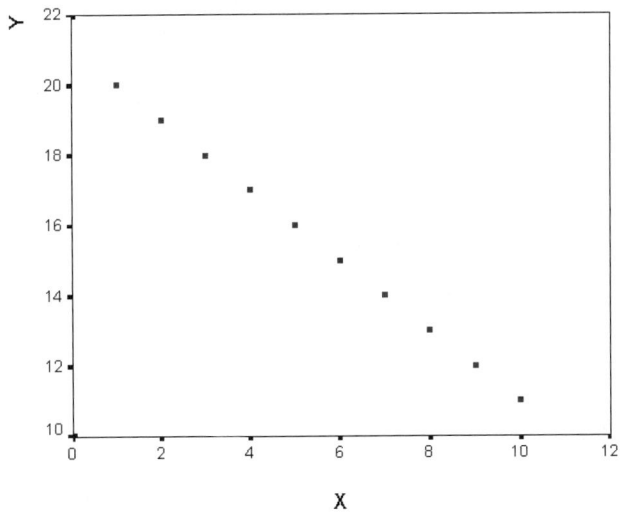

〈그림 9-2〉 완전한 음의 (선형)상관관계 (r = -1.00)
: 사용한 길이(x)와 남은 길이(y=21 - x)

〈그림 9-3〉은 난수생성 기능을 이용해서 x는 0에서 20까지, y는 0에서 1까지의 숫자를 무작위로 뽑아 산점도로 나타낸 것이다. x와 y숫자들은 서로 독립적으로 무작위 추출했기 때문에 서로 관계가 있을 수 없으며, 점들은 일관성 없이 퍼져 있는 것을 알 수 있다. 이 경우 두 변수간에는 아무런 관계가 없다고 말하며, 상관계수는 r=0에 가까워진다. 〈그림 9-3〉의 경우 상관계수는 .018로서 완전히 0은 아니지만 매우 작은 값임을 알 수 있다.

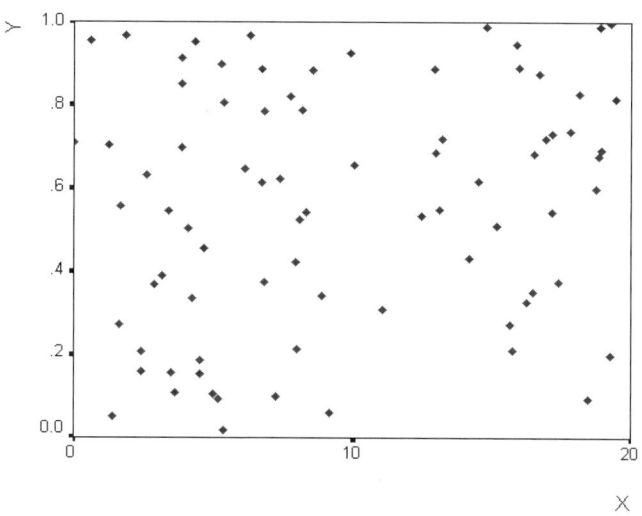

<그림 9-3> 선형의 상관관계 없음 ($r=.018$)

〈그림 9-4〉 역시 두 변수간에 선형의 상관관계가 없는 경우이다. 이 경우는 선형의 관계가 없다 뿐이지, 사실은 두 변수간에 비선형(non-linear)의 관계가 있는 경우이다. x 값이 0을 향하여 커질 동안에는 y 값이 점차 작아지다가, x가 0보다 커지면 y도 점차 증가한다. 그러나 (선형)상관계수는 '(선형의) 상관관계가 없는 경우'의 상관계수인 $r=.006$이다. 이처럼 비선형의 상관관계가 있는 경우에도 상관계수가 0에 가깝게 나오거나, 비선형의 관계인데도 상관계수가 상당히 크게(1.0이나 -1.0에 가깝게) 나올 수 있다. 이 그림은 상관계수에만 집착하다가는 자칫 중요한 비선형의 관계를 놓치는 일이 있을 수 있다는 것을 보여주는 중요한 그림이다. 그러나, 특별한 지시가 없는 경우 일반적으로 '상관관계(correlation)'란 선형의 상관관계를 뜻한다.

보통 수집된 데이터의 각 케이스는 개인별 차이, 즉, 오차가 있기 때문에 이 데이터를 가지고 산점도를 그리면 함수관계에 있는 변수들의 그림인 〈그림 9-1〉이나 〈그림 9-2〉와 같이 직선으로 나타나지 않는다. 〈그림 9-5〉에는 양의 상관관계가 있는 데이터의 산점도가 제시되어 있다. 두 변수의 상관계수는 .994로서 아주 높은 상관관계이다. 점들이 모두 직선상에 있지 않은 이유는 각 데이터마다 조금씩의 오차가 있기 때문이다.

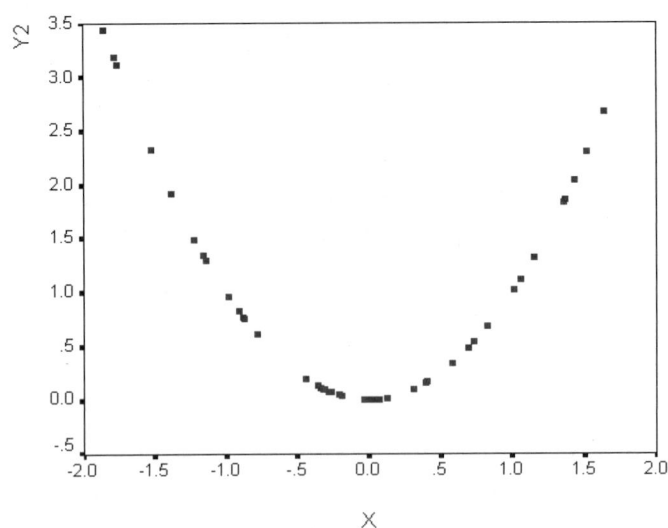

<그림 9-4> 선형의 상관관계 없음 ($r=.006$)
: 비선형의 상관관계 ($y^2 = x$)

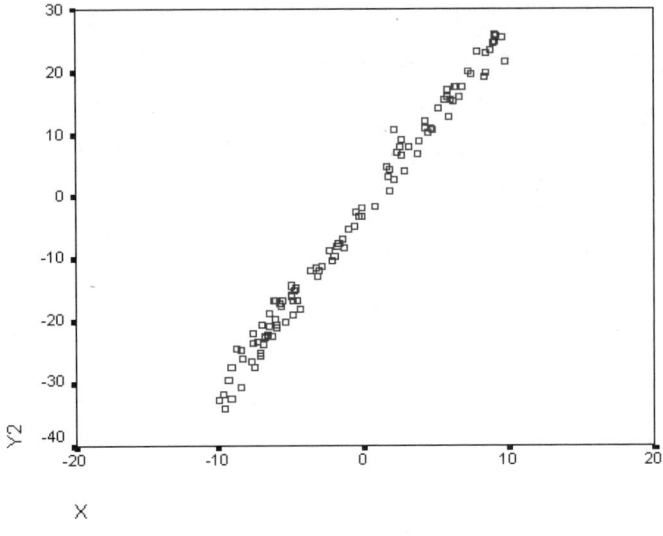

<그림 9-5> 유의한 선형의 상관관계 ($r=.994$)

비선형의 관계가 있는 데이터도 마찬가지이다. 〈그림 9-6〉에 제시된 산점도는 상관계수가 -.059로서 거의 0에 가까운 값이다. 함수관계에 있는 두 변수의 산점도인 〈그림 9-4〉와 비교해 볼 때 대체적인 형태는 비슷하지만 관찰값들이 모두 다 곡선상에 위치하지는 않은 것을 알 수 있다.

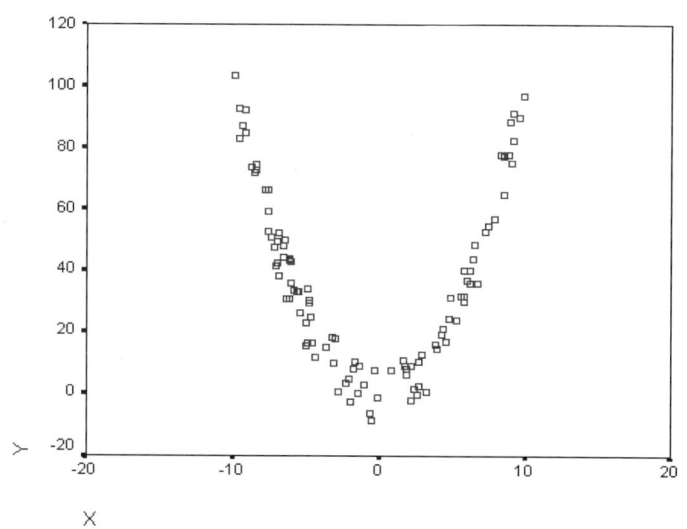

〈그림 9-6〉 선형의 상관관계 없음($r = -.059$)
: 비선형의 상관관계

제2절 상관계수

산점도는 분석단계에서 데이터의 형태를 손쉽게 알 수 있도록 도와주는 역할을 하지만, 많은 공간을 차지하기 때문에 간단하게 요약해서 보고하는 형태로 사용하기는 어렵다. 이를 간단하게 하나의 숫자로 나타내는 것이 상관계수이다.

상관계수에는 모수적 상관계수인 피어슨 상관계수(Pearson)와 비모수적 상관계수인 스피어만 상관계수(Spearman)가 있다.30) 모수적 상관계수는 구간식으로 측

---

30) · 모수적 : 변수가 어떤 특정 분포(정규분포, t-분포, F-분포 등)를 따를 것이라는 가정 하에서 분석하는 것
  · 비모수적 : 변수가 어떤 특정 분포를 따를 것이라는 가정이 없는 상태에서 분석하는 것

정한 데이터값을 그대로 이용하는데 반해서 비모수적 상관계수는 데이터값을 작은 것부터 차례로 순위를 매겨 서열식으로 바꾼 뒤 순위를 이용해서 상관계수를 구하는 것이다. 스피어만 상관계수는 데이터에 이상점이 있거나, 데이터의 크기 (n)가 작을 때 많이 쓰인다. 이 책에서 사용하는 데이터는 크기가 충분히 큰 경우라고 생각되므로, 피어슨 상관계수를 중심으로 설명한다.

상관계수의 범위는 $-1.0 \leq r \leq 1.0$으로, 반지름과 원둘레의 관계처럼 완전한 양의 관계를 가질 때는 $r=1.0$이고, 사용한 연필의 길이와 남은 길이의 관계와 같이 완전한 음의 관계를 가질 때는 $r=-1.0$이다. 두 변수간에 아무런 선형의 관계가 없을 때는 $r=.0$이다.

1. 가설 - 무엇을 검정하나?

모집단에서 두 변수간에 선형의 상관관계가 없다는 것은 상관계수가 0이라는 뜻이다. 따라서 검정하고자 하는 가설은 다음과 같다.

H_0: $\rho = 0$ (H_0: 두 변수간에 관계가 없다)

H_1: $\rho \neq 0$ (H_1: 두 변수간에 관계가 있다)

만일 선행연구에서 이미 두 변수간에 유의한 상관관계가 있다는 결론을 얻었고, 이론적으로 양의 상관 또는 음의 상관이 있을 것으로 믿을만한 충분한 근거가 있다면 단측검정을 하는 것이 연구자에게는 더 유리하다.[31] 단측검정의 대립가설은 아래와 같다.

H_1: $\rho < 0$ (H_1: 두 변수간에 음의 상관이 있다; 좌측검정)

H_1: $\rho > 0$ (H_1: 두 변수간에 양의 상관이 있다; 우측검정)

모집단의 상관계수 ρ 가 0일 때, 표본상관계수 r 의 변환값인 검정통계량은

$$t = \frac{r}{\sqrt{\frac{1-r^2}{n-2}}}$$

로서 자유도가 $n-2$ 인 t-분포를 따른다.

---

[31] 여기서 유리하다는 말은 유의한 결과를 얻기가 더 쉽다는 뜻이다.

같은 크기의 표본에서 표본 상관계수 r 이 1.0이나 -1.0에 가까우면 분모가 아주 작아져서 검정통계량 t 는 커지고, r 이 0.0에 가까우면 분자가 0에 가까우므로 검정통계량 t 도 0.0에 가까워진다. 따라서 t 가 0.0에 가까우면 모집단의 상관계수 $\rho=0$ 이라는 귀무가설이 맞다고 판단되므로 귀무가설을 채택하게 된다. 반대로 t 가 0.0에서 멀면 귀무가설이 틀렸다는 판단을 내리게 되어 귀무가설을 기각하고 두 변수 간에 유의한 상관관계가 있다는 결론을 내리게 된다.

여기서 't 가 0에 가깝다' 또는 '멀다'는 판단은 유의확률을 기준으로 한다. 유의확률이 유의수준 α 보다 크면 귀무가설을 채택하고, 유의확률이 유의수준보다 작으면 귀무가설을 기각한다.

2. 가정 – 언제 사용할 수 있나?

두 변수가 모두 같은 분석단위에서 측정되어야 하고, 정규분포를 따르는 연속형의 변수이어야 한다. 만일 데이터가 충분히 크면 정규분포를 가정할 수 있다.

3. 엑셀로 상관계수 구하기

상관계수는 통계 데이터 분석 대화상자에서 상관분석을 선택하여 실행한다 〈그림 9-7〉. 예제를 통해서 직접 상관계수를 구해보자.

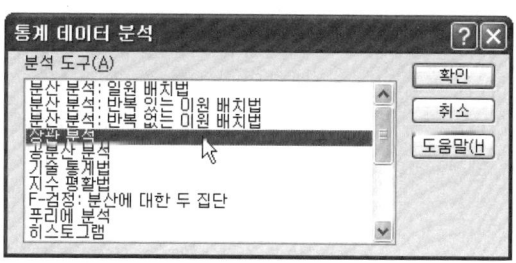

<그림 9-7> 상관분석을 선택

예제
9-1

'자아존중감점수(self)' 와 '아버지와의 관계(father)' 의 상관계수를 구해보자. 유의수준 .05에서 검정해보자.

제 9 장   상관관계분석

(1) 산점도를 그려 검토한다.

문제에서는 상관계수만 요구했지만, 상관계수를 낼 때는 항상 산점도를 먼저 검토하는 것이 좋다. 6장에서 배웠던 것처럼 산점도를 그려보면 자아존중감점수(self)와 아버지와의 관계(father)간의 산점도는 〈그림 9-8〉과 같다. 산점도만 보고는 두 변수간에 강한 선형의 관계는 없는 것처럼 보이는데, 상관계수를 구해 확인해 보도록 하자.

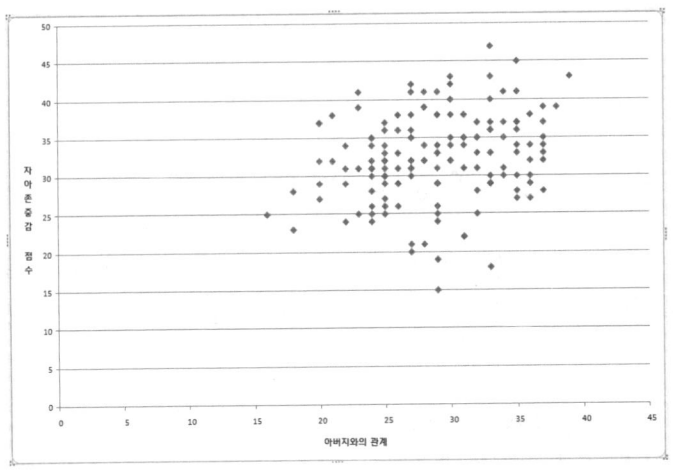

〈그림 9-8〉 자아존중감과 아버지와의 관계의 산점도

(2) 상관계수를 구한다.

상관분석 대화상자에서 데이터의 범위를 지정한다. 산점도를 작성할 때와 마찬가지로 상관계수를 구하고자 하는 변수들은 서로 나란히 있어야 한다. 필요한 옵션들을 선택하고 확인 을 클릭한다 〈그림 9-9〉.

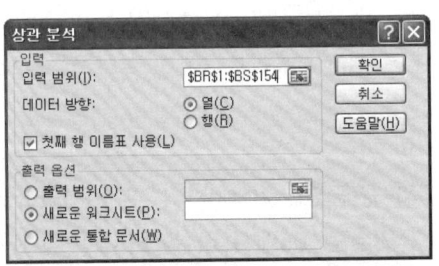

〈그림 9-9〉 상관분석 대화상자

새 워크시트에 2행 2열의 상관계수 행렬이 출력되며, 1행에 행을 삽입하여 이름을 붙여준다 〈그림 9-10〉. 두 변수의 상관계수는 .237이다.

두 변수간에 통계적으로 유의한 상관관계가 있는지는 상관계수 값만을 가지고는 판단할 수 없다. 엑셀에서는 상관관계의 유의확률이 나오지 않으므로 아래와 같이 검정통계량과 유의확률은 수식으로 계산해야 한다.

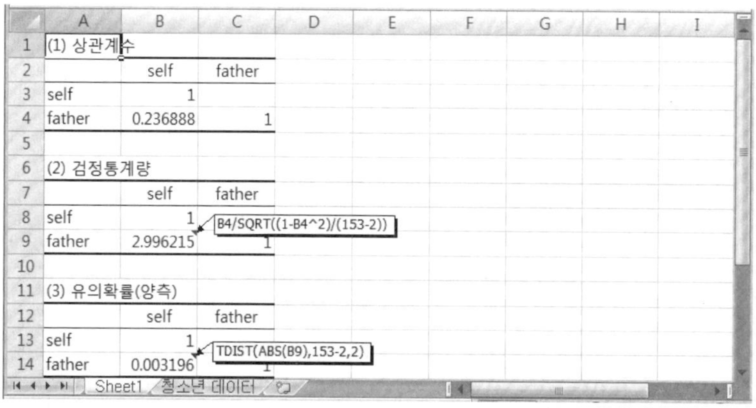

<그림 9-10> 상관계수 시트에서 검정통계량과 유의확률을 계산

(3) 검정통계량을 계산한다.

① 상관계수가 있는 부분(A2:C4)을 복사해서 원하는 곳(A7)에 붙인다.[32] 제목을 '검정통계량'으로 바꾼다.

② 셀 B9에 셀 포인터를 두고 함수식을 이용하여 검정통계량을 계산한다.

상관관계 검정의 검정통계량은 $t = \dfrac{r}{\sqrt{\dfrac{1-r^2}{n-2}}}$ 이므로 '=상관계수/SQRT((1-상관계수^2/(관측수-2))'와 같이 수식을 입력한다 〈그림 9-11〉.

함수식의 SQRT는 제곱근을 구하라는 수학/논리 함수이며, ^2는 제곱을 나타낸다. 상관계수는 직접 적어도 되지만 해당 셀을 클릭하는 것이 더 좋다. 검정통계량은 2.996이다.

---

32) 행렬 모양으로 구하지 않고 해당 값만 구해도 된다. 해당 값만 구하려면 상관계수 부분을 복사하지 말고 적당한 위치에 수식을 적어주면 된다.

제 9 장 상관관계분석

```
    B9            fx   =B4/SQRT((1-B4^2)/(153-2))
```

<그림 9-11> 검정통계량의 함수식

(4) 유의확률을 구한다.

검정통계량을 구하는 방법과 비슷하다.

① 상관계수가 있는 부분(A1:C4)을 복사해서 원하는 곳(A12)에 붙인다. 제목을 '유의확률'로 바꾼다.

② 상관계수 0.236888이 있는 셀 B14에 셀 포인터를 두고 함수식을 이용하여 유의확률을 계산한다. 상관계수의 검정통계량은 자유도가 $n-2$인 t-분포를 따르므로 TDIST 함수를 이용한다. 'TDIST(검정통계량의 절대값, 자유도, 검정방향)'의 순으로 수식을 입력한다 <그림 9-12>.

```
    B14           fx   =TDIST(ABS(B9),153-2,2)
```

<그림 9-12> 양측 유의확률의 함수식

(5) 결과를 보고 결론을 내리자.

상관계수는 .237로서 그다지 큰 값은 아니다[33]. 그러나 유의확률은 .003으로서 유의수준 .05보다 작으므로 상관계수는 0과 유의하게 다르다. 두 변수간에는 통계적으로 유의한 상관이 있다. ■

두 변수 간에 양의 상관관계가 있는지 알아보고자 한다. 자아존중감점수(self)와 아버지와의 관계(father)의 상관계수가 0보다 큰지 단측검정해보자.

(1) 양측검정을 할 때와 마찬가지로 상관계수와 검정통계량을 구한다.

(2) 유의확률을 구한다.

유의확률만 단측으로 다시 계산한다. 상관계수가 가설의 방향과 같으므로 <그림 9-13>과 같이 검정방향 값만 '1'로 바꾸면 된다.

---

[33] 사회과학 데이터에서는 이처럼 유의하면서도 낮은 상관계수가 나오는 일이 흔하다. 상관계수를 해석할 때는 통계적으로 '유의한' 것이 사회과학적으로도 '의미가 있는' 값인지 잘 생각해볼 필요가 있다.

<그림 9-13> 단측유의확률의 함수식 : 가설과 상관계수의 방향이 같음

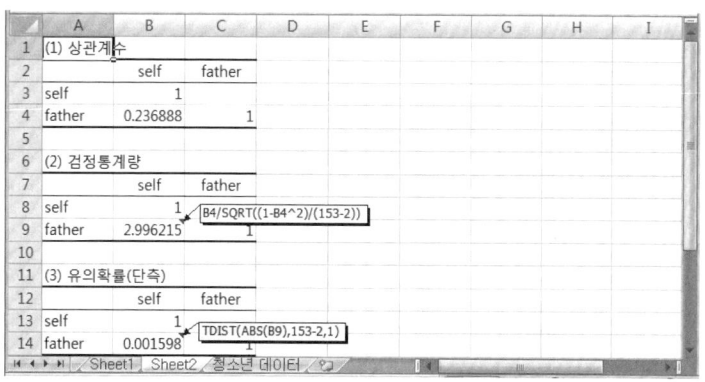

<그림 9-14> 단측유의확률

(3) 결과를 해석해보자.

상관계수는 .237이며, 단측검정의 유의확률은 .0016이다. 유의수준 .05에서 귀무가설을 기각할 수 있다. 따라서, 두변수 간에는 유의한 양의 상관이 있다고 말할 수 있다.

단측검정을 따로 하지 않아도 상관계수가 가설의 방향과 같으므로 유의 확률 $p = .0032/2 = .0016$이다. 만일 상관계수가 가설의 방향과 달랐으면 1에서 뺀 것이 유의확률이 된다 〈그림 9-15〉. 이 예제에서 만일 상관계수가 $r = -.237$이었으면, 유의확률은 $p = 1 - .002 = .998$이 되었을 것이다.

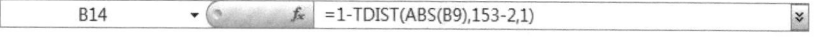

<그림 9-15> 단측유의확률의 함수식 : 가설과 상관계수의 방향이 다름

이처럼 옳은 방법으로 구한 결과와는 정반대의 결론에 도달하게 되므로 가설의 방향과 표본상관계수의 방향을 꼼꼼히 살펴야한다.

상관계수가 -1.0이나 1.0에 가까울수록 상관관계가 높다고 해석하고, 0에 가까울수록 상관관계가 낮다고 해석한다. 상관계수가 0이라는 것은 '선형의 상관관계가 없다'는 것이다. 이것은 단지 선형의 관계가 없다 뿐이지 두 변수 간에 관계가 전혀 없다는 뜻은 아니므로 주의하여야 한다.

4. 상관계수 보고하기

상관계수를 보고하는 방법을 보기를 통해서 알아보자.

아버지와의 관계[father], 어머니와의 관계[mother], 자아존중감점수[self]간의 상관계수를 표로 정리해 보자.

상관계수표에는 상관계수와 유의확률을 적는다. 같은 변수(아버지와의 관계와 아버지와의 관계, 어머니와의 관계와 어머니와의 관계, 자아존중감점수와 자아존중감점수)의 상관계수는 항상 1이므로 적지 않는다. 또 중복되는 값은 한번만 적는다. ⟨표 9-1⟩은 변수들간의 상관계수와 유의확률을 정리한 것이다.

분석하는 변수가 많은 경우에는 유의확률을 일일이 적을 공간이 부족할 때도 있다. 이때는 ⟨표 9-2⟩처럼 보고한다. 유의확률 값을 일일이 적을 수 없을 때는 유의확률이 .05보다 작으면 *을, .01보다 작으면 **을, .001보다 작으면 ***을 써서 표시한다.

⟨표 9-1⟩ 변수들 간의 상관계수

	아버지와의 관계 r(p)	어머니와의 관계 r(p)
어머니와의 관계	.660(.000)	
자아존중감점수	.237(.003)	.211(.009)

⟨표 9-2⟩ 변수들 간의 상관계수

	아버지와의 관계	어머니와의 관계
어머니와의 관계	.660***	
자아존중감점수	.237**	.211**

* $p < .05$, ** $p < .01$, *** $p < .001$

연습문제

청소년 데이터(청소년.xlsx)를 이용하여 아래의 연습문제를 풀어 보시오.

1. 어머니와의 관계(mother)와 마음을 터놓을 정도로 친한 친구 수(v8)는 서로 상관이 있을 것으로 생각된다.

   ① 산점도를 그리시오. 두 변수 간에는 상관관계가 있는 것으로 보이는가? 있다면 양의 상관일까? 음의 상관일까?

   ② 두 변수의 상관관계를 유의수준 .05에서 검정하고, 적절히 해석하시오.

과제

제1장의 과제에서 만든 데이터를 이용하여 다음을 하시오.

1. 두 연속형 변수의 산점도를 그리시오. 산점도를 보고 알 수 있는 것을 세 가지 이상 적으시오. 만일 겹치는 점들이 없다면 상관계수가 대략 얼마일지 예상해 보시오.

2. 산점도를 그린 두 연속형 변수의 모집단 상관계수가 0인지 아닌지 유의수준 .05에서 검정하시오. 기호를 이용해 가설을 적고 검정통계량과 유의확률을 적고, 결과를 해석하시오.

제10장 단순회귀분석

제1절 회귀분석의 기본개념

제2절 단순회귀분석

제3절 잔차분석

이 장에서는 연속형의 독립변수로 연속형의 종속변수를 설명하는 모형을 만들고, 모형을 이용하여 종속변수의 값을 예측하는 회귀분석방법을 배운다. 그리고, 독립변수가 하나만 있는 단순선형회귀분석을 소개한다.

제1절 회귀분석의 기본개념

회귀분석(Regression analysis)은 한 변수를 이용하여 다른 변수의 값을 설명하거나 예측할 수 있는 모형으로 데이터를 분석하는 것이다. 이때 설명하는 변수를 설명변수 또는 독립변수라 한다. 설명이 되거나 예측이 되는 변수를 종속변수 또는 반응변수라고 한다. 설명하는 변수가 하나인 경우 단순회귀분석, 설명하는 변수가 두개 이상인 경우 다중회귀분석이라고 한다. 이 장에서는 단순회귀분석을 중심으로 설명한다.

회귀분석을 설명하기 위해 다음과 같은 예를 들어보자. 비만 정도를 측정하는 방법에 표준체중과 실제체중을 비교해 보는 방법이 있다. 표준체중을 내는 방법이

$$\text{표준 체중 } kg = (\text{키}\,cm - 100) \times 0.9$$

라고 하자. 이 식에 의하면 키가 160cm인 사람의 표준체중은 (160-100)×0.9=54이다. 이 말은 모든 160cm인 사람의 체중이 54kg이라는 것은 물론 아니다. 키가 160cm인 사람의 체중이 54kg을 중심으로 퍼져있다는 것으로서, 말하자면 이 사람들의 평균체중이 54kg이라는 것이다. 회귀분석에서는 독립변수를 '변수'라고는 부르지만, 이 예에서처럼, 키를 '160cm'로 고정시켰을 때 종속변수의 평균(분포)을 알아보는 것으로서, 독립변수의 각 값은 주어진 값 또는 고정된 값으로 취급된다.

이 예에서 체중을 Y, 키를 X라하고 위의 식을 다시 적어보면,

$$Y = (X - 100) \times 0.9 = -90 + 0.9X$$

가 된다. 이를 X, Y 평면상에서 생각해 보면, y절편이 -90이고 기울기가 0.9인 직선이 된다. 이 직선은 같은 키를 가진 사람들의 평균 체중을 산점도로 나타냈을 때, 평균들이 이뤄내는 선을 말한다. 실제 데이터에서는 물론 모든 평균이 직선 위에 나타나는 것은 아니다.

1. 왜 회귀분석을 하는가?

회귀분석을 하는 목적에는 여러 가지가 있겠지만, 그 중 대표적인 것을 몇 가지 살펴보면 다음과 같다.

(1) 두 변수간 관계의 강도와 방향을 나타내는 회귀계수에 대한 추정 및 검정을 한다.
(2) 두 변수의 관계를 설명하는 회귀방정식 모형을 찾는다.

⑶ 한 변수가 다른 변수의 변동(variation) 중 얼마나 많은 부분을 설명하는지 파악한다.

⑷ 한 변수로 다른 변수의 값을 예측한다.

⑸ 한 변수가 단위량 증가할 때 다른 변수의 변화량이 얼마나 되는지 알아본다.

2. 독립변수와 종속변수

회귀분석의 첫 단계는 독립변수와 종속변수를 구분하는 것이다. 종속변수(dependent variable)는 대개 '가장 관심 있는 변수'이다. 시간적으로 다른 변수보다 늦게 나타나거나, 다른 변수의 결과로서 일어나는 변수가 종속변수가 된다. 키와 몸무게의 경우처럼 누가 먼저인지 알 수 없는 경우에는 자신의 의지로 조절이 되지 않는 변수(키), 즉, 주어진 값을 가지는 변수는 독립변수(independent variable)로, 어느 정도 변화가 가능한 변수(체중)는 종속변수로 결정한다.

시간적인 선후를 가릴 수 없어도, 두 변수간의 관계를 설명하는 수단으로서 회귀분석을 이용하기도 한다. 이때는 될 수 있으면 해석이 가능한 쪽으로 종속변수와 독립변수를 구분한다.

3. 기호의 정의

독립변수를 X, 종속변수를 Y라 하자. 변수 Y는 반드시 연속형이어야 하고, X는 적어도 서열식이거나 구간식 변수이어야 한다.[34]

모집단에서 두 변수간의 관계를 나타내는 가상의 직선 $Y = \alpha + \beta X$를 회귀방정식이라 하고 표본에서 찾아낸 회귀직선 $\hat{Y} = a + bX$를 추정회귀방정식이라 한다.

변수 X와 Y를 관찰한 실제 값을 각각 x_i와 y_i, $i = 1, 2, \cdots, n$으로 표시하자. i 번째 케이스의 x_i 값에 대하여 Y 예측값(predicted value)은 $\hat{y_i} = a + bx_i$이다($\hat{y_i}$는 y i hat이라 읽는다). 관찰값(y_i)과 예측값($\hat{y_i}$)의 차이를 잔차(residual)라 하며 e_i로 나타낸다.

---

[34] X가 범주형인 경우도 가능한데, 이 경우에는 X를 더미변수(dummy variable : 지시변수, 가변수)로 전환시켜야 한다. 이 경우는 분산분석과 같은 결과를 얻게 된다.

4. 회귀모형

회귀모형(regression model)은 회귀방정식 모형을 간단히 이르는 말로서 독립변수가 종속변수와 어떻게 관련되어 있는지를 식으로 나타낸 것이다.

회귀분석을 할 때에는 가장 먼저 회귀모형의 유의성을 검정하는데, 통계적으로 유의한 결과가 나오면 "모형이 유의하다"라고 한다. 모형이 유의하다 함은 독립변수가 종속변수를 설명하는데 도움이 된다는 것이다. 즉, 모형에 포함된 독립변수의 계수가 0과 유의하게 다르다는 것이다. 모형의 유의성 검정은 8장에서도 살펴본 분산분석표를 이용해서 한다 〈표 10-1〉.

분산분석에서 변동 요인은 총제곱합(총합)을 집단간의 차이에 의한 부분(between)과 집단내의 케이스간의 차이에 의한 부분(within)으로 나눈다고 했는데, 회귀분석에서도 비슷하다. 회귀분석에서 총 오차의 합계는 회귀식으로 설명되는 부분(서로 다른 x값을 가지는 y 평균의 차이에 의한 부분)과 회귀식으로 설명되지 않는 부분(같은 x값을 가지는 서로 다른 케이스 간의 차이에 의한 부분)으로 나눌 수 있다. 〈그림 10-1〉을 살펴보면 쉽게 이해할 수 있다.

5. 회귀계수

회귀모형에서 독립변수의 계수를 회귀계수(regression coefficient)라 한다. 모집단의 계수는 라틴어 β로 나타내고, 표본에서 구한 추정량은 대응되는 영어의 소문자 b로 나타낸다. 회귀계수 b는 '독립변수의 값이 한 단위(1) 증가할 때마다 종속변수의 값은 평균적으로 계수 b 만큼 변화한다'고 해석한다. 위의 예에서 체중모형의 경우 계수가 0.9이므로, 키가 1cm 커지면, 체중은 0.9kg 증가한다는 것이다. 계수가 0보다 작으면 x가 증가할수록 y는 감소하는 것이다.

만약 회귀계수의 검정결과 유의하지 않은 결과가 나오면 '변수 X는 변수 Y를 설명하는데 별 도움이 되지 않는다'거나 '변수 X와 변수 Y는 선형의 관계가 없다'고 결론 짓는다. 필요한 경우 비선형모형을 검토할 수도 있다.

<표 10-1> 단순회귀분석의 분산분석표

요인 (source)	자유도 (d)	제곱합 (SS)	제곱평균합 (mean SS)	검정통계량 (F)	유의확률 (p value)
회귀모형 (Reg)	1	$SSReg$	$MSReg = SSReg$	$F = \dfrac{MSReg}{MSE}$	$F > F_{(1,\ n-2)}$
잔차 (error)	$n-2$	SSE	$MSE = \dfrac{SSE}{n-2}$		
합계 (total)	$n-1$	SST			

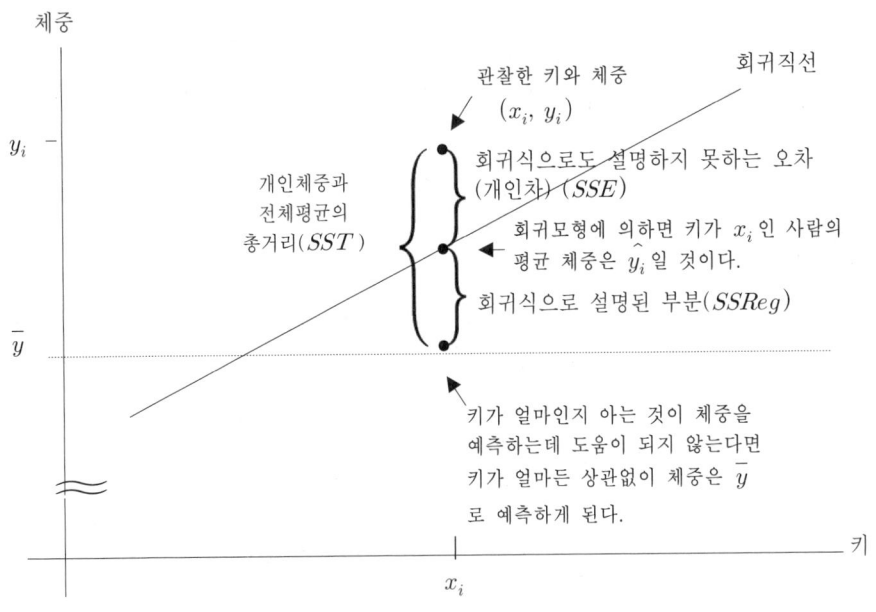

<그림 10-1> 회귀분석에서 총오차의 분할

6. 결정계수

결정계수는 검정하는 통계량이 아니다. 단지 종속변수의 총 변동(SST)중 몇 %를 독립변수를 이용한 모형으로 설명가능한가를 나타내줄 뿐이다.

결정계수(coefficient of determination)는 독립변수가 종속변수의 변동 중 얼마만큼을 설명할 수 있는지 나타내는 것으로서 R^2으로 적고

$$R^2 = \frac{SSReg}{SST}$$

이다. 이 값은 0에서 1사이로서, 100을 곱해서 '종속변수 Y의 변동 중 몇 %를 독립변수가 설명해 내는 가'를 나타내 준다. 이 값이 클수록 모형의 (종속변수를 설명하는) 설명력이 높은 것이다. 단순선형회귀분석에서 R^2은 표본상관계수의 제곱, 즉, r^2과 같다.

제2절 단순회귀분석

1. 가설 – 무엇을 검정하나?

회귀분석에서는 회귀모형의 검정과 회귀계수의 검정이 각각 이루어지므로 가설을 각각 세워야 한다. 차례대로 살펴보자.

(1) 회귀모형의 유의성 검정

회귀모형이 유의하다는 것은 회귀식이 의미가 있다는 것이고, 이는 바로 모집단에서 기울기 β가 0과 유의하게 다름을 뜻하는 것이다. 검정하고자 하는 귀무가설은

H_0: 기울기는 0이다.

또는 $H_0: \beta = 0$

이고 이에 대한 대립가설은

H_1: 기울기는 0이 아니다.

또는 $H_1: \beta \neq 0$ 이다.

(2) 회귀계수의 유의성 검정

만약 키와 체중이 서로 선형의 관계에 있지 않다면, 키가 작은 사람 중에도 체중이 많이 나가는 사람과 적게 나가는 사람이 있을 테고, 키가 큰 사람 중에도 마찬가지일 것이다 (〈그림 9-3〉 참조). 이런 경우에 각 키에서 체중의 평균을 직선으로 나타내 보면, 아마 X축과 평행인, 즉, 기울기가 0인 직선이 될 것이다. 그러나 키와 체중이 서로 선형의 관계에 있다면 (〈그림 9-5〉 참조), 모든 키에서 체중의 평균을 직선으로 나타냈을 때 기울기가 0이 아닌 직선이 될 것이다.

모집단에서 기울기 β가 0과 같은지 같지 않은지 검정하는 것이 바로 두 변수 간의 관계를 알아보는 것으로서, β가 0과 유의하게 다를 때 비로소 회귀모형이 만들어지는 것이다. 검정하고자 하는 귀무가설은

H_0 : 기울기는 0이다.

또는 $H_0 : \beta = 0$

이고 이에 대한 대립가설은

H_1 : 기울기는 0이 아니다.

또는 $H_1 : \beta \neq 0$

이다. 많은 경우 절편 α는 단지 회귀직선의 위치를 조절해 줄 뿐, 그 값이 어떤 특별한 값과 같은지 다른지는 관심 밖인 경우가 많으므로 이 책에서는 설명하지 않는다.

단순회귀분석에는 독립변수가 하나밖에 없기 때문에 회귀계수에 대한 가설과 회귀모형에 대한 가설이 서로 같다. 따라서 검정 결과도 같은데, 단지 유의성을 판단하는 기준이 되는 검정통계량만 다르다. 모형의 유의성 검정은 분산분석표를 이용하므로 분산분석표의 검정통계량 F와 유의확률로 유의성을 판단하고, 계수의 유의성은 각 계수별로 검정통계량 t와 유의확률로 유의성을 판단한다. 그런데, 단순회귀분석에서는 회귀계수에 대한 가설과 회귀모형에 대한 가설이 같으므로 결과적으로 유의확률은 같고, 검정통계량은 $F = t^2$의 관계가 있다.

2. 가정 – 언제 사용할 수 있나?

분산분석과 마찬가지로 선형회귀분석을 실행하기 위해서는 데이터에 대하여 일정한 가정을 할 수 있어야 한다.

(1) 선형성: 모집단에서 주어진 X값을 가지는 케이스들의 Y의 평균은 모두 일직선 위에 있다.
(2) 독립성: 각 케이스는 서로 독립이다.
(3) 정규성: 같은 X값을 가지는 케이스들의 Y값은 정규분포를 따른다.
(4) 등분산성: 모든 X에서 Y의 분산이 모두 같다.
(5) 독립변수 X는 오차 없이 측정 가능한 수학적 변수이고, 종속변수 Y는 측정오차를 수반하는 확률변수이다.

그렇다면 회귀분석과 분산분석은 어떻게 다른가? 회귀분석과 분산분석은 다음과 같이 정리하여 비교할 수 있다.

	분산분석	회귀분석
종속변수	연속형 변수	연속형 변수
독립변수(인자)	범주형 변수	연속형 변수
독립·종속 변수간의 관계에 대한 가정	아무런 관계도 전제하지 않음	선형의 함수관계
필요한 데이터	독립변수의 각 수준별로 두 개 이상의 반응변수의 값 (특별한 경우에는 하나만 있어도 됨)	여러 개의 독립변수 값에 대한 반응변수의 값
주요 분석 문제	독립변수 수준간에 종속변수의 평균을 비교하는 문제	- 독립변수와 종속변수간의 함수와 그 특성에 관한 추정 - 독립변수의 특정한 값에 대한 종속변수의 값 또는 그 기대값에 대한 추론

3. 평균의 추정과 새 케이스 값의 예측

가설검정 결과 기울기가 유의하다는 결론이 나면, 추정회귀모형을 이용하여 다음 두 가지를 할 수 있다.

(1) $X=x$인 모든 케이스들의 평균 μ_y을 추정(estimation)하기와

(2) $X=x$인 어떤 새 케이스의 $\hat{y}_x$값을 예측(prediction)하는 것이다.

둘 다 같은 회귀방정식을 이용하기 때문에 추정값이나 예측값은 서로 같다. 하지만 어떤 한 케이스의 값을 예측하는 것이, 그런 케이스들의 평균을 추정하는 것 보다 오차가 더 크다. 이를 살펴보기 위해서 추정값과 예측값을 X, Y평면상에 도표로 나타내어 살펴보자. 평균이 50인 변수 X를 이용하여

$$\hat{y} = 3.7 + 5.027\,x$$

라는 회귀식으로부터 $\hat{y}_x$와 예측값의 95% 예측구간, 추정값의 95% 신뢰구간을 모두 함께 도표로 나타내보면 〈그림 10-2〉와 같다. 그림의 위쪽으로부터 예측값의 예측 상한, 추정값의 추정 상한, 예측/추정값, 추정 하한, 예측 하한이다. 그림을 자세히 보면 다음을 알 수 있다.

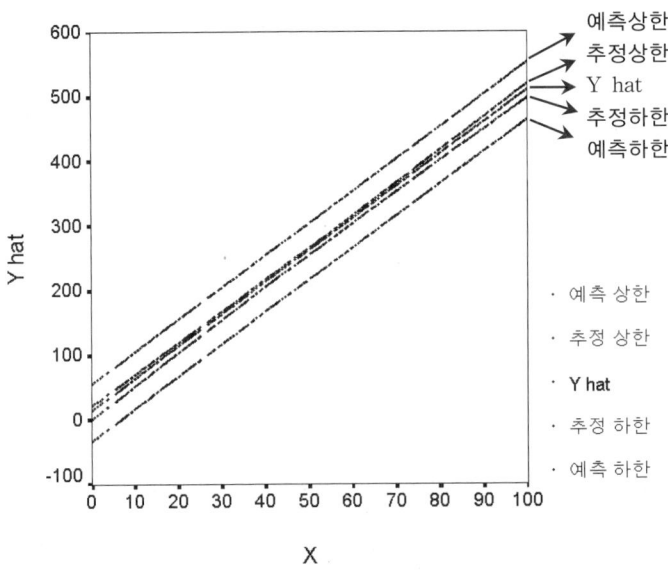

〈그림 10-2〉 추정과 예측구간의 도표

⑴ 예측값/추정값은 선형을 이룬다.
⑵ 추정값의 신뢰구간이 예측값의 예측구간보다 더 좁다.
⑶ 신뢰구간은 X가 평균인 50에 가까워질 때 가장 좁다.
⑷ 신뢰구간은 X가 평균인 50에서 멀어질수록 점점 더 넓어진다.
⑸ 예측구간도 신뢰구간과 마찬가지로 X가 평균인 50에 가까워질 때 가장 좁고 멀어질수록 더 넓어진다.

4. 회귀분석의 순서

⑴ 종속변수와 독립변수를 구분한다.
⑵ 종속변수에 대하여 분석에 필요한 가정이 가능한지 살펴본다.
⑶ 변수의 산점도를 그리고 독립변수와 종속변수의 상관관계를 검토한다.
  두 변수간에 관계가 있는지, 관계가 있다면 선형의 관계인지 비선형의 관계인지를 먼저 확인한다. 이는 매우 중요한 과정이다. 종속변수를 Y축에 독립변수를 X축에 그린다.
  두 변수간에 유의한 상관관계가 있으면, 유의한 모형이 만들어진다.
⑷ 원하는 모형을 구한다.
⑸ 분산분석표의 F검정으로 모형의 적합성을 검정한다.
⑹ 독립변수의 기울기가 0과 유의하게 다른지 검정한다.
⑺ 유의한 결과가 나오면, 모형과 결정계수를 보고한다.
  모형은

$$\text{종속변수} = \text{절편} + \text{기울기} \times \text{독립변수}$$

의 형태로 제시한다. 절편은 단순히 회귀직선의 위치를 이동시키는 것이므로 특별한 경우가 아니고는 이 값에는 별 관심이 없다. 유의하지 않아도 상관없다.
⑻ 종속변수의 값을 조심스럽게 예측하거나 주어진 x값에서 Y의 평균을 추정할 수 있다. 예측은 대개 데이터에서 관찰되지 않은 부분에 대해 하는데, 데이터의 범위 밖에는 어떤 관계가 될지 알 수 없으므로 아주 조심스럽게 한다. '데이터의 범위'란 데이터에서 관찰된 x값의 범위를 말한다. 관찰된 x값에 대해서는 평균의 추정값과 신뢰구간, 예측값과 신뢰구간을 구할 수 있다.

218　　제 10 장　단순회귀분석

5. 엑셀로 단순선형회귀분석하기

　엑셀의 주 메뉴에서 데이터 와 데이터 분석 을 차례로 클릭하여 통계 데이터 분석 대화상자를 열어 회귀분석을 선택한다〈그림 10-3〉. 회귀분석하는 방법을 예제를 통해 살펴보자.

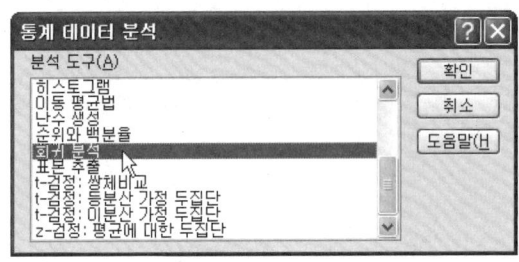

<그림 10-3> 회귀분석을 선택

청소년 데이터(청소년.xlsx)에서 '자아존중감점수[self]'를 '아버지와의 관계 [father]'로 설명하는 회귀분석을 실행하고, 분석의 각 단계를 차례로 서술해 보자.

(1) 종속변수와 독립변수를 구분한다.

　두 변수의 선후를 정하기는 힘들지만, 이 예제에서는 '아버지와의 관계가 자아존중감에 영향을 미칠 것이다'라는 가정 하에 '아버지와의 관계'(father)를 독립변수로, '자아존중감점수'(self)를 종속변수로 결정한다.

(2) 종속변수에 대하여 회귀분석에 필요한 가정이 가능한지 살펴본다.

　① 선형성: '아버지와의 관계'와 '자아존중감점수' 간에는 서로 선형의 관계가 있다고 가정한다.

　② 독립성: 각 케이스는 서로 독립이라고 가정할 수 있다.

　③ 정규성: '아버지와의 관계' 정도가 같은 학생들의 '자아존중감점수'는 정규분포를 따른다고 가정할 수 있다.

　④ 분산의 동질성: 같은 '아버지와의 관계' 점수를 가진 사람들의 '자아존중감점수'의 분산은 서로 같다고 가정하자. 이 가정은 분석 후 잔차산점도를 그려서 대략적으로 알아볼 수 있다.

(3) 변수의 산점도를 그린다.

두 변수의 산점도는 10장에서 이미 검토해 보았다.

(4) 원하는 모형을 구한다.

〈그림 10-4〉와 같이 회귀분석 대화상자에서 Y축 입력범위에는 종속변수 '자아존중감점수(self)'를, X축 입력범위에는 '아버지와의 관계(father)'를 지정한다.

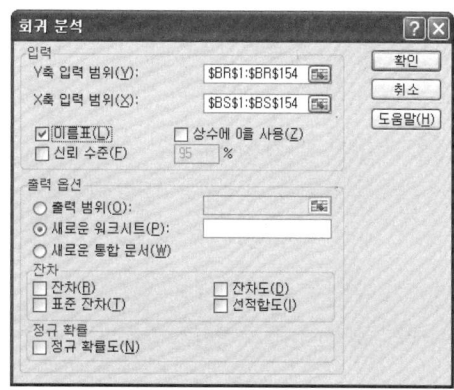

〈그림 10-4〉 자아존중감점수의 회귀분석 범위지정

각 열의 첫 행은 변수이름이므로 이름표를 체크하고 출력은 새로운 워크시트를 선택하고 확인 을 클릭한다. 〈그림 10-5〉에는 분석의 결과가 나와 있다.

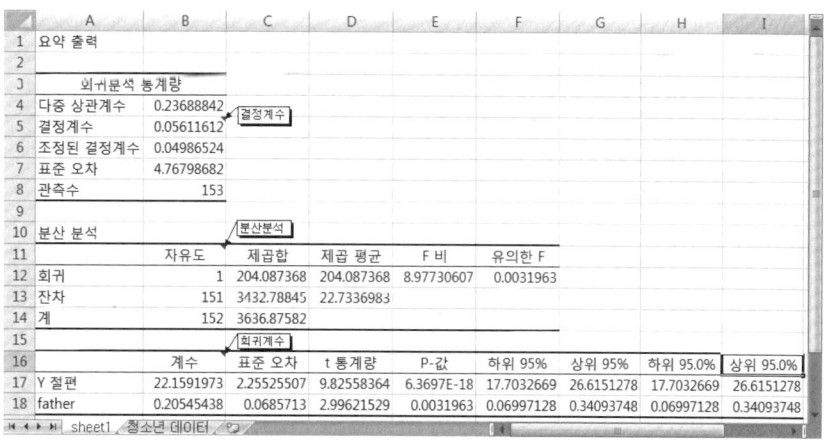

〈그림 10-5〉 자아존중감점수의 회귀분석 결과

'회귀분석 통계량' 부분에는 상관계수 $r=0.237$과 결정계수 $R^2=0.056$이 나와 있다. 두 값의 관계는 이미 앞에서 본 것과 같이 $r^2=R^2$의 관계이다.

(5) 모형의 적합성을 검정한다.

분산분석 부분에는 회귀, 잔차, (합)계가 나오는데, 제곱합과 만나는 부분이 각각 $SSReg$, SSE, SST이다.35) 이 통계량의 유의확률은 .003으로서 유의수준 .05에서 매우 유의하다.36) 따라서 모형은 유의하다.

(6) 독립변수의 기울기(회귀계수)가 0과 유의하게 다른지 검정한다.

Y절편(상수)은 22.159인데, 상수에 대한 검정은 별로 관심이 없는 부분이므로 생략한다.

아버지와의 관계(father)의 계수는 0.205로서, 이 분석에서 가장 관심있는 부분이다. 회귀계수가 0과 다른지 검정하는 양측검정 유의확률은 .003이다. 기울기는 0과 유의하게 다르다.37)

(7) 결과가 유의하므로 모형과 결정계수를 제시하고 종속변수의 값을 조심스럽게 예측해보자. 모형은

자아존중감점수(self) = 22.159 + 0.205 × 아버지와의 관계(father)

이다. 모형을 보면, '아버지와의 관계' 점수와 '자아존중감점수' 간에는 양의 관계(b>0)가 있고, 아버지와의 관계가 1점 증가하면 자아존중감점수는 0.205씩 증가한다. 이 모형의 결정계수는 0.056으로서 아버지와의 관계는 자아존중감 변동의 5.6%밖에 설명하지 못한다. 즉, 자아존중감은 아버지와의 관계 외에도 많은 다른 요인의 영향을 받는다.

---

35) 합계의 자유도는 케이스 수 n이 153이므로 $153-1=152$이고, 모형 자유도는 독립변수의 수가 하나이므로 1, 잔차의 자유도는 두 값의 차이인 151이다. 제곱평균은 제곱합을 자유도로 나눈 것이다.

36) 검정통계량 'F비'는 회귀제곱평균($MSReg$)을 잔차제곱평균(MSE)으로 나눈 값으로서 $F=204.087/22.734=8.977$이다.

37) 기울기 검정의 유의확률 0.003을 잠깐 주의 깊게 살펴보자. 분산분석표의 모형의 검정에서도 같은 유의확률이 나왔다. 이는 두 검정이 서로 같은 것을 검정하기 때문이고, F-검정 통계량과 t-검정 통계량 사이에 $F=t^2$의 관계가 있기 때문임을 상기하자. 또 상관분석에서 두 변수의 상관계수의 유의확률 역시 같은 값이 나온 것을 상기하자. 이는 상관계수와 결정계수가 서로 $r^2=R^2$으로 관련되어 있기 때문이다.

(8) 종속변수의 값을 조심스럽게 예측 또는 추정한다.

아버지와의 관계점수가 10점인 사람의 자아존중감점수를 계산해보면 22.159+0.205×10=24.209이다. 또한 절편은 아버지와의 관계가 0점인 사람의 자아존중감점수의 예측값을 나타내며, 이 모형에서는 22.159점이다. 하지만 아버지와의 관계 0점은 데이터의 범위 밖에 있으므로 실제로는 별 의미가 없다. 아버지와의 관계의 범위는 15점에서 47점이므로, 이 범위 안에서는 자유스럽게 예측 또는 추정할 수 있다.

제3절 잔차분석

1. 잔차분석

(1) 왜 하는가?

회귀분석의 가정 중 선형성이나 동일분산성은 잔차를 보아 어느 정도 알 수 있다. 이러한 가정에 대한 검토는 분석을 하기 전에 하여야 하나, 많은 경우 회귀모형을 만든 뒤 잔차를 분석하여 분산의 동질성과 선형성을 확인 하게 된다.

잔차를 살펴보면 이상점에 대한 정보도 알 수 있다. 다른 관찰값과는 동떨어진 케이스가 있는지를 살펴보아 그 이유를 파악하고 부호화나 전산화가 잘못되었으면 이를 바로잡을 수 있다. 또 너무나 이상한 케이스인 경우는 분석에서 제외할 수도 있다.

이 부분에서는 잔차를 이용하여 선형성과 동일분산성을 파악하는 문제를 간단히 살펴보자.

(2) 언제 사용할 수 있나?

잔차분석은 케이스의 수가 적당한 경우에 도움이 된다. 케이스의 수가 너무 적거나 또 너무 많은 경우에는 크게 도움이 되지 않는다.

2. 잔차와 잔차산점도

잔차분석은 잔차의 산점도를 이용한다. 각각의 관찰값(y_i)으로부터 회귀직선 ($\hat{y}_i = a + bx_i$)까지의 y방향거리를 잔차라 한다 〈그림 10-6〉. 표본의 잔차는 e_i로 표시하며 계산식은 다음과 같다.

$$e_i = y_i - \hat{y}_i = y_i - (a + bx_i)$$

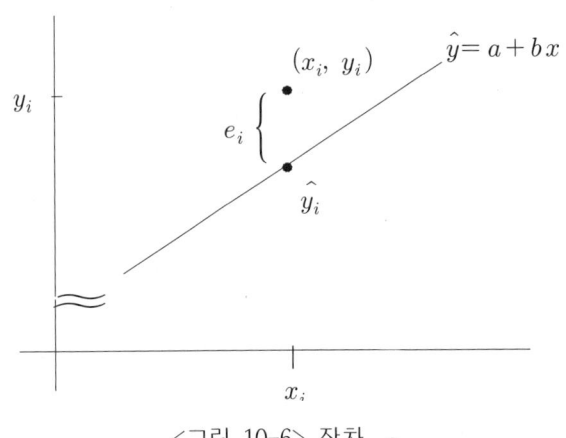

〈그림 10-6〉 잔차 e_i

잔차의 값을 독립변수 x의 값이나 예측값에 대하여 산점도로 나타내는 것을 잔차산점도(residual plot)라 한다. 잔차산점도는 회귀직선을 수평으로 놓고 그 주위에 잔차를 점으로 나타낸다. 〈그림 10-7〉에서 (a)는 xy 산점도를 설명하는 그림이고, (b)는 (a)의 잔차산점도를 설명하는 그림이다.

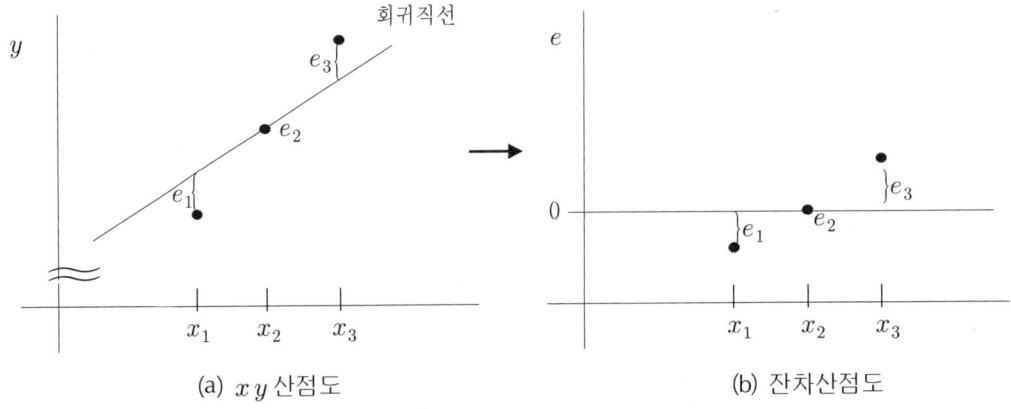

〈그림 10-7〉 xy 산점도와 잔차산점도

xy 산점도에서는 Y 축이 종속변수를 나타내지만 잔차산점도에서 Y 축은 잔차(e)를 나타낸다. xy 산점도의 회귀직선이 잔차산점도에서는 $e=0$인 수평선으로 나타난다. xy 산점도에서 회귀직선의 아래쪽에 있던 관찰값들은 잔차산점도에서도 $e=0$인 수평선의 아래쪽에 있다.

(1) 등분산성의 잔차산점도

관찰된 모든 x_i에서 Y의 분산이 동일하다면, 관찰값(y_i)은 회귀직선($\hat{y_i}$) 주위에 비슷한 너비로 퍼져 있을 것이다 〈그림 10-8(a)〉. 이를 잔차산점도로 나타내면 $e=0$인 수평선 주위에 일정한 너비로 잔차가 퍼져있게 된다 〈그림 10-8(b)〉.

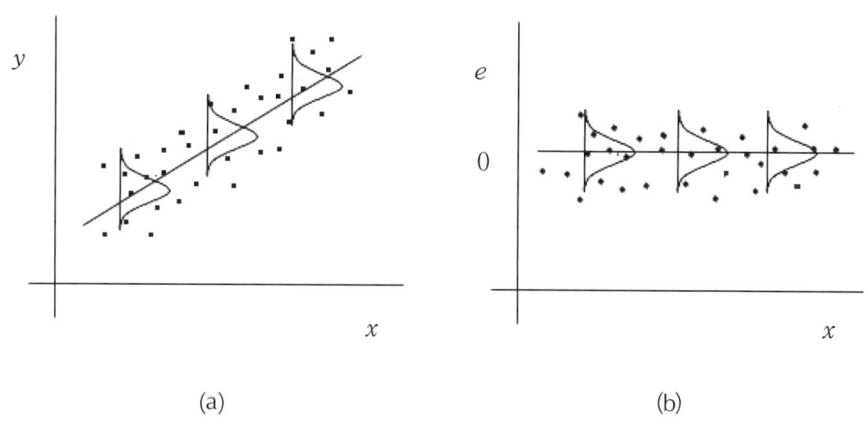

〈그림 10-8〉 등분산의 잔차산점도

〈그림 10-9〉는 〈그림 10-8〉처럼 생긴 잔차산점도를 간단하게 형상화 한 것이다. (a)는 위의 그림을 간단하게 형상화 한 것으로서 대략 수평인 두 직선으로 나타난다. (b)는 x 값(또는 $\hat{y}$ 값)이 커질수록 분산이 증가하는 경우이고, (c)는 감소하는 경우이다. (d)는 분산이 커지다가 x가 어떤 값 이상이 되면 다시 점점 작아지는 경우를 나타낸다. 잔차산점도에서 (a)처럼 산점도의 폭이 일정하면 분산이 동일한 경우이고, (b)나 (c), (d)처럼 일정하지 않으면 분산이 동일하지 않은 경우이다. 분산이 동일하지 않은 경우의 잔차산점도는 잔차의 폭이 일정하지 않게 나타난다.

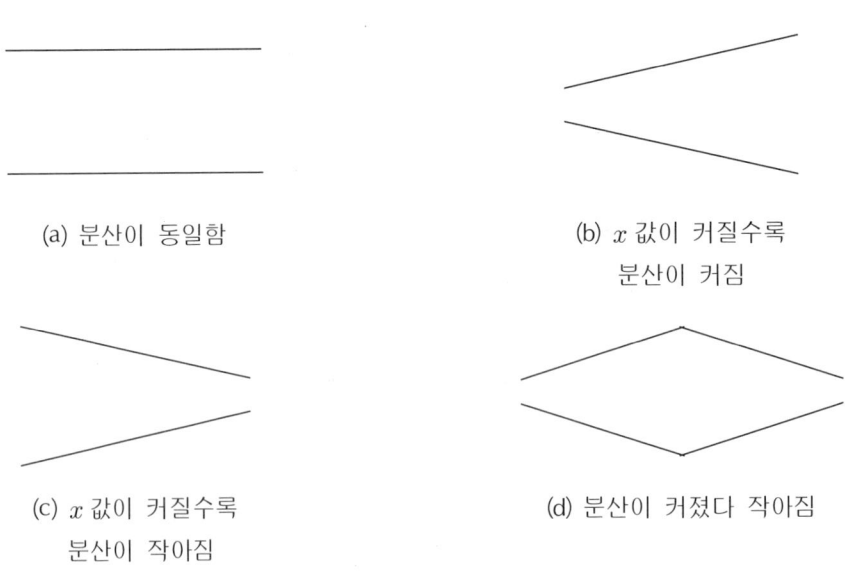

<그림 10-9> 분산의 크기에 대한 여러 가지 잔차산점도의 형태

분산이 동일하지 않은 것으로 나타나는 경우에는 가중회귀분석 등의 방법을 이용하는 것이 좋다. 관찰값의 수(n)가 너무 적거나 너무 많은 경우에는 잔차산점도만 가지고 동일분산성을 판단하기란 쉽지 않다.

(2) 선형성의 잔차산점도

독립변수 X와 종속변수 Y간에 선형의 관계가 있다면 관찰값들은 〈그림 10-8〉의 (a)처럼 아무런 패턴도 보이지 않고 회귀직선의 위·아래에 무작위로 퍼져 있을 것이다. 그러나 만일 두 변수간에 비선형의 관계가 있다면 관찰값은 회귀직선의 위·아래에 어떤 패턴을 보이면서 무리지어 있을 것이다. 〈그림 10-10〉의 (a)는 포물선의 관계가 있는 X와 Y의 산점도 위에 회귀직선을 그린 것이다. 이 그림에서 보면 x의 값이 아주 작을 때와 클 때는 잔차가 위쪽에 모여 있고, x의 값이 중간 정도에서는 아래쪽에 모여 있다. 이러한 형태는 (b)의 잔차산점도에 더욱 잘 나타나 있다. 비선형의 산점도는 수평선을 중심으로 위·아래가 대칭이 아닌 모습으로 나타난다.

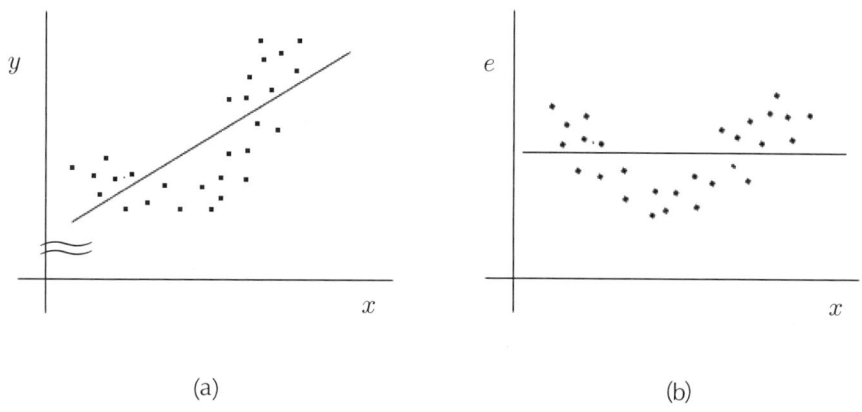

(a)   (b)

<그림 10-10> 비선형의 관계에 있는 X, Y의 산점도와 잔차산점도

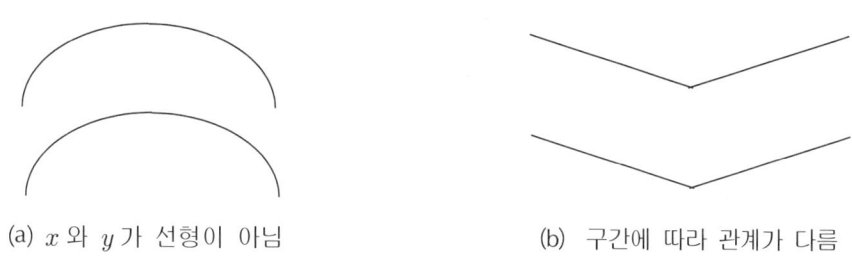

(a) x와 y가 선형이 아님   (b) 구간에 따라 관계가 다름

<그림 10-11> 선형성에 대한 여러 가지 잔차산점도의 형태

〈그림 10-11〉의 (a)는 두 변수의 관계가 선형이 아닌 경우이다. 이 경우에는 x의 제곱을 모형에 포함시키거나 y값의 대수(log)를 취하는 등의 조처를 취해야 한다.

〈그림 10-11〉의 (b)는 구간에 따라 선형의 관계가 다른 경우이다. 꺾인 부분의 왼쪽과 오른쪽에 서로 다른 모형을 적용할 수 있다.

이 부분에서 본 것 같이 잔차산점도에서 $e=0$을 중심으로 위·아래가 서로 대칭이 되지 않는 경우는 선형성의 가정을 의심하게 된다. 선형성의 가정도 표본의 크기가 충분히 큰 경우에 더욱 판단하기 쉽다.

226  제 10 장   단순회귀분석

3. 엑셀로 잔차산점도 만들기

회귀분석 대화상자에서 지정하여 만들 수 있다. 예제를 통해서 알아보자.

<예제 10-1>의 회귀분석에서 잔차산점도를 만들어보자.

회귀분석 대화상자에서 종속변수와 독립변수를 모두 선택한 뒤 잔차 부분의 잔차(R), 표준잔차(T), 잔차도(D), 선적합도(I)를 모두 선택한다 <그림 10-12>. 표준잔차(T)는 잔차의 값을 표준화시킨 값으로서 평균이 0, 분산이 1이다. 잔차도(D)는 잔차(R) 값을 도표로 나타내주고, 선적합도(I)는 산점도에 예측값을 함께 나타내준다 <그림 10-14>.

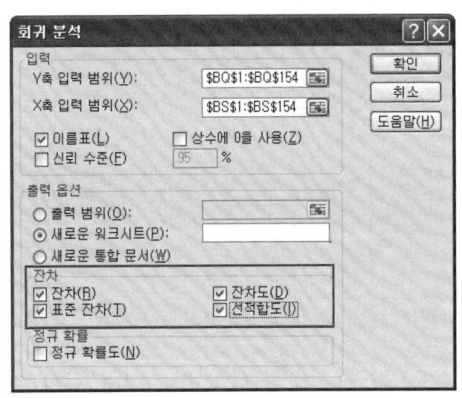

<그림 10-12> 잔차도 지정

잔차산점도는 <그림 10-13>과 같다. 0을 기준으로 특별한 패턴없이 고르게 퍼져 있으므로 선형성의 가정을 만족하는 것으로 보인다.

<그림 10-14>는 선적합도이다. 산점도 위에 정사각형 모양의 추정값이 타점되어 선을 이루고 있다. 회귀직선의 경사가 가파르지 않고, 회귀계수가 양수이므로 회귀직선이 오른쪽으로 갈수록 높아지는 것으로 나타났다.

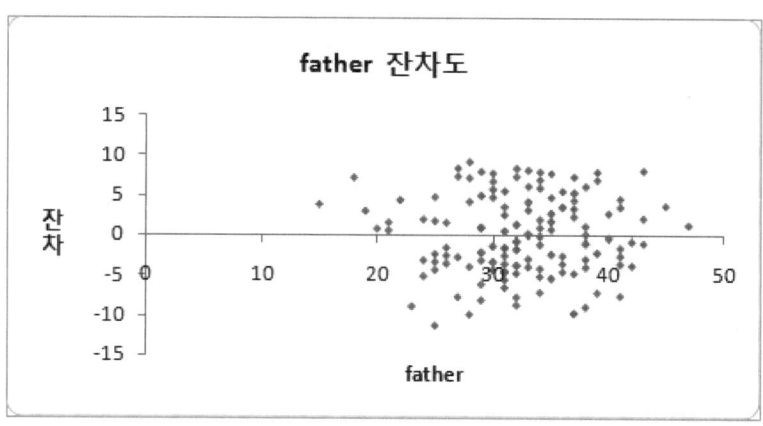

<그림 10-13> 잔차산점도

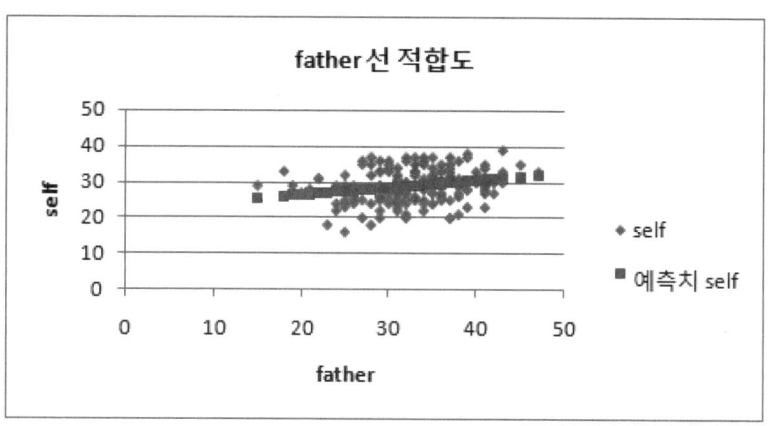

<그림 10-14> 선 적합도(I) 결과

연습문제

청소년 데이터(청소년.xlsx)를 이용하여 아래의 연습문제를 풀어 보시오.

1. 청소년 데이터(청소년.xlsx)에서 '어머니와의 관계(mother)'를 '아버지와의 관계(father)'로 설명하는 단순선형회귀모형을 구하시오.

   ① 회귀분석의 가정에 합당한 데이터인지 검토해보시오.

   ② 회귀분석의 단계에 따라 분석과정을 적으시오.

   ③ '아버지와의 관계' 점수가 30점인 사람의 '어머니와의 관계' 점수를 예측해보시오.

과제

제1장의 과제에서 만든 데이터에서 연속형변수 중 관심 있는 변수에 대해 다음을 하시오.

1. 다른 연속형의 변수를 독립변수로 한 단순회귀분석과 다중회귀분석을 하시오.

2. 회귀분석의 단계를 적고 한마디 이상의 해석 또는 설명을 곁들이시오.

3. 결과를 표로 만들어 제시하고 해석하시오.

4. 독립변수의 값 중 제3사분위수의 값을 가지는 케이스들의 종속변수값을 예측하시오.

제3부

제11장 다중회귀분석

제1절 다중회귀분석

제2절 더미변수를 이용한 다중회귀분석

이 장에서는 독립변수가 여러 개인 다중회귀분석을 간단히 소개한다. 또한 더미변수를 이용해서 범주형 독립변수로 연속형의 종속변수를 설명하는 모형을 만드는 방법을 소개한다.

제1절 다중회귀분석

회귀분석을 하는 또 다른 목적은, 종속변수와 다른 여러 변수들과의 관계를 하나의 간단한 모형으로 나타내거나, 제3의 변수의 영향을 통제한 상태에서 두 변수간의 관계를 알아보기 위한 것이다. 제3의 변수의 영향을 통제한다는 것은 제3의 변수의 값을 일정하게 유지한 채, 종속변수와 다른 독립변수의 관계를 본다는 것이다. 이를 위해서는, 다중회귀분석(multiple regression analysis)이 적합한데, 다중회귀분석은 독립변수의 수가 여러 개인 회귀분석을 말한다. 이 절에서는 다중회귀분석이 무엇인지 간단히 소개한다. 여기에 나온 내용보다 더 깊이 있는 내용을 알고 싶은 사람은 회귀분석이나 선형모형에 관련된 책을 참고하기 바란다.

1. 왜 다중회귀분석을 하는가?

다중회귀분석에서도 단순선형회귀분석과 마찬가지로 다음을 할 수 있다.
(1) 여러 개의 독립변수로 종속변수를 설명하는 모형을 만든다.
(2) 여러 변수가 포함된 모형의 적합성을 검정한다.
(3) 각 회귀계수의 유의성을 검정한다.
(4) 여러 독립변수들이 종속변수의 변동을 얼마나 설명하는지 알아본다.
(5) 회귀식을 이용해서 종속변수의 값을 예측/추정한다.
(6) 여러 개의 독립변수 중에서 유의한 변수만 선택하여 유의한 모형을 만든다.
(7) 독립변수들이 종속변수에 미치는 영향의 정도를 비교한다.

2. 회귀모형의 유의성 검정

다중회귀분석에서 구한 모형을 다중회귀모형(multiple regression model)이라 한다. 단순회귀모형이 $Y = \alpha + \beta X$이라면, 다중회귀모형은 k 개의 독립변수가 있을 때, $Y = \alpha + \beta_1 X_1 + \beta_2 X_2 + ... + \beta_k X_k$ 이다. 다중회귀분석의 경우 변수의 개수가 같아도 포함된 변수에 따라 모형은 다르게 나타날 수 있으며, 여러 개의 변수 중에서 통계적으로 유의한 것만 선택할 수도 있다.

232　제 11 장　다중회귀분석

　　다중회귀분석에서도 가장 먼저 회귀모형의 유의성을 검정한다. 모집단에서 여러 변수들의 기울기 β가 모두 0과 같은지 검정하는 것이 바로 다중회귀모형의 유의성검정이다. 독립변수가 k개 있다고 할 때, 검정하고자 하는 귀무가설은

$$H_0 : \text{기울기는 모두 0이다.}$$
또는
$$H_0 : \beta_1 = \beta_2 = ... = \beta_k = 0$$

이고 이에 대한 대립가설은

$$H_1 : \text{기울기 중 적어도 하나는 0이 아니다.}$$
또는
$$H_1 : \text{not all } \beta_i = 0, \ i = 1, 2, ..., k$$

이다.

　　유의한 결과가 나오면 "모형이 통계적으로 유의하다"라고 하며, 독립변수가 종속변수를 설명하는데 도움이 되는 것이다. 그런데 여기에서 주의할 점은 **다중회귀분석**에서 '모형이 유의하다'는 말은 '모형에 포함된 모든 독립변수가 모두 유의하다'는 뜻은 아니다. 이는 '여러 독립변수 중 하나라도 유의한 것이 있다'는 뜻이다.

　　단순회귀분석에는 독립변수가 하나밖에 없기 때문에 회귀계수에 대한 가설과 회귀모형에 대한 가설이 서로 같지만 다중회귀분석에서는 독립변수가 여러 개 있으므로 두 가설이 서로 다르다. 따라서, 단순회귀분석에서는 모형의 검정통계량 F와 회귀계수의 검정통계량 t 사이에 $F = t^2$ 라는 관계가 성립하였지만, 다중회귀분석에서는 그렇지 않다.

3. 표준화 계수

　　때로는 독립변수들이 종속변수에 미치는 영향을 서로 비교하고자 할 때가 있다. 예를 들어 키와 연령으로 체중을 설명하는 다중회귀모형을 만드는 경우, 키와 연령 중 어느 변수가 체중을 더 잘 설명할까 하는 문제가 그것이다. 이 경우, 회귀계수들을 직접 비교하는 것은 별 의미가 없다. 왜냐하면 회귀계수는 독립변수의 단위에 영향을 받기 때문이다.

　　예를 들어 다음과 같은 다중회귀모형을 생각해보자.

$$\hat{y} = 10 + 5\,x_1 + 500\,x_2$$

이 모형을 보면 마치 x_2가 종속변수의 설명에 더 중요한 것 같이 보인다. 왜냐하면 x_1이 1 증가하면 $\hat{y}$은 5 밖에 증가하지 않지만 x_2가 1 증가하면 $\hat{y}$는 500이나 증가하기 때문이다. 그렇지만 x_1은 cm로, x_2는 m로 측정되었다고 생각해보자. 두 변수가 모두 1m (또는 100cm) 증가하는 경우를 생각해보자. x_1이 1m 증가하면 이는 100cm이므로 종속변수는 500이 증가할 것이다. 또 x_2가 1m 증가해도 종속변수는 500이 증가할 것이다. 결국 계수만 봐서는 두 변수 중 누가 더 중요한지 우열을 가릴 수 없다. 이러한 문제를 해결하기 위하여 회귀계수를 단위에 상관없는 계수로 만드는 것을 회귀계수의 표준화라 하고, 이렇게 만들어진 회귀계수를 표준화 (회귀) 계수 또는 베타(Beta) 계수라 한다.

표준화계수(standardized coefficient)의 특성은 상관계수와 비슷하다. 범위는 -1.0에서 1.0사이로서, -1.0이나 1.0에 가까울수록 종속변수에 더 많은 영향을 미치는 것이고, 0에 가까울수록 영향력이 적은 것이다. 여러 개의 독립변수가 있는 경우, 표준화 계수가 클수록 종속변수에 더 많은 영향을 미치는 것이다.

4. 다중회귀분석의 순서

다중회귀분석을 하는 방법도 단순회귀분석을 하는 방법과 크게 다르지 않다. 그 순서를 단계별로 정리해보자.

(1) 종속변수와 독립변수를 구분한다.

독립변수가 두 개 이상일 뿐 단순회귀분석의 경우와 같다.

(2) 변수의 산점도를 그린다.

종속변수와 각각의 독립변수간에 관계가 있는지, 관계가 있다면 그것이 선형의 관계인지 또는 비선형의 관계인지를 먼저 점검한다. 매우 중요한 과정이다. 종속변수를 Y축에 독립변수를 X축에 그린다. 각 독립변수마다 따로 그린다. 상관계수를 구해보는 것도 도움이 된다.

(3) 원하는 다중회귀모형을 설정하고 분석한다.

(4) 모형의 적합성을 검정한다.

분산분석표를 이용한다.

다중회귀분석에서도 결정계수 R^2(R-square)값을 본다. 이 값은 0에서 1 사이로서, 100을 곱해서 '독립변수들이 종속변수의 변동의 몇%를 설명해 내는가'로 해석할 수 있다. 이 값이 클수록 모형의 설명력이 더 큰 것이다. 변수의 수가 늘어날수록 R^2값도 커지는데, 아무리 공헌도가 적은 변수라 할지라도, 종속변수를 조금이라도 더 설명하기 때문에, 변수의 수가 늘수록 R^2값이 커진다. 이러한 문제를 해결하기 위하여 변수의 수를 고려하여 R^2값을 조정한 조정R^2(Adjusted R^2)를 많이 이용한다.

(5) 각 독립변수의 계수가 0과 유의하게 다른지 검정한다.

분산분석표의 유의확률이 모든 변수에 대한 검정이라면, 계수의 유의확률은 각 변수에 대한 검정을 하는 것이다.

(6) 필요한 경우, 표준화 계수를 비교하여 변수들을 중요도에 따라 순위 매긴다.

(7) 유의한 결과가 나오면, 모형과 결정계수를 제시하고 설명한다.

k개의 독립변수를 X_1, X_2, $\cdots$, X_k로 나타내면, 모형은

$$\hat{y} = b_0 + b_1 X_1 + b_2 X_2 + \ldots + b_k X_k$$

로 제시한다.

다중회귀방정식에서의 계수는 '다른 변수의 값을 일정하게 놓았을 때, 이 변수의 값이 한 단위 증가하면 종속변수의 값은 평균적으로 계수만큼 변화한다'고 해석한다. 예를 들어 연령과 키가 있는 체중모형의 경우, 같은 연령 안에서, 키가 1cm커지면 체중은 $b_{7|}$ kg 증가함을 의미한다. 구체적으로 예를 들어

$$\widehat{체중} = 85 + 0.02 \times 연령 + 0.7 \times 키$$

라면 연령이 같은 사람들의 키가 1cm 증가하면 체중은 0.7kg 증가한다고 해석한다. 또 키가 같은 경우 1살이 많아질수록 체중은 0.02kg씩 증가한다.

교호작용이 있는 경우에는 한 변수의 값을 고정시킨 상태로 다른 독립변수와 종속변수의 관계를 설명한다. 고정시킨 변수의 여러 가지 값에 대해 설명을 따로 해서 교호작용을 알 수 있게 설명한다.

(8) 종속변수의 값을 조심스럽게 예측할 수 있다.

예측과 추정에 대한 것은 단순선형회귀분석과 마찬가지로 조심스럽게 한다.

다중회귀분석에서 교호작용에 대해 조금 더 생각해보자. 키와 체중, 연령을 예로 들어 생각해 보자. 키와 연령 간에는 교호작용이 있어서 젊은 사람(20대)은 키가 클수록 체중이 급격히 불어나는데 비해 나이 든 사람(50대)은 키가 작아도 상당히 체중이 많고, 키가 큰 사람도 상대적으로 증가량이 적다. 즉, 20대의 기울기는 더 급하고, 50대의 기울기는 완만하다. 이 관계를 회귀식으로 나타내면,

$$체중 = -120 + 1.1 \times 키 + 1.95 \times 연령 - 0.01 \times (키 \times 연령)$$

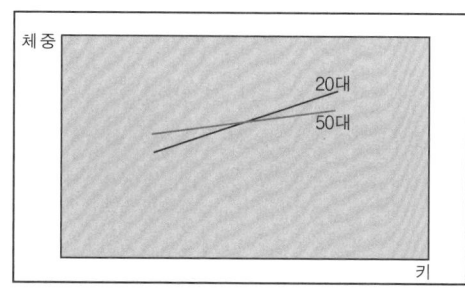

처럼 된다. 이 식에는 상수항인 절편과 키, 연령을 나타내는 항이 각각 있고, 키와 연령의 교호작용을 나타내는 항(키 × 연령)이 있다. 키와 연령의 교호작용이 있다는 말은, 체중과 키의 관계가 연령의 수준에 따라 다르다는 것을 말한다. 또 체중과 연령의 관계가 키에 따라 다르다는 뜻이다.

　위 식에서, 예를 들어 25세인 사람과 55세인 사람의 경우

$$25세 : \widehat{체중} = (-120 + 1.95 \times 25) + (1.1 - 0.01 \times 25) 키$$
$$= -71.25 + 0.85 키$$
$$55세 : \widehat{체중} = (-120 + 1.95 \times 55) + (1.1 - 0.01 \times 55) 키$$
$$= -12.75 + 0.55 키$$

가 되어, 25세인 사람들과 55세인 사람들의 회귀방정식은 절편과 기울기가 모두 서로 다르다. 따라서 25세인 경우와 55세인 경우의 회귀식을 따로 설명해준다. 설명하고자 하는 연령은 연구자의 필요에 따라 정한다.

5. 엑셀로 다중회귀분석하기

다중회귀분석의 단계를 예제를 통해서 직접 알아보자.

청소년 데이터(청소년.xlsx)에서 '자아존중감점수[self]'는 '아버지와의 관계 [father]' 뿐만 아니라 '마음을 터놓을 정도로 친한 친구의 수[v8]'와도 관계가 있을 것으로 생각되어, 다중회귀분석을 해보고자 한다.

(1) 종속변수와 독립변수를 구분한다.

'아버지와의 관계(father)'와 '마음을 터놓을 정도로 친한 친구의 수(v8)'를 독립변수로, '자아존중감점수(self)'를 종속변수로 정한다.

(2) 변수의 산점도를 그리거나 상관계수를 검토한다.

각각의 독립변수를 종속변수와 산점도를 그려보아 선형관계를 화면으로 확인해 보자. 이러한 관계는 변수간의 상관계수를 보아서도 알 수 있다. 자아존중감점수와 아버지와의 관계의 상관계수는 .237이고 자아존중감점수와 마음을 터놓을 정도로 친한 친구의 수의 상관계수는 .180이다. 또 독립변수인 아버지와의 관계와 마음을 터놓을 정도로 친한 친구의 수의 상관계수는 .183이다(상관분석 부분을 참조하여 직접 구해 보자). 상관계수가 크지는 않지만 유의미한 상관관계가 있으므로 좋은 모형이 만들어질 것으로 예상된다.

(3) 다중회귀분석을 실행한다 〈그림 11-1〉.

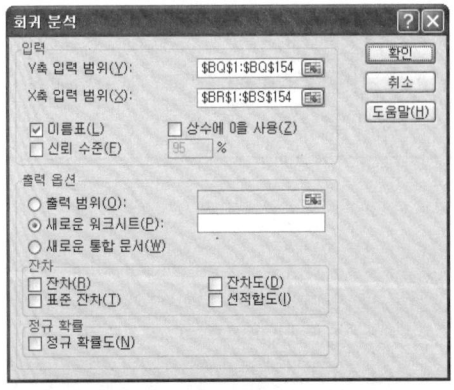

<그림 11-1> 다중회귀분석의 범위지정

분석절차는 단순회귀분석과 거의 동일하며 단지 독립변수가 2개인 점만 다르다.38) Y축에는 '자아존중감점수〔self〕'를 X축에는 '아버지와의 관계〔father〕'와 '마음을 터놓을 정도로 친한 친구의 수〔v8〕'를 지정해 준다.

⑷ 모형의 적합성을 검정한다.

회귀분석 통계량에 보면 결정계수 R^2은 .076으로서, '아버지와의 관계'와 '마음을 터놓을 정도로 친한 친구 수'는 '자아존중감점수'의 총 변동의 약 7.6%를 설명한다. 낮은 값이지만, 단순회귀분석 때의 5.6%보다 조금 더 높아진 것을 알 수 있다. 그러나 R^2이 증가했다고 해서 새로 입력된 변수가 반드시 통계적으로 유의한 것은 아니다. 종속변수와는 아무런 관계가 없는 변수일지라도, 변수의 수가 증가하면 결정계수의 값은 조금이라도 증가함을 상기하자. 수정된 R^2(조정된 결정계수)은 6.3%이다.

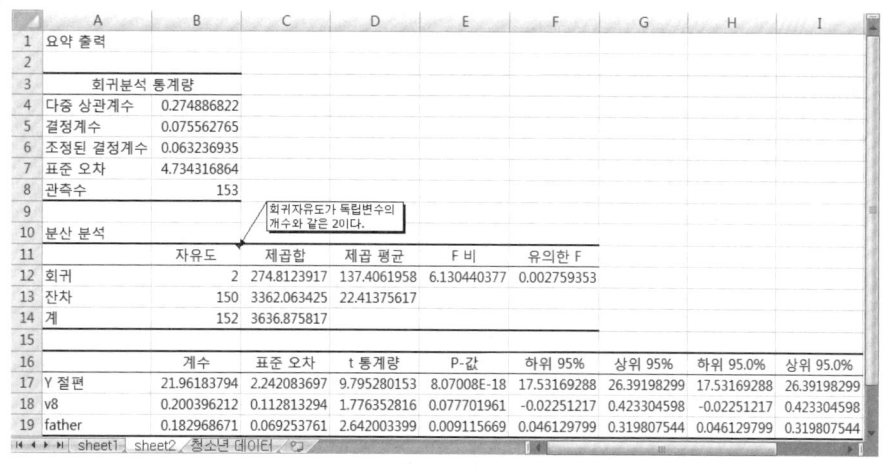

〈그림 11-2〉 '마음을 터놓을 정도로 친한 친구의 수'와 '아버지와의 관계'가 포함된 다중회귀분석 결과

분산분석표의 유의확률은 .003이다. 유의수준 $\alpha = .05$에서 유의한 결과로서, 이 모형은 통계적으로 유의한 모형이다. 적어도 변수 한 개는 유의하다고 예상할 수 있다.

⑸ 출력의 계수 부분에서 각 독립변수의 계수가 0과 유의하게 다른지 검정한다. 〈그림 11-2〉에서 마음을 터놓을 정도로 친한 친구의 수 계수는 0.200이고

---

38) 독립변수들은 서로 이웃해 있어야 하므로 독립변수의 위치를 바꾼다.

유의확률은 .078로서 유의수준 .05에서 유의하지 않다. 아버지와의 관계 계수는 0.183이고 그 유의확률은 .009로서 유의수준 .05에서 유의하다. 회귀계수 중 절편은 21.962이다.

이 모형에서는 한 변수는 유의하지 않고 다른 한 변수는 유의하다. 이렇게 회귀계수검정결과 독립변수 중에서 유의하지 않은 변수가 있을 때는 다음 중 한 가지 방법을 택한다.

① 유의하지 않은 변수가 기본적으로 종속변수와 관련이 있을 것으로 생각되는 변수이거나 중요한 사회인구학적 변수라면, 유의하지 않더라도 모형에 포함시켜 분석한다.

② 유의하지 않은 변수가 종속변수와 아직 이렇다 할 관계가 정립되지 않은 변수라면 제외시키고 더 단순한 모형을 적합시킨다.

③ 회귀분석의 목적이 관련성여부를 보고자 하는 것이라면, 처음 포함시키기로 결정한 변수는 그대로 포함시킨 채 모형을 설명한다.

이 예제에서는 아버지와의 관계와 마음을 터놓을 정도로 친한 친구 수가 자아존중감점수와 관련이 있는지 알고자 하는 것이므로 ③의 경우이다. 변수를 모두 둔 채 끝낸다. 아버지와의 관계는 자녀의 자아존중감점수와 유의한 관계가 있지만 친구 수와의 관계는 그렇지 않다.

(6) 유의한 결과가 나오면, 모형과 결정계수를 제시하고 점수를 예측한다.

이 분석의 모형을 제시해보면

자아존중감점수 = 21.962 + 0.183 × 아버지와의 관계 + 0.200 × 마음을 터놓을 정도로 친한 친구 수

이다. 모형을 보면, 아버지와의 관계 정도가 같을 때 마음을 터놓을 정도로 친한 친구의 수가 많을수록 자아존중감점수는 증가하고, 마음을 터놓을 정도로 친한 친구의 수가 같은 학생들 중에서도 아버지와의 관계가 좋을수록 자아존중감점수가 증가한다.

11장 1절 다중회귀분석   239

> 　모형의 적합성 검정에서 유의한 결과가 나왔는데도 모형에 포함된 독립변수들 중 하나도 유의하지 않은 결과가 나올 때는 어떻게 해야 하나? 예를 들어, 값이 상당히 큰 두 개의 변수를 곱해서 교호작용 변수를 만들면, 새 변수의 분산이 너무 커서 다른 변수들을 압도하게 된다. 이때는 독립변수간에 큰 연관이 있는 것처럼 여겨지는 다중공선성(multi-collinearity)의 문제가 생겨 회귀계수를 제대로 구할 수 없다. 데이터 분석시 ① 어떤 독립변수를 추가하거나 제거했을 때 추정값에 큰 변화가 생긴다거나, ② 검정결과가 상식적인 결과와 차이가 난다거나, ③ 회귀계수의 추정값이 상식적으로 생각하는 부호와 반대되는 결과가 나오는 경우에는 다중공선성을 의심해 볼 수 있다. 이 경우 해결하는 방법은 큰 역할을 하지 못하는 변수를 제거하거나 두 변수를 그대로 곱하지 않고, 각 변수에서 자신의 평균을 뺀 값을 서로 곱해서 새 변수를 만드는 것이다. 다른 방법은 교호작용을 뺀 모형을 적합시키는 것이다.

청소년 데이터(청소년.xlsx)에서 '자아존중감점수[self]'는 '아버지와의 관계[father]' 뿐만 아니라 '지역구분[city]'과도 관계가 있을 것으로 생각된다. 다중회귀분석을 해보자.

(1) 종속변수와 독립변수를 구분한다.

　'아버지와의 관계(father)'와 '지역구분(city)'을 독립변수로, '자아존중감점수(self)'를 종속변수로 정한다. 단, '지역구분(city)'은 서열식 변수이지만, 코드값에 의미를 부여할 수 있으므로 연속형 변수로 회귀분석을 시행하기로 한다.

(2) 변수의 산점도를 그리거나 상관계수를 검토한다.

　각각의 독립변수를 종속변수와 산점도를 그려보아 선형관계를 화면으로 확인해 보자. 이러한 관계는 변수간의 상관계수를 보아서도 알 수 있다. 자아존중감점수와 아버지와의 관계의 상관계수는 .237이고 자아존중감점수와 지역구분의 상관계수는 -.190이다. 또 독립변수인 아버지와의 관계와 지역구분의 상관계수는 -.004이다(상관분석 부분을 참조하여 직접 구해 보자).

(3) 다중회귀분석을 실행한다.

　아버지와의 관계(father)와 지역구분(city)이 이웃해있는지 확인한 후, Y축에는 '자아존중감점수(self)'를 X축에는 '아버지와의 관계'와 '지역구분'을 지정해 준다.

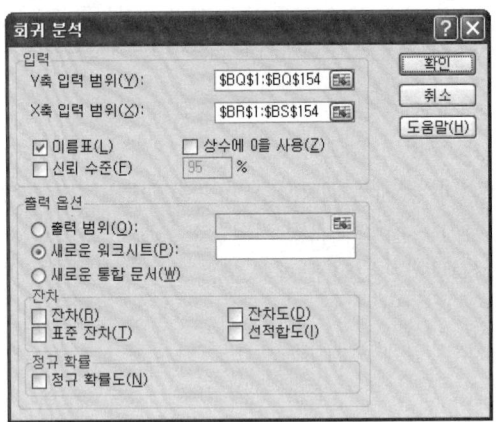

<그림 11-3> '아버지와의 관계'와 '지역구분' 범위지정

(4) 모형의 적합성을 검정한다.

회귀분석 통계량에 보면 결정계수 R^2은 .092로서, 아버지와의 관계와 지역구분은 자아존중감점수의 총 변동의 약 9.2%를 설명한다. 낮은 값이지만, 역시 단순회귀분석 때의 5.6%보다 조금 더 높아진 것을 알 수 있다. 수정된 R^2은 8.0%이다.

분산분석표의 유의확률은 .001보다 작다. 유의수준 $\alpha=.05$에서 유의한 결과로서, 이 모형은 통계적으로 유의한 모형이다. 적어도 변수 한 개는 유의하다고 예상할 수 있다.

	A	B	C	D	E	F	G	H	I
1	요약 출력								
2									
3	회귀분석 통계량								
4	다중 상관계수	0.3028673							
5	결정계수	0.0917286							
6	조정된 결정계수	0.0796183							
7	표준 오차	4.6927393							
8	관측수	153							
9									
10	분산 분석								
11		자유도	제곱합	제곱 평균	F 비	유의한 F			
12	회귀	2	333.60544	166.80272	7.5744355	0.0007348			
13	잔차	150	3303.2704	22.021802					
14	계	152	3636.8758						
15									
16		계수	표준 오차	t 통계량	P-값	하위 95%	상위 95%	하위 95.0%	상위 95.0%
17	Y 절편	24.323358	2.3923313	10.167219	8.486E-19	19.596337	29.050378	19.596337	29.050378
18	father	0.2048171	0.0674896	3.0347931	0.0028382	0.071464	0.3381702	0.071464	0.3381702
19	city	-1.1387388	0.4695538	-2.4251509	0.0164901	-2.0665326	-0.210945	-2.0665326	-0.210945

회귀자유도가 독립변수의 계수와 같은 2이다.

청소년 데이터 / Sheet2 / Sheet3 / Sheet1

<그림 11-4> '아버지와의 관계'와 '지역구분'이 포함된 다중회귀분석 결과

⑸ 출력의 계수 부분에서 각 독립변수의 계수가 0과 유의하게 다른지 검정한다. 아버지와의 관계 계수는 0.205이고 유의확률은 .003으로서 유의수준 .05에서 유의하다. 지역구분 계수는 -1.139이고 그 유의확률은 .016으로서 유의수준 .05에서 유의하다. 회귀계수 중 절편은 24.323이다.

이 모형에서는 두 변수 모두 유의하다.

⑹ 유의한 결과가 나오면, 모형과 결정계수를 제시하고 점수를 예측한다.

이 분석의 모형을 제시해보면

자아존중감점수 = 24.323 + 0.204 × 아버지와의 관계 + (-1.139) × 지역구분

이다. 모형을 보면, 아버지와의 관계 정도가 같을 때 대도시에서 읍면지역으로 갈수록 자아존중감점수는 감소하고, 같은 지역의 학생들 중에서도 아버지와의 관계가 좋을수록 자아존중감점수가 증가한다.[39]

6. 회귀분석 결과 보고하기

다중회귀분석을 보고할 때는, 결정계수와 회귀계수, 표준오차, 표준화계수, t-값, 유의확률을 적는다. 표준화계수는 반드시 보고해야 하는 것은 아니다.

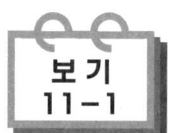

보기 11-1

<예제 11-1>의 결과를 보고 다중회귀분석 결과를 보고하여 보자.

회귀분석 결과는 <표 11-1>과 같이 제시한다.

<표 11-1> 자아존중감점수에 대한 회귀분석 결과

변 수	b	$S.E.(b)$	$t\ (p)$
절편	21.962		
아버지와의 관계	0.183	0.07	2.642 (.009)
마음을 터놓을 정도로 친한 친구의 수	0.200	0.11	1.776 (.078)

$R^2 = .076$, $adjR^2 = .063$

---

[39] 1=대도시, 2=중소도시, 3=읍면지역으로 코딩되었기 때문이다.

제 11 장 다중회귀분석

제2절 더미변수를 이용한 다중회귀분석

지금까지는 종속변수와 독립변수 모두 연속형인 경우만 회귀분석의 예제로 다루었다. 그러나, 독립변수가 항상 연속형일 수만은 없고, 특히 사회과학 데이터에는 범주형으로 조사된 변수가 많다. 아래 두 가지 예를 살펴보고, 독립변수 가운데 범주형 변수가 포함된 경우의 분석방법에 대해 알아보자.

종속변수	가능한 독립변수
연소득	교육수준(년수; X_1), 근무경력(년수; X_2), 성별(X_3)
빙과류 판매량	온도(°C; X_1), 계절(X_2)

위의 예에서 '성별'이나 '계절'은 범주형 변수이다. 범주형 변수는 사칙연산을 할 수 없다. 이러한 데이터들을 회귀분석하기 위해서는 더미변수(dummy variable ; 가변수, 지시변수)로 변환해야 한다.

더미변수를 통한 회귀분석을 하는 과정은 크게 세 가지 과정으로 나뉜다.
  (1) 범주형 변수의 더미변수화
  (2) 더미변수를 포함한 회귀분석 실행
  (3) 회귀분석 결과의 해석

1. 더미변수의 수

범주형 변수를 더미변수로 만들기 위해서는 먼저 더미변수를 몇 개 만들 것인가를 정해야 한다. 더미변수는 0과 1만을 가지는 변수로서 성별 같은 범주형 변수에서 특정항목, 예를 들어 '남자'에 해당되면 1, 아니면 0을 지정한다. 1과 0의 값을 갖기 때문에 더미변수 하나는 두 개의 범주를 설명할 수 있다. 예를 들어, 연소득을 설명하는 모형의 성별을 더미변수화 할 경우 아래와 같이 '남자'라는 하나의 더미변수만 있으면 설명이 가능해진다.

구분	변수	변수의 값	
		남자	여자
원변수	성별	m	f
더미변수	남자	1	0

이 예처럼 '남자'라는 더미변수를 포함하는 회귀식은 다음과 같다.

$$\hat{y} = \beta_0 + \beta_1 \times x_1 + \beta_2 \times x_2 + \beta_3 \times 남자$$

이 경우 완성된 회귀식은 두 개가 되는데, 두 식은 성별에 따라 절편이 서로 다르다.[40]

여자인 경우 (남자 dummy=0); $\hat{y} = \beta_0 + \beta_1 \times x_1 + \beta_2 \times x_2$

남자인 경우 (남자 dummy=1); $\hat{y} = (\beta_0 + \beta_3) + \beta_1 \times x_1 + \beta_2 \times x_2$

이상에서는 두 가지 범주를 갖는 변수를 더미변수화 했는데, 범주가 세 개 이상인 경우도 많다. 빙과류 판매량에 대한 회귀분석 모형에서 더미변수화 할 계절(X_3)의 범주는 4개(봄, 여름, 가을, 겨울)이다. 이런 경우 더미변수 3개를 다음과 같이 만들 수 있다.

	변수	변수의 값			
		봄	여름	가을	겨울
원변수	계절	1	2	3	4
더미변수 (3개)	spring	1	0	0	0
	summer	0	1	0	0
	fall	0	0	1	0

봄은 더미변수 spring의 값이 1이고 나머지는 0이며, 여름은 더미변수 summer의 값이 1, 나머지는 0이고, 가을은 더미변수 fall의 값이 1, 나머지는 0이다.[41] 겨울인 경우는 더미변수 spring, summer, fall의 값이 모두 0이다. 더미변수의 수 = 범주의 수 - 1 이다.

---

[40] 남자를 0, 여자를 1로 놓으면 절편은 바뀌지만 나머지 결과는 같다.

[41] 빙과류 판매량 모형: $\hat{y} = \beta_0 + \beta_1 \times x_1 + \beta_2 \times \text{spring} + \beta_3 \times \text{summer} + \beta_4 \times \text{fall}$

2. 엑셀로 더미변수를 포함한 다중회귀분석하기

다음의 예제를 통해서 더미변수를 포함한 회귀분석을 엑셀로 해보자.

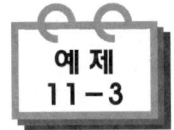

학생들의 '자아존중감점수[self]'는 '어머니와의 관계[mother]'에도 영향을 받지만 '성별[v1]'에 따라서도 차이가 있을 것으로 생각된다. 이를 다중회귀분석으로 확인해보자.

(1) 성별을 더미변수화 한다.

성별은 남과 여 두 가지로 분류되므로 더미변수가 한 개 필요하다. 남자는 1, 여자는 0인 더미변수 '성별더미'를 만들어 보자.

원래 성별은 남자는 1, 여자는 2로 코딩되어 있었으므로 새로운 변수로 코딩 변경하여 변수 '성별더미(v1a)'를 만들자.

성별변수를 BU셀에 복사해 붙이고 이름을 'v1a'로 바꿔준다. 그리고 BU 셀만 블록을 씌운 다음 바꾸기 기능을 이용하여 '2'로 되어 있는 여학생데이터들을 모두 '0'으로 변경해 준다.

(2) 더미변수를 포함한 다중회귀분석을 실행한다.

분석하는 절차는 앞 절의 다중회귀분석 절차와 동일하다. 독립변수들이 이웃해 있는지 확인한 후 회귀분석 대화상자를 열어 종속변수와 독립변수를 선택한다. 종속변수 Y축에는 자아존중감점수(self)를, 독립변수 X축에는 어머니와의 관계(mother)와 성별더미(v1a)를 선택한 후 `확인`을 클릭하면 〈그림 11-5〉와 같은 결과를 얻을 수 있다.

(3) 모형의 적합성을 검정한다.

〈그림 11-5〉의 결과를 보면 R^2은 .050으로서, 성별더미와 어머니와의 관계는 자아존중감점수의 총 변동의 5.0%를 설명한다. 매우 낮은 값이다.

분산분석표의 유의확률은 .02이다. 유의수준 $\alpha = .05$에서 유의한 결과로서, 이 모형은 유의한 모형이다. 적어도 변수 한 개는 유의하다고 예상할 수 있다.

11장 2절 더미변수를 이용한 다중회귀분석

	A	B	C	D	E	F	G	H	I
1	요약 출력								
2									
3	회귀분석 통계량								
4	다중 상관계수	0.2248278							
5	결정계수	0.0505475							
6	조정된 결정계수	0.0378882							
7	표준 오차	4.7979445							
8	관측수	153							
9									
10	분산 분석								
11		자유도	제곱합	제곱 평균	F 비	유의한 F			
12	회귀	2	183.83508	91.917539	3.9928955	0.0204405			
13	잔차	150	3453.0407	23.020272					
14	계	152	3636.8758						
15									
16		계수	표준 오차	t 통계량	P-값	하위 95%	상위 95%	하위 95.0%	상위 95.0%
17	Y 절편	20.996473	2.7944879	7.5135316	4.816E-12	15.47483	26.518117	15.47483	26.518117
18	mother	0.206007	0.0736006	2.7989861	0.0058004	0.0605792	0.3514348	0.0605792	0.3514348
19	v1a	0.780174	0.7947677	0.9816377	0.327859	-0.7902117	2.3505597	-0.7902117	2.3505597

<그림 11-5> 더미변수를 이용한 회귀분석

(4) 계수 부분에서 각 독립변수의 계수가 0과 유의하게 다른지 검정한다. 어머니와의 관계의 계수는 0.206이고 유의확률은 .006이다. 성별더미의 계수는 0.780이고 유의확률은 .328로서 어머니와의 관계는 .05수준에서 유의하나, 성별은 유의하지 않다. 성별도 유의하다고 가정하고 회귀방정식을 적어보면

$$\hat{y} = 20.996 + 0.206 \times \text{어머니와의 관계} + 0.780 \times \text{성별더미}$$

이다. 더미변수가 포함된 경우에는 아래처럼 성별에 따라 회귀식의 절편이 다르므로 종속변수의 값을 예측하는 경우에도 성별에 맞는 식을 적용하여 예측값을 구하도록 한다.

▶ 남자인 경우 (성별더미 = 1)

$$\hat{y} = 20.996 + 0.206 \times \text{어머니와의 관계} + 0.780 \times 1$$
$$= (20.996 + 0.780) + 0.206 \times \text{어머니와의 관계}$$
$$= 21.231 + 0.206 \times \text{어머니와의 관계}$$

▶ 여자인 경우 (성별더미 = 0)

$$\hat{y} = 20.996 + 0.206 \times \text{어머니와의 관계}$$

제 11 장   다중회귀분석

연 습 문 제

1. 청소년 데이터(청소년.xlsx)에서 '어머니와의 관계(mother)'를 '아버지와의 관계(father)'와 '자신의 고민을 부모님께서 알고 계시는지 여부(v4)'로 설명하는 다중회귀분석을 시행하시오. 고민을 알고 계시는지(v4)는 서열식변수인데, 연속형 변수로 간주하고 회귀분석을 시행하시오. 단, 다중회귀분석을 하기 전에 (1) 고민이 없는 경우를 결측 처리하고, (2) 부모님께서 고민을 잘 알고 계실수록 점수가 높아지게 변수를 변환하여 해석이 쉽게 하시오.

   ① 모형의 유의성을 유의수준 .05에서 검정하시오.

   ② 각 독립변수의 유의성을 유의수준 .05에서 검정하시오.

   ③ 회귀계수를 해석하시오.

   ④ 독립변수 중 어머니와의 관계에 더 많은 영향을 미치는 변수는 어느 것인가? 표준화 계수를 비교하시오.

2. 위의 회귀모형에 성별을 독립변수에 포함하여 회귀분석 해 보시오.

과   제

제1장의 과제에서 만든 데이터에서 연속형 변수 중 관심 있는 변수에 대해 다음을 하시오.

1. 다른 연속형의 변수를 독립변수로 한 단순회귀분석과 다중회귀분석을 하시오.

2. 회귀분석의 단계를 적고 한마디 이상의 해석 또는 설명을 곁들이시오.

3. 결과를 표로 만들어 제시하고 해석하시오.

4. 독립변수의 값 중 제3사분위수의 값을 가지는 케이스들의 종속변수값을 예측하시오.

제12장 교차분석

제1절 교차분석

제2절 대응표본 검정

이 장에서는 교차표를 이용하여 범주형변수와 범주형변수간의 관계를 알아보는 방법을 배운다.

제1절 교차분석

제3장에서는 두 범주형 변수를 교차표로 정리하고 비율을 비교해 보았다. '학교구분'과 '출생지역에 따른 사회적 차별'에 대한 의견의 교차표를 살펴보면 고등학생이 중학생보다 '그렇다'고 한 비율이 약간 더 높다. 이 정도 차이를 가지고 '학교구분'과 '출생지역에 따른 사회적 차별'에 대한 의견이 서로 관계가 있다고 말할 수 있을까? 위와 같은 두 변수의 관계에 대하여 객관적으로 서술하기 위해서는 확률적인 근거가 필요하다.

교차표로 정리된 두 범주형 변수의 관계를 확률적으로 분석하고 검정하는 것을 교차분석(cross tabulation analysis)이라 한다. 교차분석에 사용되는 검정통계량은 카이제곱분포를 따르기 때문에, 교차분석을 카이제곱분석(chi-square analysis)이라고도 한다. 먼저 독립성에 대해 생각해보고, 이어서 카이제곱분석에 대해 알아보자.

1. 두 변수의 독립성

두 변수가 서로 독립이라 하는 것은 연속형 변수의 경우처럼 서로 아무런 상관이 없다는 뜻이다. 예를 들어 아이스크림을 좋아하느냐 좋아하지 않느냐 하는 것과 삼촌이 있느냐 없느냐 하는 두 변수는 아마 아무런 관계도 없을 것이다. 그러나 부모 중 한 분이라도 안경을 쓰면 자녀들도 안경을 쓰게되기 쉽기 때문에 본인의 안경착용여부와 부모의 안경착용여부는 서로 관계가 있을 것이다. 아이스크림 선호여부와 삼촌 유무처럼 서로 관계가 없는 경우는 '서로 독립이다'라고 하고, 본인의 안경착용여부와 부모의 안경착용여부처럼 관계가 있는 경우는 '서로 독립이 아니다'라고 한다. 독립이 아닌 것을 때로 '서로 종속이다' 또는 '서로 상관이 있다'라고 하기도 한다.

교차분석은 두 변수가 서로 독립이 아니라고 할 수 있는가를 알아보는 것으로서, 연구논문 등에서는 다음과 같은 가설로 나타낸다.

연구가설: 두 (범주형)변수는 서로 관계가 있을 것이다.

이제 두 변수가 서로 관계가 있는지 검정하는 방법을 알아보자.

2. 관찰빈도와 기대빈도

교차분석은 두 변수간의 관계를 검정하는 것으로서, 상관관계분석을 명목식 또는 서열식 데이터에 적용한 것이라 할 수 있다. 즉, 두 개의 범주형 변수에 대한 상관관계 분석이라고 할 수 있는 것이다.

먼저 〈표 12-1〉과 같이 r개의 행(row)과 c개의 열(column)이 있는 $r \times c$ 교차표를 생각하자. 셀의 관찰빈도를 O_{ij}, 셀 빈도의 전체에 대한 비율을 p_{ij}로 표시하자. 또 i번째 행의 합을 각각 $O_{i.}$ 와 $p_{i.}$로, j번째 셀의 합은 각각 $O_{.j}$ 와 $p_{.j}$로 나타내고, 총합은 $O_{..}$ 과 $p_{..}$으로 나타내자(〈표 12-1〉, 〈표 12-2〉 참조). p_{ij}는 총합에 대한 비율이기 때문에 $p_{..}$은 항상 1이다.

각 행의 합과 각 열의 합을 주변합이라 하고, 전체 합은 총합이라 한다. $A=1$인 행의 주변합은 $O_{1.}$, 주변비율은 $p_{1.}$이고, $B=2$인 열의 주변합은 $O_{.2}$, 주변비율은 $p_{.2}$ 등이다.

<표 12-1> 변수 A 와 B의 $r \times c$ 교차표 : 빈도

행 변수 A	열 변수 B				계
	1	2	…	c	
1	O_{11}	O_{12}	…	O_{1c}	$O_{1.}$
2	O_{21}	O_{22}	…	O_{2c}	$O_{2.}$
…	…	…	…	…	…
r	O_{r1}	O_{r2}	…	O_{rc}	$O_{r.}$
계	$O_{.1}$	$O_{.2}$	…	$O_{.c}$	$O_{..}$

<표 12-2> 변수 A 와 B의 $r \times c$ 교차표 : 비율

행 변수 A	열 변수 B				계
	1	2	…	c	
1	p_{11}	p_{12}	…	p_{1c}	$p_{1.}$
2	p_{21}	p_{22}	…	p_{2c}	$p_{2.}$
…	…	…	…	…	…
r	p_{r1}	p_{r2}	…	p_{rc}	$p_{r.}$
계	$p_{.1}$	$p_{.2}$	…	$p_{.c}$	1

확률이론에 의하면 두 변수가 서로 독립인 경우, 각 셀의 비율 p_{ij}는 해당 셀의 두 주변 비율의 곱과 같다. 즉, $p_{ij}=p_{i.}\times p_{.j}$이다. 만일 이것이 참이라면 (i,j)번째 셀에 있을 것으로 기대되는 빈도, 즉 기대빈도(E_{ij})는 전체 관찰빈도에 해당 열의 비율을 곱한 것과 같으므로 식으로 나타내면

$$E_{ij}=O_{..}\times p_{ij}=O_{..}\times p_{i.}\times p_{.j}=O_{..}\times \frac{O_{i.}}{O_{..}}\times \frac{O_{.j}}{O_{..}}=\frac{O_{i.}\times O_{.j}}{O_{..}}$$

이다.[42]

예제 12-1

'성별[v1]'과 '친하게 지내는 이성친구 유무[v9]'의 데이터를 정리한 2×2 교차표 <표 12-3>에서 각 셀의 기대빈도가 얼마인지 구해보자.

남자이면서 친하게 지내는 이성친구가 있다고 한 청소년의 기대빈도는

$$E_{남자,있다}=153\times \frac{91}{153}\times \frac{74}{153}=\frac{91\times 74}{153}=44.01$$

이고, 같은 방법으로 각 셀의 기대빈도는 <표 12-4>와 같다. 기대빈도의 행, 열의 합은 관찰빈도의 주변합과 같다.

<표 12-3> 성별과 친하게 지내는 이성친구 2×2 교차표 : 관찰빈도

성별	친하게 지내는 이성친구		계
	있다	없다	
남자	43	31	74
여자	48	31	79
계	91	62	153

<표 12-4> 성별과 친하게 지내는 이성친구 2×2 교차표 : 기대빈도

성별	친하게 지내는 이성친구		계
	있다	없다	
남자	44.01	29.98	74
여자	46.98	32.01	79
계	91	62	153

---

[42] 관찰빈도의 O는 observed frequency, 기대빈도의 E는 expected frequency의 첫자이다.

3. 자유도

교차분석에서 자유도(degree of freedom ; df)는 값을 자유스럽게 변화시킬 수 있는 셀의 수를 말한다. 예를 들어 설명해보자. 한 가족에서 남자의 수를 X, 여자의 수를 Y라 하면, 가족의 수는 일정하기 때문에 값이 변할 수 있는 것은 X와 Y 두 가지이다. 이 가족의 전체 수가 5명이라 할 때, 남자의 수 X가 3이면 여자의 수는

$$Y = 5 - X$$

로서 저절로 2명이 된다. 만일 남자의 수가 1명이라면 Y는 저절로 4명이 된다. 이 경우 자유도는 1이다. 즉, 자유롭게 변화할 수 있는 것은 X나 Y중 하나 뿐이라는 뜻이다.

교차표를 예로 들어 생각해보자. 케이스 수의 총합과 주변합이 데이터에서 제시된 것과 같을 때 각 셀에 빈도를 적어 넣는 경우를 생각해보자. 예제를 통해 살펴보자.

[성별×지역구분]과 같은 2행 3열의 교차표에서 주변합이 <표 12-5>와 같이 주어졌을 때, 자유롭게 값을 적어 넣을 수 있는 셀의 수는 몇 개인가?

<표 12-5> 성별과 지역구분

성별	지역구분			계
	대도시	중소도시	읍면지역	
남				74
여				79
계	60	51	42	153

왼쪽 위부터 오른쪽으로 차례로 값을 적어 넣는 경우를 생각해보자. (남자, 대도시)에 0에서 60사이의 값을 적고 나면, (여자, 대도시)는 저절로 결정이 된다. 나머지 4개의 셀 중 (남자, 중소도시)에 적절한 값을 적고나면 나머지 3개의 셀의 값은 저절로 결정이 된다. 따라서 자유롭게 값을 적을 수 있는 셀의 수는 2개이다. ■

이처럼 주변합을 이미 알 경우, 각 열에서 총 r개의 셀 중 $r-1$개의 셀에 들어갈 값을 알면 마지막 셀의 값은 저절로 구해진다. 각 행에서도 마찬가지로 $c-1$개의 셀

에 들어갈 값을 알면 마지막 셀의 값은 저절로 구해진다. 이처럼 마지막 행과 열에 있는 셀 안에 들어가는 값은 자유롭게 바꿀 수 없기 때문에 교차표에서의 자유도는 $(r-1)\times(c-1)$이다.

예제 12-3

'지역구분[city]' 과 '빈부의 격차에 대한 생각[v18_1]' 을 나타낸 3×4 교차표에서 자유도는 얼마인가?

$r=3$, $c=4$이므로 자유도는 $(3-1)\times(4-1)=6$이다.

4. 피어슨의 카이제곱(χ^2)통계량

독립성검정에서는, 두 변수 A와 B가 서로 독립이라는 가설이 맞다는 가정 하에 기대빈도와 관찰빈도 간의 차이를 비교한다. 만일 두 변수가 서로 독립이라면 관찰빈도와 기대빈도의 값은 서로 비슷할 것이다. 그러나 서로 관련이 있다면 관찰빈도는 (서로 독립일 경우의) 기대빈도와 큰 차이가 날 것이다. 따라서 두 빈도간의 차이가 크면 서로 상관이 있는 것이고 차이가 작으면 서로 독립이다.

두 빈도간의 차이는 검정통계량으로 측정한다. 각 셀의 관찰빈도를 O_{ij}, 기대빈도를 E_{ij}라 할 때, 두 변수의 관계를 알아보는 검정통계량은

$$X^2 = \sum_{ij} \frac{(O_{ij} - E_{ij})^2}{E_{ij}}$$

로서 피어슨의 카이제곱 검정통계량이라 부른다. 수집된 자료가 충분히 크고 두 변수가 서로 독립이라는 가정이 맞을 경우 검정통계량은 (점근적으로) 자유도가 $(r-1)(c-1)$인 카이제곱(χ^2)분포에 근접한다.

어느 경우에 검정통계량이 충분히 크다고 할 수 있을까? 이 기준을 제시하는 것이 유의확률로서, 자유도가 $(r-1)(c-1)$인 카이제곱분포에서 검정통계량(이나 그 이상의 값)이 나올 확률이다. 유의확률이 유의수준(α)보다 작으면 두 변수는 유의한 관계가 있다고 해석한다.

5. 가정 – 언제 사용할 수 있는가?

독립변수와 종속변수가 모두 범주형 데이터인 경우에 사용한다. 단, 수집된 데이터가 충분히 커야 하는데 그 판단은 기대빈도로 내린다. 교차표에 있는 전체 셀의 개수 중 25% 이상에서 기대빈도가 5 미만의 값이 나오면 데이터가 충분히 크지 않은 것이다.

만일 수집된 자료가 충분치 않다는 결론을 내리면 정확한 통계를 낸다. 정확한 통계는 점근적 분포인 카이제곱분포를 사용하지 않고 주어진 주변합으로 구할 수 있는 모든 가능한 표를 만들어 확률을 구해서, 주어진 표의 빈도보다 더 큰 값이 나올 확률을 정확하게 계산하는데, 이 방법을 널리 알린 학자인 R. A. Fisher를 기려 Fisher의 Exact test라고도 한다. 이 책에서는 큰 자료를 중심으로 설명하므로 정확한 통계 부분은 다루지 않기로 한다.

6. 엑셀로 두 범주형 변수의 관계 검정하기

엑셀에는 교차분석하기 메뉴가 준비되어있지 않다. 따라서 각 단계를 계산하거나 매크로를 이용해야 한다. 이 책에서는 엑셀을 조금 해 본 사람이라면 누구나 쉽게 따라할 수 있도록 단계별로 계산하는 방법을 소개한다. 계산할 단계는 다음과 같다.

① '빈도'가 있는 교차표를 만든다.
② 교차표를 복사해서 '전체에 대한 비율'이 있는 교차표를 만든다.
③ 빈도가 있는 교차표를 복사해서 기대빈도표를 만든다.
④ 기대빈도표를 복사해서 (O-E)^2/E 값이 있는 표를 만든다.
⑤ 검정통계량 X^2을 계산한다.
⑥ 유의확률을 구한다.

예제를 보면서 단계별로 실행해보자.

예제 12-4

청소년 데이터를 가지고 '학교구분[sch]' 과 '출생지역에 따른 사회적 차별에 대한 생각 [v18_5]' 의 관계를 검정해 보자. 학교구분과 출생지역에 따른 사회적 차별에 대한 생각은 서로 독립일까? 서로 관계가 있을까? 검정통계량과 유의확률은 각각 얼마인가? 그 값을 보아 어떤 결론을 내릴 수 있을까? 유의수준 .05에서 검정해 보자.

먼저, 가설을 세워보자.

H_0: 학교구분과 출생지역에 따른 사회적 차별에 대한 생각 간에는 관계가 없다(서로 독립이다).

H_1: 학교구분과 출생지역에 따른 사회적 차별에 대한 생각 간에는 관계가 있다.

먼저 학교구분(sch)과 '출생지역에 따른 사회적 차별에 대한 생각(v18_5)'의 교차표 분석을 단계별로 실행해보자.

(1) '빈도'가 있는 교차표를 만든다.

메뉴표시줄의 삽입 탭의 메뉴 중 피벗테이블 → 피벗 테이블(T) 을 이용한다. (제3장 참조)

(2) 교차표를 복사해서 '전체에 대한 비율'이 있는 교차표를 만든다.

① 교차표를 복사하여 9행에 붙인다.

② Σ 값 의 개수 : v18_5 를 마우스 왼쪽버튼을 클릭하여 '값 필드 설정' 창을 불러온다. 값 표시 형식 에서 '표준' 으로 되어있는 값 표시 형식(A) 을 '전체에 대한 비율'로 바꾼 뒤 확인 을 클릭한다 〈그림 12-1〉.

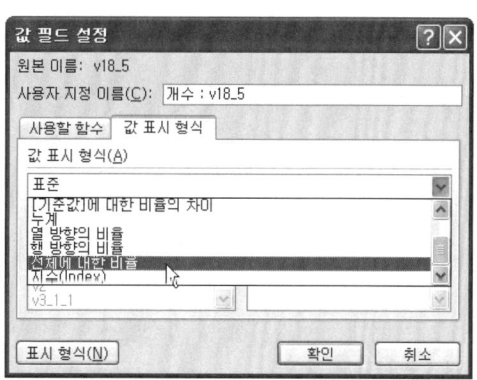

〈그림 12-1〉 '학교구분'과 '출생지역에 따른 사회적 차별'의 교차표: 값 필드 설정 창

(3) 빈도가 있는 교차표를 복사해서 기대빈도표를 만든다.

① 행번호 4부터 7까지를 복사하여 행번호 15에 붙인다. 혼동을 막기 위하여 셀 A15의 내용을 '기대빈도'라 바꾼다.

② 함수식을 이용하여 기대빈도를 계산한다 〈그림 12-2〉.

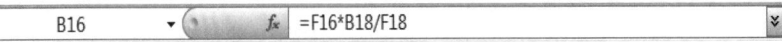

〈그림 12-2〉 함수식으로 셀 B16의 기대빈도를 계산

(4) 기대빈도표를 복사한 후 (O-E)^2/E 값이 있는 표 X2를 만든다.
① 참조 셀이 바뀌면서 이상한 값이 나오더라도 무시한다.
② 셀 B21에 필요한 계산을 한다 〈그림 12-3〉. 여기까지 계산된 값이 〈그림 12-5〉에 있다.

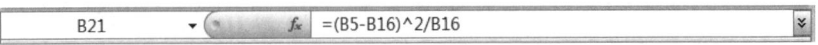

〈그림 12-3〉 함수식으로 셀 B21의 (O-E)^2/E 값을 계산

(5) X^2을 계산한다.
① 셀 B21:E22까지의 값을 모두 더하면 된다. 셀 A24에 '검정통계량'이라 적고 셀 B24에 여덟 셀의 합을 계산한다. 계산된 검정통계량은 6.315이다.
② 다음 행에는 '자유도'와 '3'을 각각 친다.

(6) 유의확률을 구한다.
① 셀 A26에 '유의확률'을 적는다.
② X^2 통계량은 자유도가 (r-1)(c-1)인 카이제곱 분포를 따르므로 유의확률은 'CHIDIST(검정통계량, 자유도)'인 함수로 구할 수 있다 〈그림 12-4〉. 유의확률은 .097이다 〈그림 12-5〉.

〈그림 12-4〉 카이제곱분포에서 유의확률을 계산

	A	B	C	D	E	F
3	개수 : v18_5	열 레이블				
4	행 레이블	1	2	3	9	총합계
5	1	30	15	14	11	70
6	2	36	27	16	4	83
7	총합계	66	42	30	15	153
8						
9	개수 : v18_5	열 레이블				
10	행 레이블	1	2	3	9	총합계
11	1	19.61%	9.80%	9.15%	7.19%	45.75%
12	2	23.53%	17.65%	10.46%	2.61%	54.25%
13	총합계	43.14%	27.45%	19.61%	9.80%	100.00%
14						
15	기대빈도	1	2	3	9	총합계
16	1	30.2	19.2	13.7	6.9	70
17	2	35.8	22.8	16.3	8.1	83
18	총합계	66	42	30	15	153
19						
20	X2	1	2	3	9	
21	1	0.0013	0.9249	0.0055	2.4942	
22	2	0.0011	0.7800	0.0046	2.1035	
23						
24	검정통계량	6.3150				
25	자유도	3				
26	유의확률	0.097249244				

<그림 12-5> 기대빈도와 (O-E)^2/E 값이 계산됨

다음 사항들을 점검하면서 결과를 살펴보자.

① 자료는 충분히 큰가? — 5보다 작은 기대빈도를 가지는 셀이 하나도 없으므로 데이터는 충분히 크다.

② 검정통계량의 분포는 무엇인가? — 교차표의 크기가 2×4이므로 자유도가 (2-1)×(4-1)=3인 카이제곱 분포이다.

③ 검정통계량과 유의확률은 얼마인가? — 검정통계량은 6.315, 유의확률은 .097이다.

④ 이것은 유의한 결과인가? 어떻게 해석하는가? — 아니다. 유의수준 .05 수준에서 유의하지 않은 결과이다. 이 데이터에는 학교구분과 출생지역에 따른 사회적 차별에 대한 생각 간에는 관계가 있다는 충분한 근거가 없다.

7. 교차분석 결과 보고하기

교차분석의 결과는 교차표에 덧붙여서 보고한다. 보기를 통해 알아보자.

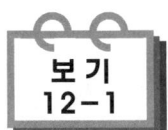

<예제 12-4>의 카이제곱 검정 결과를 표로 정리해보자.

교차분석 결과는 교차표에 카이제곱 검정통계량과 유의확률을 덧붙여 보고한다. 〈표 12-6〉은 제3장의 〈표 3-2〉와 같은 표 형식에 교차분석 결과를 덧붙인 것이다. 여기에서 두 변수간의 관계가 있는지 없는지 알아보는 Peaerson의 카이제곱의 값과 유의확률을 교차분석 표에 덧붙여 준다.

<표 12-6> 학교구분에 따른 비교

		중학교 (n=70)	고등학교 (n=83)	$\chi^2\ (p)$
출생지역에 따른 사회적 차별	심하다	30 (19.6)	36 (23.5)	6.315 (.097)
	심하지는 않지만 심하다고 하는것 같다	15 (9.8)	27 (17.7)	
	심하지 않다	14 (9.2)	16 (10.5)	
	모르겠다	11 (7.2)	4 (2.6)	

제2절 대응표본 검정

앞 절에서 서로 다른 두 개의 범주형 변수간에 관계가 있는지 여부를 검정하는 방법을 공부하였다. 이 절에서는 이항형 변수에서 사전-사후에 응답의 분포가 변화했는지, 또는 같은 분석단위(예를 들면 가족) 안에 있는 사람들의 응답이 서로 다른지를 검정하는 방법을 배운다.

1. 대응표본

7장 2절의 대응표본 t-검정에서 살펴본 것과 같이 사전-사후나 같은 분석단위 안에 있는 사람들처럼, 같거나 유사한 내용을 측정한 데이터는 서로 '대응'되는 표본에서 측정한 데이터이다. 사전-사후의 데이터는 스스로 자기 자신의 대응되는 표본이고, 남편과 부인처럼 같은 분석단위 안에서는 두 사람이 서로 대응되는 표본이다.

2. 가설 – 무엇을 검정하나?

대응되는 표본에서 분석의 주 관심사는 사전의 분포와 사후의 분포가 같은지 또는 두 대응 관찰값의 분포가 같은지 알아보는 것이다. 이러한 분석은 대응표본 검정이라 하는데, 전문용어로는 주변합의 동일성의 검정(test of marginal homogeneity)이라 한다.

H_0 : 두 변수의 주변합은 동일하다(사전의 분포와 사후의 분포간에 변화가 없다)

H_1 : 두 변수의 주변합은 동일하지 않다(사전의 분포와 사후의 분포간에 변화가 있다)

대응표본 검정은, 이 방법을 개발한 학자를 기려 McNemar의 검정이라고 부른다.[43] 다음 예를 통해 McNemar의 검정에 대해 알아보자. 먼저 〈표 12-7〉에 제시된 가상의 데이터를 살펴보자.

다음 자료는 유세의 효과를 알아보기 위한 데이터로서, 100명의 유권자를 대상으로 유세 전과 유세 후 지지하는 정당을 조사하였다. 이 데이터를 분석하는 목적은 유세 전·후의 정당지지가 같은지 다른지 알아보는 것이다. 유세의 효과가 있다면 유세 전·후의 지지정당의 분포가 다를 것이다. 이 자료를 교차표로 정리하면 〈표 12-8〉과 같다.

표에 의하면 유세 전에는 A정당을 지지하는 사람이 더 많았다. 유세 전에 A정당을 지지하던 사람은 60명에서 유세 후에는 50명으로, B정당을 지지하는 사람은 40명에서 50명으로 각각 바뀌었다. A정당을 지지하던 사람 중 10명이 B정당을 지지하게 된 것 같다.

데이터를 조금 더 자세히 보면 같은 정당을 계속 지지하는 사람, 즉, 유세의 영향을 받지 않은 사람들과 다른 정당을 지지하게 된 사람, 즉, 유세의 영향을 받은 사람의 두 종류가 있음을 알 수 있다. A정당을 계속 지지하는 40명과 B정당을 계속 지지하는 30명은 유세의 영향을 받지 않는 사람이다. 이 사람들은 교차표의 주대각선 ((1,1)셀과 (2,2)셀)에 있는 사람들이다. 유세의 영향을 받은 사람은 30명으로서 주대각선 이외의 셀에 있는 사람들이다. 이 30명을 자세히 살펴보자.

---

43) McNemar는 '맥니마'라고 읽는다.

<표 12-7> 지지하는 정당 - 유세 전과 후

id	유세 전	유세 후	id	유세 전	유세 후	id	유세 전	유세 후	id	유세 전	유세 후	id	유세 전	유세 후
1	A	A	21	B	B	41	B	A	61	A	A	81	B	B
2	A	A	22	A	B	42	A	A	62	B	B	82	A	A
3	B	A	23	B	A	43	B	B	63	B	A	83	A	B
4	B	B	24	A	A	44	A	A	64	A	A	84	A	B
5	B	B	25	B	B	45	A	B	65	A	A	85	A	A
6	A	B	26	A	B	46	B	B	66	A	A	86	B	B
7	A	B	27	A	A	47	A	A	67	B	B	87	B	A
8	B	B	28	A	B	48	A	A	68	A	A	88	A	A
9	B	B	29	A	A	49	A	B	69	A	A	89	B	B
10	B	A	30	B	B	50	A	B	70	B	B	90	A	B
11	A	A	31	A	A	51	A	A	71	B	B	91	B	A
12	A	B	32	B	B	52	B	A	72	A	A	92	A	A
13	B	B	33	A	B	53	A	A	73	B	B	93	A	A
14	A	B	34	A	A	54	A	A	74	A	B	94	A	A
15	B	A	35	B	B	55	B	B	75	A	A	95	B	B
16	A	A	36	A	B	56	A	A	76	A	A	96	A	A
17	A	A	37	A	A	57	B	B	77	A	A	97	B	B
18	B	B	38	A	A	58	A	A	78	A	A	98	B	B
19	B	B	39	A	A	59	B	B	79	B	B	99	B	A
20	A	B	40	A	A	60	A	B	80	A	A	100	A	A

<표 12-8> 지지하는 정당 - 유세 전과 후 교차표

유세 전	유세 후		
	A정당	B정당	계
A정당	40	20	60
B정당	10	30	40
계	50	50	100

유세 후에 지지하는 정당이 바뀐 사람은 A정당에서 B정당으로 20명, B정당에서 A정당으로 10명이다. 즉, 유세의 영향으로 변화한 사람 중 B정당을 지지하게 된 사람의 비율이 A정당을 지지하게 된 사람의 두 배이다. B정당으로서는 유세의 효과를

톡톡히 본 셈이다.

이처럼 한 쪽으로 변화한 사람의 비율이 다른 쪽으로 변화한 사람의 비율보다 더 높은 경우, 유세는 효과가 있는 것이다 〈표 12-9〉. 그러나 만일 다른 정당을 지지하게 된 사람이 똑같이 15명씩이라면 유세는 아무런 효과가 없다고 볼 수 있다. 이 경우에는 유세 전·후의 지지율의 분포가 동일할 것이다. 이러한 가정을 바탕으로 검정하는 방법이 McNemar의 검정이다.

<표 12-9> 30명의 변화로 본 유세의 효과

지지정당의 변화		주변합의 변화	유세의 효과
A→B	B→A		
20명	10명	있음	있는 것 같음
15명	15명	없음	없음
10명	20명	있음	있는 것 같음

3. McNemar의 검정통계량

유세 전과 후의 정당 지지율이 동일한지 동일하지 않은지 알아보고자 할 때는 주대각선에 있는 셀들은 제외한다. 즉, 변화한 사람들만을 대상으로 분석하게 된다. 두 가지 변화 중 한 가지(예를 들어 A정당에서 B정당으로)를 성공이라 하자. 변화의 효과가 없는 경우, 성공한 케이스 수 O_{12}는 변화한 케이스 총 수(여기서는 30명)의 절반이 될 것이다. 즉, O_{12}는 표본의 크기 n이 $O_{12} + O_{21}$이고 성공확률 p가 1/2인 이항분포를 따른다. 따라서 유의확률은 이항분포를 이용하여 구한다.

변화한 케이스의 총 수 $O_{12} + O_{21}$가 충분히 클 때, O_{12}는 평균이 $(O_{12} + O_{21})/2$이고 분산이 $(O_{12} + O_{21})/4$인 정규분포를 따른다. 이로부터 McNemar의 검정통계량

$$X^2 = \frac{(O_{12} - O_{21})^2}{O_{12} + O_{21}}$$

은 자유도가 1인 카이제곱분포를 따른다. 이 분포에서 유의확률을 구해서 유의수준보다 작으면 유의하다는 결론을 내린다.

4. 가정 – 언제 사용할 수 있는가?

대응표본 검정은 행과 열의 크기가 같은 경우, 즉, $r=c$인 경우에 사용할 수 있다. 같은 내용을 반복해서 측정한 경우나 같은 내용을 한 쌍의 응답자에게 질문하면 행과 열의 크기가 같다. 행과 열의 크기가 같다 해도 서로 완전히 다른 항목을 가지고는 분석할 수 없다.

기본적인 대응표본 검정방법은 각 변수의 응답범주가 2인 경우를 바탕으로 개발되었지만, 응답범주가 3이상인 경우에도 응답 내용에 순서가 있는 경우에는 이 방법을 적용할 수 있다. 사전-사후의 주변합의 분포가 동일한지 검정하는 것이다.

McNemar의 검정은 표본이 충분히 큰 경우에 사용할 수 있다. 일반적으로 변화한 케이스 총 수 n이 20 이상이면 크다고 판단한다. 그러나 이 수가 충분히 큰 경우라도 이항분포를 이용하면 유의확률을 구하는 것보다 더욱 정확한 유의확률을 구할 수 있다.

5. 엑셀로 McNemar 검정하기

데이터만 제대로 준비하고 나면, 독립표본 카이제곱분석보다 훨씬 간단하게 할 수 있다. 자세한 내용은 예제를 통해서 알아보자

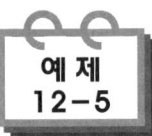
예제 12-5

〈표 12-7〉과 같은 가상의 데이터에서 유세 후에 지지하는 정당이 바뀌었을까? 유의수준 .05에서 검정해보자.

가설을 먼저 세우자.

H_0: 유세 전과 유세 후 지지정당에 변화가 없다.

H_1: 유세 전과 유세 후 지지정당에 변화가 있다.

새 워크시트에 〈표 12-8〉의 교차표를 입력하고 셀 B7에 검정통계량

$$X^2 = \frac{(O_{12} - O_{21})^2}{O_{12} + O_{21}}$$

을 계산한다 〈그림 12-6〉. 검정통계량은 3.33이다.

자유도 1을 치고 셀 B9에는 유의확률을 계산한다. McNemar의 검정통계량 X^2은 자유도가 1인 카이제곱 분포를 따르므로 유의확률은 CHIDIST 함수를 이용하여 계산한다. 유의확률은 .068이다. 유의수준 .05에서 볼 때 유의하지 않은 결과이다.

<그림 12-6> McNemar의 통계량을 계산

<그림 12-7> McNemar검정의 유의확률을 계산

유세 후에 A정당 지지자 중 20명이 B정당을 지지하게 되고, B정당 지지자 중 10명이 A정당을 지지하게 되었지만, 이러한 변화는 통계적으로 유의하지 않기 때문에 유세 전·후의 지지정당의 분포는 서로 다르지 않다고 결론내린다.

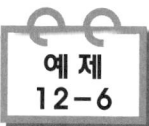

예제 12-6

유세 전과 후의 교차표에서 대응표본 검정을 하지 않고 피어슨 카이제곱검정을 하면 무슨 검정을 하는 것일까? 유의수준 .05에서 검정하고 검정 결과의 의미를 생각해보자.

교차표를 분석하는 방법은 앞 절에서 배웠으므로 그 방법으로 분석하면 <그림 12-8>과 같은 결과가 나온다. 유의확률은 .001보다 작아 유의한 결과이다.

이 결과는 무엇이 의미 있다는 것일까? 피어슨 카이제곱분석은 두 변수간에 관계가 있는지 없는지를 알아보는 것이므로, 여기서는 유세 전의 지지정당과 유세 후의 지지정당 간에 관계가 있는지 검정하는 것이다. 유의한 결과가 나왔으므로 유세 전의 지지정당과 유세 후의 지지정당 사이에는 유의한 관계가 있다는 결론을 내리게 될 것이다. 대부분의 사람들(전체의 70%)이 같은 정당을 지지하고 있으니 당연한 결과라고 하겠다. 우리가 검정하고자 하는 가설과는 전혀 다른 검정을 하고 있다.

	A	B	C	D
1		유세 후		
2	유세 전	A	B	
3	A	40	20	60
4	B	10	30	40
5		50	50	100
6				
7		유세 후		
8	유세 전	A	B	
9	A	40.0%	20.0%	60.0%
10	B	10.0%	30.0%	40.0%
11		50.0%	50.0%	100.0%
12				
13	기대빈도	A	B	
14	A	30.000	30.000	60
15	B	20.000	20.000	40
16		50	50	100
17				
18	X2	A	B	
19	A	3.333333333	3.333333	
20	B	5	5	
21				
22	검정통계량	16.66666667		
23	자유도	1		
24	유의확률	4.45571E-05	CHIDIST(B22,B23)	

Sheet1 Sheet2 Sheet3

<그림 12-8> 정당자료를 카이제곱 분석한 결과

연습문제

청소년 데이터(청소년.xlsx)를 이용하여 다음을 하시오.

1. '지역구분[city]'과 '친하게 지내는 이성친구 유무[v9]'간에 관계가 있는지 알아보자. 두 변수의 교차표를 출력하고, 두 변수간의 관계를 살펴보시오.

2. '성별[v1]'과 '가출해 보고 싶은 생각[v7]'간에 관계가 있는지 검정하시오.

과제

제 1장의 과제에서 만든 데이터를 이용하여 다음을 하시오.

1. 두 범주형 변수가 서로 독립인지 유의수준 .05에서 검정하시오. 결과를 해석하시오. (1,1)셀의 기대빈도를 계산하시오.

2. 범주의 수가 같은 두 개의 범주형 변수가 서로 독립인지 유의수준 .05에서 검정하시오. 같은 변수들을 대응표본으로 간주하여 McMemar의 검정을 유의수준 .05에서 실행하시오. 두 가지 분석의 가설을 적고, 어느 분석방법이 맞는 방법인지 간단히 서술하시오. 그렇게 생각하는 이유를 대시오.

3. 대응표본 분석을 할 수 있는 변수들의 예를 한가지 적으시오.

부 록

부록A 추정과 검정의 기본개념

부록B 설문지와 코드북

부록C 그림으로 보는 주요함수

부록D 엑셀로 분석 시작하기

부록A 추정과 검정의 기본개념

> **제1절** 확률분포

> **제2절** 표본분포

이 장에서는 엑셀로 자료를 분석하는데 꼭 배워야 하는 내용은 아니지만 각 검정의 이론이 되는 내용을 모아두었다. 필요한 사람은 참고하여 공부하고, 더욱 자세한 내용은 통계학 책을 보기 바란다.

제1절 분포

확률변수의 실수값에 확률을 대응시켜 주는 관계를 확률분포(probability distribution)라고 하는데 확률변수가 이산적인 경우에는 이산확률분포(discrete probability distribution)가 되고 연속적인 경우에는 연속확률분포(continuous probability distribution)가 된다. 한편 평균이나 표준편차 등 확률표본(random sample)에서 얻어지는 통계량도 확률변수로서 그 분포를 표본분포(sampling distribution)라 한다. 확률분포나 표본분포를 잘 아는 것은, 확률을 구하고 이를 이용하여 통계적인 결론을 내리는데 기본이 된다. 이산확률분포의 대표적인 것으로는 이항분포가 있고, 연속확률분포의 대표적인 것으로는 정규분포를 들 수 있다. 표본분포로는 정규분포와 t-분포, 카이제곱분포, F-분포를 들 수 있는데, 각 분포에 대해 간략하게 알아보자.

1. 이항분포

이항분포(binomial distribution 또는 dichotomous distribution)는 성별(남, 여) 또는 성공여부(성공, 실패)처럼 두 개의 가능한 값만을 가지는 범주형 확률변수의 성공 개수(또는 횟수)를 나타내는 확률변수 X의 분포를 말한다. 여기서 성공의 비율을 성공확률이라 하여 π로 쓰고, 실패의 비율을 실패확률이라 하여 $1-\pi$로 쓰자.

이항분포에서는 성공확률은 물론 반복횟수도 필요하다. 즉, '성공률이 얼마(π)인 사람들 몇 명(n)을 조사했더니 그 중 몇 명(x)이 성공했다'라든지, '성공률이 π인 실험을 n번 시행했더니 그 중 x번 성공했다'고 말할 수 있어야 하는 것이다. 따라서 확률변수 X가 이항분포를 따를 때, 성공확률과 반복횟수를 들어

$$X \sim B(n, \pi)$$

라고 쓰고 '확률변수 X는 반복횟수가 n이고 성공확률이 π인 이항분포를 따른다.', 또는 '확률변수 X는 표본의 크기가 n이고 성공확률이 π인 이항분포를 따른다.'라고 읽는다. 이항분포에서는 평균이 $n\pi$, 분산이 $n\pi(1-\pi)$가 된다. 많은 경우 π가 얼마인지 모르므로 표본의 비율 p로 대신한다. 이항분포의 평균과 분산의 공식은 검정과정에서 중요하게 쓰이는 값이다.

이항확률변수의 예로는 1,000명의 성인 가운데 운전면허를 가진 사람의 수, 3,000가구 가운데 경운기를 가지고 있는 농가의 수, 공을 20번 던졌을 때 골인된 횟수 등이 있다. 여기서 1,000명이나 3,000가구, 20번 등이 반복횟수 n이다.

범주형의 확률변수 가운데 세 개 이상의 범주가 있는 경우는 다항분포(multi-nomial distribution)라 하여 이항분포와는 다소 차이가 있다. 다항분포를 따르는 확률변수를 두 범주로 묶으면 이항확률변수가 된다.

2. 정규분포

(1) 연속확률분포로써의 정규분포

키나 몸무게 등 연속형인 확률변수의 분포 가운데 가장 널리 알려진 분포는 정규분포(normal distribution)이다. 정규분포의 형태는 종모양으로서 평균과 중위수, 최빈값이 모두 같으며 평균을 중심으로 좌우대칭이다. 〈그림 A-1〉에서 x 축에는 키나 몸무게 등 변수의 값이, y 축에는 곡선의 식인 확률밀도함수의 값이 들어간다. x 축 위의 두 점 a와 b (a<b)를 선택했을 때, 두 점 사이의 거리 (b-a)에 x에서 곡선까지의 높이인 함수 $f(x)$를 곱한 면적이 'x가 a와 b 사이에 있을 확률'이 된다. 〈그림 A-1〉에서 어둡게 표시된 부분은 x가 a=-2와 b=0 사이에 있을 확률이다. 정규분포는 많은 학자들이 연구하여 그 성질이 잘 알려져 있고, 우리 주변의 많은 변수들이 정규분포를 따르므로 통계학에서 가장 많이 쓰인다. 확률변수 X가 평균이 μ, 분산이 σ^2인 정규분포를 따르는 경우, $X \sim N(\mu, \sigma^2)$이라고 쓴다.

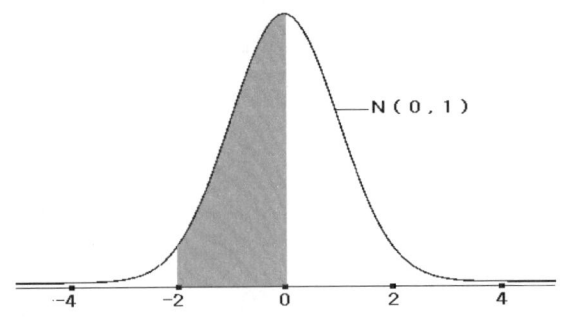

〈그림 A-1〉 표준 정규분포 곡선

어떤 확률변수가 정규분포를 따른다고 알려져 있다고 하여도 함수를 직접 적분하여 확률을 구하기는 거의 불가능하다. 정규분포의 확률은 대부분의 경우 분포표를 통해서 구하게 되는데 평균과 표준편차가 다양하고, 함수가 매번 다르기 때문에 각 경우에 맞는 표를 모두 준비하기란 불가능하다. 이러한 문제를 해결하기 위하여 확률변수 X를 표준화할 필요가 있다. 평균이 μ이고 분산이 σ^2인 확률변수 X를 표준화한 확률변수

$$Z = \frac{X - \mu}{\sigma}$$

는 평균이 0이고 분산이 1인 정규분포를 따른다. 이를 기호로 나타내면 $Z \sim N(0, 1)$이다. 예를 들어 평균이 140이고 분산이 100인 키의 값 X를 표준화시킨다면

$$Z = \frac{X - 140}{10}$$

가 된다. 각 사람의 키 x를 X에 대입하면 표준화된 값 z를 구할 수 있다. 다양한 평균과 분산을 가지는 확률변수라 하여도, 이처럼 표준화시키면 확률을 구하기도 쉽고 서로 비교하기도 쉽다. 〈그림 A-1〉은 평균이 0이고 표준편차가 1인 표준정규분포를 나타낸 것이다.

표준화된 값은 표준편차라는 눈금의 자로 평균으로부터의 거리를 잰 것으로 설명할 수 있다. 예를 들어 $z=1$이라면 $x - \mu$ (분자)가 σ (분모)와 같다는 의미로, x가 평균 μ에서 표준편차만큼 오른쪽으로 갔다는 것이고, $z=-1.96$이라는 것은 x가 평균으로부터 왼쪽으로 표준편차의 1.96배만큼 갔다는 뜻이다. 정규분포에서는 이처럼 평균에서부터 표준편차거리(z)로 확률을 구한다.

(2) 표본분포로써의 정규분포

크기가 N인 모집단에서 크기가 n인 확률표본을 뽑아서 표본 평균 $\overline{X}$의 관측값 $\overline{x}$를 구하는 경우를 생각해 보자. 표본에 포함된 대상자는 표집(sampling)을 할 때마다 달라질 수 있다. 예를 들어 〈표 A-1〉과 같이 5명($N=5$)으로 이루어진 모집단을 생각해 보자

〈표 A-1〉 $N=5$인 가상의 모집단

대상자	a	b	c	d	e
나이	5	4	4	3	6

모평균: 4.4, 모분산: 1.04

이 예에서는 모집단의 크기가 작기 때문에 모평균(μ)과 모분산(σ^2)을 쉽게 구할 수 있지만, N이 큰 모집단이라면 알 수 없는 내용이다. 이 모집단에서 $n=2$명의 표

본을 뽑아 그 평균으로 모집단의 평균을 추리하고자 한다면, 가능한 표본은 (a, b), (a, c), (a, d), (a, e), (b, c), (b, d), (b, e), (c, d), (c, e), (d, e)의 10가지가 있다.44) 각 표본에서 표본평균을 하나씩 구할 수 있으므로, 가능한 표본평균($\overline{x}$)의 수는 10개이며 그 값은 〈표 A-2〉에 나타난 것과 같다. 만일 우연히 첫 번째 표본이 뽑혔다면 표본평균은 4.5가 되었을 것이고, 다섯 번째 표본이 뽑혔다면 표본평균은 4.0이 되었을 것이다.

〈표 A-2〉 $N=5$인 가상의 모집단의 가능한 모든 $n=2$인 표본의 평균

표본번호	1	2	3	4	5	6	7	8	9	10	전체
표본된 대상	a, b	a, c	a, d	a, e	b, c	b, d	b, e	c, d	c, e	d, e	
관찰값	5, 4	5, 4	5, 3	5, 6	4, 4	4, 3	4, 6	4, 3	4, 6	3, 6	
표본평균	4.5	4.5	4.0	5.5	4.0	3.5	5.0	3.5	5.0	4.5	4.4

이처럼 가능한 모든 표본평균값을 구하면, 이 표본평균값의 분포를 구할 수 있는데, 이와 같은 표본평균값의 분포를 평균의 표본분포(sampling distribution of the mean)라 한다. 〈표 A-3〉은 가능한 모든 표본평균의 분포표이다. 표에는 모집단의 평균(4.4)과 가까운 4.5가 가장 많이 나타난 것을 알 수 있고, 전체 표본평균들의 평균이 모집단의 평균과 같은 것을 알 수 있다.

〈표 A-3〉 $N=5$가상의 모집단의 $n=2$인 표본 평균의 분포

평균	3.5	4	4.5	5	5.5	계
표본번호	6, 8	3, 5	1, 2, 10	7, 9	4	
횟수	2	2	3	2	1	10
확률	0.2	0.2	0.3	0.2	0.1	1.0

평균들의 평균: 4.4, 평균들의 분산: 0.39

---

44) 일반적으로 N개에서 n개를 뽑는 방법은 $\binom{N}{n}$ 가지이다. 여기에서는 $\binom{5}{2} = \frac{5!}{2!3!} = \frac{5 \cdot 4 \cdot 3 \cdot 2 \cdot 1}{(2 \cdot 1) \cdot (3 \cdot 2 \cdot 1)} = 10$이다.

이 예에서는 모집단이 작고 표본의 크기도 작아서 표본분포를 쉽게 알 수 있지만, 실제로 모집단이 큰 경우에는 모든 가능한 표본을 나열해서 표본분포를 구하기란 불가능하다. 평균의 표본분포에 대한 연구결과 중 다음은 중요한 결과이다.

(1) 표본평균과 표본분산은 모평균과 모분산의 가장 좋은 추정량이다.
(2) 표본평균의 분산은 모분산을 표본 크기로 나눈 것과 같다.
(3) 모집단의 분포에 상관없이 표본의 크기가 크면, 그 표본평균의 분포는 정규분포로 접근한다(중심극한정리; Central Limit Theorem).

위의 결과를 정리해서 기호로 나타내면

$$X \sim (\mu, \sigma^2) \underset{n \to \infty}{\Rightarrow} \overline{X} \sim N\left(\mu, \frac{\sigma^2}{n}\right)$$

이고, '만일 X가 평균이 μ이고 분산이 σ^2인 분포를 따른다면, 표본이 아주 클 때, 표본평균 $\overline{X}$는 평균이 μ이고 분산이 $\frac{\sigma^2}{n}$인 정규분포를 따른다.'고 읽는다. 즉, 어떤 확률변수의 평균이 μ이고 분산이 σ^2이라면, n개의 표본을 뽑을 때 생길 수 있는 표본평균들은 n이 큰 경우($n \geq 30$) 대략 정규분포를 따르고, 이 평균들의 평균은 μ이고 분산은 $\frac{\sigma^2}{n}$이다.45) 여기서 평균의 분산인 $\frac{\sigma^2}{n}$의 제곱근, 즉, 평균값들의 표준편차를 표준오차(standard error)라 한다.

확률변수 X가 정규분포를 따르면, 표본평균 $\overline{X}$도 역시 정규분포를 따르므로, 표본평균에서 평균 μ를 빼고 다시 표준오차($\overline{X}$의 표준편차)로 나누면,

$$Z = \frac{\overline{X} - \mu}{\sqrt{\frac{\sigma^2}{n}}} = \frac{\overline{X} - \mu}{\frac{\sigma}{\sqrt{n}}}$$

는 표준화변수가 되어, 평균이 0이고 분산이 1인 정규분포, 즉, 표준정규분포(standard normal distribution)를 따른다. 만일 확률변수가 정규분포를 따르지 않더라

---

45) 여기에서는 작은 모집단을 이용했기 때문에, 실제로 위의 평균들의 분산은 유한모집단 수정계수를 곱한 값과 같다. 식으로 쓰면, $\left(\frac{\sigma^2}{n}\right)\left(\frac{N-n}{N-1}\right) = \left(\frac{1.04}{2}\right)\left(\frac{5-2}{5-1}\right) = 0.39$이다. 유한모집단수정계수 $\left(\frac{N-n}{N-1}\right)$은 작은 표본에서만 쓰이는 것으로, N이 큰 경우(n이 N의 5% 이내인 경우)에는 1에 가깝다.

도, 예를 들어 변수가 이항분포를 따르더라도, 앞의 세 가지 요약 중 (3)과 같이, 표본의 크기가 크면 그 평균의 분포는 정규분포에 근접한다. 따라서 아주 작은 표본의 경우를 제외하고는 표본평균의 분포는 정규분포를 따르는 것으로 생각할 수 있다.

3. t-분포

표본이 큰 경우, 표본평균을 표준오차로 나눠 표준화시키면 표준정규분포를 따르는 것을 알았다. 이때 실제로는 모집단의 분산 σ^2을 모르기 때문에 σ^2의 가장 좋은 추정량인 표본분산 S^2을 대신 이용하게 된다. 그러나 표본분산 역시 통계량으로서 표본에 따라 그 값이 변할 수 있는 확률변수이기 때문에 σ^2 대신 S^2을 이용해서 표준화시키면 표준화한 값이 정확하게 정규분포를 따르지 않게 된다.[46]

표본평균의 값인 S^2을 이용하여 표준화시킨 표준화 변량은

$$t = \frac{\overline{X} - \mu}{\sqrt{\frac{S^2}{n}}} = \frac{\overline{X} - \mu}{\frac{S}{\sqrt{n}}}$$

가 되고 이 통계량의 분포를 t-분포(student's t-distribution)라 한다.

t-분포는 정규분포와 상당히 비슷하게 생겼다. 모양도 종(bell)모양이고, 평균과 중위수, 최빈값이 모두 같고, 평균을 중심으로 좌우 대칭이다〈그림 A-2〉. 정규분포와 다른 점은, 양쪽 꼬리부분이 더 두텁고 가운데 부분의 높이가 약간 낮다는 점인데, 이는 표본의 크기가 작을수록 더 심하다. 따라서 t-분포를 지칭할 때는 표본의 크기를 함께 지정해야 하는데, 표본의 크기는 자유도(degrees of freedom: df)를 통해서 지정한다. t-분포를 따르는 확률변수는 자유도와 함께 t_d로 나타낸다. 표본의 크기가 n인 경우, 위의 식에서 얻어지는 t 값의 자유도는 $n-1$로서 $t \sim t_{n-1}$로 표시하고 '변량 t는 자유도가 $n-1$인 t-분포를 따른다.'고 읽는다.

〈그림 A-2〉에는 자유도가 1, 5, 30 일 때의 t-분포와 정규분포를 함께 나타내었다. 봉우리가 가장 높은 것이 정규분포로서, 자유도가 커질수록 정규분포에 더 근접하는 것을 알 수 있다. 또 자유도가 작을수록 봉우리는 낮고 꼬리 부분이 두텁다. 꼬리부분이 두텁다는 말은, 같은 t 값이라도 자유도가 작으면 그 값보다 큰 값이 나올 확률이 더 커진다는 의미이다. 〈표 A-4〉에는 자유도가 1, 5, 30인 t-분포와 표준정규분포에

---

[46] 표본분산도 확률변수이기 때문에 변수를 지칭하는 대문자 S^2을 쓴다. 또한 표본에서 구한 구체적인 값을 나타낼 때는 소문자 s^2를 쓴다.

서 2.0 이상의 값이 나올 확률($P(t_d > 2)$)을 정리하였다. 자유도가 커질수록 확률이 작아지며, 자유도가 30일 때는 표준정규분포와 차이가 거의 나지 않음을 알 수 있다.

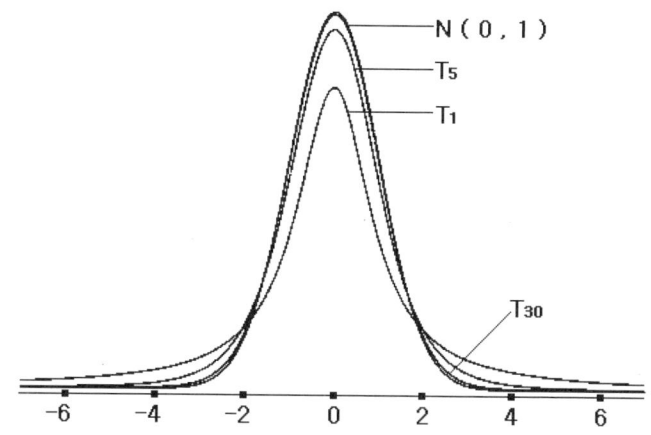

<그림 A-2> 자유도가 1, 5, 30인 t-분포와 표준정규분포 곡선

<표 A-4> t분포에서 자유도의 변화에 따른 확률변화

자유도(df)	$P(t_d > 2)$
1	0.148
5	0.151
30	0.027
표준정규	0.023

4. 카이제곱분포

정규분포를 따르는 확률변수를 Z로 표준화시켰을 때, 이의 제곱으로 이루어진 확률변수 $X^2(=Z^2)$은 음수 값을 가질 수 없다. 표준정규분포를 따르는 확률변수의 제곱 X^2은 자유도가 1인 카이제곱분포(χ^2 distribution)를 따른다. 카이제곱분포는 항상 양수값만 가지며, 봉우리(최빈값)는 하나이고 꼬리가 오른쪽으로 길다. 카이제곱분포의 중위수는 최빈값보다 크고, 평균은 중위수보다 크다.

카이제곱분포도 t-분포처럼 자유도에 따라 그 모양이 점점 달라지는데, 자유도가 클수록 최빈값(봉우리)이 더 오른쪽으로 옮아간다. 〈그림 A-3〉에는 자유도가 1, 5, 10, 30인 카이제곱분포가 나타나 있다. x축은 카이제곱값, y축은 카이제곱분포 밀도함수값이다. 같은 χ^2값보다 큰 값이 나올 확률도 자유도가 커질수록 더 커지는 것을 쉽게 살펴볼 수 있다. 자유도가 5인 경우보다 자유도가 10인 경우의 밀도함수는 더 좌우대칭에 가깝고, 자유도가 30인 경우는 그것보다 더 좌우대칭에 가깝다. 자유도가 클수록 정규분포와 점점 더 비슷해진다.

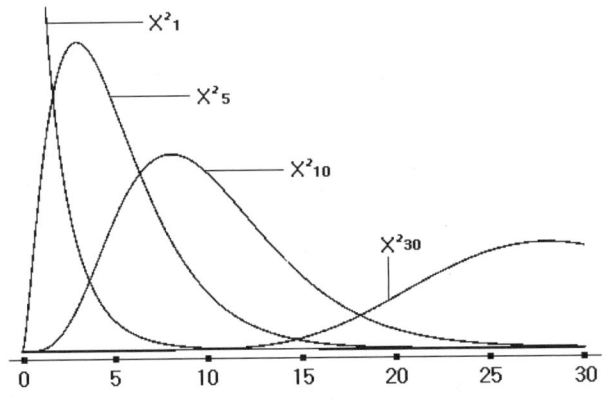

〈그림 A-3〉 자유도가 1, 5, 10, 30인 카이제곱분포 곡선

카이제곱분포는 특히 교차표의 분석에서 얻어지는 통계량인

$$X^2 = \sum \frac{(O_i - E_i)^2}{E_i}$$

의 분포로 유명하다. 그래서 교차분석을 카이제곱분석이라고도 한다.

5. F-분포

F-분포(F-distribution)는 서로 독립인, 카이제곱분포를 따르는 두 확률변수의 비(ratio)의 분포이다. 만일 분자에 있는 확률변수가 자유도 d_1인 카이제곱분포를 따르고, 분모에 있는 확률변수가 자유도 d_2인 카이제곱분포를 따른다면, F는

$$F = \frac{\chi^2_{d_1}/d_1}{\chi^2_{d_2}/d_2}$$

이 된다. 여기서 F의 자유도는 (d_1, d_2)이다. F분포는 항상 양수값만 취하며, 분산분석에 많이 쓰인다. 〈그림 A-4〉에는 분모자유도는 5로 일정하고 분자자유도가 1, 5, 10, 30인 F-분포의 확률밀도 함수가 나타나 있다. 분자자유도가 커질수록 봉우리가 점점 오른쪽으로 옮아간다.

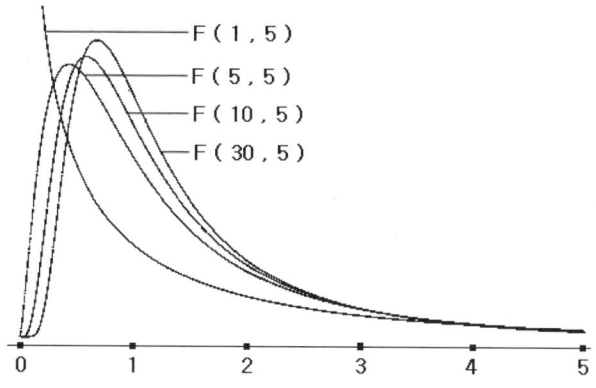

〈그림 A-4〉 분자자유도가 1, 5, 10, 30이고 분모자유도가 5인 F-분포 곡선

〈그림 A-5〉에는 분자자유도는 5로 일정하고 분모자유도가 1, 5, 10, 30인 F-분포의 밀도함수이다. 〈그림 A-4〉처럼 분모자유도가 커질수록 봉우리가 오른쪽으로 옮아간다.

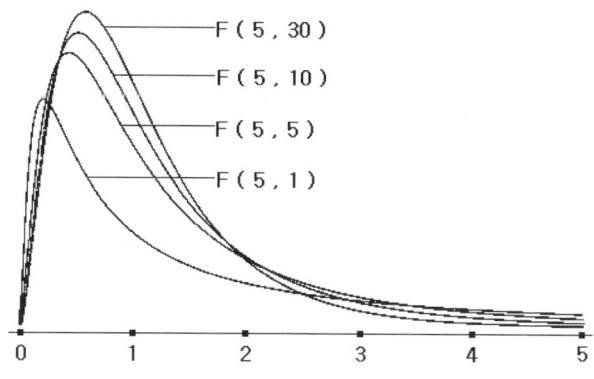

〈그림 A-5〉 분자자유도가 5이고 분모자유도가 1, 5, 10, 30인 F-분포 곡선

제2절 추정

1. 신뢰구간

(1) 신뢰구간 공식

확률변수 X의 평균이 μ이고 분산이 σ^2일 때, 표본의 크기 n이 충분히 크면, 표본평균 $\overline{X}$는 대략 정규분포를 따르고 평균이 μ이며 분산은 $\dfrac{\sigma^2}{n}$임을 앞에서 배웠다. 여기서 표본평균 $\overline{X}$가 모평균 μ로부터 특정 거리 $\pm d$ 이내에 있을 확률

$$\Pr(L < \overline{X} < U) = \Pr(\mu - d < \overline{X} < \mu + d)$$

을 구해보자. 만일 각 항에서 $\overline{X}$의 평균 μ를 빼고 다시 $\overline{X}$의 표준편차 $\dfrac{\sigma}{\sqrt{n}}$로 나눠준다면 $\overline{X}$는 표준정규분포하는 표준화 변수 Z로 변환된다.

$$\Pr(\mu - d < \overline{X} < \mu + d) = \Pr(-d < \overline{X} - \mu < d)$$

$$= \Pr\left(\dfrac{-d}{\dfrac{\sigma}{\sqrt{n}}} < \dfrac{\overline{X} - \mu}{\dfrac{\sigma}{\sqrt{n}}} < \dfrac{d}{\dfrac{\sigma}{\sqrt{n}}}\right)$$

$$= \Pr(-z < Z < z)$$

이때 $z = 1.96$이라면 확률은 0.95가 되고, $z = 1.645$라면 확률은 0.90이 된다. 그러나 실제로는 μ가 얼마인지 모르기 때문에 이 확률을 구할 수 없다.

위의 식을 다음과 같이 다시 정리해보자.

$$\Pr\left(-z < \dfrac{\overline{X} - \mu}{\dfrac{\sigma}{\sqrt{n}}} < z\right) = \Pr\left(-z\dfrac{\sigma}{\sqrt{n}} < \overline{X} - \mu < z\dfrac{\sigma}{\sqrt{n}}\right)$$

$$= \Pr\left(-z\dfrac{\sigma}{\sqrt{n}} - \overline{X} < -\mu < z\dfrac{\sigma}{\sqrt{n}} - \overline{X}\right)$$

$$= \Pr\left(\overline{X} - z\dfrac{\sigma}{\sqrt{n}} < \mu < \overline{X} + z\dfrac{\sigma}{\sqrt{n}}\right)$$

위의 정리하는 과정에서 두 번째 줄의 각 항에 -1을 곱해주면, 부등호의 방향이 바뀌면서 세 번째 줄과 같이 정리된다. 마지막 줄은 모평균 μ가 있을 구간을 표본평균 $\overline{X}$를 중심으로 나타내었다. 즉, 모평균의 위치를 $\overline{X} \pm d$의 형태로 추리해서 나타낸 것이다. 이 구간을 신뢰구간(confidence interral; CI) 이라 하며 신뢰구간의 공식은 $\overline{X} \pm z \dfrac{\sigma}{\sqrt{n}}$이다. 신뢰수준을 95%로 하려면 $z=1.96$을 사용하고, 신뢰도를 90%로 하려면 $z=1.645$를 사용한다.

실제로 σ는 알려져 있지 않으므로 표본표준편차 s로 대신하는데, 이 경우에는 z값 대신 자유도가 $(n-1)$인 t값을 사용한다. 표본표준편차를 대입한 신뢰구간을 구하는 공식은 $\overline{X} \pm t \dfrac{s}{\sqrt{n}}$이다. 대부분의 경우 모집단 표준편차($\sigma$)를 모르므로 표본표준편차($s$)를 이용한 공식을 이용한다.

(2) 신뢰구간을 구하는 과정과 해석

모평균의 신뢰구간을 구하는 과정은 다음과 같다.

① 가지고 있는 정보를 적절한 기호를 이용하여 나타낸다. 특히 표본의 크기(n)와 분산(모분산이면 σ^2을, 표본분산이면 s^2을 사용)을 기록한다. 표본평균과 원하는 신뢰수준을 명시한다.

② 신뢰수준이 결정되면, t-분포에서 그 신뢰수준을 나타내는 신뢰계수 t를 구한다. 표준정규분포처럼 t-분포도 0을 중심으로 좌우가 대칭이므로, 양수값만 취한다.

여기서 말하는 t값은 신뢰수준과 자유도를 생략한 것이지만, 좀더 엄밀히 말해서, 신뢰수준이 $(1-\alpha) \times 100\%$이고 자유도가 d인 경우의 신뢰계수는 $t_{d, 1-\alpha/2}$로 나타낸다. 예를 들어 자유도가 18이고 신뢰수준이 95%라면 $\alpha=0.05$이며 $t_{18, 1-0.05/2}=t_{18, 0.975}=2.10$이다. 간단히 $t=2.10$이라고 적는다.

③ 한편, 표본에서 얻은 분산(s^2)에서 표본평균의 분산$\left(\dfrac{s^2}{n}\right)$을 구하여 표준오차 (제곱근; $\dfrac{s}{\sqrt{n}}$)를 계산한다. 선행연구 등에서 분산이 알려진 경우에는 그 값을 모분산 σ^2으로 사용하고, 이때의 신뢰계수는 z값을 사용한다.

④ 신뢰구간의 일반 형식은 (통계량)±(신뢰계수)×(표준오차)로서, 평균의 신뢰구간은

$$\bar{x} \pm t \frac{s}{\sqrt{n}} \quad \text{또는} \quad \bar{x} \pm z \frac{\sigma}{\sqrt{n}}$$

이다.47) 이 식을 이용하여 하한값과 상한값을 계산한다.

⑤ 신뢰구간을 (하한값, 상한값)의 형식으로 쓰고, 신뢰수준과 함께 보고한다. 보고 방법은 '모평균' μ의 $(1-\alpha) \times 100\%$ 신뢰구간은

$$\left(\bar{x} - t \frac{s}{\sqrt{n}},\ \bar{x} + t \frac{s}{\sqrt{n}} \right) \quad \text{이다.}$$

신뢰구간을 구하고 해석하는 방법을 예제를 통해 알아보자.

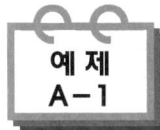
예제 A-1

우리나라 초등학교 6학년 학생들 키의 평균을 알기 위해, 크기 100인 표본에서 키를 측정한 결과 그 평균이 145㎝이었다. 과거의 기록에 의하면 분산은 144라 한다. 이 표본을 근거로 우리나라 초등학교 6학년 학생들 키의 평균이 얼마인지 추정해보자. 또 모평균의 95% 신뢰구간과 99% 신뢰구간을 각각 구하고 이를 해석해 보자.

우선 문제에서 제시된 값들을 기호로 나타내면, $\bar{x}=145$, $\sigma^2=144$, $n=100$이다. 과거의 기록에서 분산이 144라 하였으므로 이는 σ^2이다. 분산 σ^2을 알고 있으므로 95% 신뢰구간을 구하기 위한 신뢰계수는 $z=1.96$이고 99% 신뢰계수는 $z=2.58$이다. 모평균의 점추정값은

$$\hat{\mu} = \bar{x} = 145$$

이고, 95% 신뢰구간은

$$\bar{x} \pm z \frac{\sigma}{\sqrt{n}} = 145 \pm (1.96)\left(\frac{12}{\sqrt{100}} \right)$$
$$= 145 \pm 2.352$$
$$= (142.65,\ 147.35),$$

99% 신뢰구간은

---

47) 공식에서 나타나듯이, 신뢰구간이란 항상 '표본통계량'을 중심으로 구성되는 것임을 염두에 두자. 간혹, 신뢰구간이 모수를 중심으로 구성된다고 잘못 생각하는 경향이 있다.

$$145 \pm (2.58)\left(\frac{12}{10}\right) = 145 \pm 3.096$$
$$= (141.90, 148.10)$$

이다. 이중 95% 신뢰구간을 해석해보면 다음과 같다. 이 모집단에서 표본의 크기가 100인 표본을 반복적으로 뽑아 매 표본마다 똑같은 방법으로 신뢰구간을 구해보면, 그 중 95%는 모평균 μ를 그 구간에 포함할 것이다. 여기서 구해진 (142.65, 147.35)라는 구간도 그러한 구간 중의 하나이므로 이 구간 안에 모평균이 있을 것으로 95% 확신한다.

2. 모비율의 추정

연구자들이 항상 평균만 추정하는 것은 아니다. 변수가 범주형으로 측정된 경우에는 비율을 추정하는 것이 적합하다. 예를 들어 중고등학생 흡연이 문제임을 인식하고 청소년 금연교실을 열고자 하는 사람이 있다고 하자. 금연교실을 이용할 학생이 몇 명이나 되는지 알아야 그 규모를 결정할 수 있을 것이다. 따라서 금연교실을 시작하기 전에 흡연하는 학생의 비율을 추정한 뒤, 이를 사람수로 나타내면 흡연교실의 잠재수요가 몇 명이나 되는지 알 수 있다.

'우리나라 고등학생 중 흡연을 하는 사람의 비율이 얼마나 될까?'라는 질문에 답하는 가장 좋은 방법은 표본을 관찰하여 표본비율로 추리하는 것이다. 표본비율 p =.25 라면, 우리나라 고등학생 중 흡연을 하는 사람의 비율 π가 .25라고 말할 수 있다. 그러나 평균의 추정과 마찬가지로 비율의 추정에서도 점추정은 틀릴 위험이 높다. 따라서 참 비율의 위치를 구간으로 추정하여 '참 비율은 .22에서 .28 사이에 있다'고 하면, 이 추리는 틀릴 위험이 훨씬 낮아진다. 비율의 추정에서도 평균과 마찬가지로 구간추정을 할 수 있다.

표본비율의 분포는 표본의 크기가 큰 경우 정규분포에 가까워지므로 정규분포를 이용하여 확률을 구할 수 있다. 이를 정규근사라 한다. 여기서 '큰' 경우를 결정하는 값은, $q = 1-p$라고 할 때, $npq \geq 5$, 즉, $n \geq \frac{5}{pq}$이다. 〈표 A-5〉에는 정규근사가 가능한 최소한의 표본의 크기 n을 p에 따라 정리해 놓았다. 표에 의하면, n은 $p = q$ =.5 인 경우에 가장 작아서 20명만 되어도 크다고 말할 수 있고, 성공비율 p가 .5에서 멀어질수록 표본이 더 커지지만 비로소 '크다'고 말할 수 있다. 성공비율이 .5라고 생각하는 경우, 적어도 20명 이상의 케이스가 있어야 한다. 이 부분에서는 표본의 크기가 충분히 크다는 가정하에서 모비율의 점추정값과 신뢰구간을 구하는 방법을 알아본다.

<표 A-5> 비율 p와 정규근사가 가능한 표본의 크기

p	$1-p$	n
.10	.90	56 이상
.25	.75	27 이상
.50	.50	20 이상
.75	.25	27 이상
.90	.10	56 이상

표본비율 p는 모비율 π의 가장 좋은 추정량이다. 즉, $\hat{\pi}=p$는 π의 최소분산 불편향추정량이다. 모비율 π의 신뢰구간을 구하기 위해서는 p의 표준오차와 신뢰계수가 필요한데, 표준오차는 $\sqrt{\dfrac{pq}{n}}$ 이고, 신뢰계수는 정규분포에서 구한다. 따라서 신뢰구간은

$$p \pm z\sqrt{\dfrac{pq}{n}} \quad \text{이다.}$$

때로는 성공비율에서 한 걸음 더 나아가 성공한 사람의 수 A를 추정하고자 할 경우가 있다. 성공한 사람의 수 A는 전체 모집단의 크기 N에 성공한 사람의 비율 π를 곱한 것과 같으므로, 추정량 p를 대신 곱하여 $\hat{A}=Np$가 된다. 또한 그 신뢰구간은 $Np \pm Nz\sqrt{\dfrac{pq}{n}}$ 으로서, 비율의 신뢰구간에 모집단의 크기를 곱해준 것과 같다. 엑셀에서 비율의 신뢰구간을 구하려면 복잡한 프로그램을 작성하여야 한다.[48]

3. 모분산의 추정

모분산 σ^2의 추정은 품질관리 분야 등에서 특히 관심이 많은 내용이다. 정밀하게 규격에 맞추어 생산을 하는 산업현장에서는 때로 생산품의 규격이 일정한지 점검하기 위해 표본조사를 통해서 분산의 크기를 점검해 본다. 분산의 크기가 작을수록 품질의 변동이 적기 때문이다. 이처럼 연구자의 관심이 분산의 크기가 어느 정도인지 알고자 하는데 있을 때는 모분산을 추정하게 된다.

---

[48] 변칙적이기는 하지만, 변수의 코딩을 0과 1로 하면, 기술통계법을 이용해서 쉽게 신뢰구간을 구할 수 있다. 이 경우 출력물의 값 중 '평균'이 p, 표준오차가 $\sqrt{\dfrac{pq}{n}}$ 이다.

모평균이나 모비율의 추정처럼, 표본분산

$$S^2 = \sum_{i=1}^{n} \frac{(X_i - \overline{X})^2}{n-1}$$

은 모분산의 불편향추정량이다.49) 모분산의 불편향추정량(unbiased estimator) 이라 하는 것은 하나의 모집단에서 크기 n 인 표본을 반복적으로 추출해서 표본분산을 구한 뒤, 그 평균(또는 기대값)을 구해보면 모분산과 같다는 뜻이다.

분산의 신뢰구간을 구하기 위해서는 표본분산의 분포를 알아야 하는데, 표본분산에 상수 $\frac{(n-1)}{\sigma^2}$ 을 곱하면 자유도가 $n-1$인 카이제곱분포를 따른다. 이는

$$X^2 = \frac{(n-1)S^2}{\sigma^2} \sim \chi^2_{n-1}$$

로 나타낼 수 있다. 카이제곱분포에서

$$\Pr(\chi^2_d < X^2) = \alpha$$

인 X^2을 $\alpha \times 100$ 백분위수라 하며, $\chi^2_{d,\alpha}$로 나타낸다. 예를 들어 자유도 d가 25일 때, 2.5백분위수는 α가 .025이므로 $\chi^2_{25,.025}$로 나타내고, 그 값은 $\chi^2_{25,.025} = 13.1197$이다. 또 97.5 백분위수는 α가 .975이므로 $\chi^2_{25,.975} = 40.6465$이다.

---

49) 좋은 추정량은 불편향성, 효율성, 일치성이 있는 추정량이다.

① 불편향성(unbiasedness): 모든 가능한 표본에서 얻은 추정량의 기대값, 즉, 평균은 추정하려고하는 값과 같아야 한다. 이를 기호로 나타내면, $E(\hat{\mu}) = \mu$, 또는 $E(\hat{\sigma}^2) = \sigma^2$ 등이어야 한다는 것이다. 모평균의 추정량인 표본평균의 기대값은 항상 $E(\overline{X}) = \mu$이다. 하지만 중위수나 최빈값, 최소값의 기대값이 항상 모평균과 같지는 않다. 즉, $E(\tilde{x}) \neq \mu$, $E(\tilde{x}) \neq \mu$일 경우가 많고 $E(\underline{x}) \neq \mu$이다. 따라서 표본평균만이 불편향추정량이다.

② 효율성(efficiency): 추정량의 분산은 가능한한 작은 것이 좋다. 표본평균과 중위수를 비교해보면 $\text{var}(\overline{X}) < \text{var}(\tilde{x})$로서, 표본평균의 분산이 더 작다. 따라서 표본평균의 효율성이 더 높다.

③ 일치성(consistency): 표본의 크기가 아주 커지면, 추정값이 참값과 거의 같아지는 성질이다. 표본의 크기가 아주 커지는 것을 극단적으로 $n = N$ 이라 생각하자. 표본평균 $\overline{x}$는 모든 케이스의 평균이므로 모평균 μ와 같을 것이다. 그러나 표본의 최소값 $\underline{x}$는 아무리 표본의 크기 n 이 커져도 모평균과 같은 값이 될 수 없다. 따라서 표본평균은 일치성이 있는 추정량이고 최소값은 일치성이 없는 추정량이다.

분산의 $(1-\alpha)\times 100\%$ 신뢰구간을 구해보면

$$\left(\frac{(n-1)S^2}{\chi^2_{n-1,\,1-\alpha/2}},\ \frac{(n-1)S^2}{\chi^2_{n-1,\,\alpha/2}}\right)$$

이다. 방금 구한 값을 대입해 보면 $\left(\dfrac{(25-1)S^2}{40.6465},\ \dfrac{(25-1)S^2}{13.1197}\right)$ 이 되는 것이다. 식에서 보는 것처럼, 모분산의 신뢰구간은 모평균이나 모비율과는 달리 표본분산 S^2을 중심으로 좌우 대칭이 아니다. 엑셀에서 분산의 신뢰구간을 구하려면 복잡한 프로그램을 작성하여야 한다.

제3절 검정통계량

1. 단일표본 t-검정

평균의 위치에 대한 검정을 할 때 검정통계량(test statistic)은 표본평균을 표준오차 값으로 표준화시킨 것이다. 표본이 큰 경우 표본평균의 분포는 중심극한정리에 의해서 대략 정규분포를 따르므로 귀무가설이 맞을 경우 검정통계량(표준화한 통계량)

$$Z = \frac{\overline{X} - \mu_0}{\dfrac{\sigma}{\sqrt{n}}}$$

는 표준정규분포를 따른다. 모분산 σ^2을 몰라 표본평균 S^2을 이용해야 하고 표본의 크기가 작은 경우(표본의 크기가 30 미만인 경우), 검정통계량

$$t = \frac{\overline{X} - \mu_0}{\dfrac{s}{\sqrt{n}}}$$

는 자유도가 $n-1$인 t-분포를 따르고, 기각값도 t-분포에서 구한다.

2. 독립표본 t-검정

두 모평균의 차이$(\mu_1 - \mu_2)$를 δ라고 한다면, δ의 가장 좋은 추정량은 표본평균의 차이로서 $\hat{\delta} = \overline{X_1} - \overline{X_2}$이고, 이의 분산은, 두 집단이 서로 독립이므로 $\sigma^2_\delta = \dfrac{\sigma^2_1}{n_1} + \dfrac{\sigma^2_2}{n_2}$이다. δ의 귀무가설값 $\delta_0 = 0$이므로 검정통계량은

$$Z = \frac{(\overline{X_1} - \overline{X_2}) - 0}{\sqrt{\dfrac{\sigma_1^2}{n_1} + \dfrac{\sigma_2^2}{n_2}}}$$

이고, 이는 표준정규분포를 따른다. 표준정규분포에서 유의확률을 구하여 귀무가설을 검정한다.

이 식에서는 모분산 σ_i^2 을 아는 경우를 생각했지만, 실제로는 모분산을 모르는 경우가 더 많다. 모분산을 모르고 경우에는 표본의 분산을 이용하게 된다. 만일 두 집단의 분산이 같다면 두 개의 표본분산을 합한 합동분산(pooled variance)을 계산하여 사용하는데, 합동분산은

$$S_p^2 = \frac{(n_1 - 1) S_1^2 + (n_2 - 1) S_2^2}{n_1 + n_2 - 2}$$

로 구하고, 이 때 검정통계량은

$$t = \frac{(\overline{X_1} - \overline{X_2}) - 0}{\sqrt{\dfrac{S_p^2}{n_1} + \dfrac{S_p^2}{n_2}}}$$

가 되며, 이 통계량은 자유도가 $n_1 + n_2 - 2$ 인 t-분포를 따른다.

만일 두 집단의 분산이 서로 같지 않다면, 계산방식과 검정통계량의 분포는 위에 설명한 것과 다르다.

3. 대응표본 t-검정

단일표본 가설검정과 같다. 데이터가 충분히 큰 경우, 대응값 간 차이의 평균 $\overline{d}$는 정규분포에 근접하므로 검정통계량은 d_i 들의 분산 s_d^2 을 이용하여

$$t = \frac{\overline{d} - 0}{\sqrt{\dfrac{s_d^2}{n}}}$$

로 구할 수 있다. 여기서 $s_d^2 = \sum \dfrac{(d_i - \overline{d})^2}{n-1}$ 로서 x 나 y 의 분산이 아닌 d 의 분산을 나타낸다. 이 검정통계량은 자유도가 $n-1$ 인 t-분포를 따른다.

4. 분산분석

다음의 데이터를 예로 들어 생각해 보자.

<표 A-6> 일정한 농도로 희석하는데 필요한 증류수의 양

회사	A		B		C	
필요한 증류수 양	35	29	28	27	33	32
	31	29	29	25	31	32
	30	32	26	28	30	32
	29	30	24	27	29	33

이 데이터는 9장에서 살펴본 세 회사— A와 B, C 회사 —의 제품을 일정한 농도로 희석하는데 필요한 증류수의 양에 대한 데이터이다. 세 가지의 제품은 모두 같은 양의 증류수를 필요로 한다고 하는데, 과연 그런지, 필요로 하는 증류수의 양이 다른 제품이 하나라도 있는지 알고 싶다. 세 제품이 필요로 하는 증류수 양의 모평균을 각각 μ_1, μ_2, μ_3 이라 하고, 세 집단의 공통 평균을 μ 라 하면 검정하고자 하는 가설은

$$H_0 : \mu_1 = \mu_2 = \mu_3 (= \mu)$$

vs $H_1 : \mu_i \neq \mu$ for some i, $i = 1, 2, 3$

가 된다. 대립가설은 '세 평균이 모두 같지는 않다'는 뜻이다. 만일 귀무가설이 맞다면, 각 집단의 평균들은 공통평균 주위에 모여 있고 각 관찰값은 그 평균을 중심으로 퍼져 있을 것이다. 이 내용을 분산분석 모형으로 나타내 보자. μ 를 공통평균, μ_i 는 i 번째 집단의 평균, ϵ_{ij} 는 i 번째 집단 j 번째 케이스가 평균으로부터 떨어진 거리, 즉, 오차라 하고, 각 케이스의 관찰값을 y_{ij} 라 하자. 여기서 $i = 1, \cdots, k$, $j = 1, \cdots, n$ 이다. 분산분석모형은

$$Y_{ij} = \mu_i + \epsilon_{ij}, \quad \text{단}, \ \epsilon_{ij} \sim iid \ N(0, \sigma_\epsilon^2)$$

이다.[50] 각 집단의 평균 μ_i 는 공통평균 μ 와 μ 로부터 각 집단 평균까지의 차이 α_i 의 합, 즉

---

[50] $iid \ N(0, \sigma_\epsilon^2)$는 '서로 독립(independent)이고 동일한(identically) 분포(distributed)를 따르는데, 그 분포는 평균이 0이고 분산이 σ_ϵ^2 인 정규분포'라는 뜻으로서, 분산분석의 가정을 나타낸다.

$$\mu_i = \mu + \alpha_i$$

로 나타낼 수 있으므로, 위의 모형은

$$Y_{ij} = \mu + \alpha_i + \epsilon_{ij}$$

라고도 나타낼 수 있다. 귀무가설이 맞는 경우, 제품간의 차이는 없을 것이므로 모든 $\alpha_i = 0$이 되어야 할 것이다. 따라서 분산분석에서 관심있는 가설은

$$H_0 : \alpha_i = 0, \text{ for } i = 1, 2, \cdots, k$$

또는 $H_0 : \mu_i = \mu, \text{ for } i = 1, 2, \cdots, k$

이고, 대립가설은

$$H_1 : \alpha_i \neq 0, \text{ for some } i, \ i = 1, 2, \cdots, k$$

또는 $H_1 : \mu_i \neq \mu, \text{ for some } i, \ i = 1, 2, \cdots, k$ 이다.

제품 A, B, C를 집단 $i = 1, 2, 3$이라 하고, i 번째 집단의 j 번째 증류수의 양을 y_{ij}라 하자. 이 예에서 2번째 집단의 7번째 증류수의 양($y_{2,7}$)은 24이다(〈표 A-6〉. 각 집단의 평균

$$\overline{y_i} = \sum_{j=1}^{n} \frac{y_{ij}}{n}$$

는 μ_i의 추정량이고, 전체 평균

$$\overline{y} = \sum_{i=1}^{k} \sum_{j=1}^{n} \frac{y_{ij}}{kn}$$

는 μ의 추정량이다.

각 관찰값에서 전체 평균을 빼서 제곱한 뒤 모두 합한 것을 총제곱합(SST ; Total Sum of Square)이라 하고, 기호로는

$$SST = \sum_{ij} (y_{ij} - \overline{y})^2$$

로 나타낸다.[51] 이 값은 다시 집단간 제곱합(SSB ; Sum of Squares Between)과 집단내 제곱합(SSW ; Sum of Squares Within)으로 나뉘는데, 집단간 제곱합은 총변동(총제곱합) 중 집단간의 차이 때문에 생기는 변동을 말하며, 집단내 제곱합은 각 집단 내 케이스들 간의 차이 때문에 생기는 변동을 나타낸다.[52]

---

[51] $\sum_{ij}$는 $\sum_{i}\sum_{j}$ 또는 $\sum_{i=1}^{n}\sum_{j=1}^{n}$을 간단히 나타낸 것이다.

제곱합을 집단간제곱합과 집단내제곱합으로 나누어 살펴보면,

$$SST = SSB + SSW$$

$$\sum_{ij}(y_{ij}-\overline{y})^2 = \sum_i n\,(\overline{y_i}-\overline{y})^2 + \sum_{ij}(y_{ij}-\overline{y_i})^2$$

$$\sum_{ij} y_{ij}^2 - nk\overline{y}^2 = \left(n\sum_i \overline{y_i} - nk\overline{y}^2\right) + \left(\sum_{ij} y_{ij}^2 - n\sum_i \overline{y_i}\right)$$

로서, SSB 과 SSW 의 합은 항상 SST 와 같다. 각 제곱합에는 자유도가 있는데, 총합의 자유도는 항상 총 표본수(kn)에서 1을 뺀 것으로 $kn-1$, 집단간 제곱합은 처리수준 수에서 1을 뺀 것으로 $k-1$이고, 집단내 제곱합의 자유도는 둘의 차이로서 $k(n-1)$이다.[53]

SSB 과 SSW 는 각각 자유도가 $(k-1)$, $k(n-1)$인 χ^2 분포를 따른다. 제곱합을 각각 해당 자유도로 나눈 것을 평균제곱합(Mean Squares)이라 한다.

집단내평균제곱합은

$$MSW = \frac{\sum_{ij}(y_{ij}-\overline{y_i})^2}{k(n-1)}$$

$$= \frac{1}{k}\left(\frac{\sum_j(y_{1j}-\overline{y_1})^2}{(n-1)} + \frac{\sum_j(y_{2j}-\overline{y_2})^2}{(n-1)} + \ldots + \frac{\sum_j(y_{kj}-\overline{y_k})^2}{(n-1)}\right)$$

로서, 각 집단의 분산의 합을 집단의 수로 평균을 낸 것과 같으며, 이의 기대값은

$$E(MSW) = \sigma_\epsilon^2$$

으로서, 오차의 분산이다. 또한 집단간평균제곱합은

$$MSB = \frac{\sum_i n\,(\overline{y_i}-\overline{y})^2}{k-1}$$

으로서, 그 기대값은

$$E(MSB) = \sigma_\epsilon^2 + k\left(\sum_i \frac{\alpha_i^2}{k-1}\right)$$

---

52) 실험데이터에서는 집단간 제곱합을 처리제곱합($SSTR$; Treatment Sum of Squares)이라 하고, 집단내 제곱합은 오차제곱합(SSE; Error Sum of Squares)이라고도 한다.

53) 여기서 n은 각 집단의 크기를 나타내는 기호로서, 모든 집단에 동일한 케이스 n이 있는 경우를 가리킨다.

인데, $k\left(\sum_i \dfrac{\alpha_i^2}{k-1}\right)$는 귀무가설이 맞을 때, 즉, $\alpha_i = 0$일 때 역시 0이 되므로, 귀무가설 하에서 MSW와 MSB는 사실상 같은 것을 나타낸다.

이제 검정통계량 F의 분포를 알아보자.

$$F = \frac{MSB}{MSW} = \frac{SSB/(k-1)}{SSW/k(n-1)}$$

인데, SSB과 SSW는 각각 자유도가 $(k-1)$, $k(n-1)$인 χ^2분포를 따르므로

$$F = \frac{\chi^2/df}{\chi^2/df}$$

의 형태인 검정통계량은, 자유도가 $(k-1)$, $k(n-1)$인 F분포를 따른다. 따라서 검정통계량을 F분포에 비교하여 유의확률을 구하고 가설검정을 할 수 있다. 책에 따라 표본의 총수를 $N = nk$로 나타내어, 자유도를 각각 $k-1$, $N-k$와 $N-1$로 적기도 한다.

5. 상관관계분석

(1) 상관계수

상관계수에 대해 공부하기 전에 먼저 두 변수의 분산과 공분산을 이해하자. 연속형의 변수 X와 Y의 표본분산은 각각

$$V(x) = s_x^2 = \frac{\sum (x_i - \overline{x})^2}{n-1}, \quad V(y) = s_y^2 = \frac{\sum (y_i - \overline{y})^2}{n-1}$$

이고, 두 변수의 공분산은

$$\mathrm{Cov}(x, y) = \frac{\sum (x_i - \overline{x})(y_i - \overline{y})}{n-1}$$

이다. 상관계수는, 두 변수 X와 Y의 표준편차의 곱에 대한 공분산의 비율을 나타낸 것으로서

$$r = \frac{\mathrm{Cov}(x,y)}{\sqrt{V(x)}\sqrt{V(y)}} = \frac{\sum (x_i - \overline{x})(y_i - \overline{y})}{\sqrt{\sum (x_i - \overline{x})^2}\sqrt{\sum (y_i - \overline{y})^2}}$$

이다. 이 때 분자와 분모에 있는 $n-1$은 서로 약분되어 없어진다.

상관계수의 부호는 분자의 부호로 결정된다. 분모는 항상 양수이기 때문이다.

이 식의 분자를 보면, 두 변수 X와 Y의 평균을 중심으로 볼 때, x와 y가 모두 평균보다 클 때는 $(x_i - \bar{x})$와 $(y_i - \bar{y})$가 모두 양수이므로 그 곱도 양수이고, x와 y가 모두 평균보다 작을 때는 $(x_i - \bar{x})$와 $(y_i - \bar{y})$가 모두 음수이므로 그 곱이 양수가 된다 (〈표 A-7〉. x와 y의 값이 제1사분위와 제3사분위에 주로 퍼져있는 경우는 x가 증가하면 y도 증가하는 양상을 보이는 경우로서, 대부분의 케이스에 있어서 분자는 양수가 되어 상관계수 r은 양수가 된다.

<표 A-7> 관찰값의 $(x_i - \bar{x})(y_i - \bar{y})$와 상관계수의 부호

평균을 중심으로 관찰값의 위치	$(x_i - \bar{x})$	$(y_i - \bar{y})$	$(x_i - \bar{x})(y_i - \bar{y})$	상관계수의 부호
1사분위	+	+	+	+
2사분위	−	+	−	−
3사분위	−	−	+	+
4사분위	+	−	−	−

이와는 달리 x가 증가하면 y는 감소하는 양상을 보이는 경우를 살펴보자. 이 경우에는 많은 케이스들이 제2사분위와 제4사분위에 위치하게 되어 x가 평균보다 크고 y가 평균보다 작은 경우에는 양수 곱하기 음수이므로 분자가 음수가 되고, x가 평균보다 작고 y가 평균보다 큰 경우에는 음수 곱하기 양수가 되므로 분자가 음수가 되기 때문에 상관계수 r은 음수가 된다.

상관계수의 범위는 $-1.0 \leq r \leq 1.0$으로, 반지름과 원둘레의 관계처럼 완전한 양의 관계를 가질 때는 $r=1.0$이고, 사용한 연필의 길이와 남은 길이의 관계와 같이 완전한 음의 관계를 가질 때는 $r=-1.0$이다. 두 변수간에 아무런 선형의 관계가 없을 때는 $r=0.0$이다.

(2) 상관관계분석의 검정통계량

모집단의 상관계수 ρ가 0일 때, 표본상관계수 r의 변환값인 검정통계량은

$$t = \frac{r}{\sqrt{\frac{1-r^2}{n-2}}}$$

로서 자유도가 $n-2$인 t-분포를 따른다.

같은 크기의 표본에서 표본 상관계수 r이 1.0이나 -1.0에 가까우면 분모가 아

주 작아져서 검정통계량 t는 커지고, r이 0.0에 가까우면 분자가 0에 가까우므로 검정통계량 t도 0.0에 가까워진다. 따라서 t가 0.0에 가까우면 모집단의 상관계수 $\rho = 0$ 이라는 귀무가설이 맞다고 판단되므로 귀무가설을 채택하게 된다. 반대로 t가 0.0에서 멀면 귀무가설이 틀렸다는 판단을 내리게 되어 귀무가설을 기각하고 두 변수 간에 유의한 상관관계가 있다는 결론을 내리게 된다.

여기서 't가 0에 가깝다' 또는 '멀다'는 판단은 유의확률을 기준으로 한다. 유의확률이 유의수준 α 보다 크면 귀무가설을 채택하고, 유의확률이 유의수준보다 작으면 귀무가설을 기각하게 된다.

6. 단순회귀분석

(1) 회귀모형의 검정통계량

분산분석에서는 종속변수 Y의 총제곱합(SST)을 집단간제곱합(SSB)과 집단내제곱합(SSW)으로 분할, 분석하여 처리수준의 평균간에 유의한 차이가 있는지 검정한다. 회귀분석에서도 이와 유사한 분석을 시행한다.

예를 들어 설명하자. 만일 키와 체중간에 아무런 선형의 관계가 없어 기울기가 0 이라면, 키가 크든 작든 상관없이 체중의 평균은 $\bar{y}$일 것이다. 그러나 만일 서로 유의한 관계가 있다면, 키에 따라 체중의 평균이 다를 것이다. 평균을 회귀방정식으로 나타냈을 때 i번째 키인 사람들의 체중 관찰값의 평균을 $\hat{y}_i$라 하자. 각 체중 y_i 값에서 평균 $\bar{y}$를 빼서 제곱한 것을 총변동(total variation) 또는 총제곱합(SST: Sum of Square of Total)이라 한다.

SST는 두 부분으로 분할할 수 있는데, 키가 얼마인지 알기 때문에 설명할 수 있는 부분과 키를 알더라도 개인차가 있기 때문에 설명할 수 없는 부분이다. 키를 알기 때문에 설명할 수 있는 부분은 회귀방정식으로 설명되므로 회귀제곱합($SSReg$: Sum of Squares of Regression)이라 하고, 그래도 설명되지 않는 부분은 잔차제곱합(Sum of Square of Residual) 또는 오차제곱합(SSE: Sum of Squares of Error)이라 한다. 총합의 분할을 식으로 나타내보면

$$SST = SSReg + SSE$$

$$\sum_i (y_i - \bar{y})^2 = \sum_i (\hat{y}_i - \bar{y})^2 + \sum_i (y_i - \hat{y}_i)^2$$

여기서, $\bar{y} = \dfrac{\sum_{i}^{n} y_i}{n}$ 이다. 이를 분산분석표로 나타내 보면 〈표 A-8〉과 같다.

<표 A-8> 분산분석표

요인 (source)	자유도 (d)	제곱합 (SS)	평균제곱합 (mean SS)	검정통계량 (F)	유의확률 (p value)
회귀모형 (Reg)	1	SSReg	MSReg = SSReg	$F = \dfrac{MSReg}{MSE}$	$F > F_{(1,\ n-2)}$
잔차 (error)	$n-2$	SSE	$MSE = \dfrac{SSE}{n-2}$		
합계 (total)	$n-1$	SST			

주어진 데이터에서 SST는 일정하므로, x가 있어서 y값을 잘 설명할수록 회귀방정식의 평균 $\hat{y_i}$이 평균 $\bar{y}$에서 멀어진다. 이 경우 위의 식에서 $(\hat{y_i} - \bar{y})^2$, 즉 $SSReg$는 커지고 SSE는 작아지게 된다. x가 y를 전혀 설명하지 못한다면 $\hat{y_i}$은 거의 $\bar{y}$에 가까울 것이므로 식에서 $SSReg$는 거의 0에 가깝게 될 것이다.

검정통계량

$$F = \dfrac{SSReg/df}{SSE/df}$$

는 이러한 성질을 이용하여 모형의 유의성을 검정할 수 있는 통계량이다. 이 통계량이 클수록 유의확률은 작아지고, 모형은 유의한 것이다. 이 통계량은 분자자유도와 분모자유도를 가지는 F분포를 따른다.

단순선형회귀분석에서는 모형에 대한 가설과 회귀계수에 대한 가설이 서로 같기 때문에 두 가설을 검정하는 검정통계량도 밀접한 관계가 있다. 즉, 모형의 검정통계량 F는 회귀계수의 검정통계량 t를 제곱한 것과 같다.[54]

$$F = t^2$$

따라서 한가지 검정의 유의확률은 다른 검정에서도 똑같고 결론도 물론 똑같다.

---

[54] 자유도가 1과 d인 F의 값은 언제나 자유도가 d인 t의 제곱과 같다.

(2) 회귀계수의 추정

독립변수가 유의하면 회귀계수를 추정해야 한다. 두 변수의 관계를 나타내는 직선 $\hat{y} = a + bx$ 에서 a와 b가 될 수 있는 값은 무수히 많을 것이다. 그 중에서 '데이터에 가장 잘 맞는' a와 b의 값을 찾는 방법 중의 하나가 최소제곱법(least squares method)이다. 최소제곱법은 잔차($y_i - \hat{y_i}$)의 제곱합을 최소로 만드는 a와 b를 찾아내는 방법이다.

X를 독립변수, Y를 종속변수라 하고, i 번째 사람의 관찰값을 (x_i, y_i)라 할 때, 주어진 x_i값을 가진 케이스의 관측값 y_i를 회귀모형을 이용하여 나타내보면

$$y_i = \alpha + \beta x_i + \epsilon_i, \quad 단, \ \epsilon_i \sim iid \ N(0, \sigma_\epsilon^2)$$

이다.55) 여기서 $\epsilon_i = y_i - \hat{y_i} = y_i - (\alpha + \beta x_i)$ 의 양변을 제곱하여 모두 더하면

$$Q = \sum_i \epsilon_i^2 = \sum_i (y_i - \alpha - \beta x_i)^2$$

이다. 즉, Q는 각 관찰값과 회귀모형 사이의 거리 제곱합이다. 이 거리를 최소화하는 α와 β를 구하려면 관찰한 y_i값과 x_i값을 대입한 뒤 Q를 미분하여 0이 되는 값을 구하면 되는데, 해를 구하고자 하는 미지항이 α와 β 두 개이므로 Q를 각각에 대하여 편미분하면

$$\frac{\partial Q}{\partial \alpha} = -2 \sum_i (y_i - \alpha - \beta x_i)$$

$$\frac{\partial Q}{\partial \beta} = -2 \sum_i x_i (y_i - \alpha - \beta x_i)$$

이다. 위의 두 식을 정규방정식이라 하며, 이 식을 0으로 만드는 $a(=\hat{\alpha})$와 $b(=\hat{\beta})$는

$$b = \frac{\sum_i (x_i - \overline{x})(y_i - \overline{y})}{\sum_i (x_i - \overline{x})^2}$$

$$a = \overline{y} - b\overline{x}$$

이다. 이 a와 b를 최소제곱추정량(least squares estimator)이라 한다.

---

55) $iid \ N(0, \sigma_\epsilon^2)$는 '서로 독립(independent)이고 동일한(identically) 분포(distributed)를 따르는데, 그 분포는 평균이 0이고 분산이 σ_ϵ^2인 정규분포'라는 뜻이다.

(3) 회귀계수의 검정통계량

최소제곱법으로 a와 b를 구하면, b는 평균이 β, 분산이 $\sigma_\beta^2 = \dfrac{\sigma^2}{\sum(x_i - \overline{x})^2}$인 정규분포를 따른다. 이를 기호로 나타내면

$$b \sim N\left(\beta, \dfrac{\sigma^2}{\sum(x_i - \overline{x})^2}\right) \quad \text{이다.}$$

데이터에서 σ^2은 알 수 없으므로 표본분산 $s^2 = MSE$를 대입하면[56] 검정통계량은

$$t = \dfrac{b - \beta_0}{\sqrt{\dfrac{s^2}{\sum(x_i - \overline{x})^2}}} = \dfrac{b - \beta_0}{\sqrt{\dfrac{MSE}{\sum(x_i - \overline{x})^2}}}$$

로서, t는 자유도가 $(n-2)$인 t-분포를 따른다. 대개 검정하고 하고자 하는 가설이 $H_0 : \beta = 0$이므로, $\beta_0 = 0$을 대입하면, 검정통계량은

$$t = \dfrac{b}{\sqrt{\dfrac{MSE}{\sum(x_i - \overline{x})^2}}} \quad \text{가 된다.}$$

(4) 결정계수

단순선형회귀분석에서 R^2은 표본상관계수의 제곱, 즉, r^2과 같다. 이 관계를 수식으로 살펴보자. 먼저 분자의 $SSReg$를 다시 표현해보면

$$\begin{aligned} SSReg &= \sum(\hat{y_i} - \overline{y})^2 = \sum[(a + bx_i) - \overline{y}]^2 \\ &= \sum[(\overline{y} - b\overline{x}) + bx_i - \overline{y}]^2 \\ &= \sum[b(x_i - \overline{x})]^2 = b^2 \sum(x_i - \overline{x})^2 \end{aligned}$$

이다. 또 b와 SST는 각각

$$b = \dfrac{\sum(x_i - \overline{x})(y_i - \overline{y})}{\sum(x_i - \overline{x})^2}, \qquad SST = \sum(y_i - \overline{y})^2$$

이므로

---

[56] MSE: 모분산(σ^2)의 추정량. 분산분석표에서 구할 수 있다.

$$R^2 = \frac{SSReg}{SST} = \frac{b^2 \sum (x_i - \overline{x})^2}{\sum (y_i - \overline{y})^2}$$

$$= \left[\frac{\sum (x_i - \overline{x})(y_i - \overline{y})}{\sum (x_i - \overline{x})^2} \right]^2 \left[\frac{\sum (x_i - \overline{x})^2}{\sum (y_i - \overline{y})^2} \right]$$

$$= \frac{\left[\sum (x_i - \overline{x})(y_i - \overline{y}) \right]^2}{\sum (x_i - \overline{x})^2 \sum (y_i - \overline{y})^2}$$

$$= \left[\frac{\sum (x_i - \overline{x})(y_i - \overline{y})}{\sqrt{\sum (x_i - \overline{x})^2} \sqrt{\sum (y_i - \overline{y})^2}} \right]^2 = r^2$$

이다.

(5) 평균의 추정

변수 X의 값이 x인 케이스들의 y의 평균 $\overline{y}_x$는

$$\overline{y}_x = a + bx$$

로 추정된다. $\overline{y}_x$는 $N(\overline{y}_x, \sigma^2_{\overline{y}_x})$ 분포를 따르는데, 분산은

$$\sigma^2_{\overline{y}_x} = \sigma^2_\epsilon \left(\frac{1}{n} + \frac{(x - \overline{x})^2}{\sum (x_i - \overline{x})^2} \right)$$

이고, $\widehat{\sigma^2_\epsilon} = MSE$를 추정값으로 사용한다. 따라서 $\overline{y}_x$의 95% 신뢰구간은

$$\overline{y}_x \pm z_{0.975} \sqrt{MSE \left(\frac{1}{n} + \frac{(x - \overline{x})^2}{\sum (x_i - \overline{x})^2} \right)}$$

가 된다. x가 평균 $\overline{x}$와 같으면 $\frac{(x - \overline{x})^2}{\sum (x_i - \overline{x})^2} = 0$이 되고, 이때 $\overline{y}_x$의 신뢰구간이 가장 좁다. x가 평균 $\overline{x}$에서 멀어질수록 분산이 커지고 신뢰구간도 넓어지게 된다.

(6) 새로운 케이스 값의 예측

회귀모형을 이용하여 $X=x$인 어떤 케이스의 값 $\hat{y}_x$를 예측할 때, 예측값은

$$\hat{y}_x = a + bx$$

로서 평균의 추정값 $\overline{y}_x$과 같다. $X=x$인 새로운 케이스의 값 $\hat{y}_x$을, 같은 x값을 가지는 사람들의 평균 $\overline{y}_x$로 하는 것이므로, 이는 당연한 일이다. 평균의 추정과 마찬가지로, 케이스의 예측값도 구간으로 나타낼 수 있다. $\hat{y}_x$의 분포를 보면

$$\hat{y}_x \sim N\left[\mu,\; \sigma_\epsilon^2\left(1+\frac{1}{n}+\frac{(x-\overline{x})^2}{\sum(x_i-\overline{x})^2}\right)\right]$$

로서 예측값의 분산은 추정값 $\overline{y}_x$의 분산보다 σ_ϵ^2만큼 더 크다(괄호안에 $1+$이 있기 때문에). 그러나 예측값도 역시 $x=\overline{x}$일 때 분산이 가장 작아서 신뢰구간이 가장 좁고, x가 평균에서 멀어질수록 분산이 점점 커져서 신뢰구간이 점점 넓어짐을 알 수 있다. 표본에서 σ_ϵ^2는 MSE로 대신하는데, 케이스의 예측값 $\hat{y}_x$의 95% 신뢰구간은

$$\hat{y}_x \pm z_{0.975}\sqrt{MSE\left(1+\frac{1}{n}+\frac{(x-\overline{x})^2}{\sum(x_i-\overline{x})^2}\right)} \quad \text{이다.}$$

7. 다중회귀분석

(1) 다중회귀모형의 검정통계량

다중회귀분석의 분산분석표를 살펴보면 〈표 A-9〉과 같다. 단순회귀분석의 분산분석표와 다른 점은 회귀모형의 자유도가 독립변수의 개수와 같은 k라는 점과, 따라서 잔차의 자유도도 합계 자유도 $n-1$에서 모형 자유도 k를 뺀 $n-1-k$라는 점이다. 모형의 자유도가 변하면 검정통계량의 자유도도 따라서 변한다.

<표 A-9> 다중회귀분석의 분산분석표

요인 (source)	자유도 (d)	제곱합 (SS)	평균제곱합 (mean SS)	검정통계량 (F)	유의확률 (p value)
회귀모형 (Reg)	k	$SSReg$	$MSReg = SSReg$	$F = \dfrac{MSReg}{MSE}$	$F > F_{(k,\ n-1-k)}$
잔차 (error)	$n-1-k$	SSE	$MSE = \dfrac{SSE}{n-1-k}$		
합계 (total)	$n-1$	SST			

검정통계량

$$F = \frac{MSReg}{MSE}$$

의 값이 클수록 유의확률은 작아지고, 모형은 통계적으로 유의한 것이다. 모형이 유의하다는 것은 **독립변수 중 하나라도** 유의한 변수가 있다는 뜻이다.

단순선형회귀분석에서는 모형에 대한 가설과 회귀계수에 대한 가설이 서로 같기 때문에 모형의 검정통계량 F는 회귀계수의 검정통계량 t사이에

$$F = t^2$$

라는 관계가 성립하였지만, 다중회귀분석에서는 그렇지 않다.

(2) 표준화계수

표준화계수를 구하는 방법은 두 가지가 있다. 하나는 독립변수와 종속변수를 모두 평균이 0이고 분산이 1인 변수로 변환시킨 뒤에 회귀분석을 하여 일반적인 최소제곱법으로 회귀계수를 구하는 방법이다. 이 경우 최소제곱법으로 구한 계수가 곧 표준화 계수이다. 이 방법은 단위정상법(unit normal scaling)이라 한다.

다른 방법은 각 회귀계수에 일정한 상수를 곱하여 구하는 방법으로서 단위길이법(unit length scaling)이다. 이 방법을 조금 더 자세히 알아보자. i번째 독립변수의 제곱합 s_{ii}는, 평균을 $\overline{x}_i$라 할 때

$$s_{ii} = \sum_j (x_{ij} - \overline{x}_i)^2$$

이다. 한편 종속변수의 평균을 $\overline{y}$ 라 하면, 종속변수의 제곱합은

$$s_{yy} = \sum_j (y_j - \overline{y})^2$$

이다. 최소제곱법으로 구한 변수 x_i의 계수를 b_i라 하고 그 표준화 계수를 b_i^*라 할 때,

$$b_i^* = b_i \sqrt{\frac{s_{ii}}{s_{yy}}} \quad \text{이다.}$$

8. 교차분석

(1) 피어슨의 카이제곱통계량

독립성의 검정에서는, 두 변수 A와 B가 서로 독립이라는 가설이 맞다는 가정 하에 기대빈도와 관찰빈도 간의 차이를 비교한다. 만일 두 변수가 서로 독립이라면 관찰빈도와 기대빈도의 값은 서로 비슷할 것이다. 그러나 서로 관련이 있다면 관찰빈도는 (서로 독립일 경우의) 기대빈도와 큰 차이가 날 것이다. 따라서 두 빈도간의 차이가 크면 서로 상관이 있는 것이고 차이가 작으면 서로 독립이라 할 수 있다.

두 빈도간의 차이가 얼마나 큰지 판단하는 것은 검정통계량과 그 확률이다. 각 셀의 관찰빈도를 O_{ij}, 기대빈도를 E_{ij}라 할 때, 두 변수의 관계를 알아보는 검정통계량은

$$X^2 = \sum_{ij} \frac{(O_{ij} - E_{ij})^2}{E_{ij}}$$

로서 피어슨의 카이제곱 검정통계량이라 부른다. 수집된 데이터가 충분히 크고 두 변수가 서로 독립이라는 가정이 맞을 경우 검정통계량은 (점근적으로) 자유도가 $(r-1)(c-1)$인 카이제곱(χ^2)분포에 근접한다.

어느 경우에 검정통계량이 충분히 크다고 할 수 있을까? 다른 검정과 마찬가지로 이 기준을 제시하는 것이 유의확률로서, 자유도가 $(r-1)(c-1)$인 카이제곱분포에서 검정통계량(이나 그 이상의 값)이 나올 확률이다. 유의확률(p)이 유의수준(α)보다 작으면 두 변수는 유의한 관계가 있다고 해석한다.

(2) McNemar의 검정통계량

13장에서 제시한 가상의 데이터를 통해 검정통계량에 대해 공부해 보자.

<표 A-10> 지지하는 정당 - 유세 전과 후

유세 전	유세 후		
	A정당	B정당	계
A정당	40	20	60
B정당	10	30	40
계	50	50	100

이 표는 유세의 효과를 알아보기 위한 데이터를 정리한 표로서, 행에는 유세 전에 지지하는 정당이, 열에는 유세 후에 지지하는 정당이 나타나있다. 이 데이터를 분석하는 목적은 유세 전과 유세 후의 정당지지율이 같은지 다른지 알아보는 것이다. 유세가 효과가 있다면 유세 전·후의 지지율의 분포가 다를 것이다.

유세 전과 후의 정당 지지율이 동일한지 동일하지 않은지 알아보고자 할 때는 주대각선에 있는 셀들은 제외한다. 즉, 변화한 사람들만을 대상으로 분석하게 된다. 두 가지 변화 중 한가지(예를 들어 A정당에서 B정당으로)를 성공이라 하자. 변화의 효과가 없는 경우, 성공한 케이스 수 O_{12}는 변화한 케이스 총 수(여기서는 30명)의 절반이 될 것이다. 즉, O_{12}는 표본의 크기 n이 $O_{12}+O_{21}$이고 성공확률 p가 $1/2$인 이항분포를 따른다. 따라서 유의확률은 이항분포를 이용하여 구한다.

변화한 케이스의 총 수 $O_{12}+O_{21}$가 충분히 클 때, O_{12}는 평균이 $(O_{12}+O_{21})/2$이고 분산이 $(O_{12}+O_{21})/4$인 정규분포를 따른다. 이로부터 McNemar의 검정통계량

$$X^2 = \frac{(O_{12}-O_{21})^2}{O_{12}+O_{21}}$$

은 자유도가 1인 카이제곱분포를 따른다. 이 분포에서 유의확률을 구해서 유의수준보다 작으면 유의하다는 결론을 내린다.

일반적으로 변화한 케이스 총 수 n이 20 이상이면 크다고 판단한다. 그러나 이 수가 충분히 큰 경우라도 이항분포를 이용하면 유의확률을 구하는 것보다 더욱 정확한 유의확률을 구할 수 있다.

부록B 설문지와 코드북

B1. 설문지 : 청소년

ID : ☐☐☐

중고등학생편 - 나형

2004년 청소년 종합실태조사

청소년 여러분 안녕하세요?

저희 한국사회조사연구소에서는 청소년 여러분의 생활, 의식구조, 미래상 등 여러분의 생활 전반에 대한 종합조사연구를 하고 있습니다. 이 연구의 결과는 청소년관련 연구와 교육정책 수립의 기초자료로 활용될 수 있고, 한국사회 연구의 중요한 자료로 활용되는 것이니, 한 사람도 빠짐없이 응답하여 주시기 바랍니다.

이 조사에 응답하게 되는 여러분은 우리나라의 청소년을 가장 잘 대표할 수 있는 사람으로 뽑혔습니다. 이 조사 결과는 컴퓨터로 처리되어 통계분석에만 사용되고 다른 목적으로는 전혀 사용되지 않습니다. 여러분 개인의 정보나 의견은 절대로 밖으로 유출되지 않으니, 평소에 생각하는 대로, 생활하는 대로 정확하게 그리고 빠짐없이 응답해 주시기 바랍니다. 감사합니다.

2004년

(사)한국사회조사연구소
(Korea Social Research Center)

☎ 0502-362-0778,   http://www.ksrc.or.kr

♠ 조사를 시작하기 전에

* 이 조사는 시험이 아닙니다. 정답이 없으니 자신의 생각대로, 아는대로 솔직하게 적어주세요. 옆 사람과 상의하지 마세요.
* 슈퍼바이저의 설명을 잘 듣고, 함께 풀어나갑니다. 혼자 앞서나가지 마세요.
* 자신의 생각과 같은 보기의 번호를 □ 칸 안에 적거나 ○, ✓로 표시하세요. 자신의 생각과 같은 내용이 없을 때는 빈칸에 적어주세요.
* 순서대로 고르는 문제는 아래 예와 같이 _____에 순서대로 번호를 적어주세요. 절대로 ○, ✓로 표시하면 안됩니다. 자신의 생각과 같은 내용이 없을 때는 빈칸에 적어주세요.

예) 학교 생활 중에 가장 재미있는 것은 무엇인가요? 13 그 다음으로 재미있는 것은요? 4

① 수업시간   ② 학급회의
③ 특별활동   ④ 현장체험학습 (소풍, 야외수업 등)
⑤ 체육대회   ⑥ 친구들과 놀기
⑦ 수학여행   ⑧ 수련회
⑨ 점심(급식)시간   ⑩ 특기적성교육(보충수업)
⑪ 자율학습   ⑫ 동아리 활동
⑬ 축제(예술제)   기타) (구체적으로:)

* 상자와 화살표가 있는 문제는 아래 화살표를 잘 따라가면서 응답해주세요.

예) 외국에 가본 적 있나요? ②

① 있다	②없다
↓	↓
외국에 갔다면, 주로 어떤 이유로 갔나요? □ (풀지 않습니다) ① 연수 ② 여행 기타) _____	다음 질문으로 가시오

* sch : 학교구분 ① 중학교 ② 인문고 ③ 실업고
* city : 지역구분 ① 대도시 ② 중소도시 ③ 읍면지역

1. 나는? □   ① 남자다   ② 여자다

2. 나는 가족들과의 생활에 _____. □
   ① 아주 만족한다   ② 만족하는 편이다
   ③ 불만이 약간 있는 편이다 ④ 불만이 많다   ⑤ 가족이 없다

3. 평소에 부모님과 어떻게 지내나요? 아래의 글을 잘 읽고, 해당하는 보기의 번호를 아버지, 어머니에 각각 적어 주세요.

	아버지 (남자보호자)	어머니 (여자보호자)	<보기>
1) 나의 성적에 관심이 많다			① 매우 그렇다 ② 그런 편이다 ③ 그렇지 않은 편이다 ④ 전혀 그렇지 않다 ⑧ 없다(안 계신다) ⑨ 모르겠다
2) 나를 위해 물질적 지원을 해 준다			
3) 나의 의견을 존중해 준다			
4) ____의 생각과 감정을 나와 나눈다			
5) 나의 생각과 감정을 ____과 나눈다			
6) 앞으로 내가 어떻게 살 것인가에 대한 대화를 한다			
7) 집안의 중요한 일을 나와 상의한다			
8) 나의 진로에 대한 대화를 한다			
9) 나의 친구관계를 잘 안다			
10) ____은 내가 밖에 나가 있을 때 누구와 있는지 안다			
11) 나는 그 분과 갈등이 있다			
12) 나는 그 분을 존경한다			

4. 자신의 고민을 부모님께서 알고 계시나요? ☐

    ① 잘 알고 계신다   ② 조금은 알고 계신다   ③ 전혀 모르고 계신다

5. 부모님과 대화를 나누는 시간은 하루에 대략 얼마나 되나요? (없으면 '00시간 00분')

                                                                             약 ☐☐ 시간 ☐☐ 분

6. 지난 1년 동안, 집에서 부모님으로부터 매를 맞았을 때, 어떻게 했나요? 있는대로 ☑ 해주세요.

    ☐① 때린 사람에게 소리 질렀다   ☐② 때린 사람을 내가 때렸다
    ☐③ 때린 사람 물건을 손상시켰다   ☐④ 경찰에 신고했다
    기타_____   ☐⑧ 그냥 있었다
    ☐⑨ 매를 맞은 적 없다

7. 가출하고 싶었던 적 있나요? ☐

    ① 전혀 없다   ② 가끔 있다   ③ 자주 있다

8. 마음을 터놓을 정도로 친한 친구가 몇 명인가요? (인터넷으로만 만나는 친구는 제외, 없으면 '0'명으로 쓰세요)

        동성친구(같은 성별의 친구) : ☐☐ 명,   이성친구(다른 성별의 친구) : ☐☐ 명

9. 친하게 지내는 이성친구가 있나요? ☐

① 있다	② 없다
↓	↓
9.1. 혹시 특별히 사귀는 이성친구가 있나요? ☐ ① 있다　　　　　② 없다	10번 질문으로 가세요

10. 그렇다면, 친구를 사귈 때 어떤 점을 가장 중요하게 생각하나요? _____ 그 다음으로는요? _____

　　① 공부 잘하는 것　　　　　　　　② 춤, 노래, 운동, 유머 등 재주가 있는 것
　　③ 리더쉽이 있는 것　　　　　　　④ 취미가 비슷한 것
　　⑤ 잘 사는 것 (부자)　　　　　　　⑥ 친구들과 잘 어울리는 것
　　⑦ 학교생활에 성실한 것　　　　　⑧ 나를 잘 이해해 주는 것
　　⑨ 함께 있으면 즐거운 것　　　　　⑩ 친구들에게 돈을 잘 쓰는 것
　　⑪ 잘 생긴 것/예쁜 것　　　　　　⑫ 싸움 잘 하는 것
　　⑬ 성격　　　　　　　　　　　　　기타) _____
　　⑨⑨ 모르겠다

11. 친구들 그룹에 포함되는 것이 _____. ☐
　　① 매우 중요하다　　　　　② 중요한 편이다
　　③ 별로 중요하지 않다　　　④ 전혀 중요하지 않다　　　⑨ 모르겠다

12. 친구들에게 인기를 얻는 것이 _____. ☐
　　① 매우 중요하다　　　　　② 중요한 편이다
　　③ 별로 중요하지 않다　　　④ 전혀 중요하지 않다　　　⑨ 모르겠다

13. 문항을 잘 읽고, 자신의 경우 어디에 해당하는지 표시해 주세요.

	매우 그렇다	그런 편이다	그렇지 않은 편이다	전혀 그렇지 않다
1) 나는 다른 사람들만큼 가치있는 사람이다	①	②	③	④
2) 나는 장점이 많다	①	②	③	④
3) 아무래도 나는 실패한 사람인 것 같다	①	②	③	④
4) 나는 다른 사람들 못지않게 일을 잘할 수 있다	①	②	③	④
5) 나는 자랑할 것이 별로 없다	①	②	③	④
6) 나는 내 자신에 대하여 긍정적이다	①	②	③	④
7) 나는 대체로 내 자신에 대하여 만족한다	①	②	③	④
8) 나는 내 자신을 좀 더 존경할 수 있으면 좋겠다	①	②	③	④
9) 나는 가끔 내 자신이 쓸모 없는 사람이라는 느낌이 든다	①	②	③	④
10) 나는 때때로 "나는 안돼" 라고 생각한다	①	②	③	④

14. 사회계층을 상·중·하로 나눴을 때, 우리집(자신의 가족)은 어디에 속한다고 생각하세요? ☐

① 상의 상
② 상의 하
③ 중의 상
④ 중의 하
⑤ 하의 상
⑥ 하의 하
⑨ 모르겠다

15. 우리집의 경제상태(살림살이)에 대해 어떻게 생각하나요? ☐

① 매우 만족
② 만족하는 편
③ 불만족하는 편
④ 매우 불만족
⑨ 모르겠다

16. 현재 받고 있는 용돈은 적당하다고 생각하나요? ☐

① 매우 넉넉하다
② 넉넉한 편이다
③ 부족한 편이다
④ 매우 부족하다
⑨ 모르겠다

17. 허락없이 다른 사람의 주민등록번호를 이용해서 인터넷 사이트에 가입해본 적 있나요? ☐
(주민등록번호생성기 사용한 것도 포함)

① 있다	② 없다
↓	↓
17.1. 그렇다면, 성인정보를 이용하기 위해 다른 사람의 주민등록번호를 사용한 적 있나요? ☐ ① 있다 ② 없다	18번 질문으로 가시오

18. 다음의 내용에 대해 자신의 생각은 어떤지 각 문항마다 보기에 ✓ 해주세요.

우리나라는 _____.	심하다	심하지는 않지만 심하다고 하는 것 같다	심하지 않다	모르겠다
1) 빈부의 격차	①	②	③	⑨
2) 빈부의 격차에 따른 사회적 차별	①	②	③	⑨
3) 남녀에 따른 사회적 차별	①	②	③	⑨
4) 학벌(학력)에 따른 사회적 차별	①	②	③	⑨
5) 출생지역에 따른 사회적 차별	①	②	③	⑨

수고하셨습니다. 끝까지 응답해 주셔서 감사합니다.

B2. 코드북 : 청소년

변수명	질문번호	내용 보기번호	내용 보기문항	칼럼수
* 5, 8번을 제외한 모든 문항		0	무응답	
* v5_1~2	5-1~5-2	88	무응답	
* v8_1~2	8-1~8-2	88	무응답	
id			일련번호	3
sch			학교구분	1
		1	중학교	
		2	인문고	
city			지역구분	1
		1	대도시	
		2	중소도시	
		3	읍면지역	
v1	1		성별	1
		1	남성	
		2	여성	
v2	2		나는 가족들과의 사이가 _____.	1
		1	아주 만족한다	
		2	만족하는 편이다	
		3	불만이 약간 있는 편이다	
		4	불만이 많다	
		5	가족이 없다	
v3_1_1	3-1-1		나의 성적에 관심이 많다	1
v3_1_2	3-1-2		나를 위해 물질적 지원을 해 준다	1
v3_1_3	3-1-3		나의 의견을 존중해 준다	1
v3_1_4	3-1-4		아버지의 생각과 감정을 나와 나눈다	1
v3_1_5	3-1-5		나의생각과 감정을 어버지와 나눈다	1
v3_1_6	3-1-6		앞으로 내가 어떻게 살 것인가에 대한 대화를 한다	1
v3_1_7	3-1-7		집안의 중요한 일을 나와 상의한다	1
v3_1_8	3-1-8		나의 진로 대한 대화를 한다	1
v3_1_9	3-1-9		나의 친구관계를 잘 안다	1
v3_1_10	3-1-10		아버지는 내가 밖에 나가 있을 때 누구와 있는지 안다	1
v3_1_11	3-1-11		나는 아버지와 갈등이 있다	1
v3_1_12	3-1-12		나는 아버지를 존경한다	1

변수명	질문번호	내용 보기번호	보기문항	칼럼수
v3_2_1	3-2-1		나의 성적에 관심이 많다	1
v3_2_2	3-2-2		나를 위해 물질적 지원을 해 준다	1
v3_2_3	3-2-3		나의 의견을 존중해 준다	1
v3_2_4	3-2-4		아버지의 생각과 감정을 나와 나눈다	1
v3_2_5	3-2-5		나의생각과 감정을 어버지와 나눈다	1
v3_2_6	3-2-6		앞으로 내가 어떻게 살 것인가에 대한 대화를 한다	1
v3_2_7	3-2-7		집안의 중요한 일을 나와 상의한다	1
v3_2_8	3-2-8		나의 진로 대한 대화를 한다	1
v3_2_9	3-2-9		나의 친구관계를 잘 안다	1
v3_2_10	3-2-10		어머니는 내가 밖에 나가 있을 때 누구와 있는지 안다	1
v3_2_11	3-2-11		나는 어머니와 갈등이 있다	1
v3_2_12	3-2-12		나는 어머니를 존경한다	1
		1	매우 그렇다	
		2	그런 편이다	
		3	그렇지 않은 편이다	
		4	전혀 그렇지 않다	
		8	없다(안 계신다)	
		9	모르겠다	
v4	4		자신의 고민을 부모님께서 알고 계시나요?	1
		1	잘 알고 계신다	
		2	조금은 알고 계신다	
		3	전혀 모르고 계신다	
v5_1	5-1		부모님과 대화를 나누는 시간은 하루에 대략 얼마나 되나요?	
			_____시간	2
v5_2	5-2		_____분	2
v6	6		지난 1년 동안, 집에서 부모님으로부터 매를 맞았을 때, 어떻게 했나요? 있는대로 √해주세요.	
		1	때린 사람에게 소리 질렀다	1
		2	때린 사람을 내가 때렸다	1
		3	때린 사람 물건을 손상시켰다	1
		4	경찰에 신고했다	
		기타)	_____	2
		88	그냥 있었다	1
		99	매를 맞은 적 없다	1

변수명	질문번호	내용		칼럼수
		보기번호	보기문항	
v7	7	가출하고 싶은 적이 있나요?		1
		1	전혀 없다	
		2	가끔 있다	
		3	자주 있다	
v8_1	8-1	마음을 터놓을 정도로 친한 친구 – 동성친구		2
v8_2	8-2	마음을 터놓을 정도로 친한 친구 – 이성친구		2
v9	9	친하게 지내는 이성친구가 있나요?		1
		1	있다	
		2	없다	
v9_1	9-1	혹시 특별히 사귀는 이성친구가 있나요?		1
		1	있다	
		2	없다	
v10_1	10-1	그렇다면, 친구를 사귈 때 어떤 점을 가장 중요하게 생각하나요?		2
v10_2	10-2	그 다음으로는요?		2
		1	공부를 잘하는 것	
		2	춤, 노래, 운동, 유머 등 재주가 있는 것	
		3	리더쉽이 있는 것	
		4	취미가 비슷한 것	
		5	잘 사는 것 (부자)	
		6	친구들과 잘 어울리는 것	
		7	학교생활에 성실한 것	
		8	나를 잘 이해해 주는 것	
		9	함께 있으면 즐거운 것	
		10	친구들에게 돈을 잘 쓰는 것	
		11	잘 생긴 것/예쁜 것	
		12	싸움을 잘 하는 것	
		13	성격	
		기타)	_____	
		99	모르겠다	
v11	11	친구들 그룹에 포함되는 것이 _____.		1
		1	매우 중요하다	
		2	중요한 편이다	
		3	별로 중요하지 않다	
		4	전혀 중요하지 않다	
		9	모르겠다	

변수명	질문번호	내용		칼럼수
		보기번호	보기문항	
v12	12	친구들에게 인기를 얻는 것이 _____.		1
		1	매우 중요하다	
		2	중요한 편이다	
		3	별로 중요하지 않다	
		4	전혀 중요하지 않다	
		9	모르겠다	
v13_1	13-1	나는 다른 사람들만큼 가치있는 사람이다		1
v13_2	13-2	나는 장점이 많다		1
v13_3	13-3	아무래도 나는 실패한 사람인 것 같다		1
v13_4	13-4	나는 다른 사람들 못지않게 일을 잘 할수 있다		1
v13_5	13-5	나는 자랑할 것이 별로 없다		1
v13_6	13-6	나는 내 자신에 대하여 긍정적이다		1
v13_7	13-7	나는 대체로 내 자신에 대하여 만족한다		1
v13_8	13-8	나는 내 자신을 좀 더 존경할 수 있으면 좋겠다		1
v13_9	13-9	나는 가끔 내 자신이 쓸모 없는 사람이라는 느낌이 든다		1
v13_12	13-10	나는 때때로 "나는 안돼"라고 생각한다		1
		1	매우 그렇다	
		2	그런 편이다	
		3	그렇지 않은 편이다	
		4	전혀 그렇지 않다	
v14	14	사회계층을 상·중·하로 나눴을 때, 우리집은 어디에 속한다고 생각하세요?		1
		1	상의 상	
		2	상의 하	
		3	중의 상	
		4	중의 하	
		5	하의 상	
		6	하의 하	
		9	모르겠다	
v15	15	우리집의 경제상태에 대해 어떻게 생각하나요?		1
		1	매우 만족	
		2	만족하는 편	
		3	불만족하는 편	
		4	매우 불만족	
		9	모르겠다	

변수명	질문번호	내용 보기번호 / 보기문항	칼럼수
v16	16	현재 받고 있는 용돈이 적당하다고 생각하나요? 1 매우 넉넉하다 2 넉넉한 편이다 3 부족한 편이다 4 매우 부족하다 9 모르겠다	1
v17	17	허락없이 다른 사람의 주민등록번호를 이용해서 인터넷 사이트에 가입해본 적 있나요? 1 있다 2 없다	1
v17_1	17-1	그렇다면 성인정보를 이용하기 위해 다른 사람의 주민등록번호를 사용한 적 있나요? 1 있다 2 없다	1
v18_1	18-1	우리나라는 빈부의 격차	1
v18_2	18-2	우리나라는 빈부의 격차에 따른 사회적 차별	1
v18_3	18-3	우리나라는 남녀에 따른 사회적 차별	1
v18_4	18-4	우리나라는 학벌(학력)에 따른 사회적 차별	1
v18_5	18-5	우리나라는 출생지역에 따른 사회적 차별 1 심하다 2 심하지는 않지만 심하다고 하는 것 같다 3 심하지 않다 9 모르겠다	1

부록C 그림으로 보는 주요 함수

함수의 일반적인 사용법

함수값을 구하고자하는 셀에 셀 포인터를 둔 뒤 함수마법사 아이콘 [함수삽입] ([Shift] + [F3])을 클릭하여 [범주 선택(C):]에서 '수학/삼각' 또는 '통계'를 클릭한다. 오른쪽 창의 [함수 선택(N):]에서 원하는 함수를 선택하면 대화상자가 열린다.

함수

ABS(x)   종류: 수학/삼각.
　　　　 내용: 절대값.
　　　　 설명: 괄호안 값 x의 절대값을 취함. 괄호안에는 숫자나 셀을 입력.

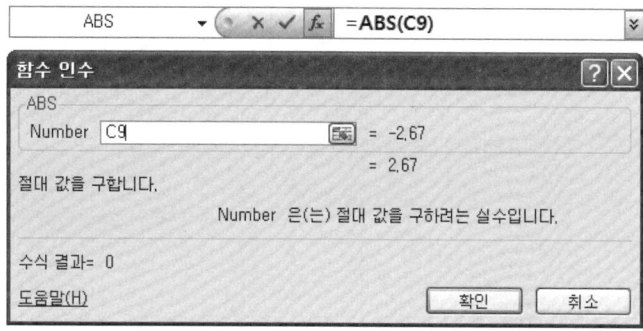

<그림 C 1> -2.67이 있는 셀 C9의 절대값인 ABS 함수 대화상자

AVERAGE(Ax:By) 종류: 통계.
　　　　　　　 내용: 평균.
　　　　　　　 설명: A열 x행부터 B열 y행까지의 평균을 계산함. 괄호안에는 숫자나 셀을 입력할 수 있음.

318 부록 C 그림으로 보는 주요 함수

<그림 C-2> 1부터 4까지 있는 A1:A4의 평균인 AVERAGE 함수 대화상자

CHIDIST(x,d)　종류: 통계.
　　　　　　　설명: 카이제곱분포 오른쪽 꼬리확률
　　　　　　　내용: 자유도가 d인 카이제곱분포에서 x보다 큰 값이 나올 확률을 구한다.
　　　　　　　　　　x는 카이제곱값(통계량)을 말함. 항상 0보다 큰 수이어야 한다.
　　　　　　　　　　d는 자유도를 말함.

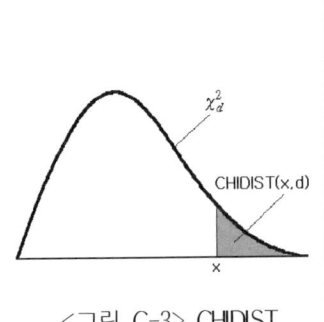

<그림 C-3> CHIDIST

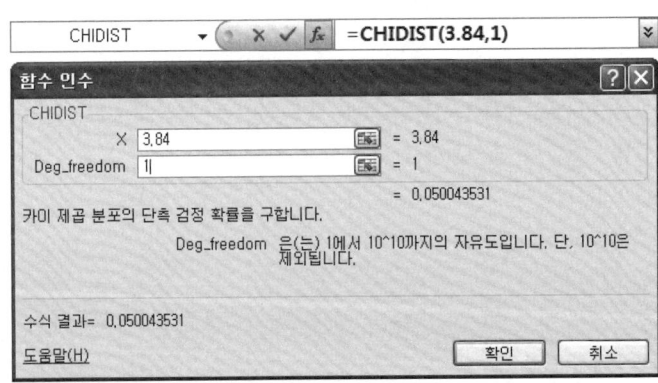

<그림 C-4> $x=3.84$, $d=1$인 CHIDIST 함수 대화상자

FDIST(x,d1,d2)   종류: 통계.
                 내용: F-분포 오른쪽 꼬리확률
                 설명: 자유도가 $d1$, $d2$인 F-분포에서 x보다 큰값이 나올 확률
                      을 구한다.
                      x는 F-분포하는 변수의 값(통계량)을 말함. 항상 0보다
                      큰 수이어야 한다.
                      $d1$과 $d2$는 각각 분자자유도, 분모자유도를 말함.

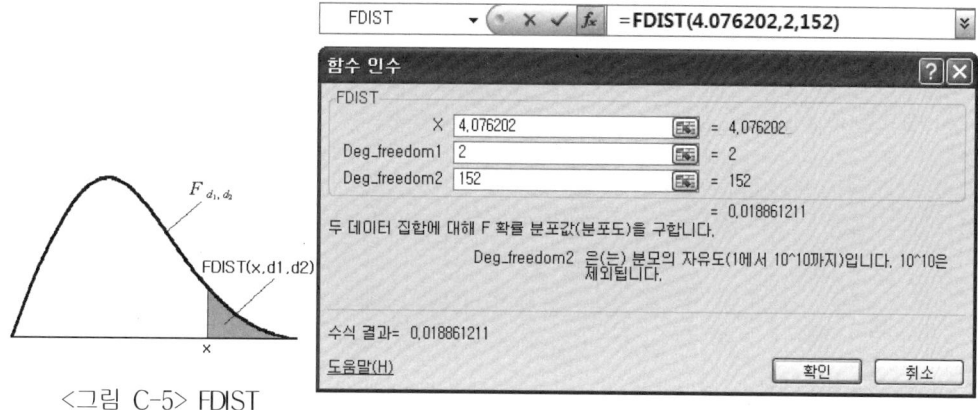

<그림 C-5> FDIST

<그림 C-6> p=.05, d=155인 TINV 함수 대화상자

NORMSDIST(z)   종류: 통계.
                내용: 표준정규분포 왼쪽꼬리 확률
                설명: 괄호안 값 z까지의 누적확률을 구함.
                      z는 표준정규분포하는 변수의 값(통계량)을 말함. 음수
                      를 입력하면 0.5보다 작은 확률을 얻을 수 있음.

부록 C 그림으로 보는 주요 함수

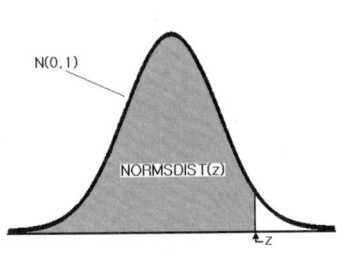

<그림 C-7> NORMSDIST

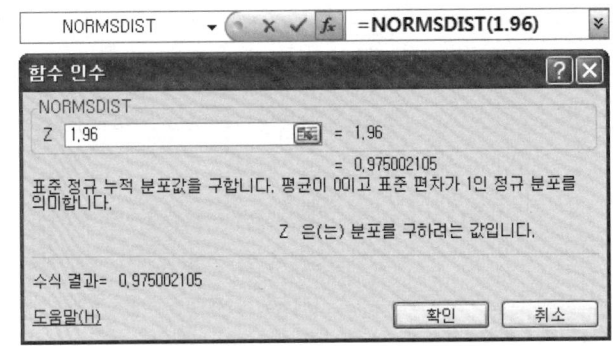

<그림 C-8> z=1.96까지의 확률인 NORMSDIST 함수 대화상자

NORMSINV(p) 종류: 통계.
내용: 왼쪽꼬리 확률을 가지는 정규분포 값

설명: 누적확률이 괄호안 값 p가 되는 표준정규분포 값 z를 구함.
p는 누적확률을 말함. 누적확률이 0.5보다 작을 때는 음수가 나옴.

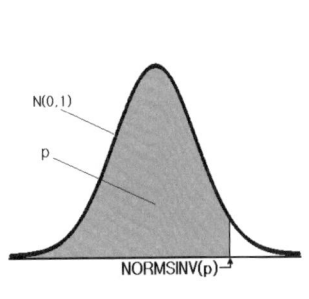

<그림 C-9> NORMSINV

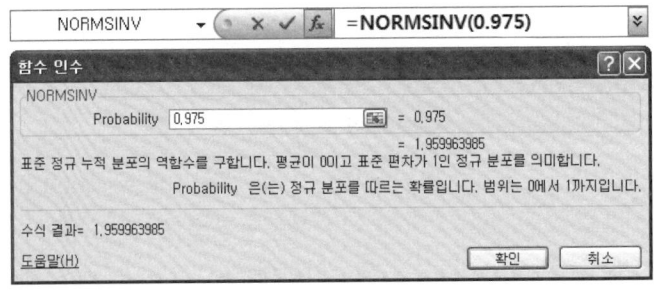

<그림 C-10> p=0.975가 되는 표준정규분포의 값인 NORMSINV 함수 대화상자

함수의 일반적인 사용법

SQRT(x)   종류: 수학/삼각.
        내용: 제곱근
        설명: 괄호안 값 x의 제곱근을 취함. x는 항상 양수이어야 함.

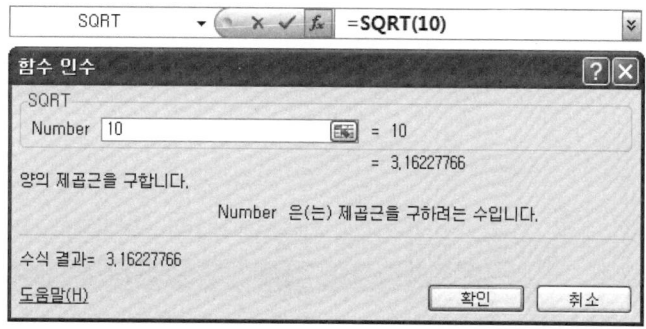

<그림 C-11> 10의 제곱근인 SQRT 함수 대화상자

SUM(Ax:By)   종류: 수학/삼각.
           내용: 합
           설명: A열 x행부터 B열 y행까지의 합을 계산함. 필요한 경우
                숫자를 직접 입력하여도 됨.

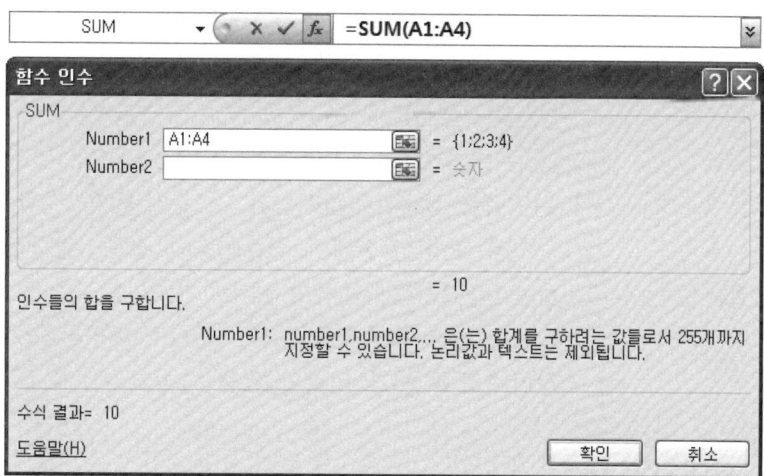

<그림 C-12> 1부터 4까지 있는 A1:A4의 합인 SUM 함수 대화상자

322 부록 C 그림으로 보는 주요 함수

TINV(p,d)　　종류: 통계.
　　　　　　 내용: 양쪽 확률을 갖는 t값

　　　　　　 설명: 자유도가 d인 t분포에서 양측확률이 p인 t값을 구함.
　　　　　　　　　 p는 확률을 말함. 유의수준을 직접 치거나 유의수준이 있는 셀을 클릭한다.
　　　　　　　　　 d는 자유도를 말함. 직접 치거나 자유도가 있는 셀을 클릭한다.

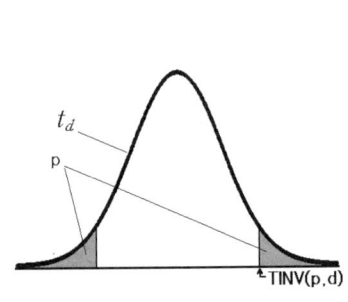

<그림 C-13> TINV

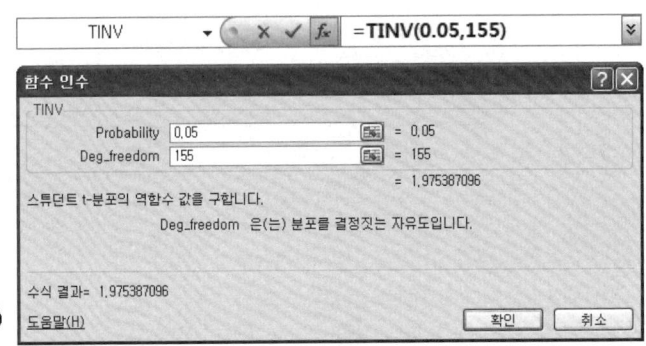

<그림 C-14> p=.05, d=155인 TINV 함수 대화상자

TDIST(t,d,tail)　종류: 통계
　　　　　　　　내용: t분포의 오른쪽 또는 양쪽 꼬리확률

　　　　　　　　설명: 자유도가 d인 t분포에서 t값의 우측확률(tail=1), 또는 양측확률(tail=2)을 구함.
　　　　　　　　　　　t값은 양수이어야 함. 만일 음수면 ABS(t)를 사용.
　　　　　　　　　　　x는 t분포하는 확률변수의 값(통계량)을 말함. 반드시 양수의 값을 지정해야 함.(음수인 경우, 절대값을 의미하는 ABS를 먼저 치고 통계치가 있는 셀을 클릭)
　　　　　　　　　　　tail은 검정의 종류를 말함. 단측검정이면 1을, 양측검정이면 2를 치거나 값이 있는 셀을 클릭.

함수의 일반적인 사용법   323

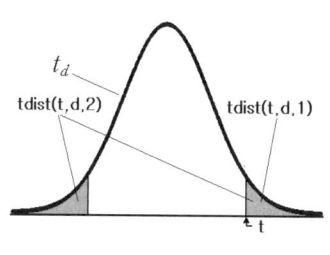

<그림 C-15> TDIST

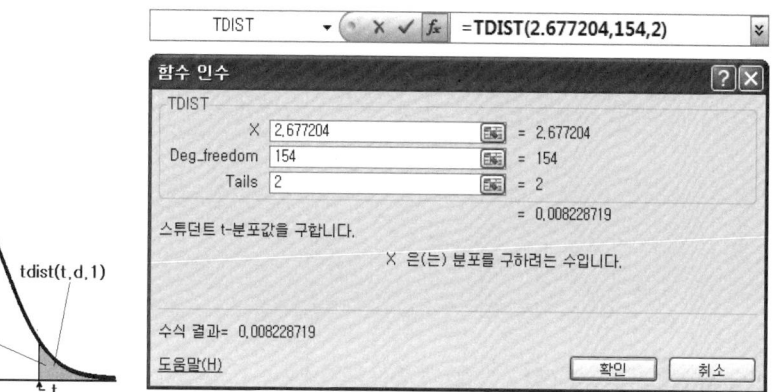

<그림 C-16> t=2.677, d=154, 양측확률인 TDIST 함수 대화상자

함수 찾아보기

이 책에 소개된 함수를 가나다순으로 나열하였다. 오른쪽에 있는 함수의 이름을 보고 그림으로 보는 주요 함수에서 사용법을 알아본다.

F-분포 오른쪽 꼬리확률	FDIST(x,d1,d2)
t분포의 오른쪽 또는 양쪽 꼬리확률	TDIST(t,d,tail)
양쪽 확률을 갖는 t값	TINV(p,d)
왼쪽꼬리 확률을 가지는 표준정규분포 값	NORMSINV(p)
절대값	ABS(x)
제곱근	SQRT(x)
카이제곱분포 오른쪽 꼬리확률	CHIDIST(x,d)
평균	AVERAGE(Ax:By)
표준정규분포 왼쪽꼬리 확률	NORMSDIST(z)
합	SUM(Ax:By)

부록D 엑셀로 분석 시작하기

부록D 1절 　 엑셀의 기본적 활용　 327

이 장에서는 엑셀을 통계패키지로 만드는 방법과 기본적인 사용방법 및 각 아이콘을 소개한다. 다른 윈도우즈용 응용 소프트웨어와 마찬가지로 어떤 메뉴는 실행할 수 있는 여건이 되었을 때만 활성화된다. 관련 메뉴 또는 아이콘이 어떻게 활성화되는지 살펴보기 위해서는 다양한 시도를 해보기 바란다.

제1절　엑셀의 기본적 활용

1. 엑셀 시작하기

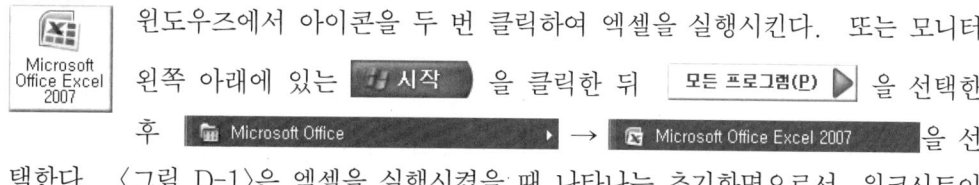

윈도우즈에서 아이콘을 두 번 클릭하여 엑셀을 실행시킨다. 또는 모니터 왼쪽 아래에 있는 시작 을 클릭한 뒤 모든 프로그램(P) 을 선택한 후 Microsoft Office → Microsoft Office Excel 2007 을 선택한다. 〈그림 D-1〉은 엑셀을 실행시켰을 때 나타나는 초기화면으로서, 워크시트이다.

2. 엑셀 끝내기

엑셀을 끝내는 방법에는 여러 가지가 있다.

⑴ 제목표시줄의 오피스 아이콘 을 빠르게 두 번 클릭한다. 가장 빠른 방법 중의 하나다〈그림 D-2〉.

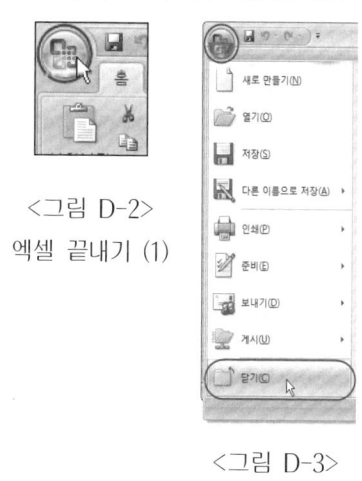

<그림 D-2>
엑셀 끝내기 (1)

<그림 D-3>
엑셀 끝내기 (2)

<그림 D-4> 엑셀 끝내기 (3)

(2) 제목표시줄 우측상단에 있는 ⊠를 클릭한다.

(3) 제목표시줄의 🖹에서 ✕ Excel 끝내기(X) 를 클릭한다〈그림 D-4〉.

(4) 🖹을 한 번 클릭한 뒤 📄 닫기(C) 를 클릭하면〈그림 D-3〉엑셀프로그램은 유지된 채 작업파일만 닫힌다. 엑셀을 끝내지 않고 다른 작업파일을 불러올 때 유용하다. 자판사용에 익숙해지면 일일이 마우스를 사용하지 않고 Alt키를 누른채 F4키를 누르면 빠르다.

3. 작업내용 저장하기

처음 엑셀을 열어 작업한 뒤 엑셀을 끝내려 하면, 작업내용을 저장할 것인지를 묻는 확인 화면이 나타난다〈그림 D-5〉.

〈그림 D-5〉 저장 확인 대화상자

아니요(N) 를 선택하면 저장하지 않고 그냥 끝낼 수 있다.
예(Y) 를 선택하면 어떤 이름으로 저장할 것인지를 묻는 안내 화면이 나온다. 적절한 내용을 클릭하거나 적어 넣는다.

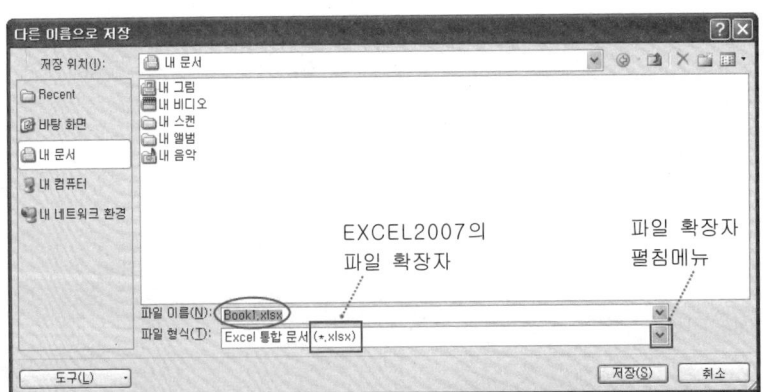

〈그림 D-6〉 다른 이름으로 저장하기 대화상자

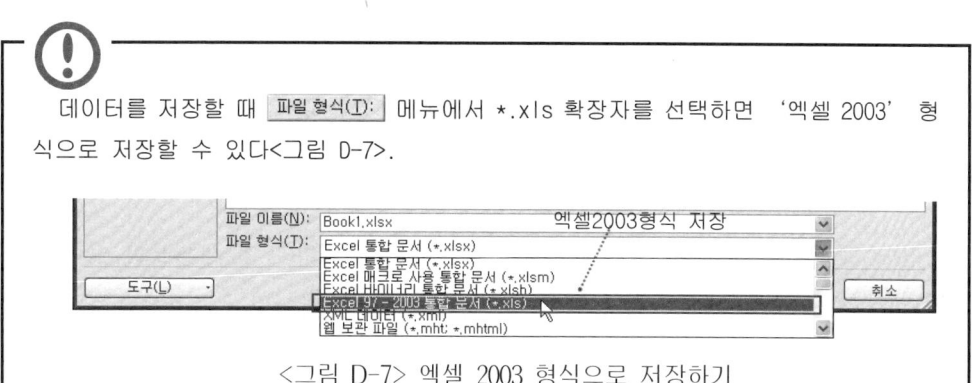

<그림 D-7> 엑셀 2003 형식으로 저장하기

엑셀파일을 불러와 작업을 하고 나면 변경되거나 추가, 삭제된 내용을 저장하게 된다. 작업내용은 원래 파일로 다시 저장하거나 새로운 이름의 파일로 저장할 수 있다.

(1) 원래 파일로 다시 저장하기

가장 간단한 방법은 빠른실행 도구의 저장하기 아이콘 을 사용하는 것이다. 이 아이콘을 사용할 때는 추가되거나 변화된 작업내용으로 원래 있던 내용을 덮어써도 되는지 신중히 생각한 뒤에 사용한다.56)

익숙해진 뒤에는 일일이 마우스를 사용하지 않고 단축키를 사용한다. 단축키는 Ctrl 과 S 를 동시에 누르는 것이다.

(2) 새 파일이름을 주어 저장하기

불러온 파일의 내용을 그대로 보존하면서 추가되거나 변화된 내용을 저장하고자 할 때 사용한다. 제목표시줄의 에서 다른 이름으로 저장(A) 을 클릭하면 폴더와 파일이름을 지정할 수 있는 대화상자가 나타난다<그림 D-6>.

불러온 파일의 내용이 변경되었는데도 저장하지 않고 그냥 엑셀을 끝내려 하면 저장을 확인하는 대화상자가 나타난다<그림 D-5>. 적절히 대응한다.

---

56) 왜냐하면 확인 없이 곧장 저장해서 원래 내용을 없애버리기 때문이다.

4. 도구 단추

데이터 관리와 분석결과 관리에 유용하게 쓰이는 아이콘(단추)들을 몇가지 소개하면 다음과 같다. 여기에 소개되지 않은 아이콘들도 물론 편리한 기능을 가지고 있으니 그 사용법을 알아두면 편리하다. 어떤 아이콘은 메뉴의 [홈] 이 아닌 다른 탭을 눌러야 사용할 수 있다. ( )안의 설명을 참고하기 바란다. 또 대부분의 아이콘은 그 작업을 할 수 있는 단축키가 있다. 반복 사용하여 익혀두면 편리하다.

[열기(O)] 파일 열기

저장된 원 데이터파일이나 출력물 파일을 불러올 수 있다[57]. 초기의 파일형식은 [Excel 통합 문서(*.xlsx)] (*.xlsx)형식으로 되어 있다. 만일 불러오고자 하는 파일의 형식이 Microsoft Excel 파일 형식이 아니면 [▼]를 눌러 원하는 파일형식을 선택한다. 열고자 하는 파일이 처음 열린 폴더에 없는 경우, 일반적인 윈도우즈 아이콘 사용방법에 따라 원하는 폴더에 있는 파일을 불러온다.

[💾] 파일 저장하기

불러들인 파일은 같은 이름으로 같은 디렉토리에 저장해주고, 새로 만들어진 파일은 저장할 디렉토리와 이름을 지정하도록 하는 대화상자를 불러준다(빠른실행 도구 아이콘 [💾 ⤺ ⤻] 이나 [📋] 에서 [💾 저장(S)] 또는 [📋 다른 이름으로 저장(A)] 선택).

[🖨 인쇄(P)▸] 인쇄하기

현재의 사용중인 시트의 내용을 연결된 프린터로 출력한다.

[⤺] 실행 취소

최근에 편집한 작업을 취소 또는 복구한다. 빠른실행 도구의 [⤺] 를 클릭하여 원하는 작업 부분만 선택해서 취소할 수 있다.

[Σ 자동 합계▾] 자동합계(메뉴표시줄 [수식] 탭)

선택된 셀 값의 합을 자동으로 계산한다.

---

[57] 최근에 열었던 파일을 다시 열고자하는 경우에는 파일열기 아이콘 [열기(O)] 오른쪽의 최근문서 [최근 문서] 아래에 있는 목록을 클릭하면 편리하다.

5. 마법사(도우미) 단추

프로그램을 새로 설치할 때 나타나는 설치마법사처럼, 계산이나 차트 작성에 도움을 주는 마법사들도 있다. 이 마법사 아이콘을 클릭하면 선택할 수 있는 목록이 나타나서 작업을 쉽게 할 수 있도록 도와준다. 통계분석과 함께 자주 쓰는 마법사들은 함수삽입과 차트 그룹이다.

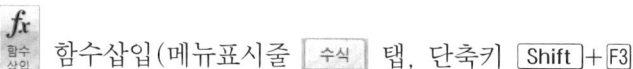 함수삽입(메뉴표시줄 수식 탭, 단축키 Shift + F3)

재무, 날짜, 통계 등 영역별로 사용이 가능한 함수의 목록이 나타난다. 함수를 기억할 수 없을 때 활용하면 도움이 된다.

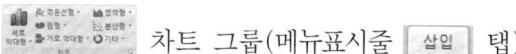 차트 그룹(메뉴표시줄 삽입 탭)

다양한 차트를 작성할 수 있도록 하는 안내화면이 나타난다.

6. 입력/삽입/삭제

(1) 데이터 입력

기본적으로 화살표 키 ←, →, ↑, ↓ 를 이용하여 원하는 셀에 셀포인터를 가져간 후 값을 입력하면 된다.

연습 워크시트 첫 행의 각 셀에 1부터 5까지, 둘째 행의 각 셀에 6부터 10까지의 숫자를 <그림 D-8>과 같이 입력하자.

	A	B	C	D	E	F	G
1	1	2	3	4	5		
2	6	7	8	9	10		
3							
4							

<그림 D-8> 1부터 10까지 두 행에 입력

위와 같은 방법으로 입력하면, 매번 화살표 키 →를 이용해야하므로 많은 양의 데이터를 입력하는데는 적합하지 않다. 케이스별로 데이터를 입력하고자 할 때는 먼저 데이터가 입력될 공간을 표시한 뒤 입력한다〈그림 D-9〉. 맨 앞의 흰 셀이 첫번째 값이 들어갈 부분이다.

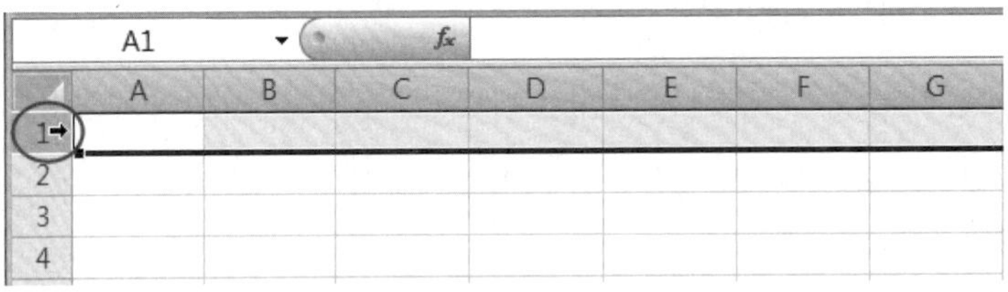

〈그림 D-9〉 행번호 1 을 클릭하여 첫 케이스 입력할 공간을 표시

첫번째 케이스의 첫번째 값 1을 치고 Enter↵ 를 치면 셀포인터가 오른쪽으로 옮겨가면서 다음 값을 칠 셀이 표시된다〈그림 D-11〉. 계속해서 다음 변수의 값을 입력하고 Enter↵ 를 친다.

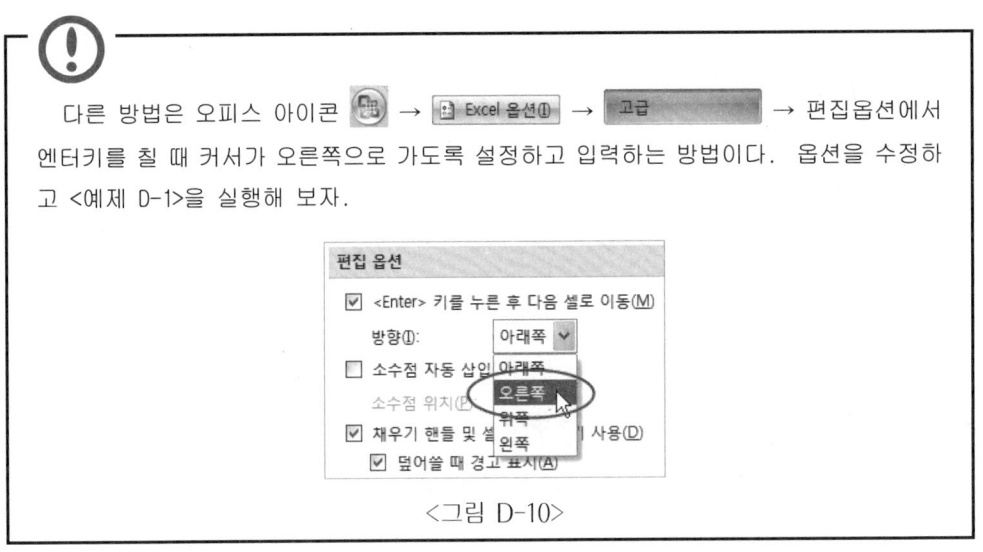

다른 방법은 오피스 아이콘 → Excel 옵션(I) → 고급 → 편집옵션에서 엔터키를 칠 때 커서가 오른쪽으로 가도록 설정하고 입력하는 방법이다. 옵션을 수정하고 〈예제 D-1〉을 실행해 보자.

〈그림 D-10〉

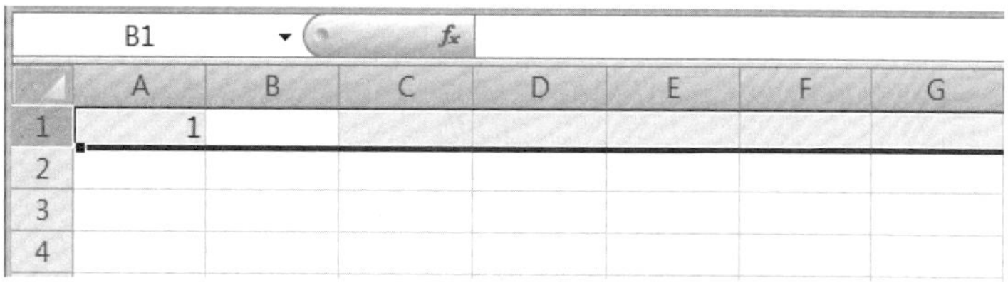

<그림 D-11> 첫번째 값을 입력한 뒤 Enter↵ 를 침

첫번째 케이스의 값을 모두 입력한 다음, 두번째 행을 마찬가지로 클릭하여 데이터를 입력한다〈그림 D-12〉.

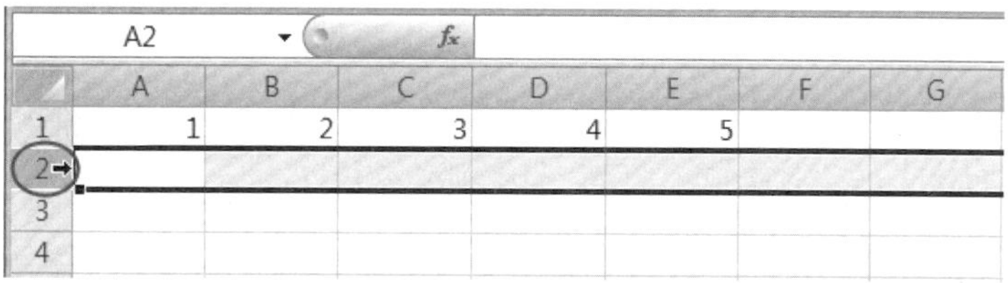

<그림 D-12> 두번째 케이스 입력할 부분을 표시함

7. 편집

(1) 마우스 사용

엑셀에 있는 편리한 기능 중의 하나가 마우스를 끌어서 셀의 값을 채우는 것이다. 셀 영역을 지정〈그림 D-13〉하거나 셀의 크기를 고칠 때〈그림 D-14〉도 마우스를 끌어서 한다. 마우스를 끄는 것은 마우스의 왼쪽 버튼을 누른 채 다른 장소로 이동하는 것이다.58)

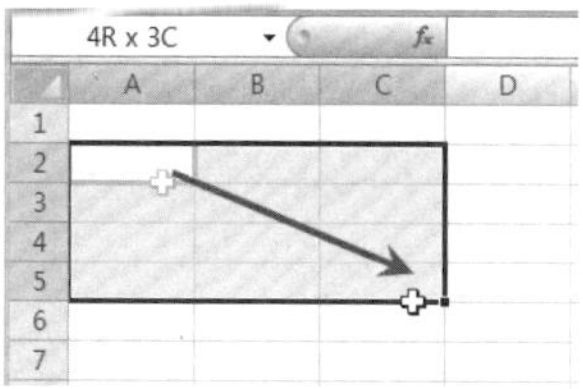

<그림 D-13> 셀 영역 선택

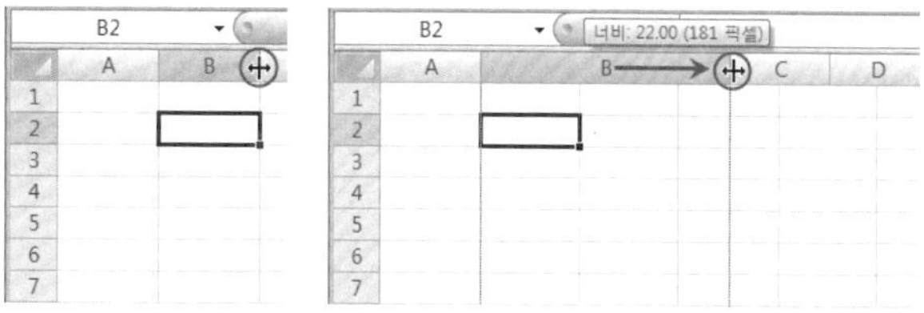

<그림 D-14> 셀 크기 조정

58) 마우스 포인터에는 (이동), ✚(선택), +(채우기), +(크기조절) 등이 있다. 마우스를 움직이면서 모양의 변화를 잘 살펴보자.

부록D 엑셀로 분석 시작하기

① 셀크기 바꾸기

셀의 폭을 넓히려면 열 문자 사이에 마우스 포인터를 가져가 좌우화살표 십자 모양(✥)이 나타나게 한다. 왼쪽 버튼을 누른 채 마우스를 좌우로 움직여 원하는 너비로 바꾼다〈그림 D-15〉.

	A	B	C	D	E	F	G	H	I
1	id	sch	city	v1	v2	v3_1_1	v3_1_2	v3_1_3	v3_1_4
2	1	1	1	1	1	2	1	2	3
3	2	1	1	1	1	1	1	2	2
4	3	1	1	2	1	1	1	2	3

〈그림 D-15〉 마우스를 이용한 너비의 변경

셀의 높이를 크게 하려면 행 번호 사이에 마우스 커서를 가져가면 상하화살표 십자 모양(✥)으로 바꾸어 높이를 변경한다〈그림 D-16〉.

	A	B	C	D	E	F	G	H	I
1	id	sch	city	v1	v2	v3_1_1	v3_1_2	v3_1_3	v3_1_4
2	1	1	1	1	1	2	1	2	3
3	2	1	1	1	1	1	1	2	2
4	3	1	1	2	1	1	1	2	3

〈그림 D-16〉 마우스를 이용한 높이의 변경

② 같은 값으로 채우기

같은 값으로 채우고자 하는 셀 포인터의 아래 모서리에 마우스를 가져가면 마우스 포인터가 까만 십자 모양(✚)으로 바뀐다. 이때 행 또는 열 방향으로 커서를 끌면 이동시킨 행 또는 열 만큼 같은 값으로 채워진다〈그림 D-17〉. 〈그림 D-18〉은 셀 A1에 1을 입력하고 마우스를 끌어 B1부터 I1까지를 모두 1로 채운 모습이다.

	A	B	C	D	E	F	G	H	I
1	1								
2									
3									
4									

〈그림 D-17〉 마우스를 이용해 같은 값으로 채우기

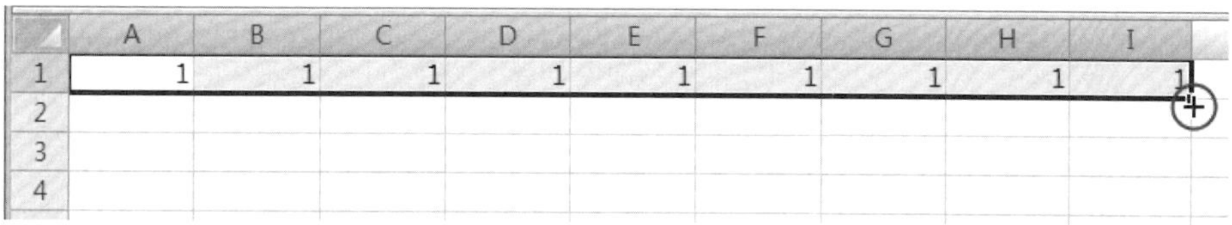

<그림 D-18> 마우스를 이용해 행 방향으로 같은 값 채우기

③ 같은 간격의 값으로 채우기

일정한 간격의 데이터가 있는데 그 간격으로 나머지 셀의 값을 채우고자 할 때 사용한다. 입력한 데이터를 마우스로 지정한 뒤 까만 십자 모양의 아이콘(+)을 끌어 값을 채운다. 〈그림 D-19〉는 일정한 간격(2)의 값을 입력한 모습이다. 〈그림 D-20〉은 마우스를 I1까지 끌어 모두 같은 간격의 값으로 채운 모습이다.

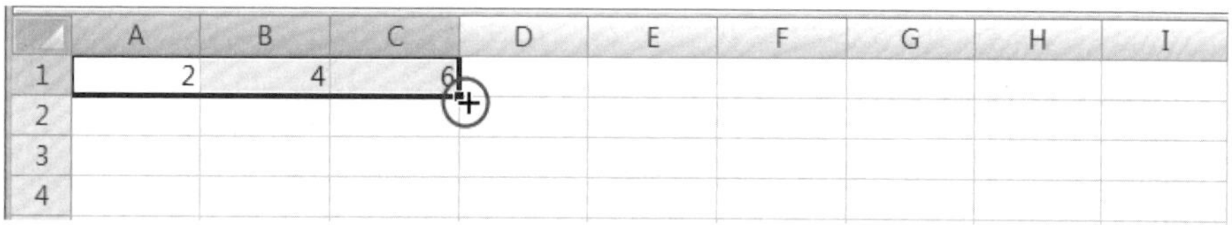

<그림 D-19> 일정한 간격의 값을 입력.

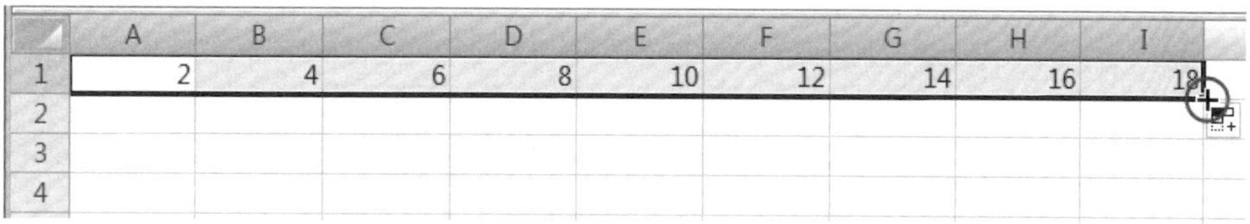

<그림 D-20> 마우스를 끌어 같은 간격의 값으로 채우기.

(2) 행/열 삽입

행 삽입방법을 알아보자. 행 1 앞에 새로운 행을 하나 삽입하고자 하면, 먼저 1 에 마우스 포인터( )를 놓고 마우스의 오른쪽 버튼을 클릭한다. 튀어나온 메뉴 중 삽입(I) 을 클릭한다〈그림 D-21〉. 먼저 있던 행들이 하나씩 아래로 물러가면서 행이 삽입되고, 행의 내용을 입력할 수 있게 표시된다. 원하는 내용을 입력한다.

부록D   엑셀로 분석 시작하기

<그림 D-21> 행이 표시되며 튀어나온 메뉴에서 삽입을 클릭

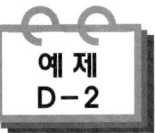 행을 삽입하여 변수 이름인 v1부터 v5까지를 차례로 입력해보자<그림 D-22>.

<그림 D-22> 삽입된 행에 v1-v5를 입력

이번에는 열을 삽입해보자. 열문자 　A　 앞에 삽입하고자 하면, 　A　 에 마우스 포인터(↓)를 놓고 오른쪽 버튼을 클릭한다<그림 D-23>. 나머지 내용은 행을 삽입하는 것과 같다.

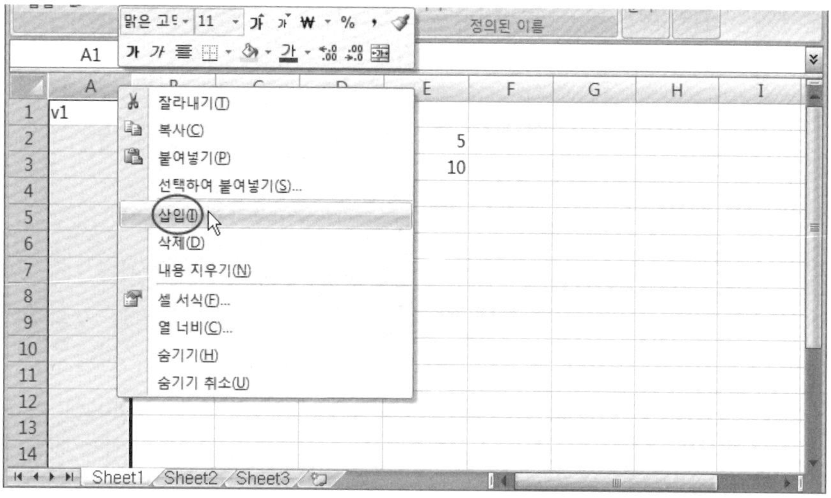

<그림 D-23> 열이 표시되며 튀어나온 메뉴에서 삽입을 클릭

(3)행/열 삭제

필요하지 않은 행을 삭제하려면 삭제하고자 하는 행을 마우스의 오른쪽 버튼으로 표시한 뒤 튀어나오는 메뉴에서 삭제를 클릭하면 된다〈그림 D-24〉. 삭제되는 행의 아래쪽의 행들이 하나씩 위로 옮겨간다.

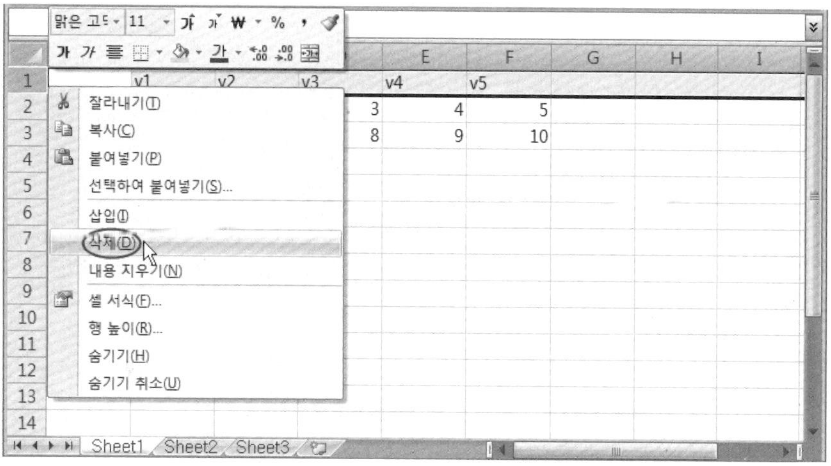

<그림 D-24> 행이 표시되며 튀어나온 메뉴에서 삭제를 클릭

338   부록D   엑셀로 분석 시작하기

위의 예제에서 삽입한 열을 삭제해서 <그림 D-21>과 같이 원래의 모양으로 만들어보자.

(4) 셀 삽입/삭제

때로는 셀을 하나 삽입해야 할 필요가 있다. 행이나 열을 삽입하는 경우와 마찬가지로 삽입한 셀의 위치에 셀포인터(☐)를 두고 마우스의 오른쪽 버튼(⇗)을 클릭한다. 셀을 삽입할 경우, 다른 셀들은 어떻게 처리할 것인지를 묻는 대화상자가 나온다<그림 D-25>. ⦿행 전체(R) 나 ⦿열 전체(C) 를 선택하면 행이나 열을 삽입하는 것과 같은 효과가 있다.

<그림 D-25> B1셀에 새 셀을 삽입할 때 다른 데이터의 처리를 묻는 대화상자

B1셀에 11을 입력하여 <그림 D-26>과 같은 형태로 만들어보자.

	A	B	C	D	E	F	G	H	I
1	1	11	2	3	4	5			
2	6	7	8	9	10				
3									
4									

<그림 D-26> 오른쪽으로 셀을 이동하여 B1셀에 11을 입력함

부록D 1절   엑셀의 기본적 활용   339

셀 하나를 삭제하여 다른 셀들을 모두 한 셀씩 앞으로 보내고자 하면 삽입할 때와 마찬가지 방법으로 삭제한다.

앞의 예제에서 B1셀의 내용을 삭제하여 <그림 D-25>와 같이 원 데이터만 남겨보자.

B1셀에 11을 입력하여 다음과 같은 형태로 만들었다가 다시 셀을 삭제하여 원 데이터만 남겨보자.

	A	B	C	D	E	F	G	H	I
1	1	11	3	4	5				
2	6	2	8	9	10				
3		7							
4									

<그림 D-27> 아래쪽으로 셀을 이동하여 B1셀에 11을 입력함

(5) 지움

지우기는 셀이나 행/열은 그대로 둔 채 내용만 없애는 것이고, 삭제는 셀이나 행/열을 모두 없애는 것이다.

① 셀의 내용을 다른 내용으로 바꿈

해당 셀에 셀포인터를 두고 새로운 내용을 입력하면 원래 내용이 없어지고 새로운 내용만 남는다.

② 셀의 내용을 지움

해당 셀에 셀포인터를 두고 Delete 키로 내용을 지운다. 셀의 내용은 입력이 완료된 상태이어야 한다. 입력하는 도중(가느다란 검은 실같은 커서( )가 깜박이는 동안)에는 내용이 지워지지 않는다.

③ 여러 셀의 내용을 지움

원하는 셀을 모두 선택한 뒤 Delete 키로 내용을 지운다.[59]

(6) 복사/잘라내기/붙이기

① 복사

복사하고자 하는 부분을 마우스로 선택한 뒤 📋 를 클릭하거나 오른쪽 버튼을 눌러 📋 복사(C) 를 클릭하면 선택된 셀들이 점선으로 둘러싸인다〈그림 D-28〉. 이 내용을 붙이고자 하는 위치에 셀포인터를 두고 📋 아이콘을 클릭하거나 튀어나오는 메뉴에서 📋 붙여넣기(P) 를 클릭하면 붙여진다〈그림 D-29〉.

	A	B	C	D	E	F	G	H	I
1	1	2	3	4	5				
2	6	7	8	9	10				
3									
4									

〈그림 D-28〉 A1과 B1셀을 선택하여 복사 함

	A	B	C	D	E	F	G	H	I
1	1	2	3	4	5				
2	6	7	8	9	1	2			
3									
4									

〈그림 D-29〉 A1과 B1셀의 내용을 복사해서 E2와 F2에 붙임

② 잘라내기

복사와 동일하다. 단, 잘라내기 ✂ 를 하면 원래 값이 있던 셀의 값은 모두 없어진다〈그림 D-30〉.

	A	B	C	D	E	F	G	H	I
1			3	4	5				
2	6	7	8	9	1	2			
3									
4	내용이 없어짐								

〈그림 D-30〉 A1과 B1셀의 내용을 잘라내서 E2와 F2에 붙임

---

59) 셀을 선택하는 방법은 ① 행/열을 모두 선택하거나, ② 커서가 굵은 흰십자모양(✚)으로 되어 있을 때 왼쪽 버튼을 누른채 끌기를 하거나, ③ 첫번째 셀을 클릭한 뒤 Shift 키를 누르고 마지막 셀을 클릭하거나, ④ Ctrl 키를 누른 채 마우스로 원하는 셀을 모두 클릭하는 방법이 있다. 각 방법을 연습해보자.

(7) 셀 서식

〈그림 D-15〉를 자세히 보면 숫자만 있는 셀은 값이 오른쪽으로 맞춰져있고, v1이나 v2 등 문자와 숫자가 혼합되어 있는 셀은 값이 왼쪽으로 맞춰져있는 것을 알 수 있다.

셀값의 서식은 셀에서 마우스의 오른쪽 버튼을 클릭하여 [셀 서식(F)...] 을 선택하거나 메뉴표시줄 [홈] 탭의 '셀'그룹에서 [서식▼] → [셀 서식(E)...] 을 선택하여 지정할 수 있다. 셀값의 서식에서는 표시형식이나 맞춤, 글꼴, 패선, 무늬, 보호 등을 정의한다.

① 표시형식

셀의 내용에 따라 일반이나 숫자, 통화, 회계, 날짜, 시간 등 표시형식을 달리할 수 있다. 예를 들어 '숫자'를 선택하면 소수점이하 자릿수 및 음수의 표기형식을 설정할 수 있다〈그림 D-32〉. 도구표시줄의 [표시형식 그룹]도 표시형식을 빠르게 고칠 수 있는 아이콘이다〈그림 D-31〉.

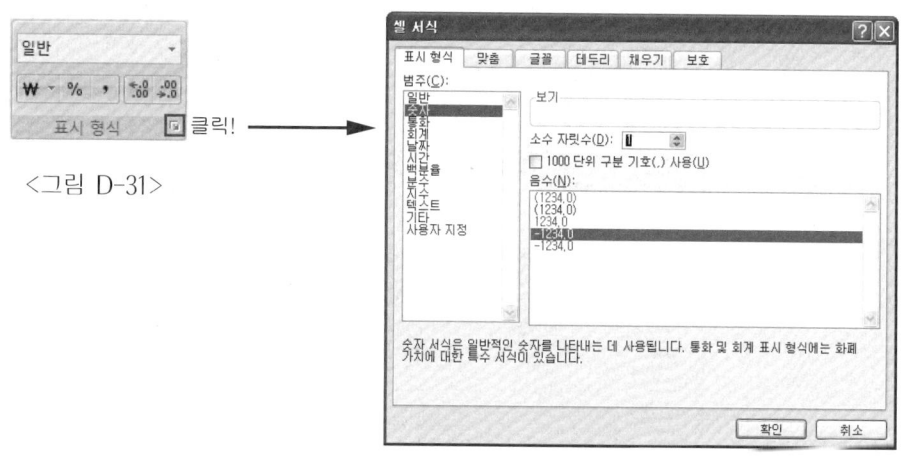

〈그림 D-31〉

〈그림 D-32〉 셀서식의 표시형식을 선택

② 맞춤

맞춤은 셀의 문자열을 수평 및 수직에 대해서 어떻게 맞출 것인가를 설정한다〈그림 D-33〉. 시계의 3시 방향으로 맞추면 보통 사용하는 모양이 된다. 차트의 y축 이름표 등을 달때는 세로로 '문자열'이라 쓰인 부분을 클릭하여 오른쪽 그림과 같이 까맣게 만든다. 도구표시줄 '맞춤' 그룹의 [≡ ≡ ≡] 으로 셀 안의 위치를 쉽게 지정할 수도 있다.

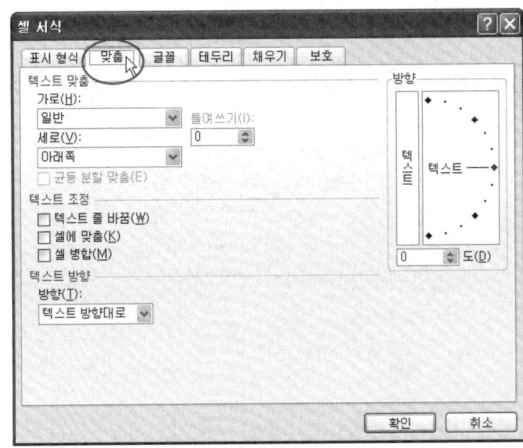

<그림 D-33> 셀서식의 표시형식을 선택

③ 글꼴

글꼴에서는 셀 글꼴의 종류와 크기, 색 등을 지정할 수 있다<그림 D-34>. 도구표시줄 '글꼴' 그룹의 에서도 원하는 글꼴을 선택할 수 있다. 을 선택하면 글씨의 색을 바꿀 수 있다.

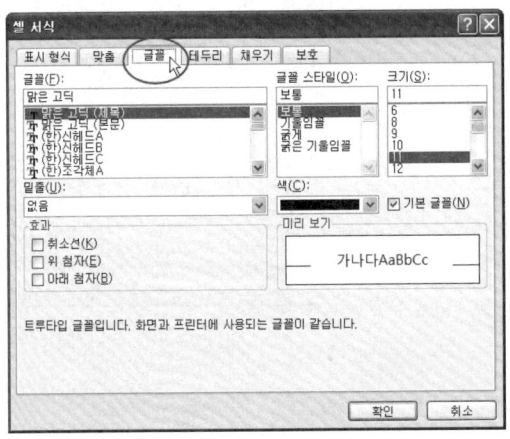

<그림 D-34> 셀 서식의 글꼴 선택

④ 테두리

테두리는 셀의 위, 아래, 오른쪽, 왼쪽의 선에 대한 설정을 할 수 있다. 또한 테두리의 색깔도 변경할 수 있다<그림 D-35>. 도구표시줄의 '글꼴' 그룹의 테두리모양

아이콘 ⊞▾ 을 선택하면 나타난 모양으로 테두리선이 변경된다. 다른 모양을 원하면 아이콘 오른쪽의 작은 삼각형을 클릭하여 다른 모양을 선택한다.

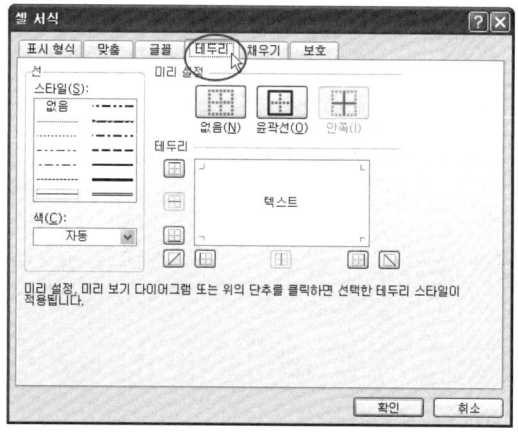

<그림 D-35> 셀서식의 괘선 선택

⑤ 채우기

채우기는 셀의 색깔과 무늬를 설정할 수 있다<그림 D-36>. 도구표시줄 '글꼴' 그룹의 ▾ 로 셀의 색깔을 쉽게 바꿀 수 있다.

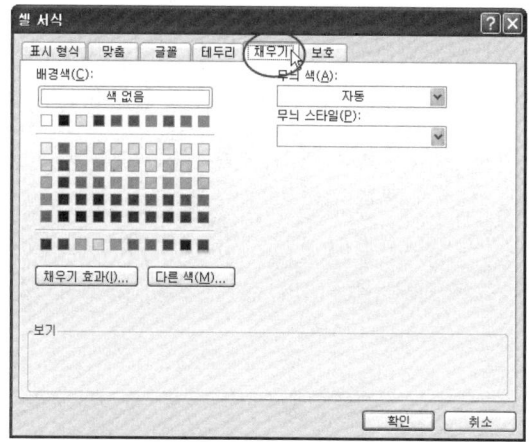

<그림 D-36> 셀 서식의 무늬 선택

⑥ 보호

보호는 셀에 대한 잠금 기능과 수식 숨기기에 대한 설정을 할 수 있다〈그림 D-37〉.

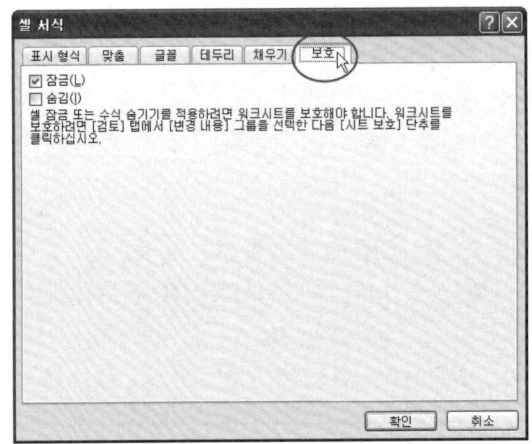

<그림 D-37> 셀서식의 보호 선택

(8) 셀의 참조

수식을 이용하여 계산하는 경우 기존 셀의 내용을 새 셀에서 참조하는 방법에는 참조한 셀이 현재 셀의 위치에 따라 바뀌게 하는 방법과 현재 셀의 위치에 상관없이 고정시키는 방법이 있다. 앞의 것을 이동참조, 뒤의 것을 고정참조라 부르자.

이동참조는 새 셀의 위치가 바뀌면 바뀐만큼 참조하는 셀의 위치를 바꾸는 방법이다. 〈그림 D-38〉처럼 셀 C1=A1+B1인 경우를 생각해보자. 까만 십자 마우스를 끌어 C2와 C3을 채우면, 참조한 셀은 저절로 C2=A2+B2, C3=A3+B3으로 바뀐다. 여기서 오른쪽으로 마우스를 한 번 더 끌어 채우기를 하면 참조셀 문자도 하나씩 오른쪽으로 움직인다. 〈그림 D-39〉에서 셀 D3의 값은 B3+C3으로 채워졌다.

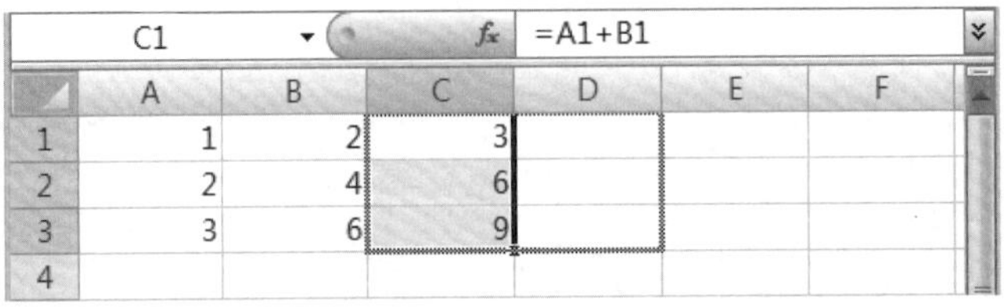

<그림 D-38> 셀의 식(이동참조)을 끌어서 채움

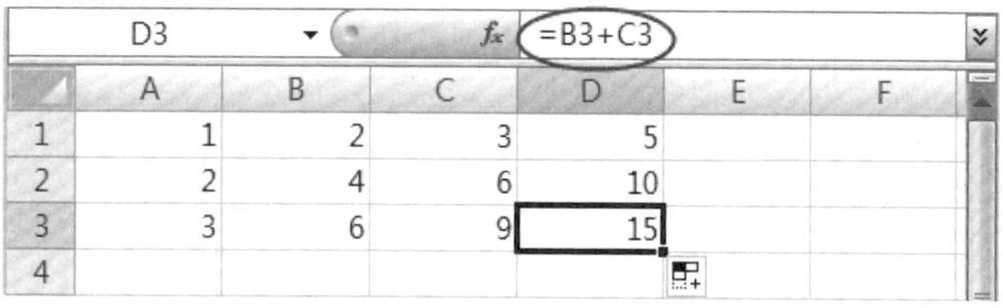

D3 fx =B3+C3

	A	B	C	D	E	F
1	1	2	3	5		
2	2	4	6	10		
3	3	6	9	15		
4						

<그림 D-39> 참조 셀이 현 셀의 위치에 따라 저절로 바뀜

고정참조란 참조하는 셀의 위치를 고정하여 현재 셀의 위치가 바뀌어도 계속 같은 위치의 값을 참조하는 방법이다. 열을 고정시키기 위해서는 열 문자앞에 $표시를, 행을 고정시키기 위해서는 행 번호 앞에 $표시를 쓴다. 열과 행을 모두 고정시키기 위해서는 열 문자와 행 번호 앞에 각각 $를 적는다.

아래의 두 그림은 위 〈그림 D-40〉의 C1=A1+B1에서 행 번호만을 고정시키고 마우스를 끄는 경우의 결과이다. 〈그림 D-41〉 D열에 보면 채운 값들의 열번호는 바뀌었지만 행번호는 그대로 $1로 고정되어 있다.

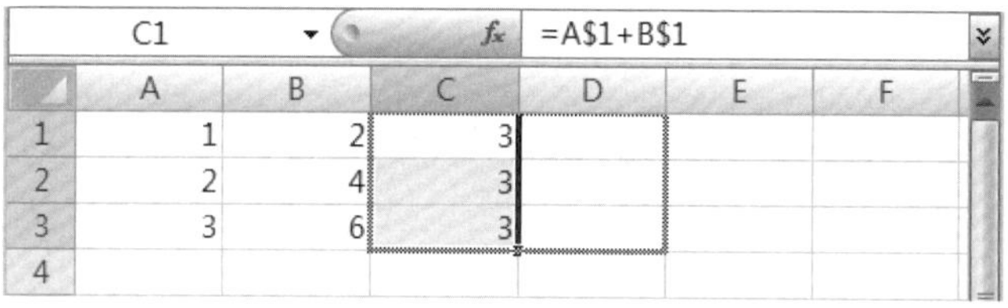

C1 fx =A$1+B$1

	A	B	C	D	E	F
1	1	2	3			
2	2	4	3			
3	3	6	3			
4						

<그림 D-40> 셀 C1의 식(행번호 고정참조)을 끌어서 채움

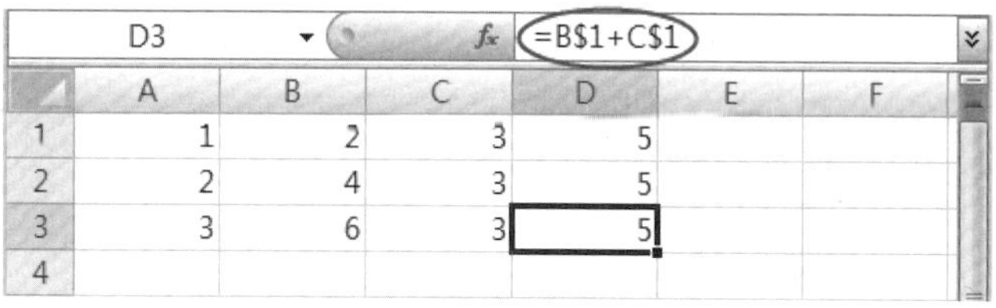

D3 fx =B$1+C$1

	A	B	C	D	E	F
1	1	2	3	5		
2	2	4	3	5		
3	3	6	3	5		
4						

<그림 D-41> 참조 셀의 행은 바뀌지 않음

아래의 두 그림은 앞 〈그림 D-40〉에서 열 문자만을 고정시키고 마우스를 끌어 D열을 채운 결과이다. 〈그림 D-41〉의 셀 C1에 보면 열문자 앞에 $를 써서 고정하였다. 〈그림 D-40〉의 셀 D3의 열은 고정된 채 행번호만 바뀌어 있다.

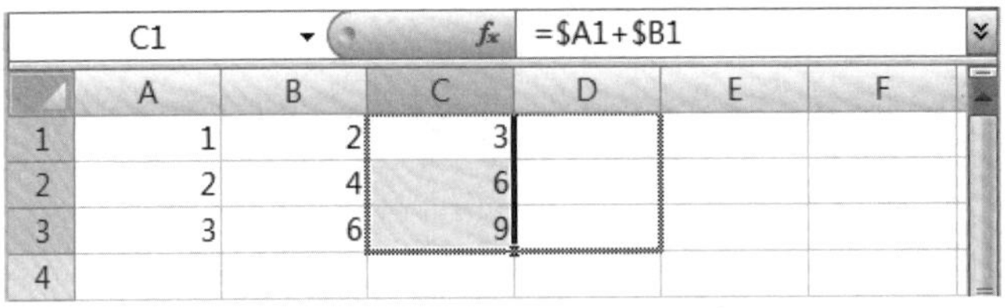

<그림 D-42> 셀 C1의 식(열문자 고정참조)을 끌어서 채움

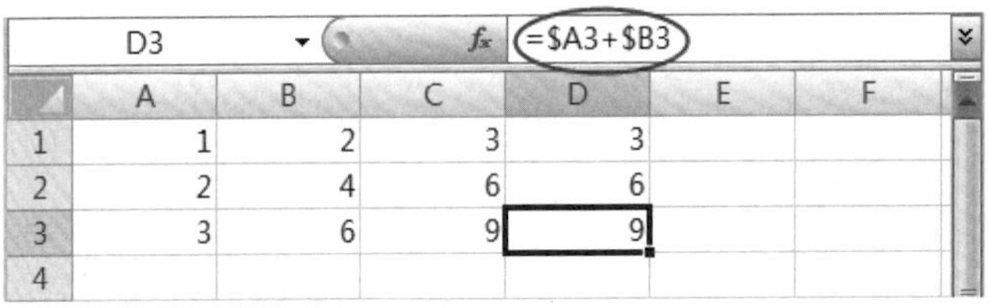

<그림 D-43> 참조 셀의 열은 바뀌지 않음

열 문자와 행 번호를 모두 고정시키면 셀들이 모두 같은 값으로 채워지게 된다. 아래 두 그림을 보라<그림 D-44>, <그림 D-45>. C1=$A$1+$B$1으로 참조·계산한 뒤 마우스를 끌어 C열과 D열을 채운 결과, C열과 D열의 모든 셀들이 A1+B1 값으로 채워졌다.

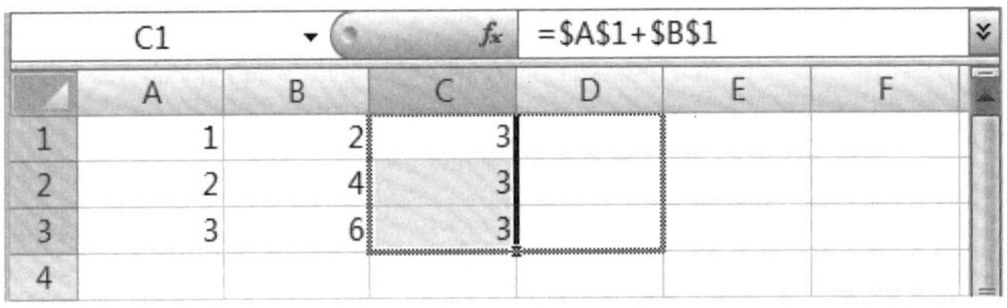

<그림 D-44> 셀 C1의 식(행·열 고정참조)을 끌어서 채움

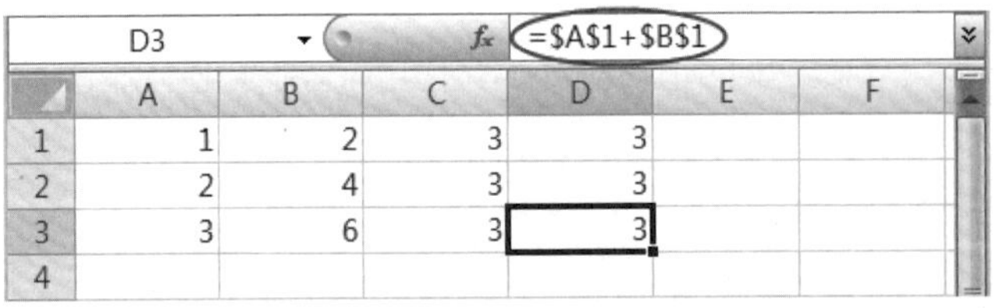

<그림 D-45> 참조 셀의 행과 열이 바뀌지 않음

찾아보기(index)

가설 182
   교차분석 249 301
   단일표본 t-검정 197
   대응표본 교차분석 311
   대응표본 t-검정 203
   독립표본 t-검정 208
   분산분석 219
   상관관계 198
   회귀분석 213 214
가설검정 181
가정 203 210
개체(관찰개체) 5
검정력 186
검정통계량 285
결정계수 213
결정원칙 190
관찰개체 5
관찰빈도 250
교차분석 249
교차표 75
교호작용 235
구간추정 178
귀무가설 177 182 208
기각값 183
기각역 183
기대빈도 250
기술통계량 87
기하평균 89
누적비율 67

다중공선성 239
다중응답분석 36
다중회귀모형 231
다중회귀분석 209
단순회귀분석 209
단일표본 t-검정 185
단측검정 183 209 216
대립가설 178 208
대응표본 203 210 309
대표값 87
데이터 5
데이터 작성 22
데이터 클리닝 37
데이터시트 22
독립성 181 215
독립표본 t-검정 161
등분산검정 165
등분산성 181 215

막대형 차트 105
모수 175
모수적 197
모집단 5

반복횟수 271
백분위수 93
범위 92
변동 179
변수 6
   가변수 242
   날짜변수 9
   다항변수 6
   더미변수 242
   독립변수 177 209

찾아보기(index)

등간변수 7
명목변수 6
문자변수 9
반응변수 209
범주형변수 6
복수응답 36
비율변수 7
서열변수 6
설명변수 177 209
숫자변수 9
양적변수 8
연속형변수 8
열변수 75
이산형변수 8
이항변수 6
종속변수 177 209 210
지시변수 242
질적변수 8
행변수 75
변수 계산 48
변수값의 변경 45
부호화 10
분산 92 181
분산분석 177
분산분석표 179 211
분석단위 5
불편성 285
비모수적 197
비선형의 관계 195
빈도표 61

사례 5
사분위수 94
사분위수범위 94

산술평균 87
산점도 120
산포도 91
삼원배치표 75
상관계수 297
상관관계 193 195
상한값 178
상한추정량 178
선형성 215
스피어만 상관계수 197
신뢰계수 179
신뢰구간 178 281
신뢰수준 178
십분위수 93
역코딩 45 48
연구가설 182
연속확률분포 271
영가설 182
예측 216
예측값 210
오차제곱합 293
왜도 95
원형 그림 112
원형 차트 112
유의수준 188
유의확률 188
이원배치표 75
이산확률분포 271
이항분포 271
일원배치 분산분석 177
입력 22 329

자유도 252 275
잔차 210 222

찾아보기(index)

잔차분석 221
잔차산점도 222
잔차제곱합 293
전산화 9
점추정 177
정규분포 272
정규성 181 215
제Ⅰ종 오류 184, 185
제Ⅱ종 오류 184, 185
조화평균 89
좌측검정 182 190 208
주변합 250
중심극한정리 275
중심경향의 측도 87
중위수 89
집단간 제곱합 289
집단내 제곱합 289
짝비교 203

채택역 183
첨도 95
총변동 293
최대값 61
최빈값 61
최소값 61
최소제곱법 259
최소제곱추정량 295
추정 129 280
추정량 131
측정도구 9

카이제곱분석 249 253
케이스 5
케이스 선택 41

케이스 정렬 39
코드북 9
코딩 변경 45

통계량 129

파이차트 112
편차 88
평균 87 190
표본 5
표본분포 271 273
표준오차 95
표준편차 93
표준화 93
표준화계수 233
피어슨 상관계수 197

하한값 178
하한추정량 178
합동분산 287
항목 19
확률 198
회귀계수 211
회귀모형 211
회귀방정식 210
회귀분석 209 210
효율성 285
히스토그램 115
확률분포 271

$1-\beta$ 140

alphanumeric variable 9
alternative hypothesis 182

ANOVA 177
ANOVA table 179
arithmetic mean 87
α 140

b 211
bar chart 105
BASE 36
binary variable 6
binomial distribution 271
β 211 233

case 5
categorical variable 6
Central Limit Theorem 275
chi-square analysis 249 253
codebook 9
coding 9
coefficient of determination 213
confidence interval 178
continuous variable 8
continuous probability distribution 271
correlation 195
cross tabulation 75
cross tabulation analysis 249

data 5
data cleaning 37
Data Editor 22
datasheet 22
decile 94
decision rule 190
degree of freedom 275
dependent variable 210

df 275
dichotomous 6
dichotomous probability distribution 271
discrete variable 8
discrete probability distribution 271
dummy variable 242
δ 158

e_i 210 222
E_{ij} 250
efficiency 285

frequency table 75

geometric mean 89

H_1 158
H_a 158
harmonic mean 89
histogram 115
hypothesis 182
hypothesis testing 181

independent variable 177 209
inter quartile range 94
interval variable 6
IQR 92
item 19

keypunching 9
kurtosis 95

least squares method 295
lower limit 178

marginal homogeneity 258
McNemar 261
mean 87
median 89
mode 90
multi collinearity 239
multiple regression analysis 231
multiple regression model 231
μ 130 131

nominal variable 6
non-linear relationahip 195
normal distribution 272
null hypothesis 182
numeric variable 9

oneway ANalysis Of VAriance 177
ordinal variable 67
p 177
p_{ij} 302
p-value 142 188
parameter 175
Pearson correlation 197
pie chart 112
point estimation 177
polytomous variable 6
predicted value 210
prediction 216
probability distribution 271
pooled variance 271
π 177

qualitative variable 8
quantitative variable 8

quartile 94

R 92
r 131
R^2 213
range 92
ratio variable 7
Regression analysis 209
regression coefficient 211
regression model 211
residual 210
residual plot 222
ρ 131
s 92
s^2 92 131

sample 5
sampling distribution 271
sum of squares Between 289
sum of squares Within 289
scatter plot 120
significance level 188
Spearman correlation 197
standard deviation 93
standardization 93
standardized coefficient 233
statistic 129
statistic power 185
σ^2 131

t 164
test statistic 285
total variation 293
type Ⅰ error 184

type II error 184

unit of analysis 5
upper limit 178

variable 6
variation 179

$\bar{x}$ 87 131

$\hat{y}_i$ 210

z 146

사단법인
한국사회조사연구소
Korea Social Research Center
(KSRC)

광주광역시 남구 수박등로 5번길2
월산빌딩 401호 (503-828)
서울특별시 강남구 논현로 76길7
제임스빌딩 B101호 (135-080)

http://www.ksrc.or.kr
ksrc@hanmail.net

☎ 062-362-0778
Fax 062-361-2529

(사)한국사회조사연구소의 조사자료는 원자료(raw data), 코드북 (codebook), 보고서의 형태로 연구소의 홈페이지에서 볼 수 있고, 한국사회과학자료원(KOSSDA)을 통해서도 볼 수 있습니다. 자료를 필요로 하는 개인이나 기관은 누구나 이용할 수 있습니다.

한국사회조사연구소 (http://www.ksrc.or.kr)
한국사회과학자료원 (http://www.kossda.or.kr)

(사) 한국사회조사연구소 소개

연혁
- 1993. 11. 1. 광주사회조사연구소 설립 발기
- 1994. 5. 2. 광주사회조사연구소 개소
- 1994. 10. 24. 사단법인 광주사회조사연구소 법인 승인(민법 제32조, 내무부 및 경찰청 소관 비영리법인의 설립 및 감독에 관한 규칙 제4조에 의거)
- 1994. 11. 7. 사단법인 광주사회조사연구소 법인등기 완료
- 2000. 9. 1. 학술지 『사회연구』 창간
- 2001. 1. 1. 『사회연구 학술상』 제정
- 2004. 3. 23. **사단법인 한국사회조사연구소 법인 승인**(민법 제32조, 재정경제부장관 및 소속청장의 소관에 속하는 비영리법인의 설립 및 감독에 관한 규칙 제4조에 의거; **통계청장 승인**; 광주사회조사연구소 법인 승계)
- 2004. 4. 13. 사단법인 한국사회조사연구소 법인등기 완료
- 2004. 8. 30. 공익성기부금 **대상단체 지정**(재정경제부공고 제2004-96호)
- 2005. 12. 29. 학술지 『사회연구』 한국학술진흥재단 등재후보학술지 선정
- 2006. 9. 1. 2006 통계발전유공자, 국무총리 표창(단체 표창)
- 2010. 3. 31. 공익성기부금 **대상단체 지정**(기획재정부공고 제2010-86호)
- 2011. 12. 31. 학술지 『사회연구』 **한국연구재단 등재학술지 선정**

설립취지
(사)한국사회조사연구소(Korea Social Research Center)는 우리사회와 국가의 발전을 위한 각종 자료의 수집과 축적 및 분석을 목적으로 설립된 전문연구기관입니다. 지역사회와 국가의 발전에 뜻을 같이하는 여러 분야의 학자들이 과학적 연구방법을 토대로 각종 자료들을 축적하고, 사회문제를 진단하여 보다 나은 정책을 제시함으로써 학술연구 및 사회발전의 밑거름이 되고자 하는 열망에서 창립하였습니다.

조사활동
우리 사회의 현안문제 및 학술적 관심이 되는 문제에 대하여 자료를 수집하고 분석합니다. 수집한 자료는 (사)한국사회조사연구소가 영구저장(archive)하며 자료를 필요로 하는 개인이나 기관에 제공합니다.

공공 자료은행 (public data bank)
(사)한국사회조사연구소의 조사자료는 원자료(raw data), 코드북(codebook), 보고서의 형태로 연구소의 홈페이지(http://www.ksrc.or.kr)에서 볼 수 있고, 한국사회과학자료원(KOSSDA)을 통해서도 볼 수 있습니다. 자료를 필요로 하는 개인이나 기관은 누구나 이용할 수 있습니다.

학술지 발간
(사)한국사회조사연구소에서는 학문의 대중화를 목표로 인문사회과학분야의 연구를 묶어 지식층 대중을 상대로 한 학술지 『사회연구』를 1년 2회씩 발간합니다. 2011년에 12월 31일에 **한국연구재단의 등재 학술지로 선정**되었습니다.

학술상 운영
(사)한국사회조사연구소는 『사회연구』의 훌륭한 필진을 발굴함과 동시에, 학문후속세대에 해당하는 젊은 연구자들의 학문연구를 자극하고 그들의 연구성과를 사회적 지식으로 공유하고자 하는 취지에서 2001년에 『사회연구 학술상』을 제정하였고, 해마다 인문사회과학분야의 우수논문을 공모하여 시상합니다.

학술지원활동
오늘날의 학문추세는 학문적 배경이 다른 학자들간의 공동연구를 중시하고 있습니다. (사)한국사회조사연구소는 전공분야가 다른 학자들간의 공동연구를 장려하고 지원합니다. 프로젝트 개발, 자료수집, 보고서 작성 등을 위해 필요한 각종 자원(전문인력, 조사시설, 컴퓨터시설, 자료 등)을 제공합니다.

교육 / 트레이닝 (internship)
(사)한국사회조사연구소는 현장 경험을 얻고자 하는 대학 및 대학원생들에게 실제 조사에 참여하여 훈련을 받을 수 있는 기회를 제공합니다. 각종 통계프로그램(SPSS, SAS 등)의 교육, 자료의 처리 및 분석, 보고서 쓰는 법 등 학교교육을 통해 배우기 어려운 사항들을 교육시킵니다. 그 외 개인적 목적으로 교육을 받고자 하는 일반인이나 단체에게는 실습을 위주로 한 교육기회를 제공합니다.

(사) 한국사회조사연구소 소개

조사 / 통계처리 자문 (survey & consulting)
(사)한국사회조사연구소는 개인이나 기관으로부터 각종 조사 및 통계처리 자문의뢰를 받습니다. 정보화사회에서 정보수집의 한 방법으로 사회조사의 필요성이 높아지고 정보처리의 방법으로 통계적 분석의 수요가 늘어남에 따라 전문적인 지식을 바탕으로 개인이나 기관에 대해 서비스합니다.

조사방법 및 통계교재 개발
(사)한국사회조사연구소에서는 각종 조사와 통계분석을 통해 새로운 조사방법을 개발하고, 사용자 위주의 통계사용법을 개발하여 교재로 만들어내고 있습니다. 그 동안 조사방법과 통계분야에 많은 교재들이 있었으나 대부분 이론중심의 교재였기 때문에 교육을 받고 난 뒤에도 실제 조사나 자료를 분석할 때 많은 어려움이 있었습니다. 연구소에서는 현장 경험을 바탕으로 실제 상황에서 적용할 수 있는 교재를 개발합니다.

출판활동
(사)한국사회조사연구소에서는 각종 조사결과를 보고서로 정리하여 출판합니다. 널리 알려야 할 필요가 있고 분량이 많은 연구결과는 단행본으로 출판합니다. 우리 연구소에서는 「도서출판 월산」과 「도서출판 한국사회조사연구소」를 운영하고 있습니다.

조사방법 및 통계학 교재 출판: 도서명/저자

- 1997. 『SAS를 이용한 통계분석과 실습 (통비1)』, 정영해 지음
- 1998. 『통계학 비전공자를 위한 통계강의 및 자료분석: 윈도우즈용 SPSS (통비2)』, 정영해 외 지음
- 1998. 『통계학 비전공자를 위한 통계강의 및 자료분석: 윈도우즈용 SAS (통비3)』, 정영해 외 지음
- 1999. 『예제로 배우는 통계강의 및 자료분석: 윈도우즈용 SPSS (통비4)』, 정영해 외 지음
- 1999. 『사회복지 통계분석: 윈도우즈용 SPSS (통비5)』, 김순홍 외 지음
- 2000. 『통계학: 예제로 배우는 통계강의 및 자료분석-EXCEL (통비6)』, 정영해 외 지음
- 2000. 『EXCEL 통계적 응용 (통비7)』, 정영해 외 지음
- 2000. 『관광 통계분석 (통비8)』, 정영해 외 지음
- 2001. 『생활정보와 통계』, 심정욱 외 지음
- 2001. 『통계자료분석 : SPSS 10.0 (통비9)』, 정영해 외 지음
- 2002. 『사회조사방법론』, 김미라 외 지음
- 2003. 『통계자료분석 : SPSS 10.0 (통비9)』(개정증보판), 정영해 외 지음
- 2003. 『사회조사방법론』(개정판), 김미라 외 지음
- 2003. 『사회조사방법론』(제3판), 김미라 외 지음
- 2004. 『사회복지조사론』, 김미라 외 지음
- 2004. 『사회복지조사』, 권구영 외 지음
- 2005. 『통계자료분석 : SPSS 12.0 (통비11)』, 정영해 외 지음
- 2005. 『사회복지조사방법』, 권구영 외 지음
- 2008. 『통계자료분석 : SPSS 14.0 (통비12)』, 정영해 외 지음
- 2008. 『EXCEL 통계자료분석 (통비13)』, 정영해 외 지음

알 림

(사)한국사회조사연구소 자료회원 모집

(사)한국사회조사연구소의 자료회원이 되시면 누구나 저희 연구소의 조사결과 Data Base를 열람할 수 있으며 회원등급에 따라 다양한 혜택을 제공합니다. 또한 연구소에서 발행하는 정기·비정기 간행물 및 신간도서 소식을 전자우편(e-mail)으로 받아볼 수 있습니다.

- 회원가입은 (사)한국사회조사연구소 홈페이지(http://www.ksrc.or.kr)에서 가능합니다.
- 실버회원과 골드회원은 홈페이지 가입하신 후 아래 계좌번호로 입금을 하시고, 연구소에 입금확인 전화를 주십시오.

개인회원 (가입일로부터 1년, 일반회원 제외)	
일반회원 (회비: 없음)	▶ 혜택 : 조사DB 열람
실버회원 (회비: 연 10만원)	▶ 혜택 - 연말정산시 세금감면혜택 (공익성기부금 대상단체 : 기획재정부공고 제2010-86호) - 『사회연구』 (각권 정가 10,000원, 년 2회 간행) 제공 - 조사결과표 열람, 원자료(raw-data) 다운로드 (청소년자료 제공) - 통계 자문 및 분석 의뢰시 30% 할인 * - 도서 구입시 30% 할인 * - 『사회연구』 논문게재 심사료 및 게재료 50%할인 * - 『사회연구』 학술상 응모 심사료 및 게재료 50%할인 *
골드회원 (회비: 연 20만원)	▶ 혜택 - 연말정산시 세금감면혜택 (공익성기부금 대상단체 : 기획재정부공고 제2010-86호) - 『사회연구』 (각권 정가 10,000원, 년 2회 간행) 제공 - 조사결과표 열람, 원자료(raw-data) 다운로드 (청소년자료 제공) - 통계 자문 및 분석 의뢰시 50% 할인 - 도서 구입시 50% 할인 * - 『사회연구』 논문게재 심사료 및 게재료 면제 * - 『사회연구』 학술상 응모 심사료 및 게재료 면제 *

* 표시가 붙은 혜택은 해당 회원 자격을 얻고 6개월이 지난 뒤부터 적용됩니다.

➡ 계좌번호 : 광주은행 115-107-318490   예금주명: (사)한국사회조사연구소
➡ 가입문의
(사)한국사회조사연구소 전화 062-362-0778, 팩스 062-361-2529
http://www.ksrc.or.kr   ksrcpress@hanmail.net

EXCEL 통계자료분석

초판인쇄	2008년 9월
초판발행	2008년 9월
2쇄 인쇄	2014년 8월
지은이	정영해 · 조지현 · 류제복 · 김광수
펴낸이	(사)한국사회조사연구소 김재오
펴낸곳	한국사회조사연구소
찍은곳	성일문화사
주　소	광주광역시 남구 수박등로 5번길2
전　화	062-362-0779
팩　스	062-361-2529
홈페이지	http://www.ksrc.or.kr

가격
24,000원

출판사등록번호 / 2004-4-2호
출판사등록일자 / 2004년 4월 24일

ISBN 978-89-91235-48-9

※잘못된 책은 바꿔드립니다.

※저자와의 협의하에 인지는 생략합니다.

이 책을 무단으로 옮겨 싣거나 복제하는 것은 저작권법
98조에 따라 3년 이하의 징역 또는 3,000만원 이하의
벌금형을 받게 됩니다.